高等院校"十三五"规划教材·基础课系列

DAXUESHENG
QUANMIAN RENCAI PEIYANG DE
ZHIYE FAZHAN
YU JIUYE ZHIDAO

大学生全面人才培养的职业发展与就业指导

主　编　包腾龙
副主编　曾友田　陈　骅　施　超
参　编　陈新峰　饶　芸
主　审　艾淑平

华中科技大学出版社
http://www.hustp.com
中国·武汉

内容简介

本书是根据教育部《大学生职业发展与就业指导课程教学要求》与《关于全面提高高等教育教学质量的若干意见》,把促进学生的全面发展和适应社会需要作为衡量人才培养水平的根本标准,并结合全人教育体系以及与中国发展国情相符的适应大学生职业发展与就业的内容体系来编写的。由于目前国内本课程教材质量参差不齐,本书系统性地以社会发展、学生个体发展为本,对内容进行了改革,增加了终身学习、核心素养、专业匹配、2017 年全球经济和科技的最新内容,着力帮助大学生合理认清、梳理、制定、管理职业生涯规划,为大学生今后的职业发展道路奠定坚实的基础。

本书既可作为各类本科和高职高专院校职业发展与就业指导类课程的通用教材,也可作为大学生自学和高校就业指导教师教学研究的参考用书。

图书在版编目(CIP)数据

大学生全面人才培养的职业发展与就业指导/包腾龙主编. —武汉:华中科技大学出版社,2018.7
(2021.8 重印)
ISBN 978-7-5680-3898-0

Ⅰ.①大⋯ Ⅱ.①包⋯ Ⅲ.①大学生-职业选择-高等学校-教材 Ⅳ.①G647.38

中国版本图书馆 CIP 数据核字(2018)第 165912 号

大学生全面人才培养的职业发展与就业指导 包腾龙 主编
Daxuesheng Quanmian Rencai Peiyang de Zhiye Fazhan yu Jiuye Zhidao

策划编辑:	袁　冲
责任编辑:	段雅婷
封面设计:	孢　子
责任校对:	李　琴
责任监印:	朱　玢
出版发行:	华中科技大学出版社(中国·武汉)　电话:(027)81321913
	武汉市东湖新技术开发区华工科技园　邮编:430223
录　排:	匠心文化
印　刷:	武汉科源印刷设计有限公司
开　本:	787 mm×1092 mm　1/16
印　张:	20.5
字　数:	496 千字
版　次:	2021 年 8 月第 1 版第 4 次印刷
定　价:	49.60 元

本书若有印装质量问题,请向出版社营销中心调换
全国免费服务热线:400-6679-118　竭诚为您服务
版权所有　侵权必究

前　言

随着时代的进步、经济的发展,许多传统的教育方式已无法满足现在的市场现状和大学生的成长需求。我们非常有幸能为国家的高等教育人才培养改革做出这样的一点贡献。无论是联合国教科文组织,还是我国国务院及教育部,都开始逐渐注重学生的"全面发展,终身学习"的理念和目标。这也正是本书的最大创新点所在,我们不希望教育出一个只会刻板地学习知识的人,我们希望培养出更多可以自我选择适合自身发展的全面人才。让每一名大学生在学习完本书之后都可以清晰地设计与管理自我职业发展,成为祖国未来的全面人才。

在编写本书之前,我们曾对多个城市的图书大厦、各大学的图书馆中与职业规划、就业指导、大学生生活、创新创业相关的两百余本书籍进行调研,并参照教育部对本课程的教学要求及国务院的高等教育人才培养改革要求搭建本书的框架;多次与一线授课老师、学工部老师、大一至大三的学生进行沟通,了解十余年来本课程在学校、教师、学生端的问题和需求;结合中国当今社会发展的需要,加入截至2017年12月的全球最新职场信息来设计本书的内容架构。

本书分为职业发展与规划篇、就业发展与指导篇,每篇各包含六章,共十二章。本书充分考虑大学生从入学到离校参加工作的心理发展过程,尽可能地满足学生在这期间遇到的疑问以及如何解决这些问题的需求和知识获取的需求,并引入近三十个拓展资料便于学生吸收和理解。

本书由普才全人教育中心包腾龙担任主编,由华东交通大学曾友田、中国计量大学陈骅、绍兴文理学院施超担任副主编,杭州电子科技大学陈新峰、浙江育英职业技术学院饶芸参与编写工作,南昌大学艾淑平任主审。其中,曾友田编写第一章、第二章、第十一章,包腾龙编写第三章、第四章,陈骅编写第五章、第六章、第十章,施超编写第七章、第八章,饶芸编写第九章,陈新峰编写第十二章,包腾龙负责全书的统稿工作。

本书在编写过程中,参考了许多国内外的资料和网络论点,部分文献已在参考文献中列出,但仍有部分论点无法核查原始出处,在此希望论点持有者与编者(tenglongbao@163.com)联系。由于编者理论知识和经验有限,书中难免有疏漏和不足之处,真诚欢迎读者不吝指出,本书将在后期重印时修订和完善。

编　者

2017年12月

作者简介

- **包腾龙**：男，国际全人教育专家，普才全人教育系统创立者，国内多所大学经济与管理学院、商学院特邀专家。现任中国普才全人教育中心创始人、中国高校才企联盟主席。曾任上市企业运营副总裁、CMO职务。

- **艾淑平**：男，南昌大学第四临床医学院学生党总支书记，副教授，拥有近三十年的学生工作经历。

- **曾友田**：男，华东交通大学党委宣传部副部长，党校校长，国家职业规划师，国家公务员考试专业指导老师，主编公务员考试专用教材《实战全攻略——申论行测一本通》，主持或参与多项相关课题。有着多年的职业规划与就业指导课程教学经验。

- **陈骅**：男，中国计量大学就业指导中心主任，经济与管理学院学工办主任，杭州市创新创业导师，全球职业规划咨询师，全球生涯教练，专职从事学生就业创业工作十余年。

- **施超**：男，绍兴文理学院上虞分院团委书记，学生科副科长。长期从事毕业生就业指导、生涯规划、创新创业教育工作；全球职业规划咨询师，曾多次指导学生获得浙江省大学生职业生涯规划与创业大赛一等奖。

- **陈新峰**：男，杭州电子科技大学管理学院党委副书记，创新创业中心讲师，创客0.5工作室负责人，全球职业规划咨询师，大学生职业生涯导师，有十余年指导学生创新创业的经验。

- **饶芸**：女，浙江育英职业技术学院就业与创业教研室负责人，创新创业中心骨干讲师，全球职业规划咨询师，多次获得浙江省大学生职业生涯规划与创业大赛"优秀指导教师"称号，从事学生就业工作十余年。

目 录

职业发展与规划篇

第一章 大学与职业发展 (3)
 第一节 大学阶段的意义 (3)
 第二节 大学生现状特征 (11)
 第三节 大学生学业规划 (21)

第二章 专业与职业发展 (28)
 第一节 大学的专业概述 (28)
 第二节 专业与职业发展 (32)
 第三节 第二专业与MOOC (37)

第三章 发展与终身学习 (42)
 第一节 终身学习的概述背景 (42)
 第二节 我国的终身学习体系 (47)
 第三节 终身学习培养与发展 (52)

第四章 发展与全面人才 (60)
 第一节 全人教育体系与国际领先人才培养 (60)
 第二节 适应中国学生的全面人才培养内容 (68)
 第三节 全面人才自我管理与个人发展规划 (84)

第五章 自我认知与解读 (95)
 第一节 自我心理认知层面解读 (95)
 第二节 自我能力认知层面解读 (112)
 第三节 自我环境认知层面解读 (118)

第六章 生涯规划与管理 (124)
 第一节 个人生涯规划与职业发展 (124)

第二节　自我职业发展规划与设计 …………………………………………（134）

　　第三节　自我职业生涯管理与发展 …………………………………………（143）

就业发展与指导篇

第七章　职业认知与职业要求 ……………………………………………………（151）

　　第一节　职业与职业认知 ……………………………………………………（151）

　　第二节　职业适应与转换 ……………………………………………………（160）

　　第三节　职场分类与素质 ……………………………………………………（167）

第八章　就业形势与就业去向 ……………………………………………………（178）

　　第一节　就业形势与职业环境 ………………………………………………（178）

　　第二节　就业去向与未来行业 ………………………………………………（187）

　　第三节　就业信息的渠道获取 ………………………………………………（195）

第九章　求职技巧与注意事项 ……………………………………………………（202）

　　第一节　求职技巧与简历呈现 ………………………………………………（202）

　　第二节　求职礼仪与求职心态 ………………………………………………（216）

　　第三节　求职风险与注意事项 ………………………………………………（226）

第十章　就业权利与法规政策 ……………………………………………………（234）

　　第一节　大学生就业权利与义务 ……………………………………………（234）

　　第二节　就业协议书与劳动合同 ……………………………………………（241）

　　第三节　常见就业侵权与处理 ………………………………………………（252）

第十一章　就业心理与个人修养 …………………………………………………（258）

　　第一节　正确的就业心理状况 ………………………………………………（258）

　　第二节　基本的职场个人修养 ………………………………………………（266）

　　第三节　进入职场以后的成长 ………………………………………………（275）

第十二章　大学生创新创业指导 …………………………………………………（282）

　　第一节　创新创业的社会环境 ………………………………………………（282）

　　第二节　大学生创新创业准备 ………………………………………………（297）

　　第三节　创新创业指导与政策 ………………………………………………（308）

参考文献 ……………………………………………………………………………（321）

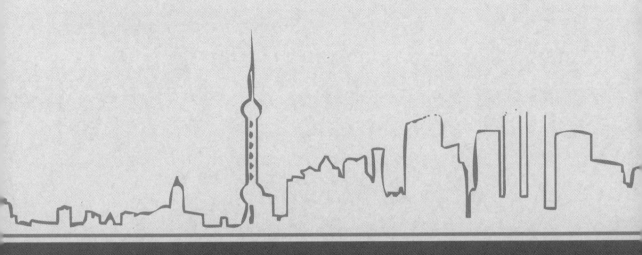

职业发展与规划篇

ZHIYE
FAZHAN
YU
GUIHUAPIAN

第一章 大学与职业发展

第一节 大学阶段的意义

一、大学的概念

大学泛指实施高等教育的学校,包括高等专科学校、学院、综合性大学等。大学本质上是一种功能独特的文化机构,是与社会的经济和政治机构既相互关联又独立存在的传承、研究、融合和创新高深学术的高等学府。它不仅是人类文化发展到一定阶段的产物,还在长期办学实践的基础上,经过历史的积淀、自身的努力和外部环境的影响,逐步形成了一种独特的大学文化。

中国现代大学源起于西方,现代西方大学则是从欧洲中世纪大学、英国大学、德国大学,再到美国大学这样演变过渡而来的。在 19 世纪中叶,英国教育家纽曼认为大学的目的主要在于传授学问,而不在于发展知识,大学只是一个"教学机构",并且这种学问传授的目的在于培养绅士,主要培养人的价值观。

在英国发展大学教育的同时,德国也在开始发展大学教育,以德国著名学者洪堡等人为代表认为,大学不仅要传授知识,即培养人的价值观,还应发展知识,也就是说,教师的首要任务是自由地从事创造性的学问。这是德国大学的理念,比起英国大学的理念更具有先进性。

到 20 世纪 30 年代,在美国大学的先驱者弗莱克斯纳的努力下,英国大学和德国大学的传统在美国得到了发扬,美国大学的发展理念为人才培养、科学研究和社会服务。

二、大学的发展

追溯大学的产生至今,已有上千年的历史,最早是从德国、英国等国家发展起来的,无论哪一个时代的大学都是以前大学的创造性继承而不是否定。

近现代大学直接起源于 12—13 世纪的欧洲中世纪大学,古埃及、古印度、中国等都是高等教育的发源地,古希腊、古罗马、拜占庭及阿拉伯国家都建立了较完善和发达的高等教育体制。虽然许多教育史家把上述地方的高等学府也称之为大学,但严格来说,它们不是真正意义的大学。

1088年,意大利建立了第一所正规大学——博洛尼亚大学,它是欧洲最著名的罗马法研究中心。此后,博洛尼亚大学成为了整个欧洲的学术圣地。随后,欧洲各地也相继出现了大学。巴黎大学是由巴黎圣母院的附属学校演变而来的,1200年,法王承认巴黎大学的学者具有合法的牧师资格,有司法豁免权。

现代大学开始于19世纪初,是指启蒙运动以后、经过理性主义改造的新型大学,其代表是德国洪堡创办的柏林大学。一般认为,1809年德国柏林大学的创立标志着现代意义上的大学的诞生。现代大学与中世纪大学的根本区别在于大学职能的转变。中世纪大学是传授已有知识的场所,将研究和发现知识排斥在大学之外,而现代大学则将科学研究作为自己的主要职能,将增扩人类的知识和培养科学工作者作为自己的主要任务,推崇"学术自由"和"教学与研究的统一"。柏林大学精神推动了德国的科学事业繁荣昌盛,19世纪初到20世纪初,德国成为世界科学的中心。这一思想对世界高等教育也产生了深远的影响,为近代大学的形成奠定了基础。

中国大学起源于北洋大学堂,当年中国在甲午海战中失败后,变法之声顿起,1895年盛宣怀创办天津中西学堂,1903年将其更名为北洋大学堂。北洋大学堂以"科教救国,实业兴邦"为宗旨,以美国哈佛大学、耶鲁大学为蓝本,进行专业设置、课程安排和学制规划,以培养高级人才为办学目标,标志着中国近代第一所大学的诞生,是我国近代最早的工科大学即天津大学的前身。北洋大学堂的创办,开启了中国大学教育的航程。

1898年戊戌变法,京师大学堂成立,这是中国近代第一所国立大学和综合大学,也是当时的最高学府。1912年京师大学堂改名为北京大学,严复为首任校长。1916年蔡元培担任北京大学校长,他提出"循思想自由原则,取兼容并包主义"。清华大学始于1911年庚款兴学而创立的清华学堂,初期为留美预备学堂,1925年清华学校设大学部,开始招收四年制大学生,1928年组建国立清华大学,罗家伦任首任校长,1930年前后,清华大学迅速发展成为全国最高水平的大学之一,名师济济,从此奠基了清华大学的声望和其在学府中的顶尖地位。

三、大学文化

大学文化是大学在长期办学实践的基础上,经过历史的积淀、自身的努力和外部环境的影响,逐步形成的一种独特的社会文化形态。它以大学人为主体,以知识及其学科(专业)为基础,主要凝聚在大学拥有的深厚的文化底蕴之中,是大学精神文化、物质文化、制度文化和环境文化的总和,是大学作为人类社会知识权威的文化基础,是人类先进文化的重要组成部分。

(一)大学文化的特点

1. 在长期办学实践基础上逐步形成

中国先秦时期《大学》倡导的"大学之道"与西方柏拉图倡导的"哲人治国"理念、亚里士多德倡导的"自由教育"思想,共同开创了人类探索大学理念及其办学规律的先河。西方最早的近、现代大学是1088年建立于意大利的博洛尼亚大学,西方近现代大学从英国纽曼"崇尚人文,注重理性"的大学理想,到德国洪堡"教学与研究相统一"的崭新理念,到美国"融入社会,多元开放"的理念创新,再到联合国教科文组织"着眼未来,引领社会"的新理念,经历了一个文化不断觉醒和理念不断创新的过程。

2. 以大学人为主体积淀和创造

大学文化的形成是人类文化的历史积淀和外部环境的深刻影响的结果,但大学文化主要是以大学领导、教师、学生和管理人员为主体的大学人在长期的办学实践中经过顽强的努力积淀和创造的。其中,最主要的是由具有人格魅力、学术造诣深厚、善于治学育人的学术大师和具有远见卓识、办学理念独到、善于科学管理的优秀校长创造的。无数实践已经证明,学术大师和优秀校长是大学文化人格化的象征。谢和平教授指出:"大学文化是由一个特殊的社会群体'大学人'在对知识进行传承、整理、交流和创新的过程中形成的一种与大众文化或其他社会文化既相联系又相区别的文化系统。"

3. 以知识及其学科(专业)为基础

知识及其学科(专业)是大学存在的组织基础,这是大学区别于其他社会组织的一个根本特征,也是大学文化区别于其他社会组织文化的一个根本特征。以知识及其学科(专业)为存在的组织基础这一根本特征,决定了大学办学的两个重要特征:

(1)从内部来说,要求大学以着眼未来和探究真理为己任,成为高度分权的有机体,以文化(学术)机制作为自己运行的主导机制,以理性和学术价值作为自身追求的基本价值。

(2)从外部来说,要求大学以学术自由作为维持其活力的源泉,应当比社会上的其他部门享有更高的自治权力,而现代大学组织内部比较松散的结合正是其生存和发展的重要条件。

4. 本土文化与国际文化相互交融

大学(university)这个词从其本义来说就是"普遍""整个""世界""宇宙",大学从它诞生之日起其精神气质就是海纳百川和多元文化的交融,大学正是在这种多元文化的相互交融中不断地向前发展着。当今世界,文化与经济、政治的相互融合,促使文化的力量越来越深地熔铸于民族的生命力、创造力和凝聚力之中,文化在综合国力中的地位和作用越来越突出。因此,在当代,大学文化必然是本土文化与国际文化相互交融的结果,是本土性与国际性的辩证统一。

(二)大学文化的作用

国家的兴衰与大学的兴衰是紧密相关的。一个国家的实力有两个方面:一是"硬实力",二是"软实力"。"软实力"的核心和重点就是大学的兴盛。在当代,一个国家如果没有众多的高水平的大学就不可能成为世界级大国,没有一批世界级大学就不可能成为世界级强国。历史还反复证明了另一个真理,世界级大学是在竞争中拼搏出来的。尤其是20世纪90年代中期以来,人类社会正在逐步进入以政治多极化、经济全球化、文化多元化和信息网络化为主要特征的崭新时代。

在这个新的时代背景下,世界范围内掀起了新一轮高等教育国际化的浪潮,要求各国大学进一步走向世界,在本土化的基础上通过竞争加速实现国际化的进程,普遍提高众多大学的文化品位、办学水平和教育质量,创建一批世界级大学。这种状况表明,当今世界各国大学正处于激烈竞争的环境之中,这场竞争是在世界范围内进行的。

作为一所大学,它的竞争力可以分解为众多的因素,如办学理念、课程和学科(专业)设置、教师素质、学生来源、硬件设施、管理制度、校园环境、资金投入、贡献大小、社会声誉等。如果对这些因素做进一步的分析,主要凝聚在大学拥有的深厚的文化底蕴之中的大学文化是大学核心竞争力之所在,是大学赖以生存、发展、办学和承担重大社会责任的根本。具体来说,大学文化核心作用力主要包括以下几种。

1. 凝聚力

由于知识及其学科(专业)是大学存在的组织基础,大学的这一根本特征决定了大学是一个高度分权的有机体,它既是"高度分权"的,以学术权力为基础,又是一个"有机体",在"高度分权"的基础上形成一个有机的整体。因此,作为人类文明的精神家园,大学办学需要一种崇高的精神境界,有一个共同信奉并付诸实践的价值理念,它集中地体现在大学的办学理念和价值追求之中。这是一种巨大的精神力量,是大学发展的灵魂,它必将把大学师生、员工凝聚成为一个强有力的整体,为实现大学的崇高理想而顽强地奋斗。

2. 教育力

大学从它诞生之日起就把教育责任作为自己必须承担的永恒的第一社会责任。"以人为本"是一种教育哲学观,在个性得到充分发展的基础上,使作为"个体"的人实现社会化并成为社会所需要的人是教育活动的基本要求。文化的传承、内化和创新是教育"使个体社会化"的基础。文化育人是教育本质的核心,也是被育者复杂的心理发展过程。教育活动的崇高目标是促使作为"个体"的人和作为"整体"的社会得到全面、和谐、可持续的发展。由此可见,大学的教育力主要来自"以人为本"的教育哲学观、"文化育人"的科学理念、大学拥有的深厚的文化底蕴和通过文化内化实现文化的传承、创新过程之中。

3. 创造力

作为思想最活跃、最富有创造力的学术殿堂和新思想、新知识、新文化的发源地,在传承文化的基础上创新文化是大学的本质要求。大学创造力的主体是教师和学生的创造力,大学的创造力主要来自于一种超凡脱俗的文化品位、独立品格和价值追求、"求真务实"的科学精神、以学术自由和文化机制为主导的运行机制,以及在多元文化相互交融的基础上进行的文化传承和创新活动。在当代,大学的创造力不仅应当表现在大学培养的具有全球意识、较高文化品位和较强国际竞争能力的创造型人才上,还应当表现在把大学建设成为为人类社会解决面临的重大课题提供科学依据,将科学技术成果转化为现实生产力和国际多元文化相互交融的重要基地上。

4. 影响力

作为一种功能独特的文化机构,大学与社会的经济和政治机构既相互关联又独立存在。在当代,大学不仅应当走出"象牙塔",走多样化的发展道路,积极主动地应对文明社会众多领域不同层次的广泛需求,服务于社会,更应当超越"象牙塔",发扬着眼未来和探究真理的批判精神,以自己创造的新思想、新知识和新文化代表"社会的良心",给予社会发展正确的价值导向,引领社会前进。大学要求生存、求发展、办好学,承担重大的社会责任,要创建一批世界级大学,最根本的是必须全面加强以大学生为主体和以知识及其学科(专业)为基础的大学文化建设,努力提升大学拥有的深厚的文化底蕴的水平和品位,不断提高大学的核心竞争力。

四、大学与职业发展的关系

(一)大学阶段对职业发展的影响与作用

大学生是国家宝贵的人才资源,是民族的希望、祖国的未来,肩负着人民的重托和历史的责任。大学阶段是人生发展的重要时期,是世界观、人生观、价值观形成的关键时期。怎样处理好理想与现实、权利与义务、个人与集体、竞争与合作、自由与纪律、友谊与爱情、学习与工作等的关系,怎样做人,做什么样的人,过怎样的生活才有意义,有怎样的人生追求才有价值,这一系列的人生课题,都需要大学生自己去观察、思索、实践、选择,同时也需要教师对其思想上的教育和引导。

大学是人生的关键阶段,因为进入大学是你们结束高考的重担,第一次开始真正追逐自己的理想、兴趣。这是你们离开家庭生活,第一次独立进入团体与社会的生活。这是你们不再单纯地靠背诵学习书本上的理论知识,第一次可以在学习理论的同时亲身实践。这是你们第一次不再由父母安排生活和学习中的一切,而由自己自由地处置生活和学习中遇到的各种问题,支配属于自己的时间。

大学是人生的关键阶段,因为这可能是你们一生中最后一次系统性地接受统一教育。这是你们最后一次建立自己的知识系统、最后一次将大段时间用于自由学习的人生阶段,也可能是最后一次拥有较高的可塑性、集中精力充实自我的成长历程。这是你们最后一次能生活在一个自由且宽容,能够置身其中学习为人处世之道的校园环境。

大学是人生的关键阶段,在这个重要的阶段里,每一名大学生应认真地去把握自己的每一个"第一次",把它们打造成自己未来人生发展道路的基石。在这个阶段里,每一名大学生要去珍惜每一个"最后一次",以免自己在将来会为之而追悔莫及。在大学的生活里,你们要努力为自己创造生活梦想,坚定前进方向,确立生涯规划。

大学作为学生步入社会的过渡阶段,这个阶段的意义在于学习,提高内涵;在于成长,培养人才;在于实践,适应社会。所以大学是职业发展不可或缺的重要的前期准备阶段。

(二)对大一新生步入大学的建议

1. 新的人生目标

刚刚迈入大学门槛的大一新生,生活环境和学习环境等都发生了重大的变化,尽快确立一个新的目标是可以较快调整好状态并减少时间浪费的方式。高尔基曾说过:"一个人追求的目标越高,他的才能就发展得越快,对社会就越有益。"

目标是激发人的积极性、产生自觉行为的动力。因为如果一个人一旦失去了目标,且长时间没有明确的新目标,就会陷入意志消沉、整日浑噩的状态。而大学新生本应处于充满理想、对未来充满憧憬的青年阶段,但普遍的学生当初只把考上大学作为中学阶段的奋斗目标,对大学生活、未来发展没有长远的规划。升入大学后,因为中学阶段的目标已经达成,就会产生一种大功告成、终于可以松口气的心态,甚至会把"混文凭""跳龙门""留城市"作为学习目标,满足现状,不思进取,使刚刚开始的大学生活尚未开始就失去了驱动力。

因而,许多学生开始感到茫然、空虚、枯燥、乏味。在大学新生中这种现象普遍出现,主要是他们没有及时树立新的学习或生活目标所致。因此,大学新生需要尽快熟悉大学生活,树立新的奋斗目标,本书会在第一章、第三章、第六章分别为学生提供学业规划、终身学习、生涯规划的指导。

2. 新的学习方法

大学生进入大学后普遍会碰到一个问题:学习方法的不适应。他们习惯于中学期间老师天天督促、被动地接受知识的学习方法,而对大学的学习特点与规律却一无所知。进入大学要面对生活要自理、学习要自主、大量学习时间要自己安排等改变,他们会感到无所适从,学习成绩明显下降。据了解,近年来大学一年级学生的补考人数较多,一般占总人数的20%左右,有的甚至在30%以上。建议大学新生通过主动向学长学姐、向老师取经等渠道,令自己能够尽快了解和掌握大学学习的特点与规律,并根据自身情况与特点,迅速制订出适用于自己的大学学习方法。谁能最快地适应大学学习方法,谁就能尽快地适应大学生活。大学阶段的学习特点是知识的广度和深度大幅增加,专业方向也已基本确定,对学生学习的主动性、创造性有着极大的要求。大学主要实行的是学分制,有公共课、学科基础课、专业课,各专业还有不同的选修课,学生可以根据自己的兴趣爱好和目标规划选定课程,自由支配自己的学习时间。

大学的图书资料和各种信息丰富,获取知识的渠道也多样化,熟练利用图书馆和互联网搜集资料和掌握信息,是一名大学生必备的技能。广泛涉猎知识,掌握科学方法,培养自主学习和独立思考问题、分析问题、解决问题的能力,是大学阶段学习的重要特点。如果用一句话归纳,那么大学的学习方法就是要学会自主学习。

3. 新的生活环境

大学生来自五湖四海,兴趣爱好、生活习惯均存在差异,互相理解和适应环境也就成为进入大学的一种必需能力。大学生活是一个全新的天地,大学的生活环境较之于中学在空间、内容、方式上都发生了很大的变化。自理能力强的同学会很快适应,应对自如;自理能力弱的同学,则可能计划失当,顾此失彼。大学生要尽快适应新的环境,既要学会过集体生活,又要学会独立处理学习生活中遇到的问题。进入大学后,离开父母独立生活,许多学生还远离家乡,个人自由支配度增大,衣食住行、经济开支等都要靠自己安排处理。因此每一名大学生要学会适应环境的变化,学会相处与体谅,学会自我规划与统筹,同时要懂得关心他人与自我保护。适应学校的小环境也是为将来适应社会的大环境做该有的准备与锻炼。

4. 新的社会活动

进入大学以后,党组织、团组织、班委会、学生会等的活动增多,特别是由兴趣、爱好相同的同学自愿组织起来的学生社团的活动更加丰富多彩,学生们参加各种社会活动的机会大大增加。他们还可以根据自身特点和爱好、时间和精力去选择参加各类活动,合理地安排课余时间,锻炼组织和交往能力。这与中学时以学习任务为主、社会活动较少的情况有着明显的不同。中学活动较少,学生的任务主要是学习,很少出去接触社会,所以大学阶段一定要改变这种现象,多合理地安排时间参与社会活动。大学是一个"小型社会",在大学里的各种活动,可以让自己过得更充实,学到更多在课堂上学不到的知识。

5. 新的心理层面

大学生刚刚离开家乡,告别昔日好友、师长及亲人,来到一个新的集体生活中。面对的是新鲜的校园、陌生的大楼、崭新的面孔,由于现在许多学生普遍缺乏独立生活、集体生活的能力,同时也不善于表达,不善于让他人了解自己,不善于接近他人,因此会缺少新朋友,从而产生"寂寞感"与"孤独感",陷入烦恼和痛苦之中。大学新生要摆脱这种负面状况,首先要拥有自信,主动热情地与他人进行交流。其次是主动参加社会活动,可以扩大交往的范围,从而达到结识新同学、结交新朋友的目的,冲淡恋家情结、孤独情结。

大学阶段中,学生正处于世界观、人生观、价值观形成和发展的重要时期。这一时期,大学生需在学校的正确教育和引导下不断学习,努力提高和完善自己。加强大学生的思想道德修养,是社会主义教育方针的基本要求,也是大学生成才的需要。思想道德修养课程能帮助大学生从历史和现实的大量素材和生动事例中,汲取有益的精神养料,获得真、善、美的心理启迪,正确掌握加强思想道德修养的理论和方法,提高综合素质,努力创造无愧于时代和人民的业绩。

思想道德修养课程有利于大学生不断完善自己,实现自我的新境界。修身养性是中国知识分子的重要境界,它既是青年人个体发展的目标,同时也是社会主义道德建设的重要保证。当代大学生在社会主义精神建设过程中承担了重要责任,党和政府对此也寄托了殷切的希望。通过课程的学习,将有助于青年学生弘扬中华民族优良传统,汲取世界各民族文化的精华,并在当代社会主义现代化的实践中不断提高自身的素养,做一个高尚的人,做一个摆脱了低级趣味的人,无愧于时代与民族的重托,真正展现自己的人生价值。

拓展资料 1-1

有些事大一的时候不懂

刚上大一的时候，我以为学生应该以学习为主，谈恋爱是选修课——可选可不选；大三的时候，我明白了，大学生的确应该以学习为主，不过谈恋爱已经成必修课了——谈恋爱本身不就是一种学习吗？

刚上大一的时候，老同学见面常问的问题是：你们学校好吗？大三的时候，老同学见面常问的问题是：你女朋友漂亮吗？

刚上大一的时候，在校园里见到漂亮女生，我会在心里感叹："哇，真美！"大三的时候，和长得不漂亮的女孩共进晚餐，我会对她说："其实，你很有气质。"

刚上大一的时候，如果我喜欢一个女孩，我会走到她跟前小声对她说："你好，我……我能请你吃顿饭吗？"大三的时候，如果我喜欢一个女孩，我会给她发短信："美女，你能请我吃顿饭吗？"

刚上大一的时候，以为当学生干部很光荣，既能为同学服务，又能锻炼组织领导能力；大三的时候，我明白了，当学生干部光不光荣、能不能锻炼组织领导能力都不太重要，关键是能加德育积分，为期末拿奖学金做铺垫。

刚上大一的时候，我以为学生干部都应该起到模范带头作用，为同学服务义不容辞；大三的时候，我明白了，学生干部也是人，也有犯错误的时候。

刚上大一的时候，我看到校园大道两旁各学生社团纳新时很是兴奋，总想加入"组织"锻炼自己，于是排队、报名、交会费、填表格，一路下来加入好几个社团，虽心疼几十元的会费，但憧憬一下未来一年丰富多彩的社团生活，不亦乐乎；大三的时候，看到师弟师妹们加入社团的热火朝天的场面，顿时有一种受骗的感觉，想我一年下来除了为社团做出一点经济贡献以外，好像没有参加多少社团活动。真想告诫他们参加社团要"只选对的，不加贵的"，又一想，罢，谁大一的时候不办几件蠢事，吃一堑，长一智，于是很潇洒地走开了。

刚上大一的时候，听师兄师姐猛侃大学生活多么丰富多彩，我做惊讶状，其实我是相信的；大三的时候，我给师弟师妹们猛侃大学生活多么丰富多彩，他们做惊讶状，不相信，其实我知道，他们是相信的。

刚上大一的时候，我以为好学生是不应该通宵玩游戏的；大三的时候，我明白了，好学生也偶尔玩几次通宵。

刚上大一的时候，见到要饭的乞丐我会给他一个馒头，见到要钱的乞丐我会给他一元钱；大三的时候，见到要饭的乞丐我会给他一元钱，见到要钱的乞丐，我会给他一个馒头——乞丐也应该明白，自己想要的东西和自己得到的东西往往不一样，更何况是白给的。

刚上大一的时候，同学们都说普通话，虽然蹩脚——说家乡话会遭人笑话；大三的时候，同学们都说家乡话，亲切，虽然都拿到了普通话证书——说普通话会遭人不屑。

刚上大一的时候，我觉得听老教授的讲座能学到许多东西；大三的时候，我明白了，泡在图书馆里才能真正学到东西。

刚上大一的时候,我想象我毕业后月薪可能过万元——美!大三的时候,我知道我毕业时不马上失业就阿弥陀佛了——哎!

刚上大一的时候,我觉得我离毕业还早着呢;大三的时候,我明白我如果再不好好学习,离失业就不远了。

刚上大一的时候,我以为我将来的生活至少有500种可能;大三的时候,我知道我将来的生活只有两种可能——就业和失业。

刚上大一的时候,我发誓要改变这个社会;大三的时候,我发誓要改变我自己。

(资料来源:《广州日报》。)

课堂互动

以3~5人为一个小组讨论你心中的大学是什么样的,你希望大学带给你什么?整合组内全体成员的内容,并派一名小组代表进行分享。

复习思考

我终于考进了心仪的大学,成为了一名自由、骄傲的大学生,但是我考入大学以后想要什么?我在大学想要获取什么?

第二节 大学生现状特征

高等教育从精英教育逐步向大众教育转变,为我国社会经济发展提供了有力的人才支持与知识贡献。2002年我国高等教育毛入学率15%,2007年高等教育在学人数2 700万人,规模为世界第一,2015年高等教育在学人数3 647万人,国家教育事业发展"十三五"规划预期2020年高等教育在学总人数3 850万人,毛入学率50%。大学生不再是过去的天之骄子,许许多多的社会现状、个人现状都在发生巨大的变化。

一、当代大学生现状分析

(一)大学生现状分析

1. 平时不学习,考前靠突击

大学的学习方式和中学有着非常大的不同,主要以自学为主,是一种方法和思想的学习与交流。这种学习模式本应该是一种"平时在学习,考前轻松过"的姿态,但却成了"平时不学习,考前靠突击"的错误状态,甚至成了大部分学生大学时代的考试定律。学生们在课堂上迟到早退,上课聊微信、看视频、组团开黑、睡觉打盹等现象屡见不鲜,上课成为了一种形式,只要点名过了,其他一切都不再重要了。

2. 课余时间安排不合理

在大学生活中,经常会有学生表现出"无聊""不知做什么"。可为什么会无聊和不知道做什么呢?是大学生真的没有事可做吗?特别是对于刚上大一的新生来说,课比较少、学习压力较轻,以及处于专业知识的朦胧期,很多学生会感觉无所适从。闲暇之余,因为不会合理安排课余时间、没有合理的学业规划、职业发展规划和目标,就会浪费掉许多宝贵的课余时间。例如电脑成了男生的游戏机,成了女生的碟片机。根据编者与宿舍楼管老师的交流,目前宿舍的学生存在的一个现象是:每到假期,部分学生可以周末两天都不离开寝室,一天三餐全靠点外卖,两天都留在宿舍里看电脑。

3. 对网络、手机的过度依赖性

当今的大学生基本都是"95 后",他们从小学时起学习环境、生活环境就与电脑、手机有关。而且现在的社会到了移动互联网时代,各行各业也都在加快互联网化步伐,践行国家"互联网+"政策,所以手机和互联网成了大学生生活中很重要的组成部分。学生因此养成了许多行为都要在手机端完成的习惯,也就逐渐成了所谓的"低头族"。例如有的上铺学生和邻床同学说句话都要使用微信,而不愿直接开口。过度依赖手机与互联网是一定的生活与社会发展的必然性,但同时会对其他的基本要素有所丢失。其实,学校内有许多的社团组织,为学生提供了很好的锻炼平台和学习交流平台,人与人之间的交流,远比和机器的交流有趣得多。

4. 迷茫度日,盲目跟风

随着时代的变化,每名大学生都会或多或少地对毕业后的发展有过考虑,只是有的学生会在大一就开始规划,有的学生要到临毕业才会为之而着急。因此也会形成学校内常看到的不同类型学生的状态,甚至是对未来发展的缩影。所以比较常见的有"跟风型"的学生,看到学长学姐做什么、优秀学生做什么,就跟着学;"考证型"的学生因为对未来的迷茫,所以在大学时代为了给自己多加一些就业砝码,就误以为证书可以拯救自己,各种类型的证书,计算机、英语、会计、物流等数不胜数,能考的都考,别人考什么证书,我也跟着考,并没有考虑与自己的专业方向及以后的发展有没有联系;"瞎忙型"的学生会认为只要忙碌起来,没有荒废时间,就是好的。迷茫的表现多种多样,其核心的问题在于没有一个目标,没有合理的学业规划与职业发展规划。其实,知识的积累与能力的提高才是大学校园中真正应该获取的。

5. 日趋上升的心理问题

随着社会与经济的快速发展,社会的价值观念也在急剧的变化之中,大学生面临的来自社会、学校、家庭、生活、情感等各方面的压力也越来越大,心理也会出现不容忽视的健康问题,主要表现在以下几个方面。

1)无法适应环境

当今大学生的自我意识都比较强,不太善于适应集体,不懂得关心与体谅他人。由于在中学阶段家长希望孩子可以专心学习,家长扮演了全职人员的角色,除了让孩子学习,其他的事都不让做,进入大学后,部分学生生活不能自理的现象就体现了出来,他们难以适应大学生活,因而给学习和心理上造成很大的影响。

2) 人际交往障碍

大学是社会的缩影,大学生由于各种原因,在交往的过程中容易产生自卑、自傲、以自我为中心、恐惧、嫉妒、猜疑、羞怯、自私等多重人际交往问题。亚里士多德说过:"能独自生活的人,不是野兽,就是上帝。"在我们的生活中,每天都要接触形形色色的人,交往是一种表达自我、与他人进行沟通的良好途径。

3) 情感问题处理

亲情、友情、爱情,是一个人情感的重要组成部分,大学时代是特殊的成长时期,大学生会对爱情充满期望,认为爱情是最美好的,但同时也最容易受到伤害。许多大学生缺乏对爱情的正确理解与感知,很容易走入爱情的误区,饱受痛苦。同时也会有许多大学生过分地提高了爱情在情感中的比重而忽略了生命中更加重要的亲情、友情、师生情、患难情等。

4) 学习压力处理

许多大学生在高中时都是佼佼者,自我优越感很强,但上了大学后,身边每个人都是佼佼者,彼此实力相当,优越感的丧失使他们产生一种心理落差,无形中增加了他们学习上的压力,而且考试压力依然那么大,加上许多学生对大一的公共课程甚至自己的专业课不感兴趣,也会产生抑郁、厌学情绪。若在学习过程中缺乏正确的梳理和学业规划,以及制订了超越自我所能承受范围的目标,都会令自己处理不好学习的压力而出现心理障碍。

5) 价值观导向问题

当今大学生的价值观受社会不良因素的影响比过往学生更加明显,这些不良因素包括许多社会消极因素、错误的思想理念等,如功利观念、信仰危机、诚信与爱心的缺失、责任意识淡薄等。当然这与学校的教育也是息息相关的,例如国外的商学院培养的是企业领袖,我们的商学院培养的是富翁。

现在的大学生是"95后","00后"即将步入大学,他们自信张扬,特立独行,拥有强烈的自我意识;他们思维开阔,兴趣广泛,价值观念更加西化;他们普遍早熟,喜欢崇拜,自身承受压力的能力不足等。他们是一代格外需要关爱与照顾的大学生,他们是祖国发展的新生力量,他们需要更全面的培养,希望他们可以在大一时期就都拥有完善的职业发展规划与学业规划。

(二) 当代大学生特点

当代大学生正处于人生成长的重要阶段,这一阶段是快速走向成熟但却尚未成熟的阶段,也是世界观与人生观形成的关键时期。当代大学生与过往任何阶段的大学生都不同,是因为他们所处的时代经济与科技都更加发达,教育体系与师资水平更加先进,并且拥有更多的知识获取来源,拥有充斥各种信息的互联网工具等,因此当代大学生会拥有比过去大学生更多的思考、选择,从而能对未来进行进一步的探索。

1. 目标远大却能力不足

大学是学生从学校过渡到社会的关键阶段,每个大学生都知道自己即将走入社会,成为社会的组成部分。所以他们会关注社会问题和社会变革等,但是他们不具备也不了解许多现实问题所带来的信息,例如他们缺乏对我国国情、政策、各行各业发展趋势,改革开放的复杂性,世界经济危机等若干问题的思考。无论是在思考深度还是思考方式上,大学生都尚不具备相应的分析能力。

2. 拥有理想却深陷功利

由于当今的信息与知识获取便利,现在的大学生同以往的大学生比起来对未来的憧憬更加丰富,理想也更加务实。在个人理想与社会理想的关系上,当代大学生更注重两者的合理融合,大学生在这个年龄阶段思想与观念还不成熟,会把许多事情变得过于功利,例如为了获得某些组织的职位,私下巴结相关人员,以市侩的眼光对待同学关系等。

3. 智商较高情商却不高

现今社会的经济水平提高了,家庭生活水平也同比提升了,每个学生的身体成长、头脑开发都是在相对更优的条件下培养的。因此现在的大学生智商都不会很差,甚至普遍较高。从出台独生子女的政策至今,学生自理能力逐年下降,在中学阶段更注重学习、考试,在人际交往、社会实践方面自然有所减少,许多学生的情商水平、社交能力均不高。

4. 情感丰富却不够成熟

进入大学后,大学生旺盛的精力及大学相对自由的时间,使他们产生了许多不同的经历,同时也会伴随着一些矛盾和冲突,从而导致他们在满足自己的需要时出现某些不成熟的表现,甚至部分学生产生心理矛盾时情绪会变得强烈、暴躁。经常会有一些学生因为某些小事而使情绪或振奋不已,或豪情万丈,或意志消沉,或悲观丧气,缺乏冷静,情绪不稳定。也有部分学生当生活、学习碰到困难、挫折时会先想到家,产生较大依赖性心理与逃避性心理,出现抱怨,甚至走向极端。

二、引导大学生进行综合能力培养的正确方法和途径

(一)加强学校教育功能,培养大学生正确的核心价值观

大学的主要职责是教书育人,包括帮助学生树立社会主义核心价值观,帮助学生在价值取向中提高认知能力,增强社会责任感。

1. 加强思想道德教育、思想政治教育

将道德教育落到实处,提高学校道德教育的针对性、形象性和指导性。中共中央、国务

院发出的《关于进一步加强和改进大学生思想政治教育的意见》指出,加强和改进大学生思想政治教育的主要任务之一,就是以基本道德规范为基础,深入进行公民道德教育,以人为本,贴近实际、贴近生活、贴近学生,努力提高针对性、实效性、吸引力和感染力。

思想道德与人格的形成和完善,是通过思想道德教育与自我道德锤炼共同建设实现的。道德教育活动不仅仅是思想道德课上的事,学生们应持之以恒,让其渗透到各自的生活、学习中。如帮助和引导学生根据个人实际,制订个人发展计划,明确发展目标,把自己的发展成才和祖国的前途命运联系起来,增强其学习的主动性和坚持度。在把人看成完整生命存在的基础上,实现认知和情感的协调、融合,促成外在的教育与学生内在德性成长需要的整合,凸显道德教育的统摄性、全时空性、渗透性、实践性、主动性和内在性,才能体现道德教育的实效性和魅力。

2. 重视校园文化、校风建设

校园文化是一种管理文化、教育文化、组织文化,它的形成过程是一个内化的过程,是需要全体师生员工的认同和外界的认可。校风则体现在学校各类人员的精神面貌上,体现在学生的学风、教师的教风、学校干部的作风、各班级的班风上,还存在于学校的各种事物和环境之中。良好的校风(见表1-1)既是教育和管理的成果之一,又在教育和管理上具有特殊的作用,它有一股巨大的同化力、促进力和约束力,是一种精神力量和优良传统。以良好的校园文化和校风去教育与感染学生,培养学生良好的价值观念。

表1-1 不同学校及其校风

序 号	学 校	校 风
1	清华大学	自强不息,厚德载物
2	哈佛大学	让真理与你为友
3	剑桥大学	求知学习的理想之地
4	麻省理工学院	既学会动脑,也学会动手
5	斯坦佛大学	愿学术自由之风劲吹
6	芝加哥大学	让知识充实你的人生
7	宾夕法尼亚大学	毫无特性的学习将一事无成

拓展资料1-2

各国大学对大一新生的开学迎新文化

暑期结束,大学校园迎来新一批学生。大学生活对于他们来说,无疑是人生的全新阶段。如何将迈入校门前的兴奋、忐忑,疏导为拥抱新生活的动力和勇气?欧洲、北美洲和亚洲的高校有哪些独特的迎新文化?形式各异的迎新活动,折射出不同地域的文化特色,也饱含四海皆有的人文关怀。

大学是知识的殿堂,也是文化的熔炉。对即将走入大学校门的新生来说,入学仪式意味着人生将从此开始进入一个新的锻造过程。

每一所大学都是一个文化传播的场所,都有属于自己的文化,其中既有相同的元素,也一定会有不同之处。校园文化因传统、地域以及社会环境的不同而丰富多彩。对独特校园文化的追求和培育,总会让一些学校走在前面。

一、英国

英国的大学新生在入学之前,都有一周时间专门用来熟悉校园生活,这一周被称为"第零周"或"新生周"。

牛津大学是英国最古老的大学,超过800年历史的校园至今保留着很多悠久的传统,最著名的就是新生入学典礼。牛津大学的新生在初入校园之际,会被要求购买一套名叫Sub Fusc的服装,包括深色西装或外套、白色衬衣、黑色皮鞋、学生帽和黑色长袍。其中男生要佩戴白色蝶形领结,女生则是黑色领结。除开学典礼和毕业典礼等重要场合需要穿这套服装之外,考试以及院系的重要活动也需要穿着。

开学典礼可以追溯到中世纪,那时候的高校学生与所在城镇居民经常发生冲突,而校方为了保护学生,要求学生统一注册,便于管理。16世纪时,入学典礼成了牛津大学的一项固定仪式。新生在开学当日穿着规定的服装,进入被称为"牛津圣堂"的谢尔登剧院,聆听副校长的训导。作为传统,副校长一般都会先说一段拉丁文,确认所有新生成为牛津大学的正式一员,并要求他们遵守学校的规章制度,之后再用英文对新生致欢迎词。在牛津大学就读的中国留学生周雨枫告诉本报记者,典礼上学生们被教导要像历代牛津学生一样探索真理,让他深切感受到牛津大学是以一种尊重传统的方式带给新生荣誉感。

不同于英格兰地区,生活在英国北部的苏格兰人民性格更加热情奔放,文化的差异也使这里的大学迎新活动更加活泼多样。虽然尚未开学,但本报记者在爱丁堡大学学生会拿到了为2013年新生周(9月7日—9月13日)活动制作的小册子,足足有79页,超过700场的各类活动赫然在目,包括正式欢迎仪式、新生父母下午茶、新生之夜活动、城市观光,大大小小的讲座、研讨会、老生集市、乐队表演等,几乎涉及了能想到的一切活动。

爱丁堡大学学生会主席休·默多克得意地告诉本报记者,爱丁堡大学学生会现在专门有一个7人小组负责活动设计,在设计活动时,他们主要考虑的是让不同信仰、不同地区、不同种族的学生尽可能多地参与到活动中来,彼此认识和熟悉,并尽可能快地感受和了解地区的文化以及城市的方方面面。活动设计小组每年都会根据参加新生周的新生反馈,来决定是否延续某活动或制订新的活动方案。

去年刚刚参加过新生周活动的中国留学生马琳琳告诉本报记者,去年的活动手册也有52页之多,粗粗浏览一遍,有种分身乏术的感觉。她当时每天都参加4~5场活动,日程表非常满,但还是有很多活动没时间去。

默多克说,爱丁堡大学的新生周独具特色的活动是"城市观光",每天,老生志愿者都会带领新生,以20人为一组,环城游览,并为新生讲解城市的历史文化。环城游览不仅包括著名的景点,还包括博物馆、城堡、美术馆等,知名的餐馆、书店和酒吧也是不可错过的体验。

二、日本

日本的大学社团异常活跃,每年4月新生入学之际,大学里的各个社团为了吸引更多优秀的新生,都会使尽浑身解数"抢人",其激烈程度犹如竞选。庆应义塾大学四年级学生松尾一志,从作为新生和老生两个角度,向记者介绍了日本大学迎新活动最精彩的一幕——社团抢夺新生之战。

2009年4月，刚迈入庆应大学的松尾享受了新生特权，大二以后，作为老生的松尾每年都要辛苦准备新生欢迎会，以便抢夺更多优秀的学弟学妹加入自己的社团。

松尾回忆道，2009年4月，他怀着无比激动的心情参加了期待已久的庆应义塾大学开学典礼。当时，校园里有500多名学长学姐在等待新生，松尾等大一新生要进入礼堂参加开学典礼，必须穿过学长学姐组成的人群。没走几步，学长学姐就开始散发介绍社团的传单。进入礼堂时，松尾手上已经拿到了100多张传单。松尾在入学前即已选好了心仪的社团，看着手中一堆硬塞来的传单，不由感慨，日本的大学每个社团每年4月都要印刷500~1000张的宣传单，大多没用，这不是白白浪费纸张吗？

对日本大学的社团来说，向新生发放传单仅仅是第一步，想拉到优秀学生加入，还需要不懈努力。其中最好的方法就是举办聚餐，让新生免费参加。每个社团活动都会在涩谷和新宿等繁华街区举行，邀请新生吃饭，一边吃一边劝说新生入伙。松尾对新生竟然可以免费参加这种聚餐感到很吃惊。他说，大部分参加聚餐的新生还没选好自己要参加的社团，也不确定聚餐后是否会加入该社团。即使一些新生已确定了要参加的社团，还是会去参加各社团举办的聚餐，这样基本上在4月里每天都有免费晚餐。

2010年4月，成为了大二学生的松尾以学长的身份迎接新生。作为辩论部负责人，他从前一年12月就开始为抢夺新生大战做准备。松尾所在的辩论部为印制500张传单花费4万日元，4月为新生举办了五六次免费晚餐，又花费了6万多日元。松尾对记者说，为了抢夺更多优秀新生加入辩论部，前后共花费10万多日元，还是很心疼的。

三、美国

哥伦比亚大学（以下简称"哥大"）的迎新活动，在美国大学中较为典型。唱校歌、游校园、看宿舍、逛纽约、做入学心理辅导……这些乍一看是针对学生的开学体验，实则是哥大给新生家长安排的，目的是让他们感受校园文化，帮助孩子适应大学生活，从而获得学业成功。

一进哥大校门，身穿绿色短袖上衣的志愿者就会微笑着迎上来询问你的需要，学生和家长被分别安排到不同的地点进行注册。校园里到处是动感的音乐，志愿者组成的舞蹈队在主干道两侧"拼舞"，掌声和欢呼声不断。学校开通了家长热线，随时解答各种问题，帮助家长与学生了解大学生活所需，使家长彼此认识，甚至还向外州或外国家长推荐纽约好玩好吃的地方。

哥大为家长开办的"新生入学培训团"从8月21日持续到8月26日。家长在办理注册手续后，先由专车送到附近的家居用品超市购买宿舍用具，然后学校免费提供的搬运车以及志愿者会为新生搬运行李，家长也可进入宿舍帮助整理。随后，在专门的大厅有电信服务商和银行为学生办理手机卡和信用卡。来自俄亥俄州的肯·帕特尔的孩子将进入计算机专业学习，他已为孩子办好各种账户手续，孩子的床上用品则是直接从家里带过来的。

在办好这些手续后，家长就开始了自己的"开学之旅"，有各种课程可供他们选择：哥大历史和核心价值观、哥大关于饮酒的相关规定、国外交流学习机会及其申请办法等。记者选择参加了家长心理咨询课程和学生职业辅导课程。

家长心理咨询课程时长45分钟，专门给家长解答孩子离家后的心理变化问题。来自心理辅导中心的老师说，这就像放手让孩子自己走路一样，但这次不同的是，不仅孩子要成长，家长也要成长。大学开始，家长要鼓励孩子自己做决定，面对压力和竞争，学会恋爱和进行职业规划。一名学生家长难过地说,刚才跟孩子道别,孩子却说:"幸好没把家里的狗一起带来,否则的确很难说再见。"辅导老师说,这也是家长必须学会的一课——孩子已经有离开父母的预期和准备,尽管会有很多意想不到的"不习惯",但家长不必过度担心。新生入学后往往异常忙碌,家长需要给他们一定的空间,不要经常打电话,但要保持联系。辅导老师特别提醒家长,在与刚读大学的孩子联系时,多聊一些开放性话题,不要问诸如今天上午10点到下午2点你为什么不在宿舍等细节或责问性的问题。

学生职业辅导课程主要给家长介绍哥大本科生第一年可做的实习准备,以便他们鼓励孩子有选择地参加实习,接受现实考验。这些实习机会由遍布纽约各行各业的哥大校友提供。大学里还有就业指导中心,为学生们撰写简历和推荐信提供建议。

中午时分,学校为学生和家长提供免费午餐,全家一起坐在图书馆或大楼的台阶上享用,其乐融融。10月18日到10月20日,哥大还有一个"家长周",家长可趁此机会再到学校看望大一新生。

四、韩国

大学第一学期一般从3月开始,9月进入第二学期。8月末的高丽大学虽然没有本国新生加入,但有许多外国学生到来,大学为迎接各国留学生和交换学生而准备了丰富多彩的活动。

除了开学仪式、校长讲话等常规项目之外,学校专门有一个帮助外国学生适应新的学校生活的志愿者组织KUBA。这是一个伙伴组织,让1名韩国学生和2~3名外国学生组队,帮助后者熟悉学校的各种设施和项目以及韩国的风土人情。参与KUBA的都是高丽大学的在校本科生,只要有热情,有时间,有语言能力,就可参加。

KUBA负责人对本报记者表示,该组织与其说是帮助外国学生适应高丽大学的生活,不如说是在培养双方的友谊。这个项目从2002年开始,以学期为单位,现在已经开展了21期。

据高丽大学国际处负责人田明花介绍,今年高丽大学的交换学生有600多名,来自全世界37个国家和地区,而参与KUBA的有来自各个院系的200多人。

为了让交换生更好更快地融入校园生活,伙伴项目中的双方首先在食堂认识,短暂聊天后,韩国伙伴会带着交换生注册校园网络系统,以方便之后的选课、查分、使用无线网络、借阅图书等。注册好之后,伙伴项目会分组带着新生进行校园之旅,介绍各部门的位置和各地的传说,一个经典项目就是在图书馆大厅拼出各组的编号。然后,伙伴们会带着新生去电子市场办理手机业务。此外,交换生的学生证、当地身份证也由伙伴代劳办理。

李圭彬是哲学系大三学生,记者碰到他时,他正在帮交换生季莫费·萨洛辛买东西。李圭彬说,他参加KUBA就是为了多认识各国朋友,拓展自己的眼界。季莫费是来自俄罗斯圣彼得堡大学的交换生,他在出国前还有些担心,但现在有了一个当地人做伙伴,他也不再发愁难以适应这里的生活了。

正式开学后,KUBA会组织迎新晚会,韩国人的热情好客在此时展现得淋漓尽致。他们载歌载舞,让气氛活跃起来。而最能带动交换生集体荣誉感的,其实是高丽大学和延世大学9月份的"高延战"(延世大学称之为"延高战")。这是两所大学每年定期的校级体育竞赛,分为足球、篮球、棒球、冰球和橄榄球5个项目。赛场上的运动员在拼搏,看台上的拉拉队员也一点都不轻松,一场比赛几乎没有人会坐着看完,身着印有老虎校徽红色服装的高丽大学学生和印着老鹰校徽蓝色服装的延世大学学生整齐划一地呼喊口号,高唱加油歌曲,其兴奋程度不输运动员。外国学生一开始不太适应,最后也会融入其中,甚至更疯狂。

在感受韩国文化的同时,交换生还可以将本国文化介绍到这里来。每年10月份,各国留学生可以像世博会那样在各自的展区把最有特色的一面展示出来。

韩国在吸引外国留学生方面一直是不遗余力。2012年年底,韩国政府还发表了新的"学在韩国2020"规划,计划在2020年吸引20万名留学生。而2012年在韩的外国留学生人数已经接近9万。除此之外,韩国各大学还在努力引进国外的师资力量,同时拓宽大学英语的授课内容,这些都是为了提高韩国教育的国际化水平。

(资料来源:《人民日报》。)

(二)增强学生实践体验,提高大学生外在能力与内在素养

实践是检验真理的唯一标准,实践可以让学生把书本理论知识运用于实际生活中,做到理论与实际结合。并且只有通过大量的社会实践才可以有效地让当代学生走出去,走进去。走出过去以自我为中心的世界,走出整日低头看手机的世界,走出缺乏实战的理论世界,走出不敢说话的圈子世界;走进社会,接触社会,了解社会,融入社会。通过实践来提高能力与各项素养。

(三)梳理心理健康问题,消除心理障碍,形成健康价值观

大学生心理不健康是表现在多方面的。无论是表现在哪方面,都会对大学生及其周边的人造成不好的影响。帮助学生提高思想意识,学会自我认识,拓宽生活范围,增加人生阅历,打破自我封闭,积极鼓励社交等,通过这些方式减少学生心理问题的出现,同时也使学生意识到心理问题对自身成长和成才的不利影响。当出现心理问题时不能逃避,要敢于正视它,自己无法解决时,应该主动寻求帮助。如向亲人和朋友倾诉、向心理医生咨询等,以便对症下药,让自己早日从心理障碍的阴影中解脱出来。

> **拓展资料1-3**

哈佛图书馆墙上的20条训言

作为闻名于世的学府,哈佛大学(以下简称"哈佛")培养了许多名人,他们中有33位诺贝尔奖获得者、7位美国总统以及许多各行各业的职业精英。究竟是什么使哈佛成为精英的摇篮的?哈佛学子接受了什么样的精神和理念?这些问题吸引着成千上万的人去探知其中的答案。

哈佛图书馆墙上的20条训言似乎已经给出了答案。短短数语,引人深思,给人启迪。哈佛图书馆的20条训言如下:

(1)此刻打盹,你将做梦;而此刻学习,你将圆梦。

(2)我荒废的今日,正是昨日殒身之人祈求的明日。

(3)觉得为时已晚的时候,恰恰是最早的时候。

(4)勿将今日之事拖到明日。

(5)学习时的苦痛是暂时的,未学到的痛苦是终生的。

(6)学习这件事,不是缺乏时间,而是缺乏努力。

(7)幸福或许不排名次,但成功必排名次。

(8)学习并不是人生的全部。但既然连人生的一部分——学习也无法征服,还能做什么呢?

(9)请享受无法回避的痛苦。

(10)只有比别人更早、更勤奋地努力,才能尝到成功的滋味。

(11)谁也不能随随便便成功,它来自彻底的自我管理和毅力。

(12)时间在流逝。

(13)现在流的口水,将成为明天的眼泪。

(14)狗一样地学,绅士一样地玩。

(15)今天不走,明天要跑。

(16)投资未来的人,是忠于现实的人。

(17)受教育程度代表收入。

(18)一天过完,不会再来。

(19)即使现在,对手也不停地翻动书页。

(20)没有艰辛,便无所获。

哈佛的老师经常给学生这样的告诫:如果你想在进入社会后,在任何时候、任何场合下都能得心应手并且得到应有的评价,那么你在哈佛的学习期间,就没有晒太阳的时间。在哈佛广为流传的一句格言是"忙完秋收忙秋种,学习,学习,再学习"。

人的时间和精力都是有限的,所以,要利用时间抓紧学习,而不是将所有的业余时间都用来打瞌睡。

(资料来源:《哈佛图书馆墙上的训言》,丹妮·冯,北京理工大学出版社。)

课堂互动

以3~5人为小组讨论,每人讲出3个自己认为当代大学生具有的坏毛病,并在老师讲完本节后,以小组为单位回答并补充与课本不同的内容。

复习思考

在课本里提到的大学生的不良现状中,自己犯了几条?如已犯,该如何调整自己?

第三节　大学生学业规划

一个合格的大学生可以暂时没有职业发展规划,因为每个学生的思想成长和对未来的追求定位是不同的,但是学业规划却是每一名大学生必须拥有的。学业是大学生的立身之本,完成好学业,就有很高的比例获得好的职业,系统的学业规划可以明确自身的学习目标,对应合理的行动方向、行动时间、行动方案,让大学的每一天过得有价值。

从学校走向社会,大学生将会面对一个全新的世界,在这个社会里,使大学生能够立足的是其所选的职业,它不仅是生活的基础,更重要的是它能体现出每个人存在的价值。

调查发现,相当大的一部分大学生对自己的将来没有一个非常明确的定位,不知道自己将来要做什么。从学校走向社会,许多学生一开始根本没有考虑到事业发展会怎样,在找工作时只会看哪个单位的牌子大,或哪个单位能出国、哪家单位待遇高,而欠缺对自身发展问题的考虑。因此,进行学业规划,针对个人的特点,确立未来的发展方向,对一个人的一生来说,显得格外重要。但学业怎么发展,是有一系列科学讲究的,这个科学实际上就是生涯设计的过程或者方法。大学生要根据生涯规划理论与原则以及成功的标准,掌握正确的生涯设计方法,准确进行自我定位,合理规划人生,列出具体措施和日程,通过具有前瞻性的生涯设计,减少在人生路上的徘徊、犹豫,避免浪费时光,为主动迎接未来发展中可能遇到的挑战做好充分准备。

大学生制订学业生涯规划,有利于自我定位、自我认识、自我了解,明确自己的方向,明确自己的人生目标。他们在进行规划的时候,都会问:"我想干什么?我能干什么?现在准备什么?就业环境如何?"这样,就有助于在校生的个性化发展和创新人才的培养。个性张扬,而非"个色"发挥。在校生可以自己找点事情做,如自己对写作感兴趣并有一定的能力,可以试着写一本书。找出自己的特长,并发挥这种特长。因此,大学生及早制订属于自己的学业规划是十分必要的,而制订学业规划也需要遵循一定的原则,对自己的认识和定位是十分重要的。在全球化的竞争之下,每个人都要发挥出自己的特长。从事热爱的工作,这样的人才是最幸福和最快乐的人,他们最容易在事业上取得最大的成功。"知己"十分重要,"知彼"也是同等重要的。

一、学业规划的概述

学业规划是个人发展规划的一部分,以最有效率的方式获得实现自身人才价值的个人发展规划。指为了提高求学者的人生职业(事业)发展效率,而对与之相关的学业所进行的筹划和安排。通过对求学者的自身特点(性格特点、能力特点)和未来的正确认识,确定其人生阶段性职业(事业)目标,进而确定学业路线(专业和学校),然后结合求学者的实际情况(经济条件、工作生活现状、家庭情况等)制订学业发展计划,以确保用最小的求学成本(时间、精力、资金等)获得阶段性职业目标所必需的素质和能力的过程。简单说,就是通过解决求学者学什么、怎么学、什么时候学、在哪里学等问题,使求学者以最小的成本通过学习实现阶段性目标,从而提高求学者的人生职业(事业)发展效率,并实现个人的可持续发展。

(一)设计自己的规划:了解自己的需要,定心

刚步入大学的新生,缺乏自我约束力和自我管理能力,时间与精力很容易就处于浪费与荒废之中,甚至生活漫不经心,心态消极怠慢,很容易进入跟学业无关的琐事中,虚度大学宝贵时间。学生在设计一份学业规划之前,应先去了解自身情况,结合诸多因素,在充分了解自身的情况下,在放松自己之前,可以较快地定心,更好地重视现在,把握现在,集中精力、资源和时间,由"要我学"转变为"我要学"。

一份好的学业规划除了其定义的意义外,也可以使学生在实现自己的学业规划过程中,可以更有信心,更有勇气,更加了解自己,了解社会并实现自我完善。

(二)做好自己的规划:引导自己的成长,定向

学业规划所做的每一点都是实现未来目标的一部分,一份好的学业规划能够引导学生认识自身的个性特质、现有和潜在资源属性,让他们对自己的优势与劣势进行对比分析,树立明确的学业发展目标与未来职业理想,评估个人目标与现状之间的差距,运用科学有效的方法,采取切实可行的步骤和措施,不断增强自身的核心竞争力,实现学业目标与职业理想的双实现。

让学生从大一开始就了解自己的发展方向,并在大学期间为自己的目标而奋斗,而不是像过往的部分学生那样,到了临近毕业才开始想自己到底想要干什么、能干什么,可是已经迟了。

(三)明确自己的规划:管理自己的过程,定位

做好学业规划有助于自我定位。学生在不断了解自己,完善自己,发掘自身特点进而不断进行调整与修正的过程中,可以找出自己的兴趣领域、工作优势、相关资源等。然后知道自己能做什么,想做什么,有了清晰的初步定位,并为之而规划自己的大学学业,同时在学业的规划与管理道路中,通过实践与经历去审视、评估、选择自己的二次目标、最终目标等。

 拓展资料1-4

人与人之间的差距,是从大学开始拉大

(1)一个年轻人,如果在这四年的时间里,没有任何想法,他这一生,就基本这个样子,没

有多大改变了。

（2）成功者就是胆识加魄力，曾经在火车上听人谈起过温州人的成功，说了这么三个字，"胆子大"。这其实，就是胆识，而拿得起，放得下，就是魄力。

（3）这个世界，有这么一小撮的人，打开报纸，是他们的消息，打开电视，是他们的消息，街头巷尾，议论的是他们的消息，仿佛世界是为他们准备的，他们能够呼风唤雨，无所不能。你的目标，应该是努力成为这一小撮人。

（4）如果，你真的爱你的爸妈，爱你的女朋友，就好好地去奋斗，去拼搏吧，这样，你才有能力，有经济条件，有自由时间，去陪他们，去好好爱他们。

（5）这个社会，是快鱼吃慢鱼，而不是慢鱼吃快鱼。

（6）这个社会，是赢家通吃，输者一无所有。社会，永远都是只以成败论英雄。

（7）你问周围朋友某个词语，如果十个人中有九个人说不知道，那么，这是一个机遇，如果十个人中有九个人都知道了，就是一个行业。

（8）任何一个行业，一个市场，都是先来的有肉吃，后来的汤都没得喝。

（9）这个世界上，一流的人才，可以把三流项目做成二流或更好，但是，三流人才，会把一流项目，做得还不如三流。

（10）趁着年轻，多出去走走看看。读万卷书，不如行万里路，行万里路，不如阅人无数。

（11）与人交往的时候，多听少说。这就是上帝给我们一个嘴巴、两个耳朵的原因。

（12）记得，要做最后出牌的人，出让别人觉得出其不意的牌，在他们以为你要输掉的时候，这样，你才能赢得牌局。

（13）不要随便说脏话，这会让人觉得你没涵养，不大愿意和你交往。即使交往，也是敷衍，因为他内心认定你素质很差。

（14）买衣服的时候，要自己去挑，不要让家人给你买，虽然你第一次和第二次买的都不怎么样，可是，你会慢慢有眼光的。

（15）要想进步，就只有吸取教训，成功的经验都是歪曲的，成功了，想怎么说都可以，失败者没有发言权，可是，你可以通过他的事例反思，总结。教训，不仅要从自己身上吸取，还要从别人身上吸取。

（16）学习，学习，再学习，有事没事，去书店看看书，关于管理、金融、营销、人际交往、未来趋势等这些，你能获得很多。这个社会竞争太激烈了，你不学习，就会被淘汰。中国每年都有很多大学生找不到工作。竞争这么激烈，所以，一定要认识一点，大学毕业了，不是学习结束了，而是学习刚刚开始。还有，我个人推荐一个很好的视频节目——《谁来一起午餐》。

（17）如果你不是歌手，不是画家，也不是玩行为艺术的，那么，请在平时注意你的衣着。现在这个社会，衣着能表现出你属于哪一个群体、哪一个圈子。

（18）因为穷人很多，并且穷人没有钱，所以，他们才会在网络上聊天抱怨，消磨时间。你有见过哪个企业老总或主管经理有事没事经常在QQ群里闲聊的?

（19）无论你以后是不是从事销售行业，都应看一下关于营销的书籍。因为，生活中，你处处都是在向别人推销展示你自己。

（20）平时，多和你的朋友沟通交流一下，不要等到需要朋友的帮助时，才想到要和他们联系，到了社会，你才会知道，能够结识一个真正的朋友，有多难。

(21)如果你想知道自己将来的年收入如何,找你最经常来往的六个朋友,把他们的年收入加起来,除以六,就差不多是你的了。这个例子,可以充分地说明一点,物以类聚。

(22)不要听信身边人的话,大一不谈恋爱,好的男孩就被别人都挑走了。想想,刚上大一就耐不住寂寞,受不住诱惑,而去谈恋爱的男孩子,值得自己去珍惜吗?大学里,可以有一场爱情,可是,不要固执地认为,大学期间就必须要谈恋爱!

(23)大学里不是一定要经历恋爱的,除了恋爱,还应该有其他更值得自己去做的事情,比如,去参加一些兼职或在校内代理一些东西,去图书馆多看一些书,可以的话,去组织并领导一个团队,做点有意义的事情。

(24)关于爱情,有这么一句话,没有面包,怎么跳舞?无论什么时候,你决定去好好爱一个人的时候,一定要考虑你能给予他(她)的最好的物质生活。

(25)给自己定一个五年的目标,然后,把它分解成一年的、半年的、三个月的、一个月的。这样,你才能找到自己的目标和方向。

(26)无论什么时候,记住尊严这两个字。做人,要有尊严,有原则,有底线。否则,没有人会尊重你。

(27)如果,我只能送你一句忠告,那就是,这个世界上没有免费的午餐,永远不要走捷径。

(资料来源:大学生励志网。)

二、学业规划与职业发展规划的关系

学业规划与职业发展规划同属于个人发展规划,学业规划是职业发展规划的前提与基础。前者指规划主体为了高效地获得职业或事业平台而对学业所进行的筹划和安排,它的目的就是迅速有效率地获得适合于自身发展的知识并提升自己的能力,所以更强调所学所长与所需所得的匹配,以最大限度地提高自身的核心竞争能力,为后期顺利地获得职业发展奠定基础。后者则是在为了获得职业或事业平台的基础上,以最有效率的方式实现自身人才价值最大化的个人发展规划,也就是对自己职业或事业发展路线所进行的筹划与安排,它所规划的人生发展阶段从找到适合于自身发展的职业或事业平台到退休为止。学业规划目的是实现人才成长的最大化,而职业发展规划的目的则是实现自身的人才价值以进行职业人生发展。显然,在这两类不同的个人发展规划中,学业规划是职业发展规划的基础,职业发展规划是学业规划的升华。因此学业规划对人生的发展更具有全局性和长远性的战略基础意义,而职业发展规划则融合了战术性的战略布局。在制订自己的学业规划之前,我们可以了解和处理好如下四种关系。

(一)学业与专业的关系

热爱自己的专业,不同的专业决定不同的学习内容,但却不一定决定未来的职业方向。

专业学习是学业规划的重要部分之一,珍惜自己的专业,学得其所,掌握专业知识、专业技能和相关能力,培养自己的专业素质。

(二)学业与职业的关系

职业多种多样,学业规划可以与之相匹配。通过合理的自我分析,可以用学业规划去适应与筛选匹配的职业,并为之后的职业发展规划做准备。

(三)学业与事业的关系

学习是我们获取事业前的知识准备阶段,事业的发展与学业有着紧密的关系。在学习的过程中,充分认识学业在国家建设和社会发展中的意义、作用和发展前景,立志献身其中,在工作中充分实现自己的个人价值。

(四)学业与就业的关系

学业决定就业,就业是学业的目标之一。以就业为导向的学业会更加精准、务实,有利于大学生对职业目标的制订和对职业发展的规划。与此同时,就业也是衡量学业成就的重要标志。

三、制订学业规划

学业规划不像职业发展规划那样需要考虑众多因素综合测量,它一般来说只需要了解自身情况和毕业去向就可以有一份基本的学业规划,因为重要的环节在之后的职业发展规划上面。我们从以结果为导向倒推学业规划的方法中分享以下四种类型。

(一)进修考研

许多大学生为了提高自身的竞争力,把升学作为毕业后的首选道路。在这条道路的选择上,有相当大比例的学生是属于"无意识"的选择,他们并不知道自己考研的意义是什么,是否符合自己的人生发展规划,他们对自己未来的发展是模糊的。以下总结了一些学生选择考研道路的原因。

1. 学术追求

对所学专业"入迷",愿意继续研究下去,期待在学术上有所建树,这也是研究生本来的含义。

2. 改换专业

对原本所学专业就业前景不看好,希望通过考研获得一个重新选择就业的机会。

3. 加砝码

人才是未来的趋势,多一份学历在职场中总是一份保障。

4. 学历情结

为了升学而升学,其中许多人是背负着父辈的期望的。

5. 逃避就业

可能是对就业的逃避,也可能是对进入社会的逃避,而且认为自己还小。

为准备考研,在不同阶段应达到以下要求。

大一阶段:以适应大学生活为主,以打好专业基础为主,以培养学习习惯为主,学好专业课程与通识课程,深入了解专业,提升专业素养。

大二阶段:结合专业学习,有针对性地为升学进行专业方面的准备,打下扎实的专业知识基础,多向老师请教,与学长学姐交流,以获取经验。

大三阶段:升学准备白热化,强化英语、政治科目的学习,掌握科学的学习方法,制订一套适合自己的学习方法。

毕业阶段:巩固和强化阶段,切合实际,不宜盲目草率,不宜想当然,在报考过程中多了解导师,应向前辈打听相关的消息等。

(二)出国深造

出国留学不仅可以开阔视野,还能给自己提供一个学习新东西、新理论的机会。但出国留学要注意留学的意义和效果,切忌盲目出国,不考虑留学的国家、学校、专业等,也没有想过留学对今后的职业发展会产生什么样的影响。不要抱着"能出去,学什么、去哪儿学不重要"的错误态度。

留学要充分考虑好国家、专业、奖学金、职业发展、家庭状况、语言等诸多要素,避免留学归来后"海龟"变"海带"。一般而言,一旦确定留学的目标,就可以做以下几方面准备:

(1)确定留学国家,选择合适的课程攻克语言关,多练习听说读写,杜绝哑巴英语;

(2)搜集相关信息,准备申请材料,逐步确定申请的大学和专业;

(3)参加语言测试;

(4)申请学校;

(5)申请留学签证。

(三)社会就业

就业即大学生毕业后直接选择社会就业,而就业成功的关键就是核心竞争力。核心竞争力是由制订的学业规划和职业发展规划共同来实现提高的。在学业部分,以提高自身综合素质、专业相关知识、开发自己的潜能为主。实现大学几年的学业规划,如同一个不断攀爬"金字塔"的过程,不同年级都有不同的阶段性目标与任务,大学生在学习的不同阶段,针对学业能力及职业发展应制订有针对性的规划。

大一阶段:适应大学生活,树立规划意识。积极向学长学姐请教经验,参加集体活动,建立人际关系圈,关注辅修专业和第二学位等,保证较好的学习成绩和丰富的知识的获取。

大二阶段:培养综合素质,虚心请教师长,根据自己的发展意愿确定主攻方向,建立合理的知识结构,注重专业能力的培养,进行语言、计算机等工具性能力的培养,适当加入学生会或社团,培养自己的组织协调能力和团队合作精神,提升自己的综合能力。

大三阶段:提升求职技能,做好就业准备,加强专业知识学习的同时,取得与职业目标相关的职业资格证书。增加兼职与实习机会(职业针对性),积累对应聘有利的实践经验。扩大校内外的社交圈,例如与校友、职场人士进行交往。提前参加校招,与用人单位进行沟通,学习求职技巧,学会制作简历、求职信,了解面试技巧和职场礼仪。

毕业阶段:充分掌握就业资讯,实现毕业目标。留意学校就业中心的通知和其他重要的招聘渠道,不要遗漏关键的招聘信息。登录招聘单位网站或通过咨询、访谈等方式,了解招聘单位的相关信息,为面试做好准备。

(四)自主创业

当前是我国创新创业的蓬勃发展阶段,是当下最适合创业的一个时期。越来越多的大学生也加入了自主创业的大军中。创业是有风险的,不是单纯的理想和梦想,年轻人开创的事业要想真正生存下去,得到稳定经营和有效发展才是关键。所以在选择创业之前一定要认真地评估自己是否适合创业,能对创业保持多长时间的激情与稳定经营,身体与精神状态能否支撑自己创业,家庭成员是否支持自己创业,自己能承受多大的创业风险等。

如果选择了自主创业的道路,就要在学业规划阶段里刻苦学习对创业有利的专业知识,加强社会实践,提高社交人脉,向专家与行业咨询,了解相关法规政策。

课堂互动

以3~5人为小组讨论,每组成员分别假设自己以考研、出国、就业、创业为目标进行学业规划,各自发言,最后请整合全体成员的内容,并派一名小组代表面向全班进行分享。

复习思考

做一份自己的学业规划计划书,包含目标、自我分析和每学年的详细计划。

第二章 专业与职业发展

第一节 大学的专业概述

一、专业的概述

(一)专业的含义

专业是"高等教育培养学生的各个专门领域",是大学为了满足社会分工的需要而进行的教学活动。这在一定程度上揭示了专业的本质内涵,表明了专业的范围、对象和功能,而"专门领域"是大学区别于其他层次教育的特征之一。

从大学的角度来看,专业是为学科承担人才培养职能而设置的;从社会的角度来看,专业是为了满足从事某类或某种社会职业而必须接受相应的训练需要而设置的。因此,从人才培养供给与人才培养需求上看,专业是人才培养供给与需求的一个结合点。

西方国家认为专业即是不同课程的组合,或者说是不同的课程计划。英文中的major指一系列、有一定逻辑关系的课程的组织(program),相当于一个培训计划或课程体系。

因此,东西方对"专业"概念的理解是不大相同的。西方国家专业的划分只是对高等学校专业人才培养结果的一种统计归纳;专业的划分对所培养的具体人才的知识能力结构几乎没有影响;专业的设置往往取决于社会的需要与可开设课程科目的均衡。只要学校能开出必需的课程组合,而且社会有这方面的需要,就可以设置新的专业,专业设置有很大的灵活性;专业之间的界限也比较模糊,学生变更专业相对自由。而在我国及苏联国家,专业划分发挥着一种很强的管理上的规范功能,规范着高等学校的专门人才培养的口径和领域,因而也直接关系到所培养人才的知识能力结构,专业的设置往往要围绕规定的学科专业划分口径进行,当市场需求发生变化时,需要对整个学科专业进行调整,具有一定的难度,专业界限也比较泾渭分明,学生变更专业较为困难。

（二）专业目录

改革开放以来,我国共进行过四次大规模的学科目录和专业设置调整工作。第一次修订目录于1987年颁布实施,此次修订解决了当初专业设置混乱的局面,专业名称和专业内涵得到了整理和规范;第二次修订目录于1993年正式颁布实施,此次修订重点解决专业归并和总体优化的问题,形成了体系完整、统一规范、比较科学合理的本科专业目录;第三次修订目录于1998年颁布实施,修订工作按照"科学、规范、拓宽"的原则进行,改变了过去过分强调"专业对口"的教育观念和模式;第四次修订目录于2012年颁布实施,新增艺术学门类。

2012年版《普通高等学校本科专业目录》的学科门类与国务院学位委员会、教育部2011年印发的《学位授予和人才培养学科目录（2011年）》的学科门类基本一致,分设哲学、经济学、法学、教育学、文学、历史学、理学、工学、农学、医学、管理学、艺术学12个学科门类。新增了艺术学学科门类,未设军事学学科门类,其代码11预留。专业类由修订前的73个增加到92个;专业由修订前的635种调减到506种。其中哲学门类下设专业类1个,4种专业;经济学门类下设专业类4个,17种专业;法学门类下设专业类6个,32种专业;教育学门类下设专业类2个,16种专业;文学门类下设专业类3个,76种专业;历史学门类下设专业类1个,6种专业;理学门类下设专业类12个,36种专业;工学门类下设专业类31个,169种专业;农学门类下设专业类7个,27种专业;医学门类下设专业类11个,44种专业;管理学门类下设专业类9个,46种专业;艺术学门类下设专业类5个,33种专业。

将这506个专业分为基本专业（352种）和特设专业（154种）,并确定62种专业为国家控制布点专业。特设专业和国家控制布点专业分别在专业代码后加"T"和"K"表示,以示区分。

二、专业设置的原则

专业设置是高校立校之本,专业设置既反映了社会对人才的整体需求,也体现了高等教育的育人理念。教育部制订了"需求导向、条件保障、规模适度、持续建设"的专业建设规划原则,在此建设规划原则下,高校可在一定范围内自行设置专业。然而大学设置专业应掌握哪些原则？换言之,如何科学合理地设置专业,使之健康持续地发展,从下文的分析中可以得到一定的启示。

（一）效益原则

市场经济下,大学要解决生存问题,然后才能讨论发展问题。效益是大学生存的根本,在专业设置时,首先要考虑的是市场需求和办学成本,一方面是需要有一定规模的招生数量,另一方面是专业开设的成本问题,成本来源于多方面,人力、物力、财力均是成本来源,超出能力之外开设专业是不可取的。

(二)质量原则

在任何情况下,专业的质量是专业设置过程中最应受到关注的。大学所追求的效益,既包括经济效益也包括社会效益。社会效益体现了大学的育人功能,能够发挥大学社会效益的则是大学的办学质量,办学质量最直接的体现则是专业开设的质量,因此,在专业设置时,必须考虑的是专业质量,关注专业建设过程,保障各种软硬件设置的提供。

(三)需求原则

按需设置是专业设置的原则之一。社会需求信息的获得和分析依然是高校专业设置的基础。当今世界的环境在快速变化,社会不断产生新的需求,原有的需求也会发生变化,这是学校进行专业设置的时候必须去捕捉的。尽管处于微观状态的高校所能研究的社会需求范围、视角有限,但是在设置专业的时候,仍然要对所处的地理区域、专业领域进行相关专业的社会需求信息的调研、收集和分析,并根据毕业生的就业信息,人才市场对人才培养规格及质量要求的变化对专业结构进行适时调整、优化。

(四)特色原则

高校专业设置需要一定的错位发展。市场追求"人无我有,人有我优","人无我有"具备了提高经济效益的前提,"人有我优"解决了质量问题,当这两条都难以实现时,专业设置时则要考虑"人优我特"。所谓特色,主要通过学校的办学定位、人才培养目标的定位及特点等方面体现。学校特色是在长期办学过程中逐步积累、凝练而成的,体现在办学的理念、育人的模式、教学的内容与过程以及校园文化等方方面面,而专业,尤其是重点专业、特色专业,则是学校办学特色体现得最明显、最集中的载体。重点专业、特色专业是学校的支柱和窗口,是学校创建品牌的着力点,在增强学校吸引力、提高学校知名度等方面具有重要意义。根据优势设置并培育具有特色的专业,既能满足当地社会的多样化需求,也是学校差异化发展的路径之一。

(五)服务地方经济原则

专业建设是为国家及地方经济发展培养高素质人才,办学体制的属地性决定了院校专业设置必须遵循对接地方产业、服务地方经济的原则。专业应按照地方产业技术领域和相应岗位的实际需求进行设置,并处理好社会需求的多样性、多变性与教学工作相对稳定性的关系。

(六)前瞻性原则

随着科技水平不断提高,经济社会稳步向前,新职业和新岗位不断涌现,同时,也存在一些职业和岗位慢慢萎缩、惨遭淘汰的现象。前瞻性就是以现有经济社会、产业结构、知识技能为背景,探索其发展的规律,预测其未来的走向,然后设置新专业,培养掌握新知识、新技能的人才,找到时间上的最佳结合点,如互联网类专业。所以,各高职院校应时刻关注经济社会发展动态,随时掌握产业结构变化趋势,准确预测专业发展态势,及时设置新专业,唯有如此,才能领先他人一步,胜人一筹。

三、专业的学习意义

专业是大学生和大学的直接交集,不管这个专业学习难度有多大,不管是不是自己所选,都应该去珍惜这个专业的学习机会,专业知识是毕业后进入下一阶段时所必需的基本技能,也是对大学所学成果的一个检验,对于绝大多数学生来说,大学时代的专业知识和技能就是就业之后的知识与技能的基础。

不要让你的专业成为你的包袱,而是让它成为你发展的基石,在掌握自己的专业的基础上,根据学业规划、职业规划去整合更多的资源。根据专业与社会的结合,专业可以按照功能分为以下五种类型。

(一)行业型专业

该专业名称就是行业,一看就知道学完以后可以进入哪个行业。这类专业学习范围广,有较大的选择空间,所以学习这类专业的学生需要通过职业发展规划去了解与规划自己的职业发展,在就业时可以从较多的细分方向中做出适合自己的选择。

(二)工具型专业

该专业是工具类的专业,优势是具有一项技能,而难点是在于选择行业,所以工具型专业的学生更注重通过好的职业发展规划为自己选择一个适合的行业,从而获得事业的可持续发展。

(三)研究型专业

研究型专业适合研究学习,也很适合一路读到博士,最终进入大学或研究所继续研究。因为这类专业的社会性不强,如想毕业后转行、进入社会,则要早早进行自我的职业规划,多接触社会实践和其他专业知识。

(四)职能型专业

这类专业是为企业的工作职能而设定的,这类专业的学生的职业规划相对简单,如果明确路线,则主要精力就在于深度的培养,如果明确转行,则精力就在于新技能的学习了。

(五)鸡肋型专业

有些大学因为盲目地扩招或没有考虑社会发展需要而开设了一些比较尴尬的专业,这类专业的学生可以以自身的职业规划来合理地对待专业。

课堂互动

以3~5人为小组讨论,你如何理解自己的专业?然后整合组内全体成员的内容,并派一名小组代表进行分享。

复习思考

仔细调研,了解自己的专业,了解所学专业在学校及社会中的地位。

第二节 专业与职业发展

没有绝对的好专业,也没有绝对的坏专业。

在现在的社会,从学业或者就业的角度,许多学生、学生家长会有一种学什么就会就业什么的观念,所以过分地看重专业学习,而忽略了许多综合能力的学习。大学主要是对综合素质和学习能力的培养,专业的选择对个人发展并无大的影响,只要综合素质强,随便什么专业都可以成功,这是许多职业规划专家都认同的看法。条条大路通罗马,成功的道路千万条,但须知这其间必然有最短的一条,那么学业规划是寻找这最短的一条的,即以最小的代价和投入实现自身的职业理想。再则,职业发展规划也并不是只有职业目标(理想)就行了,还要依靠从现实到理想那切实可行的路线支撑,这样理想才能比较容易实现。

当然,现在的社会也会有许多学生、学生家长认为专业学什么都不重要。这是一种比较不切实际的考虑问题方式,并没有脚踏实地地思考。因为实现理想的道路不是一蹴而就的,在进入社会的时候,无论如何都需要有针对性的积累,而假如没有擅长与掌握的专业知识,将会很难胜任一份工作。

那到底什么是好专业?这一问题的答案会有很多种,对于国家来说,能够满足经济社会发展的专业就是好专业;对于专业设置单位来说,能够有广泛社会需求、招生数量多的专业就是好专业;对于家长来说,能够在毕业之后找到一份好工作的专业就是好专业,现实却是:你学哪个专业可以轻松就业,会被用人单位抢着要?几乎没有。在一个人才高消费时代,没有哪一个专业是绝对的"香饽饽",多数人在毕业后遭遇到"理想很丰满,现实很骨感"的就业落差。对于学生来说,能够和自己的兴趣爱好相投、毕业后有发展前景的专业就是好专业。专业是否适合是选择专业的关键因素。因为专业和人种一样,没有天然的优劣之别,只要你能施展一技之长,即使报考"千万别报"的专业,也会迎来锦绣前程。

所以在大学里是没有绝对的好专业和绝对的坏专业之分的,因为一切"事在人为"。在自己合理的职业发展规划下,在自己努力经营的大学生活中,无论你选择了一门怎样的专业,都可以创造出一个美好的将来。

一、专业与职业发展的关系

不同专业的学生拥有从事对应职业的基础理论和技能,会拥有进入该职业的准入条件,但不意味着一定可以进入这个行业,以及从事这个行业就可以获得一份良好的职业发展保障。同时,大学所学专业也不意味着该专业的学生不能够跨行业选择工作,一切的发展都以自己的发展道路为主,以自己大学时的职业发展规划为参考。一般专业与职业的关系有以下三种。

(一)一对一关系

此类情况相对常见,一个专业方向对应一个职业目标,这类专业培养目标单一、明确,此类专业的技术含量比较高,也比较单一,它属于职业规划中比较简单的一种态势,所学专业就等于既定目标,是各种规划路线中成本最低的一条,这类专业和职业一般都适合于专业技术人员。

(二)一对多关系

这类专业一般都存在于普通高校中,人们常说的宽口径、厚基础就是指这类专业。它们所对应的职业目标有多个,从职业的人格特征来看,许多都对应了两种以上,甚至六种人格类型的职业都有涉及。比如经济学专业,从职业人格来看,它可以对应研究型人格职业比如经济学研究,也可以对应管理型人格职业比如企业管理者或新闻记者,还可以对应艺术型人格职业比如营销策划,甚至可以对应事务型人格职业,如企业信息管理等。这样一来,先确定适合于自己发展的职业目标,再做好专业方向的学习会更适合,这里要注意的是确定职业目标时一定要考虑自我心理分析模块,并根据多模块的分析结果进行规划。

(三)多对一关系

多种专业都可以发展到某一种职业,这类职业一般属于管理型人格的职业。比如新闻记者,比如政府公务员,比如营销主管,等等。这种类型也是适合于先确定职业目标后确定专业方向的情形。

二、专业学习的影响

大学期间的专业学习对学生未来职业发展的主要受益影响体现在实质与思想两个层面:在实质层面,无论学生毕业后是否从事与专业所对应的就业,大学专业学习都可以为学生提供一项可以加入社会竞争的基本技能、基本知识理论,有助于其求职或在某些相关领域时使用;在思想层面,带给学生的是一个影响深远的工作思维习惯,例如,一个理工科学生进入大学前本是非常活泼的性格,但是经过多年的专业学习后,该学生的思维会变得务实,具有数学化思维等特征。所以专业学习带给学生思想层面的影响,有时是最大的,是可以影响到一个人一生的思考方式。

(一)专业锻造独特思维

例如历史系的人比较理性,读史让人对历史的脉络非常清晰,有的人喜欢总结和提升某些概念性的东西,但也有人特别善于挖掘历史中的偶然性,体会奇闻趣事的乐趣。二月河的清廷系列历史小说、网络热捧的《明朝那些事儿》似乎都充满了感性魅力。一位从事会计工作的历史学毕业生感慨道:"学历史带给我的踏实和执着,非常符合会计师事务所对员工的要求。"有人说中文系的人特别感性,习惯于陶醉在文学幻想中,不过也有人从传记文学中体察到了人与人之间关系的复杂微妙,在诸子百家中体会到了人生哲理和管理哲学。不要一想到文学专业,就觉得只是诗歌、散文等纯文学样式。文学不仅是一种艺术形式,更是一种思维方式,让我们不仅会享受到独特的审美愉悦,而且在对人物、局势的把握和掌控上可以多角度地考虑,犹如小说叙述方式中的多元空间和全景呈现,从纷繁的事物中将最重要的抽离出来。这种优势在任何行业、任何岗位中都会有施展的空间,这是学中文专业最有价值的地方。专业是一种启蒙式的思维方式,能让我们学会确立思考角度,当专业与人生的经历相结合时,才对人产生影响。专业给我们提供了一种思维方式,也养成了每个人独特的思想特点。水均益的沉稳干练,与其哲学系专业素养不无关系;杨澜拥有睿智的语言天赋,美国哥伦比亚大学比较文学的熏陶为其助力。也许一个经济学科班出身的人最后既没有从事金融业也没有从事商业,但是在为人处世方面和进行决策的时候肯定会不自觉地运用经济学思想指导:注重机会成本,做出选择的时候总要衡量放弃另外一个选择所耗费的代价;讲究效率至上,追求边际效果最大化;善于做比较和竞争性分析,利用博弈的思想解决复杂的问题……管理学的人都喜欢谈论组织结构,新闻学的人重视宣传的力量、口号的力量,社会学的人有强烈的集体观念和社会人概念。也许我们并不会把自己的专业挂在嘴边,但是却会在脑海中深刻地打下相关烙印。

(二)专业秀出人格魅力

曾有一位教育学名师在自己的公开课上,开堂第一句话就介绍自己是中文系出身,然后开始在黑板上写出"师""学""教"等字的繁体、篆书、甲骨文。学生们会对这位老师留下深刻的印象。一种简单的开头,却带来了不同寻常的个人魅力传递效果。看看汉语言专业的课程设置,训诂学、方言学、家谱学、汉语史、古籍文献学等课程让人很容易看一眼就头疼。许多学校把汉语言文学、对外汉语和汉语言放在同一个学系下面,三者相比,汉语言的基础最扎实,本科阶段所接触的专业知识也最精深。正是那些艰深晦涩的课程让汉语言专业成为三者中的职场黑马:许多出版社(尤其是古籍类)、各大图书馆、档案馆、语言文字工作机构每年都会来学校招汉语言专业的毕业生。现代社会讲究人际沟通,如何与陌生人接触并吸引对方注意,如何在公共环境中既保持协调又能凸显自己的魅力,专业背景就起到了非常重要的作用。"求同存异"是现代社会人际交往所重视的原则,如果不能亮出自己,很难展现自己的锋芒。许多成功人士都会自豪地说我是某某专业的毕业生,该专业可能与现在所从事的行当并无必然联系,而这种差异感正好增加了个人魅力和引发周围人的谈话欲。试想一个哲学系的毕业生最后成为中国最大的民营企业掌门人,将留下多少话题。专业不仅给我们带来知识,更重要的是给我们一面亮明自己标签的旗帜。许多学校开设了第二专业,经济、法律、会计、计算机是选修人数最多的,但近几年来,中文、历史、国际交流等专业逐渐升温,许多同学表示,能够让自己学到有特色的知识,能够让自己与众不同,才是有助于自己未来发展的秘密武器。也许一开始并不喜欢现在的专业,也许只是被调剂而进入某个专业,但每个专业所蕴含的丰富养分都足以让人"上瘾"。根据对复旦大学转专业的相关调查,递交转专业申请的同学中最终只有为数不多的人离开了本专业,而放弃转专业的同学80%以上都是因为学了一年渐渐对现在的专业产生了好感,在专业学习中发现了新的自我。

(三)专业撬动职场大门

专业不能给我们提供任何进入某个行业或者从事某个职业的保证,但是却可以为我们打开一扇通往某个职业目标的大门。首先,已经毕业的师兄师姐会为新人带来成长的榜样效应。许多学校都会请已经毕业并且学有所成、业有所成的学子做报告、分享经验;同专业的校友会把师弟师妹推荐到相关公司做实习,提前进入某个行业体验实践工作;在某个行业,某个学校的毕业生形成了良好的口碑,也会对用人单位起到比较正面的影响和引导效果。其次,相关专业知识为进入某个行业打下基础。除了会计专业、财务管理专业的学生,证券行业最喜欢招收哪个文科专业的学生?答案是心理学!基本上各大证券公司招收管理层的研究人员时所列的专业都与数学相关,唯独心理学是个例外。许多行业的入门专业并不都是同学们脑海中的模糊印象,一些专业知识的应用范围其实很广泛。如果没有其他光环,专业对口确实对初出茅庐的新人进入职场起到比较好的推动效果。最后,合理规划,可以让专业背景更加吸引人。学经管的同学从事新闻传播,专门报道财经类消息,做财经评论,进入"第一财经"或者专业类经济媒体;学中文的同学进入广告公司,从事文案创作和产品包装,每天都要绞尽脑汁地想出配合画面的漂亮广告词;学社会学的同学从事市场调查;学教育学的同学从事人力资源……专业打开的门并不仅仅是一扇,选择哪个方向,还得靠自己去慢慢摸索。

(四)专业打造美好未来

专业可以使我们的人生更美丽,专业性的人生,也许就在不同专业的排列组合间进行。曾有一位同学,本科读的是哲学,硕士读的是管理哲学,后来考了管理学的博士,现在在某公司担任研究部的主管。从纯文科跳转到管理学,他原本的发展目标是做一名学者,而现在则投身商界,成为知名企业的管理人员。人生的每个十字路口都会面临专业去向的选择,一位学英语的女生总是为选择哪个方向继续深造而苦恼,自己并不想继续从事文学研究。后来她凭借优秀的英语成绩,申请到了美国某大学教育学硕士,在美国期间,又凭借良好的语言优势考取了美国律师资格。若干年前还在为"英语只是工具"而苦恼的她,现在已经成为华尔街某知名律师事务所的律师。专业选择,贵在坚持,专业的冷热会随着时代发展而不断演进。上海浦东新区年薪十万公开招聘社会工作人才,需要应征者有社会工作专业知识,外语过关,有相关工作经验,许多社会工作专业出身的毕业生因为改行而觉得很惋惜。思想政治教育专业的毕业生近几年很多都进入烟草等大型垄断企业,待遇和发展都不错。立足本专业,才能一步一个脚印地走向成功。香港英皇金融集团证券部某高管的专业是历史学,学历史的人对信息的变动格外敏感,尤其是体会细微信息的敏感性,谁都不会想到一个缺乏坚实数学基础的人竟然可以在证券行业做得风生水起。学什么,不一定要做什么,但却可以从前一个步骤中汲取营养。经济学家林毅夫本科读的是农业工程,后来考取的是企业管理硕士,其工科背景和管理学思想对后来从事经济学研究带来极大的益处。专业没有最终定数,终身选择一个专业的人并不多,但前一个专业却可以为将来的发展打下基础。

专业学习是一个自主的过程,掌握各种不同门类的知识和研究方法,就好比熟练地把玩各类乐器,学以致用,才能让身心得到安慰,体会人类智慧之美。就算枯燥的专业学习,就算是看上去不那么实用的专业,就算是看似"冷门"难懂的专业,就算是"艰苦"的专业,我们在了解其真正特质后,也能结合自身,真正地想去了解它,学习它,应用好它,最终就能发挥专业的最大价值。

三、专业发展衍生思考

大学期间我们所学的专业对应到职场上更多的是一种职业方向,而社会一直在发展,在发展的同时,分工与配合越发显得重要起来,现今的社会更普遍的是协同劳动,各部门、各组织、各个员工协同完成一件事情。所以我们需要了解与自己专业及职业相关的专业有哪些,而这些专业又在哪里,要从本系、本学院、本学校、本城市等入手寻找。

有时在社会上或特定时候,条件不允许我们去找到协同的组织或个人,可能更多的时候要靠自己独立去面对,而如果只懂得和依靠自己所学专业,是无法面对和解决问题的,这就意味着,我们需要对我们的专业及职业相关整合的专业知道得更多,了解得更多,还应多认识整合专业的朋友、校友。

专业发展衍生指在专业发展过程中,不同的专业可能会遇到平行式合作关系、上游服务式合作关系、下游供给式合作关系、交叉式协同关系、并行式竞争关系等。我们要对这些整合关系的专业去分析与了解,不仅可以在以上的情况下对自身发展有重大的帮助,也可以在未来发展的竞争中做到提前知己知彼。例如考研、求职、竞聘当中,可以知道报考跨专业时各兄弟专业的优势、劣势,也可以知道在就业当中自己的优势、劣势以及对手的优势、劣势等。

因此每名学生都应像了解自己专业一样去了解整合关联的其他专业。

课堂互动

以3~5人为小组讨论,你认为本专业的毕业方向有哪些,自己倾向选择哪条路?请整合全体成员的内容,并派一名小组代表进行分享。

复习思考

做一份专业发展性整合头脑激荡计划书,以自身规划为基础。

第三节　第二专业与 MOOC

一、第二专业及辅修专业的含义

(一)第二专业

第二专业指的是在一些大学里学生除了本专业以外,还可以通过申请选择修读的第二个专业,不同的学校、不同的专业对第二专业的要求是不一样的。例如有些学校规定学生只能选择自己学院的第二专业,而有些学校则没有规定,学生可以在各个学院提供的第二专业目录上自由选取等。

第二专业最初只在一些重点大学出现,对学生要求较高,社会认可度也较高,在一些企业可以享受研究生待遇,但是由于近些年来允许学生修读第二专业的学校越来越多,要求也逐渐降低,认可度大不如前,第二专业的证书在找工作时和此专业的学生一般不具有可比性,但是作为自己第一专业的辅助还是有帮助的,具体的认可度还要看不同的用人单位自己的喜好。

读第二专业的好处是拥有双学位,毕业待遇等同研究生;跨学科人才,在企业受欢迎;选择兴趣所在的名校第二专业,有利于未来的职业发展及高薪要求;让自己保持一份学习的激情,逼迫自己学习更多专业性的知识等。

（二）辅修专业

辅修，是指确有学习余力的学生，在校期间修读同层次其他专业课程。达到专业要求的，学校可为其颁发辅修专业证书。辅修专业证书与普通本科学历证书配合使用，作为一种学历证明，一般不单独作为学历证书使用。首先，辅修一般在你所在的学校修，所修专业为你学校的其他专业。辅修其他专业顺利通过后，所获得的只是"双修"而不是双学士，双学士是在升入大学二年级的时候，每科成绩达到一定分数的前提下向学校申请的，一般还要校学位委员会审查答辩，是有严格规定的。如果你的分数达到要求，并通过答辩，就可以申请双学位了。而学习辅修专业则不用每科达到一定的分数，一般只进行期末考试而不进行答辩。双学位可以到其他学校学习。

辅修是指在修读本专业的前提下，利用学校提供的可以辅修的专业进行修读，辅修相对于第二专业来说学分要少一点，也可以辅修其他学院的专业，大部分学校辅修只有辅修证，而要拿到第二学位证就要选择第二专业。具体申请的办法和资格各学校不太一样。

（三）本书提议的"二专"

无论是第二专业或辅修专业，都不是本书提议的"二专"的绝对含义和提议的学业规划手段之一。虽然部分学生因为自身的条件和时间可以去做前两者的选择，但大多数学生的精力和条件是有限的。本书的"二专"含义泛指学生利用课余及可控的时间去学习掌握更多本专业以外的知识与技能，以实际结果为目标，即了解与掌握，而不是一定要以一本证书为结果目标。

 拓展资料 2-1

真人案例

张吟洁，本专业是上海财经大学金融英语系，辅修上海财经大学会计专业。

张吟洁在大学四年内，分别修完了两个专业的课程，获得双学位，苦和累自然不必说，但只要是真正兴趣所在，她就绝不轻易放弃。

学有余力是考虑辅修的前提。大学一年学习下来，张吟洁成绩不错，本专业的学习也没有给她带来多大的压力。她说，"高考填志愿时，第一志愿选择的是会计，大二又有这个机会可以通过辅修的方式学习自己喜欢的专业，就报名去了。"

第二专业与本专业最起冲突的就是考试这个阶段。不仅要复习本专业的课程，还得腾出时间复习第二专业，第二专业考试如果不及格，补考或者重修甚至比本专业课程更麻烦。张吟洁坦言，到了考试阶段就觉得时间不够用，有时候十几门课的考试压力让她喘不过气来。她建议，选择辅修的同学要懂得合理安排自己的时间，一些较为简单的课程可以考前突击,但一些更注重理解和积累的课程需要平时一贯的坚持复习。

"平时都是利用晚上的时间上第二专业,几乎只有星期五晚上有空,真的挺累的。"辅修需要坚持,拿到学位证书时的成就感也是普通学习无法比拟的。现在,张吟洁从事项目与流程改进的工作,第二专业对她来说多少还是有点帮助的。比如,她懂得一些企业运作的基本常识,知道怎样反馈重要的信息给同事,等等。张吟洁说,虽然现在的职业与专业关联不大,但她还是从专业学习中收获很多,而这些收获则是让她可以受益一辈子的。

(资料来源:新东方网。)

二、看待与选择"二专"

"二专"的狭义定义是指得到国家证书的修学分,广义定义泛指能力知识的学习。所以如何看待它,取决于每个学生的个体实际情况与需求,无论是以哪一种方式看待"二专",其结果都是对学生的个人发展有益的。所以重心是在于学生该如何去选择自己的"二专"。

(一)自身兴趣导向型

从人才培养的角度,兴趣组成也是必不可少的要素之一。2015 年,互联网上火爆一时的女老师辞职信"世界那么大我想去看看"就是代表着一种一直把学习和职业作为首位,会忽略和失去生活中的一部分精彩的人。所以在选择二专时,许多学生完全可以遵从内心去选择一些自己很喜欢的方向,给本已"艰辛"的学习生活,添加一些轻松的"调料"。合理地调节大学的学业生活,在快乐的学习心情下去完成学习和提高自己。

(二)提高就业导向型

现如今的市场就业形势竞争非常激烈,大学生数量逐年攀升,名校海归竞争火热,多一个技能、多一本证书就是多一个底牌。所以只拥有一个专业的情形已经早就无法满足有详细职业发展规划的学生的现状了,他们纷纷为了自己的就业而选择二专。

这类学生在选择二专时可以分别从自身职业目标的岗位能力需求和就业行业的能力需求着手去选择。如果在当时还没有明确的职业规划,那么学习的方向就要是对自己今后的发展可能有作用的,而作用的表现之一,就是使自己的潜能得到挖掘,在专业学习的基础上,有更广泛的涉猎,并掌握初步的技能,可以初步满足职场的需要,为个人的职业发展和家庭的构建创造好的起点,打造合适的平台。

(三)技能掌握导向型

这类学生的思考比较简单化,只是以为多一项技能就是多一项保障,假如第一专业就业不如意的时候,第二专业或许可以成为另一条职业道路。所以此类学生应尽可能选择和第一专业差别略明显的第二专业,以便让自己可以掌握两个专业技能。

(四)弥补一专导向型

每年都有一定比例的学生没能读到自己喜欢、向往的专业,且同时没能成功转专业或学校不提供转专业的机会,他们只能通过二专来弥补这份遗憾。转专业的目的可能是兴趣也可能是就业,但是其表现仍然是填补了第一专业的不足。所以这类学生选择二专时,建议多结合自身的自我分析及职业发展规划进行合理慎重的选择。

(五)资源投资导向型

这类学生是在进行一种有远见的预期投资,可能是对一些新兴行业,现阶段市场成熟程度不高,不能立即解决眼前的就业问题,但是未来潜力很大的专业进行"投资性学习";也可能是对一些自己职业发展规划的中后期发展目标所需的专业进行学习。总之,此类学生的选择是一种颇具长远布局的二专选择。

其实,无论学生是根据哪一种原因而去做的二专选择,都希望他们可以在选择的时候,能从实际情况出发,多做自我分析和市场分析,合理地结合自己的时间统筹去为二专、三专、四专,甚至五专做安排。

三、MOOC(慕课)

MOOC(massive open online courses),大型开放式网络课程,中文称慕课。早期是在美国的大学首先发起的一种免费研究生课程,其后陆续发展到全球形成了一阵 MOOC 浪潮。

MOOC 具有工具资源多元化、课程易于使用、课程受众面广、课程参与自主性四大特点:课程整合多种社交网络工具和多种形式的数字化资源,形成多元化的学习工具和丰富的课程资源;突破传统课程时间、空间的限制,世界各地的学习者依托互联网在家即可学到国内外著名高校课程;突破传统课程人数限制,能够满足大规模课程学习者学习;课程具有较高的入学率,同时也具有较高的辍学率,这就需要学习者具有较强的自主学习能力才能按时完成课程学习内容。

2013 年 5 月,清华大学与美国在线教育平台 edX 同时宣布,清华大学正式加盟 edX,成为 edX 的首批亚洲高校成员之一,意味着国内 MOOC 的正式开启,随后国内各高校、民间机构均纷纷上线运营自己的 MOOC 平台,一时造成了课程和技术良莠不齐的混乱市场,也有部分大学采购了相关课程,且这个数字还在不断增长中。根据宾夕法尼亚大学的研究数据显示,在 100 万注册网络课程的用户中,大约 50% 听过一堂课,而只有 4% 的用户完成了全部课程。钛媒体 2015 年报道,中国慕课用户辍学率也为 75%~95%。

MOOC(慕课)在我国高等教育环节中最大的优点有三项:第一是可以观看到全球范围内的名校名课内容,用作视野拓展,但没有实质作用,因为教育部暂时不承认其学历、学分,所以不能对大学生带来直接的吸引(国内部分民办大学在尝试承认学分,但仍属小众);第二是上课模式转换到互联网,让学生的上课时间、空间得到了自由掌控,但其缺点是网络"挂听课"现象难以控制,导致学生的知识获取程度甚至比传统线下教学还要低;第三是可以通过更多渠道获得自身高校老师以外的师资力量授课,带给学生上课的新鲜感和其他补充。MOOC有其优点,也有其在全球范围内无法解决的不足。

我们如何看待MOOC呢?我们不要把它当作是一种负担,而应该把它当作一个免费的课程资源工具。无论你是为了获得一种短期培养的"二专",是有目的性地获取某份知识技能,是为了提升一份业余兴趣,还是为了了解国际国内名校竞争对手的学习环境,它都是实现这些的很好的工具。

课堂互动

以3~5人为小组讨论,讨论自己的"二专"是什么,以及选择的原因。整合全体成员的内容,并派一名小组代表进行分享。

复习思考

本学期选择2门免费的MOOC课程为自己进行课外知识的提升。

第三章 发展与终身学习

第一节 终身学习的概述背景

一、终身学习的定义

终身学习是指社会每个成员为适应社会发展和实现个体发展的需要,贯穿于人的一生的持续的学习过程。即一种"活到老学到老""学无止境"的模式。在特殊的社会、教育和生活背景下,终身学习理念得以产生,它具有终身性、全民性、广泛性等特点。终身教育和终身学习被提出后,各国普遍重视并积极实践。终身学习启示我们树立终身教育思想,使学生学会学习,更重要的是培养学生养成主动的、不断探索的、自我更新的、学以致用的和优化知识的良好习惯。

1965年在联合国教科文组织主持召开的成人教育促进国际会议期间,终身教育这一术语正式被提出,它是由时任联合国教科文组织成人教育局局长的保罗·朗格朗(Parl Lengrand)正式提出的。并在短短数年内已经在世界各国广泛传播,近50年来关于终身教育概念的讨论可谓众说纷纭,甚至迄今为止也没有统一的权威性定论。这一事实不仅从某一侧面反映出了这一崭新的教育理念在全世界所受到的关注和重视的程度,同时也证实了该理念在形成科学的概念方面所必需的全面解释与严密论证尚存在理论和实践上的差距。

国际21世纪教育委员会在向联合国教科文组织提交的报告中指出:"终身学习是21世纪人的通行证。"终身学习又特指"学会求知,学会做事,学会共处,学会做人"。这是21世纪教育的四大支柱,也是每个人一生成长的支柱。

二、终身学习的发展与特点

时代不断在发展进步,为了适应时代的步伐,就要不断地学习,只有做到终身学习的人,才能获得新信息、新机遇,才能获得高能力、高素质,才能够有机会走向成功。终身学习产生的背景是:新时期社会的、职业的、家庭日常生活的急剧变化,导致人们必须更新知识观念,以获得新的适应力;人们对现实生活及自我实现要求的不断高涨;人们要求对传统学校教育甚至教育体系进行根本的改革,从而期望产生一种全新的教育理念。

在1965年终身教育这一术语被提出之后,1989年11月联合国教科文组织在北京召开了"面向21世纪教育研讨会",当时各国人士就已认识到,由于技术的进步,从未受过教育的人也可以成为一个有用的学习者,因此会议的主题是"发展一种面向21世纪的新学习观";在20世纪90年代学习的重要性更是得到了升华,1994年6月,在日本成功召开了第三届经济技术合作与开发组织(OECD)大会,会议提出了一个更加发人深省的主题——终身学习,面向未来的战略;1994年11月,在意大利罗马举行了"首届世界终身学习会议",提出"终身学习是21世纪的生存概念",强调如果没有终身学习的意识和能力,就难以在21世纪生存。终身学习在世界范围内达成了共识。

在21世纪的今天,随着人类的发展和科技的进步,一个人如果还仅靠在学校期间所学的内容和年轻时工作所积累的经验,来面对瞬息万变的社会竞争及个人发展需求,是注定要失败的。而终身学习的意义不仅在于它可以使人们多学习一些知识,更在于它可以使人们通过与时俱进的不断学习,得以打开更宽广的人生视野,体会生命内涵,令个人发展规划可以拥有更多的机会及可能性。

在落地应用的层面,终身学习还可以使一个人在面对自身健康问题、安全问题、心理问题、职业问题、人际关系问题、家庭问题、两性问题、休闲问题、生命意义问题等若干领域课题时,都可以有更好的解决方法、更正确的认知、更多元的探索、更充分的准备、更有效的施行、更良好的调适及更进一步的成长。

终身学习有以下四个特点。

(一)终身性

终身性是终身学习的最大特点,它突破了正规学校的框架,把教育看成是个人一生中连续不断的学习过程,是人们在一生中所受到的各种培养的总和,实现了从学前期到老年期的整个教育过程的统一。既包括正规教育,又包括非正规教育。它包括了教育体系的各个阶段和各种形式。

(二)全民性

终身学习的全民性,是指包括所有的人,无论男女老幼、贫富差别、种族差异。联合国教科文组织汉堡教育研究员达贝提出终身学习具有民主化的特色,反对教育知识为所谓的精英服务,认为具有多种能力的一般民众也能平等获得教育机会。而事实上,当今社会中的每一个人,都要学会生存,而要学会生存就离不开终身学习,因为生存发展是时代的主流,会生存必须会学习,这是现代社会给每个人提出的新课题。

(三)广泛性

家庭教育、学校教育及社会教育均属于终身学习范畴。可以说它包括人生的各个阶段,是一切时间、一切地点和一切方面的教育。终身学习扩大了学习天地,为整个教育事业注入了新的活力。

(四)灵活与实用性

现代终身学习具有灵活性,表现在任何需要学习的人,可以随时随地接受任何形式的教育,学习的时间、地点、内容、方式均由个人决定。人们可以根据自己的特点和需要选择最适合自己的学习。

三、国外的终身学习

21世纪是教育的世纪,是终身学习的世纪,终身教育、终身学习观念已为世界各国所普遍接受,并成为很多国家教育改革的一个重要战略思想。美国终身学习的实施情况在世界上一直处于领先地位,终身学习思想已成为美国教育界的主导思想,终身学习和学习型社会已经被越来越多的人所接受,并逐渐成为一种社会现实。先分享几个国外终身学习的资料供学生们了解(分享资料均来源于互联网)。

(一)美国的终身学习

20世纪70年代初,终身教育理论在美国广泛传播。美国职业教育界意识到,获得某种劳动技术已经不能适应科技飞速发展的现代社会了,更重要的是劳动准备。劳动准备局限于生涯的特定阶段,所以教育的主要目的应该是发展职业能力,要对传统的职业教育方式与条件进行改革。在这种背景下,1971年在全美中学协会年会上,时任美国教育总署署长的马兰提出了生涯教育的构想。而生涯教育就是美国终身学习的开端。生涯教育的提出受到美国政府的重视。1972年,当时的美国总统尼克松宣布,生涯教育成为由政府创办的一种最有前途的教育事业。美国联邦政府给予生涯教育法律和财政的保证,并且通过大规模的宣传使其家喻户晓。美国教育总署开始给生涯教育的拨款为900万美元,1974年增加至6 100万美元。同年,美国国会通过了第一个生涯教育法案。各州在联邦政府的带领下纷纷立法,使得生涯教育的实施和推广得到了有力的保证。1977年,美国颁布了生涯教育奖励法,倡导全美各区进行生涯教育实验。1978年末,21个州通过了生涯教育法。1980年,47个州推行了生涯教育奖励法。此外在1974年,教育总署专门设置生涯教育署,以指导全美的生涯教育的贯彻落实。在法律保障、资金支持、舆论引导和专家指导下,生涯教育迅速在美国推广。1974年,在美国17 000个学区中,有近三分之一的学区引入了生涯教育。在70年代末,9 300个学区有一半以上进行了生涯教育。

美国于1975年12月18日颁布《终身学习法》。该法对终身学习的范畴做出了定义,指出终身学习大约包括19种课程类型,同时,对如何实施终身学习做出了一系列规定。《终身学习法》从法律上确立了终身学习在美国的地位,并从各个方面对终身学习的实施进行了规定与计划,从而为美国终身学习的发展奠定了坚实的基础。这个法案的颁布表明了美国联邦政府对学习终身化政策的高度重视,以及推动终身学习的决心,标志着终身学习实践的进一步深化。1993 年美国成立了"终身学习者之国委员会",其主要职责是确定终身学习的问题,制定相关的政策和计划,发挥终身学习在美国社会中的作用。委员会于 1997 年发表了题为"国家学习:展望 21 世纪"的报告,认为美国社会将越来越多地与终身学习的需要结合在一起,社会各界、各个群体都应重视终身学习的发展并为其提供有力的支持。1998 年 3 月,美国总统克林顿发表了一份关于通过远程技术提高学习与教育质量的行政报告,提出要制订联邦计划为终身学习提供财政支持,从而充分利用由现代科技所带来的新的学习机会。除立法保证之外,美国政府还进一步加大对成人教育的投入,据统计,从 1991 年到 1998 年,政府对成人教育的资助从 1991 年的 2.01 亿美元增长到 1998 年的 3.6 亿美元。1997 年 8 月开始实施的"终身学习税收信贷计划",主要是为成人的教育与学习提供财政支持。另外,为促进终身学习的推广,美国在财政资助上还设有各种奖助学金,如佩尔助学金、帕金斯助学贷款、联邦直接助学金等。发放奖学金和助学金既提高了学习者的积极性,也为一些不利群体开辟了新的学习机会。

美国前期的终身教育,尽管对学习社会、终身学习的提倡很早,也特别强调人性的发展、价值观的转换和永恒主义教育等非功利的一面(如赫钦斯),但作为世界上市场经济最发达和知识经济最先到来的国家,其终身学习的目的相比而言更加强调经济和功利的一面,即通过终身学习适应技术变革的要求、促进劳动力技能更新和充分就业、保持全球竞争力。在美国,"终身学习的含义实际上就是成人教育",终身学习的很多政策和措施都围绕着为成人提供更多机会、促进成人技能更新等开展。因此,从主体上来说,美国前期的终身学习主体主要是一些为适应市场需要而进行学习的学习者。从内容上来说,美国前期的终身学习主体主要是以市场为主导的运行机制决定的,理论上任何个人和机构只要能够吸引到足够的顾客来维持生存,都可以成为终身学习的实施者。在内容上,与目的相适应,美国终身学习强调生产技能的培训、更新和科学知识的增长。

(二)英国的终身学习

英国工党政府的终身学习政策主要反映在下列政府文件中:一是 1998 年发表的题为《学习的时代》(The Learning Age)的绿皮书,该绿皮书提出了建立个人学习账户、成立产业大学、提高基本技能、进行资格改革、开展工作场所学习以及地区合作等新举措;二是 1999 年发表的题为《学会成功》(Learning to Succeed)的白皮书,该白皮书计划建立一个全国、地区和地方的计划、组织和投资体制;设立一个投资 16 岁后教育与培训的全国学习和技能委员会,它由 47 个地方学习和技能委员会组成。教育标准局(OFSTED)和成人督察机构(Adult Inspection Service)分别监督 16~19 岁以及 19 岁以上机构的质量;三是 2000 年政府颁布的《学习与技能法》(Learning and Skills Act),该法的目的是在迈向学习化社会中积极推进终身学习,提升国家竞争力。

英国的终身学习政策的特点是:终身学习政策服务于经济社会发展,鼓励雇主参与教育与培训工作,重视刺激并满足个人的学习需求。英国的终身学习政策对推进英国的终身学习产生了积极影响,取得了一定成效,同时仍面临一些问题。

首先,扩大成人入学机会存在障碍。尽管英国采取措施,降低了文盲的人数,提高了获取资格和完成学业的人数,但英国教育和训练体制中仍存在扩大学习机会的潜在障碍。第一,参与教育与培训的人中,男性、白人和中产阶级占绝大多数,妇女和少数民族难以入学,影响了他们的学习进步和个人的发展。第二,资金缺乏是影响扩大入学的主要因素。目前,继续教育和高等教育已经大众化,国家拨付的资金已不能满足扩大招生和提高教育、教学质量的需要。第三,目前的资格体系阻碍着学习者进步和提高。英国国家资格体系分为学术性、普通职业性、职业性三种资格体系,政府比较强调每一种资格之间的差异,而且这些资格彼此之间又相互分离,还没有形成统一的国家资格体系。

其次,雇主参与教育和培训的积极性不够高。虽然雇主参与了雇员的教育与培训工作并承担了部分学习费用,但雇主首先考虑的是他们的投资是否能得到回报,即培训是否能提高雇员的生产能力;以及雇员能否安心地留在工作岗位上。因而,雇主自愿投资在教育与培训上的经费是比较少的,20世纪90年代中期,英国自愿和愿意投资成人培训的公共消费占国民生产总值(GDP)的0.1%,远远低于法国的同期水平(0.38%)。因此,如何进一步调动雇主参与教育和培训的积极性、主动性,使他们增加对雇员学习的投资,这是一个有待解决的重要问题。

(三)日本的终身学习

在日本,把终身学习这个词汇作为一种理念和实体加以全面推广与使用,是在1984年至1987年日本临时教育审议会所做的《终身学习体系的推行》这一课题接受答辩之后的事情。在那之前,日本人普遍使用终身教育这个词来表示现在的终身学习的意思。

1990年1月日本文部省中央教育审议会在《关于终生学习的基盘整合》答辩书中,对终身学习有一个相对比较明确的概括:

(1)终身学习是以提高生活质量、提高生活技能、充实自己为目标,以个人自发的意愿为基础实行的活动;

(2)终生学习是各人选择一定的适合自己的、符合实际情况的、合法的手段和方法,度过人生的活动;

(3)终身学习,不只是学校和社会中有意图的、组织的学习活动,而且还包括人们的体育活动、文化活动、兴趣活动、娱乐活动、志愿服务活动等。

在本节最后,特别要强调终身学习与终身教育并不是画等号的。不只是我国的学者,全世界的学者都存在理解错误的现象。学习和教育是两个相近却并不相同的概念,从教育向学习的转化,是现代教育观念的重要突破。教育是由相关机构进行的有组织的行为,而学习是学习者个人获取知识、技能、修养的非组织行为,前者是被动的、阶段的,后者是主动的、自由的。

课堂互动

以3~5人为小组讨论,讨论自己理解的终身学习的含义,最后进行整合,并派一名小组代表进行分享。

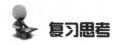

为自己设计一份 18~60 岁的终身学习计划。

第二节 我国的终身学习体系

从教育领域来看,当今世界教育正在发生革命性的变化。确保包容、公平和有质量的教育,促进全民享有终身学习的机会,成为世界教育发展的新目标。教育与经济社会发展的结合更加紧密,以学习者为中心,注重能力培养,促进人的全面发展,全民学习、终身学习、个性化学习的理念日益深入人心。

我国教育事业发展"十三五"规划教育改革发展的总目标是:教育现代化取得重要进展,教育总体实力和国际影响力显著增强,推动我国迈入人力资源强国和人才强国行列,为实现中国教育现代化 2030 远景目标奠定坚实基础。其中全民终身学习机会进一步扩大,形成更加适应全民学习、终身学习的现代教育体系,并完善教育法律法规体系相关的终身学习法。

一、我国的终身教育

国务院于 1999 年 1 月批准的教育部《面向 21 世纪教育振兴行动计划》提出,到 2010 年基本建立起终身学习体系,终身教育作为一项规定和任务,已分别写入《中华人民共和国教育法》和《中国教育改革和发展纲要》中,并在《面向 21 世纪教育振兴行动计划》中作为一项行动目标提出来。全面实施终身教育,要求有一个一体化的系统。教育体系一体化是终身教育论的中心思想,也是各国实施终身教育的共同趋势。而终身教育的目标,便是使社会成员都能具有终身学习的条件和机会,要达到这样的目标,必须建立终身学习的社会。

(一)终身教育的分类

按照教育阶段,终身教育分为婴儿教育、幼少年教育、青壮年教育、中年教育、老年教育五大阶段。

按照教育方式,终身教育分为家庭教育、学校教育和社会教育(成人教育)三种教育方式,三种教育方式在个体终身学习实践中的体现有较大差异。

按照教育体制,终身教育分为学前教育、初等教育(小学)、中等教育(中学)、高等教育和继续教育五个教育阶段。其中中等教育分为两个阶段:初级中学、高级中学。高等教育有三种教育方式,分别为普通高等教育、成人高等教育(成人教育)、高等教育自学考试(自考)。

出于本能,个体在其一生中参加各种使之生存发展的教育、学习活动,利用各种机会去更新、深化和进一步充实最初获得的知识,使自己适应不断变革的世界。一个人从呱呱坠地到生命终结,在每个阶段接受教育、参加学习的情况是有差异的。

1. 婴儿阶段

婴儿阶段主要接受家庭环境的熏陶,向父母及其他家庭成员学习,这是在自然状态下进行的学习,属于不正规教育的范畴。

2. 幼少年阶段

继续受到家庭环境的影响,并逐步接触所在社区和学校,接受系统的正规化的学校教育,启蒙人生,增长学识。因此,个体在这一时期接受正规和不正规两种教育方式。

3. 青壮年阶段

仍然接受家庭、社区和学校教育,逐步趋向成熟,并开始接触社会。随着传统的一次性学习任务的完成,走出校园,走向工作岗位。在这一阶段,个体为了满足就业和转岗的需要,必须不断更新知识,接受再教育,学习与工作交替进行。因此接受正规、非正规、不正规三种教育方式。

4. 中年阶段

为了事业有成,实现人生最大的价值,家庭、社区、学校、社会等一切学习领域都被充分占领,同时接受不正规教育和非正规教育。

5. 老年阶段

随着年龄的增长,逐渐进入垂暮之年,在这个阶段,为了提高晚年的生活质量和生活品位,个体将继续利用家庭、社区、学校和大部分社会学习空间,主要通过不正规教育和非正规教育两种方式接受新知识,不断充实和完善自己,为社会发挥余热,以实现"老有所为"的人生价值。

(二)终身教育需开展工作

1. 完善终身教育推进体制

1)终身教育管理机构的设置

建立终身教育体系是一项庞大的社会系统工程,必须有相应的专门机构行使统一规划和管理协调的职责。应成立国家构建终身教育体系委员会,可以由国家领导人出任主任,国家教育、人事、劳动和社会保障、财政、计划、经济、文化、广播电视、新闻出版等有关部、委、局负责人担任委员,委员会决定构建终身教育体系的大政方针及重要问题。下设办公室挂靠教育部,作为委员会的办事机构,负责统一规划、管理协调教育。内部和教育外部的有关实施终身教育体系的具体工作。国家设立了这样的管理机构,省、市(地)、县、乡(镇)各级政府亦建立相应机构,自上而下形成一个管理系统。如此,这项工作由专门机构负责,由专人主管,各级政府在制订当地事业发展规划时把发展终身教育作为政府工作的目标之一,才有可能迅捷地将构建终身教育体系的工作落到实处。

2) 进行终身教育的立法

终身教育体系的构建必然而且必须依靠法律法规的强制和规范。因此,终身教育的立法与法治问题就成为左右能否构建终身教育体系的关键因素之一。之所以强调必须通过立法和法治来启动并促进终身教育体系的构建,主要是基于法律法规的强制性和规范性。

尝试建立地方性终身教育法规,以规范和促进当地终身教育的完善和发展;修订现行的有关法律法规,以渗透和补充终身教育的法律法规内容;在"尝试"和"修订"的基础上,订立国家的"终身教育法",终身教育的推行与终身教育体系的构建必须与国家的发展目标、政策法规相适应,也就是说,国家应从战略发展的高度来规范、约束和指导终身教育的开展,而国家制订一部具有统筹和指导作用的广泛适用的终身教育法则是达成这一目标的具有根本性的战略举措。

2. 完善终身教育服务体系

1) 以社区教育为切入点

建立全方位开放的教育制度,积极构建中国的终身教育体系。社区教育是市民终身学习的一种教育方式。这是由社区教育的地域性、全员性的特点决定的。社区教育是实现市民终身学习的基本保证。

2) 充分发挥民间教育机构的作用

民间教育组织是推进终身教育必要的"中继站"和不可缺少的"辐射源",在终身教育体系的构建过程中具有不可替代的巨大作用。建立自上而下、纵横相连的民间终身教育组织网络,对推动和促进中国终身教育的发展与终身教育体系的构建将起到非常重要的作用。

正确规范和引导民间终身教育组织的发展,充分挖掘其潜在的功能。建立民间终身教育组织应有政府的引导和规范,只有如此,才能发挥它们的基层辐射作用和联络桥梁作用。民间终身教育组织自身应采取积极主动的措施,切实推进本地终身教育的发展和终身教育体系的构建。由于终身教育体系的构建尚处于摸索和实验阶段,因此,民间终身教育组织应在这方面做出积极的努力,多做一些尝试性的探索。

3. 拓宽经费筹措的渠道

经费是物质基础,没有雄厚资金的支撑是构建不了终身教育体系的。各级财政在确保教育经费三个增长(即各级政府教育财政拨款的增长要高于同级财政经常性收入的增长,在校学生人均教育经费逐步增长,教师工资和学生人均公用经费逐步增长)的基础上,增设适当比例的全民终身教育专项投入。成立全国终身教育发展基金会,吸收民间资金,接受社会组织和个人以及海外友好人士的捐赠。各省(自治区、直辖市)及其所辖市地、县(市、区)均可效仿成立类似的基金组织。

4. 构建终身教育体系的实施策略

构建终身教育体系的实施策略大致分为分地区、分步骤实施策略两类。

从国家发展的战略高度来讲,现阶段中国构建终身教育体系宜采取总体规划。所谓总体规划,是指国家要有一个构建终身教育体系的总体方案或总体目标。这个问题在中国的《教育法》《中国教育改革和发展纲要》等战略指导文件中已经指出,只要再做必要的细化(如2010年基本建立终身学习体系,那么在2010年之前这段时间应再细化一些,分几个时间段,确立每个时间段的具体目标等),就可制订出既宏观又具体的总体规划。

所谓分地区实施策略,是由中国的具体国情决定的。但由于地域、传统等诸多方面的差异,各地区的发展极不平衡。可采取由东向西分片推进的办法解决各地区之间的差异难题。具体可先在东部较发达的地区进行试验试点,待试验成功后先在该地区推行建立终身教育体系;在东部沿海地区大面积推行之时,可在中西部选取条件较好的地区进行试验试点,待东部沿海地区推行建立终身教育体系取得成功之后,再依据其经验并结合中西部地区的试验成果分别在中西部地区进行推广,以期最终在全国建立终身教育体系。所谓分步骤实施策略,是由终身教育自身的本质特点决定的。终身教育是贯穿人的一生的社会实践活动,它有两个显著的特征:终身性、全员性。终身性是指终身教育是从人的生命开始到人的生命结束的全过程教育,包括胎儿教育、婴幼儿教育、青少年教育、成人教育、老年教育等。全员性是指终身教育是面向全体社会成员而不是某一个人或某一部分人的教育。

构建终身教育体系的实施策略的具体操作方法如下。

(1)全国要制订分步骤实行的战略指导方针,具体规定在某一段时间内应完成或达到的目标;各地要根据国家的指导方针,结合本地情况制订相应的分步实施对策。

(2)分步骤实施是必要环节,应有选择地进行试点,做到由点到面,以点带面,最后实现普及。

(3)分步骤实施应遵循先易后难的原则,先从简单的比较容易解决的问题入手,在条件较好的地区推行,逐渐过渡到难度较大的问题和条件较差的地区。

(4)实施还应坚持先建立后完善的指导思想,在起始阶段不应求全责备、过分追求完美,而应当采取实事求是的态度,先建立后完善,先普及后提高。

二、终身学习与家庭、学校、社区、社会的关系

(一)终身学习与家庭

家庭是终身学习的源起点,孩子的学习观念、对待各种实物的态度和认识都是从家庭开始进行培养和教育的。父母是孩子最初的老师和学习模仿对象。孩子会在成长的道路上不知不觉地形成自己的内心与观念,也就缔造了一个人的最初学习观。

同样,家庭也是成年人的学习场所,一个人想要学习,环境、设施等都是影响学习的要素、媒介手段等,也会给学习带来不同的意义。

(二)终身学习与学校

在人学习的一生当中,学校的教育资源是最精粹的,同时它是养成学生自发学习的欲望和态度的地方。但迄今为止,我国的学校教育往往偏重于知识教育,而忽略了真正意义上的能力的培养。在终身学习的社会中,知识固然重要,但是最重要的是要具备一套行之有效的学习方法,这样才能不断地增强自发的学习兴趣和欲望。所以学校在终身学习中的意义,更应该是为终身学习提供基础。

传统意义上学校是以学龄的青少年为主进行教育活动的,但在当今的教育环境与时代下,学校是不分年龄、身份的。

(三)终身学习与社区、社会

社区与社会存在丰富的多种多样的学习资源和教育能力。社区与社会是各种人共同生活、活动的场所,在这里人们每天生活充实,在实践中去学习与成长。社区与社会存在多种性质的组织、机关、现象,它们因各种目而出现在生活当中,可以为人们提供对应的学习资源。例如民间企业、教育机构、图书馆、博物馆、政府的社区机构等。

三、我国终身学习意义

变革学习理念,由一次性的学习过程改为"终身学习""处处学习""学习工作化,工作学习化""研究式学习""反思式学习",让学习成为团体和成员个人的生存状态和发展模式;发掘学习潜能,并把这种潜能当作稀缺资源进行整合;通过创建学习型组织唤醒成员的学习意识,培植团队的学习意识;提供学习保障,引导学习行为,校正学习方式,确保学有所用;健全学习网络,确保学有所得;创新学习载体,提高学习成效,确保学有所获;创新学习模式,注入学习活力。把学习的绩效与需求紧密地结合起来,使学习成为生存的前提和发展的动力。

课堂互动

以3~5人为小组讨论,总结和分析自己过去至今的家庭、学校、社会对自己终身学习方面的影响,最后做小组整合,并派一名小组代表分享组内影响最正面的经历或影响最不好的经历及解决应对方案。

复习思考

从身边寻找终身学习的媒介手段、空间、资源、设施等,并熟练掌握融入本章第一节复习思考的个人终身学习计划当中。

第三节 终身学习培养与发展

一、终身学习与教育、职业

从办学理念上来看,国民教育体系侧重于提升国民的整体素质,尤其是国民的基础能力素养方面。而终身教育则在终身学习理念的倡导下立足于从能对每一个人的生涯发展起到促进作用的立场出发,促进个人的终身学习,使每一个社会成员在一生中能持续学习,以满足其在一生中各个时期各个阶段的各种学习需求。21世纪的教育必须扩展为终身教育,终身教育之路导向美好未来,不论年龄有多大,都必须有机会学习新的技能。

从办学特点上来讲,终身教育体系从人的发展出发,强调人受教育的终身性、灵活性,超越了国民教育体系阶段性、制度化的教育形式,因而更具包容性。

从主要内容上来看,国民教育体系的主要组成部分是学校教育系统,即以具体的教育形态为主的学校教育,因而,它主要是指学前教育、九年义务教育、高中教育和大学教育。而终身教育体系则对国民教育体系进行了空间和时间上的延伸,更大范围地囊括了诸如职业培训、社区教育、休闲教育等,以及贯穿人的幼儿期、青少年期、成人期和老年期的一种统合而协调的体系。

从办学体制上来讲,终身教育体系不仅包括了由国家、其他社会组织以及个人依据国家的教育发展规划创办的制度化的国民教育体系,而且还涵盖了以自主的、自愿的、自由的乃至自助型的非制度化的教育形态。教育规划纲要在谈及构建终身教育体系时,强调要使现代国民教育体系更加完善,体现了对完善国民教育体系在构建终身教育体系中的重要作用的深刻认识。

这是一个发展迅速的时代,这是一个终身学习的时代,任何人,三年内如果没有学习新的知识和技能,原来的知识就贬值了,他们也就缺乏了在社会上生存竞争的砝码。除此之外,还有许多因素都促进了终身学习与职业发展的密切关系。例如人类寿命的延长、职业的变换、以前学习知识的落伍、新科技的出现、工作后的再晋升、专业的提升、社会地位的需求、个人尊严的需求等。

二、终身学习的学习观念转变

(一)态度:从被动逐步转变为主动

过去人们把学习视为一种负担,是为父母、为老师、为考试晋升而学,他们的学习是很被动的。但进入知识经济时代,人们对学习的态度和认识有了明显提高,人们开始认识到学习是为了自己的生存和发展,为了实现自己的人生价值。所以学习是市场竞争取胜的核心要素,成为人们生活的重要组成部分,是生活的一种需要和乐趣,学习开始变成主动的、自觉的、积极的行为。

(二)内容:从科学技术理论知识的掌握转变为人文科学灵活运用

因为时代的不同,过去国家的经济发展需要技术型人才,国家物质匮乏、短缺,掌握了基本的知识和技能就可以胜任工作。但现在的经济时代,物质与人才都呈现过剩现状,因此对适应于社会发展需求的综合能力会更加需要,所以学习知识内容的丰富性尤其重要,并且知识以运用与掌握为主,单靠死记硬背已经远远不够了。

(三)时间:从学校阶段性教育转变为终身学习

传统意义的学习是固定在学校阶段开展的学习,学习目的也是为了升学、考试、晋升,在时间上富有阶段性特征,进入知识经济时代后,为了适应快速发展的社会变化,人的一生都是学习的过程。

(四)媒介:从传统书本到综合化的媒介

因为时代与科技的进步,过去的学习媒介是书本、纸和笔,但如今的学习媒介是丰富多彩的,在电视上、电脑上、手机上、VR设备上等都可以开展学习。

(五)形式:从个体学习转变为团体学习

过去的学习一直都是个人的事情,新时代需要的都是团队,个人能力再强,而团队水平低,也是注定会失败的。因此整个团队的能力素质尤为重要,共同的学习成长、集思广益、协同工作才能取得成功。

(六)评估:从成绩为主转变为"成绩"为主

过去的评估方法很简单,一律是通过分数来进行排名,而忽略了许多个人的其他方面的水平,也忽视了知识的应用能力。但现如今,对学习的效果考量更为重要,要看对知识的运用能力、创新能力等综合的"成绩"。

三、终身学习的学习习惯培养

所以综合本章上述的内容,我们大学生需要在大学阶段培养出许多促进终身学习的良好习惯。

（一）主动学习和好奇的习惯

主动学习是把学习当作一种发自内心的、反映个体需要的活动。它的对立面是被动学习，即把学习当作一项外来的、不得不接受的活动。主动学习的习惯，本质上是视学习为自己的迫切需要和愿望，坚持不懈地进行自主学习、自我评价、自我监督，必要的时候进行适当的自我调节，使学习效率更高，效果更好。

培养主动学习的习惯，首先要培养对学习如饥似渴的需要，形成了这种需要，就可以主动去寻找和发现自己感兴趣的学习资源，并能战胜学习中遇到的种种困难，解决好学习中遇到的每个问题。其次，是对任何事情充满着好奇，好奇心可以有效地促使我们去寻找答案，在好奇心的辅助下，学习甚至会是一个很好的享受过程。最后，要有百折不挠的勇气。世界上的聪明人很多，但成功者却寥寥无几，究其原因，多数人并非智力不及，而是缺乏面对一再受挫的勇气。

拓展资料 3-1

马云杭师大开学典礼演讲：保持好奇心

9月5日晚上，杭州师范大学（以下简称"杭师大"）能容纳下几千人的操场，黑压压的一片。"马总，我们支持您！"阿里巴巴商学院新生的呼喊，一阵高过一阵。他们的校友、阿里巴巴集团董事长马云正站在那块操场上。

4000多位2011级本科生、研究生、留学生在下沙校区天心广场，一起感受学校"奢华"的迎新阵容。阵容里有杭师大1988届外语专业毕业生、阿里巴巴集团董事局主席马云等。学长马云的讲话掀起了开学典礼最高潮，令新生们直喊hold不住！

"我有这样一个思考，今天是第一天新生开学，老师讲的，书记讲的，校长讲的，前面的所有学生讲的，我们听听热闹，相信的只有百分之十。"9月5日晚上，在杭师大2011届开学典礼上，马云一讲话就被大一新生用热烈的掌声表示认同。

马云话锋一转："所有的年轻人都会这么想，但你经历过以后，回过头来看，这些就是对的。有的时候人生就是去犯错误，就是去尝试，如果大家没有去尝试过，你永远觉得刚才他们讲的话是聒噪。"

好与不好不是别人怎么看，相信自己才有机会。

马云说，"我深信不疑地相信杭师大是全世界最好的学校。"

"我去过很多大学，哈佛也好，MIT（美国麻省理工学院）也好，北大（北京大学），清华（清华大学）。我都以杭师大为骄傲。我一直说这是最好的学校。因为，好与不好很多时候不是别人怎么看，是你自己怎么信的。如果你觉得自己不好，你就没有好的机会。"

"在世俗眼光里,我们杭师大确实跟北大清华有距离,但正因为有距离才给了我们机会。假如我当年考进了北大,就不是我马云了。因为杭师大才给了我这样的机会。我自己也想,今天这个开学典礼不是为了庆祝我们曾经诞生了多少学友,而是我们希望创造出更多、更好的学友。而这些学友就来自于这里,就坐在下面。因为你信,你才有机会;如果你不信,你一点机会都没有。"

大学里经历最重要,有眼泪欢笑和泪水才会收获成功。

"大家在学校里会学到很多知识,但我说句老实话,那么多知识真正毕业后所用不多。但是在学校里的经历,给了我们很多。人生不是你学到了什么,不是你获得了什么,而是你经历了什么。"

"大学四年是我们人生中最美好,也是最痛苦的。因为每天忙着考试。我前几年还做梦,老师又要考试了。有时醒过来想,我今天终于不是学生了。"

"真正的幸福一定是和眼泪、欢笑、汗水结合在一起的。如果你在杭师大四年里没有眼泪,没有欢笑,没有汗水,我相信你不会成功的。"

"同时,我也想,什么是成功?成功的成是成就自己,功是功德天下。你只有成就了自己,帮助了别人,你才会有真正成功的感觉。所以大家想着自己的时候也想想将来自己能给别人做些什么事。"

马云拿出今年儿子过生日的时候,自己写给儿子的一封信,告诉杭师大7 000名新生三个道理。

你改变了,世界才会改变,才能改变未来。

"第一,永远用乐观的眼光看待这个世界。在这个社会上,你永远会郁闷,一定会郁闷,一定会痛苦,一定会沮丧,一定会觉得这个不爽,那个不爽。不仅你们这么觉得,人类社会几千年以来几乎每个人都郁闷过。每个人都痛苦过,每个人都难过过。"

"但是人类社会永远是一代胜过一代。在座的,你们一定会胜过我们。一定会胜过所有的院长们,这是我们的希望。不管发生什么事情,要相信明天会更美好。"

"这世界上会有很多不满的事情、不爽的事情。你改变不了多少,改变自己,才能改变未来。"

马云举了个例子:"前段时间日本地震,云南刚好也地震。我们公司决定捐给日本多少钱,云南多少钱。结果很多同事说我们干吗捐给日本。我们为什么不多捐赠自己的国家,还要捐给日本。很多人提出了抗议。"

"我写了个回信,我认为,你捐是对的,不捐也是对的,但是你自己不捐不让别人捐,那是错的。今天任何一个灾区不会因为你的捐款发生改变,但是你捐了钱是因为你发生了改变,这世界才会发生改变。不管外面多么麻烦,你改变了,世界才会改变。"

永远用自己的脑袋思考,用独立的眼光看问题。

"第二,我希望大家永远用自己的脑袋思考。脑袋是用来给自己用的,不要东说好就说东,西说好就说西。永远用自己的独立思考、用自己的独立眼光去看待任何问题。"

"任何人要去的时候,停一下,其实不差两秒钟;任何人反对的时候,也停一下,思考,也不缺这两秒钟。"

"永远记得用欣赏的眼光看别人,用欣赏的眼光看自己。只有懂得用欣赏的眼光看待别人的人,他才会有成就感。永远要用欣赏的眼光看自己,我一直给别人的建议是:假如你毕业于名校,请用欣赏的眼光看别人。假如你毕业于一个普通的学校,请用欣赏的眼光看自己。因为只有这样我们才能走过一步一步的难关。"

"永远保持好奇的心,到了八十岁、九十岁,你也好奇那女孩长得挺漂亮,那就对了。"

真话听起来不爽,记住永远讲真话。

"第三点,永远讲真话。真话是最难讲的,也是最容易讲。真话永远听起来不爽,但是它又是最爽的。所以学弟学妹们,我们在四年的学习过程中,enjoy your life(享受你的生活)。"

"同时,乐观,独特并且讲真话。我相信只有这么走,我们人生才是丰满的。"

"希望学弟学妹们四年开心心。过了四年,你一定会后悔的,当年没那么开心,我走过这个篮球场的时候,我感觉那时候我怎么没练好篮球。"

"很多东西,失去了才知道他的珍贵。永远把自己在校园的四年,玩得最爽,书读得最爽,朋友交得最爽。过好每一天。"

(资料来源:杭州网。)

(二)解决问题和探索的习惯

解决问题是一种心态,一种面对问题的应对方式,是出于正面去面对困难、打开困境的处理方式。当今社会有许多的人在遇到问题时会习惯性地产生逃避、无视、无奈等负面处理方式,当第一次选择负面的处理方式后,人会形成习惯。反之,当选择正面解决问题的处理方式并形成习惯后,可以不断地提高个人的综合能力,还可以带领一个团队走向成功,而带有探索的精神,可以发现许多问题更深层次的本质,也可以发现一些意想不到的收获。

(三)勇于尝试和体验的习惯

自古以来,成功总是在勇于尝试的人手中,前方是未知的,只有不断地勇于尝试,踏出第一步,才有可能是成功的第一步。因为这个世界是充满无限可能的,每个人都有尝试的机会,关键就在于有没有尝试的勇气,一贯的守旧很难在现今的竞争社会中有所突破,所以这个习惯,可以带给我们更多的成功可能性,身为年轻大学生,不要畏首畏尾,勇于尝试,体验不同的尝试,也可以更准确地制订自己的职业发展规划。

(四)学以致用和整合的习惯

一直以来,我们都在抱怨学校里学的东西没有用,但是真的如此吗?学不致用,当然无用;学以致用,自然会有用。在我国现阶段的学校教学中,可能由于种种原因,老师并不能经常引导学生把刚刚学到的知识与生活实践联系起来,很少给学生出一些生活类的题目,把一段时期学习的某个专题、甚至多种学科的多个专题的知识结合起来,让他们进行综合运用。

但是,这并不代表知识本身是没有用的。"学以致用"的精髓,一方面在于把间接的经验和知识还原为活的、有实用价值的知识。这个还原的过程需要有一双敏锐的眼睛和始终思考的心灵。一双敏锐的眼睛能让你去观察现实世界里的现象是什么样子的,学会思考,学会整合,你会发现你可以让一变成二,让二变成十,这就是整合的力量。

(五)优化信息和批判的习惯

21世纪最重要的学习能力就是学会管理知识和处理信息,你不可能记住所有的知识,也不需要记住所有的知识,但你可以知道去哪里找你需要的知识,并且能够迅速地找到;你不可能了解所有的信息,也不需要了解所有的信息,但你可以知道最重要的信息是什么,并且明确自己该怎么行动。反思是培养科学管理知识和处理信息习惯的重中之重,在反思中可以筛选和整理信息,在反思中时刻带有批判性的思维,去辨别与发现有用的信息,并赋予信息新的意义。

要经常观察和反思,因为观察和思考是一切智慧的源泉。现象和规律都是客观存在的,就像苹果园里的苹果年年都会往下掉,被砸中的人也不计其数,却只有牛顿因此发现了万有引力定律,这就是观察和思考的效果。可以说,几乎所有的发现都来源于细心的观察和批判的反思。而始终思考的心灵,则会让你不断去发现现象背后隐藏的规律。

(六)职业发展和规划的习惯

终身学习不仅获取的是学校的教学教育,还在不断地获取来自四面八方的知识与信息,而职业发展规划,就是一个在了解自我、掌握已有资源的前提下不断结合、分析外在的因素来对未来发展不断进行制订和调整的过程。所以终身学习对职业规划起着支持的作用,而同时职业发展对终身学习又起着推动的作用,正因为有了个人清晰的发展规划,人们也可以根据自身的发展规划去明确自己的学习方向。在不断的学习、不断的规划中去完成我们的人生目标。

▶▶ **拓展资料 3-2**

俞敏洪:养成好习惯

一个人如果希望自己获得成功或者活得充实,需要养成良好的习惯。良好的习惯又需要不断地强化,这样最后才能变成无意识的行为而让人自觉遵行。

我有写日记的习惯,但是坚持得并不是很好,总是断断续续的。从今年开始,我对自己严格要求,要求自己每天必须写日记。每天睡觉以前,我都安排好自己第二天的工作、学习、读书和运动的时间,这叫原定计划。例如某一天的计划为工作10小时、读书2小时、体育锻炼 2 小时、应酬 2 小时。到晚上睡觉以前,我就会检查一下自己完成计划的情况。如果是超额完成原定计划,我就会很开心。如果没有完成原定计划,我就会找找原因。比如有的时候是应酬时间超时了:原本需要 2 个小时,但事实上却花费了 2 个小时。于是我就会在下一次去应酬的时候,尽量在规定时间内完成应酬,不耽误原计划的读书时间。当然,原定计划并不意味着一直紧张地工作。有的时候,我的原定计划就是一天爬山 8 个小时,那么在这 8 个小时里,我就一心一意地爬山。我会给当天的日记配上照片,图文并茂,让记忆变得真实、美好。当我老了,记性不好的时候,文字和图片可能是唯一能够提醒我当年做过什么事情的印记。

重复成习惯,习惯成自然,自然成个性,个性最终就成了命运。所以,人的个性并不是天生的。脾气有急缓,智商有高低,长相有不同——这些都是天生的。但我们的行为方式、思维习惯、遇到事情时的应急反应都是基于过去养成的习惯。很多时候,决定你命运的是你面对事情的态度,而非事情本身。曼德拉进监狱后把监狱当成了民族统一大业的基地,监狱岁月见证了他为人民谋求自由和民主的过程。所以,在 27 年的监狱生活中,他始终志向不改。而如果换了一个人,这个人也许会把进监狱当作生命的终结,从此自暴自弃,甚至在监狱里了却自己的生命,何谈坚持与成功。这就说明不同的人面对同一件事的不同态度将造就不同的人生。

早在 2000 多年前,孟子就说过:"天将降大任于斯人也,必先苦其心志,劳其筋骨……"所以,你要明白是什么决定你的命运。养成良好的时间规划习惯就是改变命运的开始,因为时间浪费不起,浪费了就永远追不回来。现在,很多人把钱看得太重,认为浪费不起的是钱,而不是时间。别人拿了你 10 元钱,你可能会记一辈子。记得有一个朋友很久以前曾经借给我 5 元钱,后来我忘记还了,过了 10 年他从国外回来,喝酒的时候还说:"你当年还欠了我 5 元钱呢。"当时的 5 元钱还是值钱的,因为一个月的工资也才几十元。这个例子表明人对钱很看重。但我们却很少看到有人这么看重时间的。浪费 2 个小时你会觉得难受吗?你有多少时间是和别人在一起浪费掉的,或者是自己荒废掉的?你为此感到难过吗?也许只有不再年轻的人才真正明白,没有什么比时间更可贵。

如果想充分利用时间,首先,我们就必须设立一个目标,并力争完成这个目标。比如我曾设立了一个每年读 50 本书的目标,此目标一旦设立,我就告诉自己必须完成,年底盘算时,阅读量必须达到 50 本书,1 本都不能少。其次,我们每天都要反省自己是否有进步,每天睡觉前想一想:我今天做的事情有进步吗?背了 10 个单词,记住了 2 个英语句子,纠正了某个单词的发音——这些都是有进步的表现。同时,我们还要学会放松和思考,学会有张有弛地使用时间,这样才能抓住生命的重点。有张有弛是什么?就是你紧张地学习了 5 天以后,要放松 1 天,到郊外徒步 1 天,或者爬山 1 天,或者在原野之间逛荡 1 天,或者和朋友们娱乐 1 天,这样才能重新激发你继续做事的热情,并保持精神的弹性。

时间对每个人都是公平的。养成好的习惯,把握住有限的生命,你才能度过有意义的人生。

(资料来源:新东方大愚图书。)

课堂互动

课堂分为两个阵营,一个阵营是站在职业发展决定终身学习方向的角度,另一阵营站在终身学习内容决定职业发展的角度,每个阵营 3~5 人一小组进行内部讨论,整合小组意见并选出 1 人代表阵营内发言,然后每个阵营选出 3~5 名学生代表,进行一场两个阵营的课堂辩论赛。

复习思考

根据课堂辩论赛的体验,写一份关于自己认同哪方观点的作文,字数 800 字以上。

第四章　发展与全面人才

第一节　全人教育体系与国际领先人才培养

>> 拓展资料 4-1

"全A生"被哈佛拒录　哈佛不要学习机器

中国家长和学生对美国顶尖大学总是有自己的各种猜测,很多人试图迎合大学招生官的品位,在申请的环节意图通过每一个完美的细节去打动招生官。但招生官真正在意的是什么? 上周,做了 21 年哈佛大学招生官的 Sally 女士来到北京,这个曾审阅过 3 万多份招生申请的资深人士,和一群有志进入美国名校的孩子分享了申请一流高校的成功经验。

"你们当中谁会做饭? 谁会开车? 谁会洗衣服? 谁会说三种以上的语言? 你们知道自己 5 年后、10 年后会是什么样子吗?"

咨询会一开场,Sally 抛出的一连串问题就让孩子们感到了压力:一直以来大家都在关注自己的学习成绩、英文水平,却忽略了高校对学生如此全面、综合的要求。

"考试成绩并不是最重要的。"Sally 说,在美国,有 400 所高校在录取时不需要学生提供任何考试成绩单,其中甚至不乏顶尖的学校。那么高校看重的究竟是什么?

Sally 拿出一份 20 多页的学生入学申请书,这是一份看起来相当优秀的申请材料:申请人所有的学科成绩都是 A;除了英语还会讲西班牙语;在学校乐团拉大提琴;他还选修了好几门大学课程,并且都取得了满分的成绩。这名学生表示自己对数学非常感兴趣,他的教师推荐信也表明,他在数学和物理方面有很高的天赋。他在美国物理奥赛中取得了全国前 25 名的好成绩。"面对这样的申请书,你的答案会是什么?" Sally 说,这份申请当年让哈佛的招生官颇为踌躇,在经过长时间的讨论后,大家最终做出的决定却是放弃这名学生。"成绩固然是重要的,但我们更需要一个全面发展的孩子。这个学生的申请,在学业方面的表现非常抢眼,但是除了这些成绩单,我们似乎看不到别的。他说自己喜爱数学,但是在他的文书里写的是对社会的看法和自己的一些'反社会'情绪,丝毫看不出他对数学的热爱;他的教师的推荐信,除了肯定这个孩子有学习的天赋之外,并没有涉及他的性格、爱好等内容。哈佛固然希望招收学业有成的孩子,但却并不是要'学习机器'。"

(资料来源:《北京晚报》。)

一、全人教育

全人教育兴起于美国20世纪六七十年代,后传至北美、澳洲、欧洲、亚洲,现已形成了一场世界性的全人教育改革运动,对全球各级各类教育产生了重要影响。强调人的整体发展,强调个人的多样性,强调经验和个体之间的合作,强调培养"全人"。

全人教育整合了"以社会为本"和"以人为本"的两种教育观点,既重视社会价值,又重视人的价值的教育理念。这种教育观念,是国内外教育家都一直追求的。著名教育家、北京大学前校长蔡元培指出:"教育是帮助被教育的人,给他们能发展自己的能力,完成他的人格,于人类文化上能尽一分子的责任。"

台湾省中原大学多年来一直标举"育自由思考、重责任伦理、秉全人教育"的办学理念。就其内涵而言,"全人教育"首先是人之为人的教育;其次是传授知识的教育;第三就是和谐发展心智,以形成健全人格的教育。从某种意义上来讲,全人教育就是培养"全人"或"完人"的教育。就其教育目的而言,"全人教育"把教育目标定位为:在健全人格的基础上,促进学生的全面发展,让个体生命的潜能得到自由、充分、全面、和谐、持续发展。简言之,全人教育的目的就是培养学生成为有道德、有知识、有能力、和谐发展的"全人"。

西方全人教育家的观点主要有以下这些。

(一)关注人的全面挖掘

全人教育关注每个人智力、情感、社会性、物质性、艺术性、创造性与潜力的全面挖掘。当代全人教育思想与过去的教育理念相比,最突出的特性就在于其教育目的的不同,教育不再是单纯的社会统治的工具,人也不再是在经济利益驱动下的一个机械个体。全人教育思想首先把人的认识提升到了一个从未有过的高度,其核心内容是"全人"的培养。全人(holistic person)从字面上可以理解为具有整合人格、得到全面发展的人,人的发展过程中每一个方面都不可以有偏差。隆·米勒提出了全人范式(holistic paradigm)的概念,认为从本质上来讲,精神胜于物质,教育应更着重于人的内在层面,例如个人情感、创造能力、想象能力、同情心与好奇心等,还有自我的实现。这一全人范式理论没有贬低物质的重要性,也不会否认社会存在的价值,但它认为教育的过程不单是知识的传递与技能的训练,更应关注人的内在情感体验与人格的全面培养,达到人的精神与物质的统一。

(二)寻求人类之间的真正意义

全人教育寻求人类之间的理解与生命的真正意义,以往的教育通常将社会关系、文化背景等割裂开来,教育的最终结果是制造出功利主义的人,他们只注意身边狭小的范围,缺乏对他人的理解与尊重。传统教育注重竞争,无论是考试竞争还是活动竞争,都忽视了学生人际理解能力的培养。这样的话,他人只是满足自我的工具,成为自我意愿的利用对象与竞争对象,人类之间只有物化的关系,人性也就不断堕落。全人教育鼓励自我实现,但同时也强调真诚的人际交往和跨文化的人类理解。人之所以为人的重要一点在于人是生活在相互联系的有机社会群体之中的,这种联系不是机械化的,而是鲜活的人际交往,人性的体现不在于竞争而在于合作,全人教育实施过程中就是要学生在受教育过程中加深合作精神的体验,培养人与人相互理解、相互关心的素养,同时将生活中的人际交往进一步深化为人类跨文化的理解与信任,加强学生的全球意识。

(三)强调学生人文精神的培养

全人教育强调学生人文精神的培养,全人教育者在思考如何塑造学生的健全人格并完善其思维方式时,在很大程度上受当代人文主义教育思潮的影响。人类社会自进入工业时代以来,重古典人文的传统教育日渐衰微,科学主义成为各个校园的主导文化。不可否认,在科技发展日新月异的时代,注重实用知识教授与能力的培养具有重大的意义,这种教育方式也极大地促进了社会生产力的进步与技术创新,但同时其自身许多无法避免的弊端也逐渐显露出来。由于学校教育过于偏重实用知识,忽视文学、艺术等人文课程的学习,甚至将很多人文课程视为无用,学校充斥了急功近利的气氛,学生缺少人文关怀,缺少对世界发展的正确的价值观,缺少对周围事物的关心与思考,只是一味地成为物质生产的工具,而学校就成为制造这些工具的"工厂"。人是一个整体,知识教育虽然重要,也仅是人的一部分,除了知识教育以外,还有许多其他部分不容偏废。

全人教育者并不否认知识爆炸的年代里科学知识的重要作用,但主张在学校教育中更多地渗透人文精神。隆·米勒的学说就直接提出,全人教育是用人文教育的方法来达到全人发展的目标。这种人文精神的贯彻要注意两大原则:第一,全人教育是要在知性认知领域与情意爱恋领域经过"整合"后,成为"平衡"的学习经验,提供给受教育者去发展自我;第二,全人教育的基础在于信任,信任人类的发展经由"整合"后的教育方式与内容,一定能引导人迈向善良、和谐与不断的成长。针对目前学校教育人文精神的缺失,全人教育倡导在教育的各个部分和环节都落实人的精神的培养,孕育人的完美人格。其中一个重要的方面就是大力推行通识教育课程,美国、加拿大等国的学者在全人教育探索方面一枝独秀,其中一个原因在于他们拥有良好的通识教育土壤使之能够在实践领域寻找全人教育的实施路径。通识教育正符合了培养人的整体性的本质精神,是一条贯彻人文思想的捷径,但需要注意的是,如果通识课程中没有人文精神的渗透,没有人的基本品格的培养,那么这种教育也注定无法达到全人教育的根本目的。以全人教育为其终极理想的通识教育应该帮助学生了解人之所以为人的道理、各种永恒的问题,认识其所处时代的特性及其所面临的困境等。总之,只有深刻领会人格、个性与思维的重要性,才能真正培养出理性的、人文的、道德的、精神的全人。

(四)鼓励跨学科的互动与知识的整合

学校教育如果完全按照学科或职业为导向,培养学生单一学科的知识,那么教育者就会完全忽略我们的世界是一个瞬息万变的、庞杂而有机联系的系统。全人教育者认为目前的学校教育将各种知识人为地割裂开来,各门学科相互孤立,世界被拆分为无数的碎片,这直接导致了人的发展也必然是片面的,人的思维方式是孤立的。通识教育的跨学科整合学习就成为达成全人教育的重要途径。爱因斯坦曾说过:"用专业知识教育人是不够的,专业教育可以使人成为一个有用的机器,但却不能成为一个和谐发展的人。"全人教育强调学科间的整合学习,并清楚没有任何一种科目、议题或因素可单独解决当今世界发展的相关课题。只有透过学科之间的互动、影响和渗透,超越学科间的各种限制,才能开拓新知识的学习与研究问题的视野,真正将世界还原为一个整体。

(五)主张精神与物质的平衡,注重和谐

全人教育主张学生精神世界与物质世界的平衡,注重生命的和谐与愉悦,联合国教科文组织在《学会生存——教育世界的今天和明天》的报告中指出:"为了科学研究和专门化的需要,对许多青年人原本应该充分而全面的培养被弄得残缺不全。为从事某种内容分得很细的工作或者为某种效率不高的工作而进行训练,过高地估计了提高技术才能的重要性而损害了其他更为有人性的品质。"而"全人教育"一改现行教育以"做事"为目的的宗旨,以塑造未来为目的,倡导以"育人"为本,强调以开发人的理智、情感、身心、美感、创造力和精神潜能为教育目的。物质的重要性固然无可否认,但人之所以为人的重要一点正在于人是具有复杂精神世界的个体。而这种精神要素对社会稳定、人类安居乐业等物质环境有着强大的影响力。现代社会物质发展日新月异,而人渐渐成为物质、金钱、名利的奴役,教育的目的被扭曲成学会一种行业并且致富,全人教育者正是针对这种物化的教育观进行改变,主张在人的培养过程中,不仅关注物质世界,而且注重学习过程的愉悦、与人交往的和谐、自我良好品格的养成。

(六)培养整合思维的地球公民

全人教育的最大特色就在于"全",这不仅仅意味着培养人的全面素质,更蕴含着一种广阔而博大的世界观。这种世界观向当代社会百态提出严正的挑战,超越个体与小群体,将人与自然、社会交织在一起。全人教育者所关心的不是某个人、某个学校、某个国家的发展,而是从更宽广的角度将整个地球甚至整个宇宙联系在一起。当隆·米勒在谈到21世纪的教育方向时认为,新世纪的教育需求是目前这种教育方式难以观察到的,未来的教育必须强调全球的、生态的及灵性的世界观。除此之外,以隆·米勒为代表的全人教育学者认为,所有牵涉人及人类生活的论点,基本上都有其"相关性"。这种教育观必然要求培养出具有全球

视角的地球公民,他们关心环境,关心和平,关心全人类。只有这样,教育才真正达到其应有的目的。

 拓展资料 4-2

　　香港大学、香港中文大学、芝加哥大学和浙江大学(简称"浙大")的校长在杭州参加浙大2012文化中国年度论坛。校长们给台下90位来自哈佛、耶鲁、北大、浙大等名校的精英学生讲了一个概念,"全人教育"——学生除了会专业学习,还得是个有激情、有情商、有道德的人。记者随后专访了这几位名校校长。

　　香港中文大学校长说,让教授每周和学生吃三次饭,分享人生经验。

　　香港中文大学(以下简称"港中大")校长沈祖尧,2010年开始担任校长,他原先是一位胃肠科医生,在2003年非典一疫中,被《时代周刊》列为当年的"亚洲英雄"。

　　在香港高校,全人教育已获重视。"其实大学并不只是一个让我们获得知识和数据的地方,职业教育不应该都放在大学里。"沈祖尧告诉记者,关键是大学生要在大学学会解决人生各种困难的方法。

　　在港中大,全人教育已经成为和专业教育并重的一种教育体系,它在"书院"这个单位里进行。书院是港中大的一个特色,所有的学生进校,都不按专业编班,全部混合,按照书院为单位,平行分院,每个书院有一千多名不同专业的学生。这里除了是一个提供学生住宿、自学的地方,还是全人教育平台,学生有大量机会和不同专业的同学进行交流、玩耍、辩论。

　　教授也是全人教育的重要施行者。他们常常住在书院,每周至少有三顿饭跟学生一起吃。吃饭时,把大量人生经验分享给学生。同时,教授还会定期带领书院的学生走出大学。

　　芝加哥大学校长说,学会对他人的宽容,才是大学的真谛。

　　芝加哥大学校长罗伯特·杰夫瑞·齐默,向记者介绍了西方一些顶尖高校的全人教育。"在西方高校,全人教育的理念已经比较深入,比如剑桥大学的校长乐思哲·伊维尔。剑桥涨学费,他受到学生的当面质问和抗议。他没有发怒,欣然接受这种'被挑战'。他坚信,如果校长只想被尊重和服从,他至少没有资格做剑桥校长。"齐默告诉记者:"全人教育并不是要找到一条完美的途径,而是找到实现未来的种种可能。你在这个世界中会找到全面发展的东西,对他人的宽容,这才是大学的真谛。"

　　香港大学校长说,全人教育并不只是课程,而是大学的态度。

　　全人教育并不只是课程,而是大学的态度。这样的观点,同样被香港大学校长徐立之提到了。徐立之给大家讲了一个小故事,一位女士,拥有一座大房子,大房子带着一个美丽的院子,附近的孩子经常成群结队过来踢足球,把她的院子给毁了,轰都轰不走。于是她改变策略了,每次有孩子来玩的时候,她就每人给一美元。一个月之后,她突然停止给他们钱。然后那些孩子就拒绝来这里玩,他们忘了到这块地方玩的初衷。

　　仔细想想,到底是谁达到了目的?大学教育要避免进入这样的误区。

(资料来源:《钱江晚报》。)

二、全人教育在世界各地

（一）我国香港地区全人教育模式

2002年6月，中华人民共和国香港特别行政区原行政长官董建华表示，为了满足知识型社会的需要，保持香港的竞争力和经济活力，香港将全力以赴开展教育改革，建立以"全人教育"和"终身学习"为中心的教育体系。香港学校普遍实行"全人教育"，课时教育不是学习的全部内容，在此之外，学生还要参加社会服务、领袖训练、体育及艺术等各种活动，旨在培养学生的全面综合能力。

（二）我国台湾地区全人教育模式

1995年我国台湾地区教育相关部门发布了一份报告书，将"全人教育、温馨校园、终身学习"定位为我国台湾地区21世纪的教育主线；1997年，我国台湾地区陆续在各学校各年级推动生命教育，提出教育改革要以全人教育为目标。1998年台湾地区的《教育改革行动方案》中第五项第一条明确指出"辅导各校重视通识教育以落实全人教育理念"；2001年被定为"生命教育年"，希望通过生命教育在校园的推动，营造"全人教育"环境，引导学生全面、健康成长。全人教育理念逐渐为我国台湾地区各类各级学校普遍接受，并日益成为我国台湾地区教育发展的主流方向。

作为一种教育理念，全人教育没有固定的范式，无论是在国外还是在我国台湾地区，人们对其内涵的理解都不尽相同。全人教育是一种理想的教育，是一种"内化式"的教育，是一种教育的高层次理念，体现着教育的贯通性、整合性和多元多样性。在这方面，台湾中原大学比较有影响力。

（三）美国大学的全人教育模式

美国具有标志性的通识教育事件，是在1943年1月至1945年6月之间，由哈佛大学校长柯南特领导、哈佛大学教授和校外学界知名人士共同完成的《自由社会的通识教育》报告（即哈佛红皮书）的发表。该报告指出，大学通识教育之目的在于培养完整的人，这种人需具备四种能力：第一，有效思考的能力；第二，能清晰地沟通思想的能力；第三，能做出明确判断的能力；第四，能辨识普遍性价值的认知能力。无论是研究型大学还是地方应用型大学，美国大学的人才培养都重视全人教育理念，体现为不同类型的通识教育课程，呈现多元化和多样化。如既有哈佛大学的核心课程模式，也有芝加哥大学的经典课程模式及布朗大学的自由选修模式，还有杜克大学的跨学科通识教育课程模式，以及宾夕法尼亚大学通识教育从作为实用的基础，到追求知识的融合，再到追求知识的永恒价值。教育目标都强调知识体系的全面性和基础性，突出能力培养，尤其是表达与交流能力；强调人文素养和创新精神的培养。如美国北卡罗来纳大学彭布洛克校区的全人教育模式。2007年，美国学院和大学协会在

《为了新的全球世纪的大学学习》报告中,认定了日益获得高等教育界关注的10种高影响力教育实践包括:新生研讨课、学生共同体、通识体验项目、写作强化课程、合作作业和项目、本科生科研、多样性或全球学习、服务学习、实习和顶点课程。

(四)英国大学的全人教育模式

英国的全人教育把自由教育和专业教育有机地结合为一体,体现为历史传统的传承和对社会发展需要的适应性。至今,虽然尚未有一个公认的、规范性的全人教育与通识教育的定义,但通识教育实质上包含了两重内涵:一是指非专业教育部分,主要表现为专门的通识课程;二是指一种教育理念和教育观,这一层面上的含义与自由教育基本对等。欧洲的大学虽然没有明确设置专门的通识课程,但同样在精神上继承了源自古希腊的自由教育传统。

英国大学并未在具体学科上对通识教育进行限定,甚至通识教育课程这一名词也没有出现过,但是通识教育的内容并未消失。自由教育所认同和重视的传统能力,包括口头和书面表达能力、解决问题能力、创新能力、团队工作能力等,它们是一般性和可迁移性的能力,可以通过专业教育和联合专业的形式加以实现,联合专业的具体形式有双科专业、三科专业和主副修专业。

三、博雅教育(素质教育)

在现代社会中,博雅教育(Liberal Arts Education),被认为是一种基于社会中的人的通才素质教育。它不同于专业教育、专才教育。无论是古罗马人的七艺还是中国儒家的六艺,都体现了一种使人性臻于完善的教育理想。其中:古罗马的七艺是指文法、修辞学、辩证法、音乐、算术、几何学、天文学;儒家的六艺是指礼、乐、射、御、书、数。博雅教育的目的不是给学生一种职业训练或专业训练,而是通过几种基本知识和技能,培养一种身心全面发展的理想的人格,或者说发展一种丰富健康的人性。

英国思想家约翰·密尔对博雅教育的总结最为精辟:"每件事都知道一点,有一件事知道得多一些。"

哈佛大学杜维明教授考察了中国、美国的博雅教育后是这样总结的,博雅教育在中国被普遍称为素质教育,在美国则被称为Liberal Arts Education。虽然对博雅教育的叫法不同,但是各方面都一致认为在传授专业知识的同时,大学应该注重通识教育,提供人文训练,培养人文素质。

博雅教育不主张专业知识的学习,采用的是综合教育,一个学生要应付十多门的课程,教育出来的学生貌似什么都懂,实际上是什么都不精,而且出来工作后在学校学的东西一般都应用不上,加上学得又不精,就造成了知识容易遗忘的现象,遗忘后学了的知识等于没有学,造成了教育的浪费。中央电视台曾经有个游戏节目《幸运52》就是用小学的知识去考出来工作后的成年人,好多人都答不出小学的题目,就可以说明问题。

在美国,品质最好的大学及规模不大的学院通常采用博雅教育。对极优秀的学生,博雅教育为未来的社会领袖提供比较全面的知识,而且由于学生的学习能力强,广读群书没有问题,哈佛、斯坦福这些精英大学都采用博雅教育的办学精神。

博雅教育不强调学问或知识的专业与实用性,它也不关心知识所对应的职业,相反它更在乎知识的学习对学生心智的启迪。

不同类型教育的区别如表4-1所示。

表4-1 不同类型教育的区别

类别	博雅教育	全人教育	通识教育	素质教育
区别	承袭西欧中世纪以来的博雅七艺为主要课程内容	既重视社会发展亦重视个人发展的全面人才培养	强调人的均衡发展,为今后的工作奠定全方位的基础	关注人文情感、心态和人格等,开发智慧潜能

四、博雅教育在世界各地

(一)我国台湾地区

台湾地区系统的现代博雅通识教育开始于台湾大学。台湾地区教育家虞兆中认为,现代大学和传统儒家教育观一脉相承,学生人格养成应在学校教育中居于重要地位,于是出任台湾大学校长时建立通才教育。随后,台湾各大学相继推行博雅教育。在台湾地区,博雅教育是大学教育的基础组成部分。例如,台湾大学通识教育课程分为文学与艺术、历史思维、世界文明、道德与哲学思考、公民意识与社会分析、量化分析与数学素养、物质科学、生命科学八大领域。

(二)我国香港地区

在香港,唯一一所以博雅教育为宗旨的大学是岭南大学。该校前任校长陈坤耀曾解释博雅教育的宗旨是要教导人"学识广博,生活高雅"。2008年香港教育统筹局于高中课程引入博雅教育。

(三)欧洲

在欧洲,博雅教育的原来意义是中等研习,只是涉足普遍知识及智识技术,着重于知识的传承,而不是专门或者专业技术。博雅教育在欧洲教育历史中的七大范畴被分为"三道"(初等级)和"四道"(高等级)两类。"三道"包括语法、修辞学及辩证法。"四道"包括算术、几何、天文及音乐。这成了欧洲中世纪大学核心课程。虽然曾经只注重古典教育,但随着启蒙时代开始,科学及人文的地位提升,两者在近代都纳入博雅教育的范畴,博雅教育也在欧洲启蒙时代之后被宣传为解放思想及破除成见。

巴黎大学,学生入学时(十四五岁)先进入博雅学院就读,五六年后从博雅学院毕业,若条件许可,再选择三个专业其中之一继续深造,最后获得博士学位。在此,博雅教育被视为大学的基础教育,是所有进入更高深学习的根基。

(四)美国

在美国,四年制的大学极注重博雅教育,所有学士课程皆要求学生于第一年和第二年受博雅教育之思考训练,而在学士第三年才修读主修课程。另外亦有专注于博雅教育的教学机构,被称为"文理学院",通常为四年制。其毕业生要在其他的学院如研究生院才能得到专业的培训,例如:商业、法律、医学、神学等。

美国境外的学院都受到了这些美国高等学院的启发,包括德国的欧洲博雅学院。这类型的教育未曾在英国出现,他们连博雅教育一词都很少谈及。反而澳洲墨尔本维多利亚大学提供两年制 TAFE 文凭课程(博雅文凭课程)。

哈佛大学的前身是哈佛学院(此为博雅学院),美国的这些著名的私立研究型大学,几乎是清一色的从博雅学院日益发展壮大的,而且至今这些研究型大学的大学部本科教育,也几乎都仍然坚持维护博雅教育的传统,坚定地实施以博雅教育为中心的学士班教育。

课堂互动

以 3~5 人为小组讨论,各自表达自己对全人教育、博雅教育的理解看法,之后请每个小组评选出最精彩的发言,并请该成员在全班进行分享。

复习思考

根据自身的学业规划和目标,综合思考全人教育、博雅教育、学术知识教育如何与自身结合。

第二节 适应中国学生的全面人才培养内容

一、中国教育情况

《国家教育事业发展"十三五"规划》的主要目标如下。

(一)全民终身学习机会进一步扩大

形成更加适应全民学习、终身学习的现代教育体系,现代职业教育体系更加完善。学前教育机会显著增加,义务教育普及成果进一步巩固提升,普及高中阶段教育,高等教育发展进入普及化阶段,继续教育参与率明显提升,学习型社会建设迈上新台阶。

(二) 教育质量全面提升

教师素质进一步提高,学校办学条件明显改善,教育信息化实现新突破,形成信息技术与教育融合创新发展的新局面,学习的便捷性和灵活性明显增强。教育教学改革取得重要进展,学生的思想道德素质、科学文化素质、身心健康素质明显提高,社会责任感、法治意识、创新精神和实践能力显著增强,学业水平和自主学习能力、终身学习能力全面提升。

(三) 教育发展成果更公平地惠及全民

完成教育脱贫攻坚任务,精准扶贫、精准脱贫的效果充分显现。实现家庭经济困难学生资助全覆盖,困难群体、妇女儿童平等受教育权利得到更好的保障。义务教育实现基本均衡的县(市、区)比例达到95%,学校、城乡、区域间差距进一步缩小,建成覆盖城乡、更加均衡的基本公共教育服务体系。人民群众高质量、个性化、多样化的学习需求得到更好的满足。

(四) 人才供给和高校创新能力明显提升

创新型、复合型、应用型和技术技能型人才培养比例显著提高,人才培养结构更趋合理。各类人才服务国家和区域经济社会发展、参与国际竞争的能力显著增强。提高高等教育发展水平,若干所大学和一批学科进入世界一流行列,若干学科进入世界一流学科前列,在高校建成一批服务国家战略的创新基地和新型智库,创新服务能力全面提升,涌现一批重大创新成果,促进培育新动能,推动文化繁荣和社会进步,增强国家核心竞争力。

(五) 教育体系制度更加成熟定型

教育法律法规体系和执法体制机制更加健全,教育标准、监管、评价、督导、投入保障、教师队伍建设等基础性制度体系更加完善,社会力量参与举办教育、参与教育改革发展的制度更加完备有效。基本实现管办评分离,形成政府依法管理、学校依法自主办学、社会各界依法参与和监督的格局,教育治理体系更加健全,治理能力现代化水平明显提升。

高等教育事业发展和人力资源开发"十三五"主要目标如表4-2所示。

表4-2 高等教育事业发展和人力资源开发"十三五"主要目标

指标	2015年	2020年	属性
在学总规模/万人	3647	3850	预期性
在校生/万人	3511	3680	预期性
其中:研究生/万人(含全日制和非全日制研究生)	250[191]	290[230]	预期性
其中:普通本专科/万人	2625	2655	预期性
毛入学率/(%)	40.0	50.0	预期性

全面实现"十三五"时期教育改革发展目标,必须紧紧围绕全面提高教育质量这个主题,把立德树人作为根本任务,全面实施素质教育,积极培育和践行社会主义核心价值观,更新育人理念,创新育人方式,改善育人生态,提高教师素质,建立健全各级各类教育质量保障体系,全面提升育人水平。全面落实:提升学生思想道德水平;培养学生创新创业精神与能力;强化学生实践动手能力;塑造学生强健体魄;提高学生文化修养;增强学生生态文明素养;提高学生综合国防素质。

二、全面人才的七维素养

我国高校一直以来仍把培养综合化、研究型人才作为主要目标,《国家教育事业发展"十三五"规划》明确表示我国高校要提高应用型、技术技能型和复合型人才培养比重。新增高等教育招生计划主要向应用型、技术技能型人才培养倾斜。但是作为中国的高校体制,改革并不是一件可以说到做到的事情,这需要时间也需要过程,尤其在研究型大学转型为应用型方面,是一件漫长的工作,在教学方面,培养应用型人才的教学部分改革也往往是浮于表面而难动其内在。所以现在的学生更多地要依靠大学的学习本质——自学,来实现全面的发展。

结合海内外的优秀人才培养模式和我国社会发展需要、个人成长发展需要归纳出七个重要的全面人才的核心素养,无论学生的毕业去向、职业发展规划是哪一种类型,无论学生自身的能力、性格等属性是哪一个水平,无论学生所处的学校、地区及所学的专业为何,都可以运用这七个维度的核心素养提升自己,以成为适应于社会发展的未来全面人才。

全面人才的七维素养如图4-1所示。

图4-1 全面人才的七维素养

(一)职业素质

职业素质不是传统意义上的以职场为最终目的而辐射的职场能力的含义,它在这里是一个核心素养模块,具有学生教育的属性,它意味着一个学生以进入社会职场为导向,所学习提高的各项要素的总和。因为每个人最终都是要走入社会的,而在社会生存都需要一项与多项的职业技能;拥有清晰的职业发展规划,进行人生规划时可以对某些方面进行有针对性的提升;学以致用,把所学加以实践,并通过实践发现更多的未知;获取职业所需的各类基础素质能力等。

(二)视野眼界

视野眼界可以理解为一个庞大立体的概念,视野是一种宽度,眼界是一种深度,两者一同构建出一个全面人才的内在属性。现在很多大学和相关机构、媒体也纷纷在倡导大学生全球视野等的概念,可想而知在现在的社会当中,只有跟得上时代的发展,拥有足够宽广的视野才能适应社会的发展。而眼界则是在视野的基础上具有的升华,因为拥有了视野而提高了眼界,为思考和做决定提供了重要的养分。

(三)兴趣技能

兴趣技能可以理解为是博雅教育的一个体现,在当今的时代,信息的丰富与竞争的激烈,拥有更多的兴趣爱好和生活技能的人,有机会能在社会上发展得更有前途,并且比没有兴趣特长的人更容易融于一个团队,更易于在茫茫人海中凸显自己,获得成功的机会和交友的机会。而生活技能的学习,是填补从独生子女制度开始以来,80后、90后学生在生活上许多方面不足的地方,让学生获得更多可以独立生活的技能以及协助团体生活的技能。

(四)社交人脉

社交人脉可以拆分理解,前部分是强调学生的社交方面的能力,因为现在的许多学生缺乏社交的本领、胆量、技巧,而社交又是在社会上立足的最基本技能。人脉是现在社会发展尤为重要的一块资源,现在已经不是过去靠一人就可以解决各种问题的时代,每时每刻都需要团队合作来完成,而我们除了固定的血缘关系、纽带关系外,其他很多关系的人脉都是要特意去积累与经营的。

(五)学术知识

学术知识泛指大学所学专业的知识,其延伸还会包含一门外国语言的运用或计算机等科技工具的操作。学术知识不仅限于本专业的知识,所有在大学期间可以在学校进行学习的内容都属于学术知识的范畴内。

(六)心理素质

心理素质是现今时代尤为需要重视的一个方面,因为时代发展的许多原因导致当代的年轻人在心理层面比过去的学生要相对敏感、相对脆弱、更以自我为中心等。智力很高,但是心力却没能跟上智力的快速成长,这就是问题的根源。

(七)身体素质

身体素质一般是指人体在活动中所表现出来的力量、速度、耐力、灵敏、柔韧等机能。身体素质是一个人体质强弱的外在表现。这项核心素养自古以来在每一个时代都是尤为重要的部分,而现代学生的身体素质呈逐年下降的趋势,实在让人担忧。

拓展资料 4-3

李开复致信大学生:大学四年应这样度过

大学期间,有许多学生放任自己、虚度光阴,还有许多学生始终也找不到正确的学习方向。当他们被第一次补考通知唤醒时,当他们收到第一封来自应聘企业的婉拒信时,这些学生才惊讶地发现,自己的前途是那么渺茫,一切努力似乎都为时已晚……

这"第四封信"是写给那些希望早些从懵懂中清醒过来的大学生,那些从未贪睡并希望把握自己的前途和命运的大学生以及那些即将迈进大学门槛的未来大学生的。在这封信中,我想对所有同学说:

大学是人一生中最为关键的阶段。从入学的第一天起,你就应当对大学四年有一个正确的认识和规划。为了在学习中享受到最大的快乐,为了在毕业时找到自己最喜爱的工作,每一个刚进入大学校园的人都应当掌握七项学习:自修之道、基础知识、实践贯通、培养兴趣、积极主动、掌控时间、为人处世。只要做好了这七点,大学生临到毕业时的最大收获就绝不会是"对什么都没有的忍耐和适应",而应当是"对什么都可以有的自信和渴望"。只要做好了这七点,你就能成为一个有潜力、有思想、有价值、有前途的快乐的毕业生。

大学:人生的关键

大学是人生的关键阶段。这是因为,进入大学是你终于放下高考的重担,第一次开始追逐自己的理想、兴趣。这是你离开家庭生活,第一次独立参与团体和社会生活。这是你不再单纯地学习或背诵书本上的理论知识,第一次有机会在学习理论的同时亲身实践。这是你第一次不再由父母安排生活和学习中的一切,而是有足够的自由处置生活和学习中遇到的各类问题,支配所有属于自己的时间。

大学是人生的关键阶段。这是因为,这是你一生中最后一次有机会系统性地接受教育,这是你最后一次能够全心建立你的知识基础。这可能是你最后一次可以将大段时间用于学习的人生阶段,也可能是最后一次可以拥有较高的可塑性、集中精力充实自我的成长历程。这也许是你最后一次能在相对宽容的、可以置身其中学习为人处世之道的理想环境。

大学是人生的关键阶段。在这个阶段里,所有大学生都应当认真把握每一个"第一次",让它们成为未来人生道路的基石;在这个阶段里,所有大学生也要珍惜每一个"最后一次",不要让自己在不远的将来追悔莫及。在大学四年里,大家应该努力为自己编织生活梦想,明确奋斗方向,奠定事业基础。

大学四年每个人都只有一次,大学四年应这样度过……

自修之道:从举一反三到无师自通

记得我在哥伦比亚大学任助教时,曾有位中国学生的家长向我抱怨说:"你们大学里到底在教些什么?我孩子读完了计算机系两年课程,居然连 VisiCalc 都不会用。"

我当时回答道:"电脑的发展日新月异。我们不能保证大学里所教的任何一项技术在五年以后仍然管用,我们也不能保证学生可以学会每一种技术和工具。我们能保证的是,你的孩子将学会思考,并掌握学习的方法,这样,无论五年以后出现什么样的新技术或新工具,你的孩子都能游刃有余。"

她接着问:"学最新的软件不是教育,那教育的本质究竟是什么呢?"

我回答说:"如果我们将学过的东西忘得一干二净时,最后剩下来的东西就是教育的本质了。"

我当时说的这句话来自教育家 B. F. Skinner 的名言。所谓"剩下来的东西",其实就是自学的能力,也就是举一反三或无师自通的能力。大学不是"职业培训班",而是一个让学生适应社会,适应不同工作岗位的平台。在大学期间,学习专业知识固然重要,但更重要的还是要学习独立思考的方法,培养举一反三的能力,只有这样,大学毕业生才能适应瞬息万变的未来世界。我认识的不少在中国读完大学来美国念研究生的朋友。他们认为来美国后,不论是学习、工作还是生活,他们最缺乏的是独立思考的能力,因为在国内时他们很少独立思考和独立决策。

上中学时,老师会一次又一次重复每一课里的关键内容。但进了大学以后,老师只会充当引路人的角色,学生必须自主地学习、探索和实践。走上工作岗位后,自学能力就显得更为重要了。微软公司曾做过一个统计:在每一名微软员工所掌握的知识内容里,只有大约 10% 是员工在过去的学习和工作中积累得到的,其他知识都是在加入微软后重新学习的。这一数据充分表明,一个缺乏自学能力的人是难以在微软这样的现代企业中立足的。

自学能力必须在大学期间开始培养。许多同学总是抱怨老师教得不好,懂得不多,学校的课程安排也不合理。我通常会劝这些学生说:"与其诅咒黑暗,不如点亮蜡烛。"大学生不应该只会跟在老师的身后亦步亦趋,而应当主动走在老师的前面。例如,大学老师在一个课时里通常要涵盖课本中几十页的信息内容,仅仅通过课堂听讲是无法把所有知识学通、学透的。最好的学习方法是在老师讲课之前就把课本中的相关问题琢磨清楚,然后在课堂上对照老师的讲解弥补自己在理解和认识上的不足之处。

中学生在学习知识时更多的是追求"记住"知识,而大学生就应当要求自己"理解"知识并善于提出问题。对每一个知识点,都应当多问几个"为什么"。一旦真正理解了理论或方法的来龙去脉,大家就能举一反三地学习其他知识,解决其他问题,甚至达到无师自通的境界。

事实上,很多问题都有不同的思路或观察角度。在学习知识或解决问题时,不要总是死守一种思维模式,不要让自己成为课本或经验的奴隶。只有在学习中敢于创新,善于从全新的角度出发思考问题,学生潜在的思考能力、创造能力和学习能力才能被真正激发出来。

《礼记.学记》上讲:"独学而无友,则孤陋而寡闻"。也就是说,大学生应当充分利用学校里的人才资源,从各种渠道吸收知识和方法。如果遇到好的老师,你可以主动向他们请教，或者请他们推荐一些课外的参考读物。除了资深的教授以外，大学中的青年教师、博士生、硕士生乃至自己的同班同学都是最好的知识来源和学习伙伴。每个人对问题的理解和认识都不尽相同，只有互帮互学，大家才能共同进步。

有些同学曾告诉我说，他们很羡慕我在读书时能有一位获得过图灵奖的大师传道授业。其实，虽然我非常推崇我的老师，但他在大学期间并没有教给我多少专业知识。他只是给我指明了大方向，让我分享他的经验，给我提供研究的资源，并教我做人的方法。他没有时间也没有必要指导我学习具体的专业知识。我在大学期间积累的专业知识都是通过自学获得的。刚入门时，我曾多次红着脸向我的师兄请教最基本的知识内容，开会讨论时我曾问过不少肤浅的问题，课余时间我还主动与同学探讨、切磋。"三人行必有我师"，大学生的周围到处是良师益友。只要珍惜这些难得的机会，大胆发问，经常切磋，我们就能学到最有用的知识和方法。

大学生应该充分利用图书馆和互联网，培养独立学习和研究的本领，为适应今后的工作或进一步的深造做准备。首先，除了学习老师规定的课程以外，大学生一定要学会查找书籍和文献，以便接触更广泛的知识和研究成果。例如，当我们在一门课上发现了自己感兴趣的课题，就应当积极去图书馆查阅相关文献，了解这个课题的来龙去脉和目前的研究动态。熟练和充分地使用图书馆资源，这是大学生特别是那些有志于投身科学研究的大学生的必备技能之一。读书时，应尽量多读一些英文原版教材。有些原版教材写得深入浅出，附有大量实例，比中文教材还适于自学。其次，在书本之外，互联网也是一个巨大的资源库，大学生可以借助搜索引擎在网上查找各类信息。"开复学生网"开通以来，我发现很多同学其实并没有很好地掌握互联网的搜索技巧，有时他们提出的问题只要在搜索引擎中简单检索一下，就能轻易找到答案。还有些同学很容易相信网上的谣言，而不会利用搜索引擎自己查考、求证。除了搜索引擎以外，网上还有许多网站和社区也是很好的学习园地。

自学时，不要因为达到了学校的要求就沾沾自喜，也不要认为自己在大学里功课好就足够了。在21世纪的今天，人才已经变成了一个国际化的概念。当你对自己的成绩感到满意时，我建议你开始自学一些国际一流大学的课程。例如，美国麻省理工学院（MIT）的开放式课程已经在网上无偿发布出来，大家不妨去看看MIT的网上课程，做做MIT的网上试题。当你可以自如地掌握MIT课程时，你就可以更加自信地面对国际化的挑战了。

总之，善于举一反三，学会无师自通，这是大学四年中你可以送给自己的最好的礼物。

基础知识：数学、英语、计算机、互联网

我曾经说过，中国学生的一大优势是扎实的基础知识，如数学、物理等。但是，最近几年，同学们在目睹了很多速成的例子（如丁磊、陈天桥等）之后，也迫切希望能驶上成功的快车道。这渐渐形成了一种追求速成的浮躁风气。有许多大学生梦想在毕业后就立即能做"经理""老板"，还有许多大学生入学时直接选择了"管理"专业，因为他们认为从这样的专业毕业后马上就可以成为企业的管理者。可不少学生进入了管理专业后，才发现自己对本专业的学习毫无兴趣。其实，管理专业和其他专业一样，都是传授基础知识和基本方法的专业，没有哪个专业可以保证学生在毕业时就能走上领导岗位。无论同学们所学的是哪个专业，大学毕业才是个人事业的真正开始。想做企业领导或想做管理工作的同学也必须从基层做起，必须首先在人品方面学会做人，在学业方面打好基础。

如果说大学是一个学习和进步的平台，那么，这个平台的地基就是大学里的基础课程。

在大学期间,同学们一定要学好基础知识,其中包括数学、英语、计算机和互联网的使用,以及本专业要求的基础课程(如商学院的财务、经济等课程)。在科技发展日新月异的今天,应用领域里很多看似高深的技术在几年后就会被新的技术或工具取代。只有基础知识掌握好了才能受用终身。另一方面,如果没有打下好的基础,大学生也很难真正理解高深的应用技术。最后,在许多的中国大学里,教授对基础课程也比对最新技术有更丰富的教学经验。

数学是理工科学生必备的基础。很多学生在高中时认为数学是最难学的,到了大学里,一旦发现本专业对数学的要求不高,就会彻底放松对数学知识的学习,而且他们看不出数学知识有什么现实的应用或就业前景。但大家不要忘记,绝大多数理工科专业的知识体系都建立在数学的基石之上。例如,要想学好计算机工程专业,那至少要把离散数学(包括集合论、图论、数理逻辑等)、线性代数、概率统计和数学分析学好;要想进一步攻读计算机科学专业的硕士或博士学位,可能还需要更高的数学素养。同时,数学也是人类几千年积累的智慧结晶,学习数学知识可以培养和训练人的思维能力。通过对几何的学习,我们可以学会用演绎、推理来求证和思考的方法;通过学习概率统计,我们可以知道该如何避免钻进思维的死胡同,该如何让自己面前的机会最大化。所以,大家一定要用心把数学学好,不能敷衍了事。学习数学也不能仅仅局限于选修多门数学课程,而是要知道自己为什么学习数学,要从学习数学的过程中掌握认知和思考的方法。

21世纪里最重要的沟通工具就是英语。有些同学在大学里只为了考过四级、六级而学习英语,有的同学仅仅把英语当作一种求职必备的技能来学习,甚至还有人认为学习和使用英语等于崇洋媚外。其实,学习英语的根本目的是掌握一种重要的学习和沟通工具。在未来的几十年里,世界上最全面的新闻内容、最先进的思想和最高深的技术,以及大多数知识分子间的交流都将用英语进行,因此,除非你甘心做一个与国际脱节的人,英语学习是至关重要的。在软件行业里,不但编程语言是以英语为基础设计出来的,最重要的教材、论文、参考资料、用户手册等资源也大多是用英语写就的。学英语绝不等于崇洋媚外。中国正在走向世界,中国需要学习西方的先进思想和先进科学技术,学好英语才是真正的爱国。

很多中国留学生的英语考试成绩不错,也高分考过四级、六级、托福,但是留学美国后上课时却很难听懂课程内容,和外国同学交流时就更加困难。我们该如何学好英语呢?既然英语是最重要的沟通工具,那么,最重要的学习方法就是尽量与实践结合起来,不能只"学"不"用",更不能只靠背诵的方式学习英语。读书时,大家尽量阅读原版的专业教材(如果英语不够好,可以先从中英对照的教材看起),并适当地阅读一些自己感兴趣的专业论文,这可以同时提高英语和相关专业的知识水平。其实提高英语听说能力的最好方法是直接与那些以英语为母语的外国人对话。现在有很多在中国学习和工作的外国人,他们中的不少人为了学中文,很愿意与中国学生对话、交流,这是很好的学习机会。此外,大家不要把学英语当作一件苦差事,完全可以用有趣的方法学习英语。例如,可以多看一些名人的对话或演讲,多看一些小说、戏剧甚至漫画。初学者可以找英文原版的教学节目和录像来学习,有一定基础的则应该看英文电视或电影。看一部英文电影时,最好先在有字幕的时候看一遍,同时查考生词、熟悉句式,然后在不加字幕的情况下再看一遍,仅靠耳朵去听。听英文广播也是很好的练习英文听力的方法,大家每天最好能抽出半小时到一小时的时间收听广播并尽量理解其中的内容,有必要的话还可以录下来反复听。在互联网上也有许多互动式的英语学习网站,大家可以在网站上用游戏、自我测试、双语阅读等方式提升英语水平。总之,勇于实践、持之以恒是学习英语的必由之路。

信息时代已经到来,大学生在信息科学与信息技术方面的素养也已成为他们进入社会的必备基础之一。虽然不是每个大学生都需要懂得计算机原理和编程知识,但所有大学生都应能熟练地使用计算机、互联网、办公软件和搜索引擎,都应能熟练地在网上浏览信息和查找专业知识。在21世纪里,使用计算机和网络就像使用纸和笔一样是人人必备的基本功。不学好计算机,你就无法快捷全面地获得自己需要的知识或信息。

最后,每个特定的专业也有它自己的基础课程。以计算机专业为例,许多大学生只热衷于学习最新的语言、技术、平台、标准和工具,因为很多公司在招聘时都会要求这些方面的基础或经验。这些新技术虽然应该学习,但计算机基础课程的学习更为重要,因为语言和平台的发展日新月异,但只要学好基础课程(如数据结构、算法、编译原理、计算机原理、数据库原理等)就可以万变不离其宗。有位同学生动地把这些基础课程比拟为计算机专业的内功,而把新的语言、技术、平台、标准和工具比拟为外功。那些只懂得追求时髦的学生最终只知道些招式的皮毛,而没有内功的积累,他们是不可能成为真正的高手的。

虽然我一向鼓励大家追寻自己的兴趣,但在这里仍需强调,生活中有些事情即便不感兴趣也是必须要做的。例如,打好基础,学好数学、英语和计算机的使用就是这一类必须做的事情。如果你对数学、英语和计算机有兴趣,那你是幸运儿,可以享受学习的乐趣;但就算你没有兴趣,你也必须把这些基础打好。打基础是苦功夫,不愿吃苦是不能修得正果的。

实践贯通:"做过的才真正明白"

上高中时,许多学生会向老师提出"为什么?有什么用?"的问题,通常,老师给出的答案都是"不准问"。进入大学后,这些问题的答案应该是"不准不问"。在大学里,同学们应该懂得每一个学科的知识、理论、方法与具体的实践、应用如何结合起来,尤其工科的学生更是如此。

有一句关于实践的谚语是这样说的:"我听到的会忘掉,我看到的能记住,我做过的才真正明白。"

无论学习何种专业、何种课程,如果能在学习中努力实践,做到融会贯通,我们就可以更深入地理解知识体系,可以牢牢地记住学过的知识。因此,我建议同学们多选些与实践相关的专业课。实践时,最好是几个同学合作,这样,既可经过实践理解专业知识,也可以学会如何与人合作,培养团队精神。如果有机会在老师手下做些实际的项目,或者走出校门打工,只要不影响课业,这些做法都是值得鼓励的。外出打工或做项目时,不要只看重薪酬待遇(除非生活上确实有困难),有时候,即便待遇不满意,但有许多培训和实践的机会,我们也值得一试。

以计算机专业为例,实践经验对于软件开发来说更是必不可少的。微软公司希望应聘程序员的大学毕业生最好有十万行的编程经验。理由很简单:实践性的技术要在实践中提高。计算机归根结底是一门实践的学问,不动手是永远也学不会的。因此,最重要的不是在笔试中考高分,而是具有实践能力。但是,在与中国学生的交流过程中,我很惊讶地发现,中国某些学校计算机系的学生到了大三还不会编程。这些大学里的教学方法和课程的确需要更新。如果你不巧是在这样的学校中就读,那你就应该从打工、自学或上网的过程中寻求学习和实践的机会。在网上可以找到许多实践项目,例如,有一批爱好编程的学生建立了一个讨论软件技术的网站,在其中共享他们的知识和实践经验,并成功举办了很多次活动(如在各大高校举办校园技术教育会议),还出版了帮助学生提高技术、解答疑难方面的图书,该网站有多位成员获得了"微软最有价值的专家"的称号。

培养兴趣:开阔视野,立定志向

孔子说:"知之者不如好之者,好之者不如乐之者。"我在"给中国学生的第三封信"中曾深入论述了快乐和兴趣是一个人成功的关键。如果你对某个领域充满激情,你就有可能在该领域中发挥自己所有的潜力,甚至为它而废寝忘食。这时候,你已经不是为了成功而学习,而是为了"享受"而学习了。在"第三封信"中,我也曾谈到我自己是如何在大学期间放弃了我不感兴趣的法律专业而进入我所热爱的计算机专业学习的。

有些同学问我,如何像我一样能找到自己的兴趣呢?我觉得,首先要客观地评估和寻找自己的兴趣所在:不要把社会、家人或朋友认可和看重的事当作自己的爱好;不要以为有趣的事就是自己的兴趣所在,而是要亲身体验它并用自己的头脑做出判断;不要以为有兴趣的事情就可以成为自己的职业,例如,喜欢玩网络游戏并不代表你会喜欢或有能力开发网络游戏;不要以为有兴趣就意味着自己有这方面的天赋,不过,你可以尽量寻找天赋和兴趣的最佳结合点,例如,如果你对数学有天赋但又喜欢计算机专业,那么你完全可以做计算机理论方面的研究工作。

最好的寻找兴趣点的方法是开拓自己的视野,接触众多的领域。唯有接触你才能尝试,唯有尝试你才能找到自己的最爱。而大学正是这样一个可以让你接触并尝试众多领域的独一无二的场所。因此,大学生应当更好地把握在校时间,充分利用学校的资源,通过使用图书馆资源、旁听课程、搜索网络、听讲座、打工、参加社团活动、与朋友交流、使用电子邮件和电子论坛等不同方式接触更多的领域和更多的工作类型以及更多的专家学者。当年,如果我只是乖乖地到法律系上课,而不去尝试旁听计算机系的课程,我就不会去计算机中心打工,也不去找计算机系的助教切磋,就更不会发现自己对计算机的浓厚兴趣。

通过开阔视野和接触尝试,如果你发现了自己真正的兴趣爱好,这时就可以去尝试转系的可能性、尝试课外学习、选修或旁听相关课程;你也可以去找一些打工或假期实习的机会,进一步理解相关行业的工作性质;或者,努力去考自己感兴趣专业的研究生,重新进行一次专业选择。其实,本科读什么专业并不能完全决定毕业后的工作方向,正如我所强调的那样,大学期间的学习过程培养的是你的学习能力,只要具备了这种能力,即使从事的是全新的工作,你也能在边做边学的过程中获取足够的知识和经验。

除了"选你所爱",大家也不妨试试"爱你所选"。有些同学后悔自己在入学时选错了专业,以至于对所学的专业缺乏兴趣,没有学习动力;有些同学则因为追寻兴趣而"走火入魔",毕业后才发现荒废了本专业的课程;有些同学因为在学习上遇到了困难或对本专业抱有偏见,就以兴趣为借口,不愿意面对自己的专业。这些做法都是不正确的。在大学中,转系并不是那么容易,所以,大家首先应尽力试着把本专业读好,并在学习过程中逐渐培养自己对本专业的兴趣。此外,一个专业里可能有很多不同的领域,也许你对专业里某一个领域会有兴趣。现在,有很多专业发展了交叉学科,两个专业的结合往往是新的增长点。因此,只要多接触、多尝试,你也许就会碰到自己真正感兴趣的方向。"数字笔"的发明人王坚博士在微软亚洲研究院负责用户界面的研究,可是谁又能想到他从本科到博士所学的都是心理学专业,而用户界面又正是计算机和心理学专业的最佳结合点。另一方面,就算你毕业后要从事其他的行业,你依然可以把自己的专业读好,这同样能成为你在新行业中的优势。例如,有一位同学不喜欢读工科,想毕业后进入服务业发展,我就建议他先把工科读好,将来可以在服务业中以精通技术作为自己的特长。

人生的路很长,每个人都可以有很多不同的兴趣爱好。在追寻兴趣之外,更重要的是要找寻自己终身不变的志向。有一本书的作者曾访问了几百个成功者,问他们有哪件事是他们今天已经懂得,但在年轻时却留下了遗憾的。在受访者的回答中,最多的一种是:"希望在年轻时就有前辈告诉我、鼓励我去追寻自己的理想和志向。"相比之下,兴趣固然关键,但志向更为重要。例如,我的志向是"使影响力最大化",多年以来,我有许多兴趣爱好,如语音识别、对弈软件、多媒体、研究到开发的转换、管理学、满足用户的需求、演讲和写作、帮助中国学生等,兴趣可以改变,但我的志向是始终不渝的。因此,大家不必把某种兴趣当作自己最后的目标,也不必把任何一种兴趣的发展道路完全切断,在志向的指引下,不同的兴趣完全可以平行发展,实在必要时再做出最佳的抉择。志向就像罗盘,兴趣就像风帆,两者相辅相成、缺一不可,它们可以让你驶向理想的港湾。

积极主动:果断负责,创造机遇

创立"开复学生网"时,我的初衷是"帮助学生帮助自己"。但让我很惊讶的是,更多的学生希望我直接帮他们做出决定,甚至仅在简短的几句自我介绍后就直接对我说:"只有你能告诉我,我该怎么做。"难道一个陌生人会比你更知道自己该怎么做吗?我慢慢认识到,这种被动的思维方式是从小在中国的教育环境中培养出来的。被动的人总是习惯性地认为他们现在的境况是他人和环境造成的,如果别人不指点,环境不改变,自己就只有消极地生活下去。持有这种态度的人,事业还没有开始,自己就已经被击败,我从来没见过这样消极的人可以取得持续的成功。

从大学的第一天开始,你就必须从被动转向主动,你必须成为自己未来的主人,你必须积极地管理自己的学业和将来的事业,理由很简单:因为没有人比你更在乎你自己的工作与生活。"让大学生活对自己有价值"是你的责任。许多同学到了大四才开始做人生和职业规划,而一个主动的学生应该从进入大学时就开始规划自己的未来。

积极主动的第一步是要有积极的态度。大家可以用我在"第三封信"里推荐的方法,积极规划自己的人生目标,追寻兴趣并尝试新的知识和领域。纳粹德国某集中营的一位幸存者维克托·弗兰克尔曾说过:"在任何特定的环境中,人们还有一种最后的自由,就是选择自己的态度。"

积极主动的第二步是对自己的一切负责,勇敢面对人生。不要把不确定的或困难的事情一味搁置起来。比如说,有些同学认为英语重要,但学校不考试就不学英语;或者,有些同学觉得自己需要参加社团磨炼人际关系,但是因为害羞就不积极报名。但是,我们必须认识到,不去解决也是一种解决,不做决定也是一个决定,这样的解决和决定将使你面前的机会丧失殆尽,你终有一天会为这种消极、胆怯的作风付出代价的。

积极主动的第三步是要做好充分的准备:事事用心,事事尽力,不要等机遇上门;要把握住机遇,创造机遇。中国科技大学校长朱清时院士在大三时被分配到青海做铸造工人。但他不像其他同学那样放弃学习,整天打扑克、喝酒。他依然终日钻研数理化和英语。六年后,中国科学院要在青海做一个重要的项目,这时朱校长就脱颖而出,开始了他辉煌的事业。很多人可能说他运气好,被分配到缺乏人才的青海,才有这种机会。但是,如果他没有努力学习,也无法抓住这个机遇。所以,做好充分的准备,当机遇来临时,你才能抓住它。

积极主动的第四步是"以终为始",积极地规划大学四年。任何规划都将成为你某个阶段的终点,也将成为你下一个阶段的起点,而你的志向和兴趣将为你提供方向和动力。如果不知道自己的志向和兴趣,你应该马上做一个发掘志向和兴趣的计划;如果不知道毕业后要做什么,你应该马上制订一个尝试新领域的计划;如果不知道自己最欠缺什么,你应该马上写一份简历,找你的老师、朋友打分,或自己审阅,看看哪里需要改进;如果毕业后想出国读博士,你应该想想如何让自己在申请出国前有具体的研究经验和学术论文;如果毕业后想进入某个公司工作,你应该收集该公司的招聘广告,以便和你自己的履历对比,看自己还欠缺哪些经验。只要认真制订、管理、评估和调整自己的人生规划,你就会离你自己的目标越来越近。

掌控时间:事分轻重缓急,人应自控自觉

除了积极主动的态度,大学生还要学会安排自己的时间,管理自己的事务。一位同学是这么描述大学生活的:

"大学和高中相比似乎没有什么太大的区别,每天依旧是学习,每次考试后依旧是担心考试成绩……不同的只是大学里上网的时间和睡觉的时间多了很多,压力也小了很多。"

这位同学并不明白,"时间多了很多"正是大学与高中之间巨大的差别。时间多了,就需要自己安排时间、计划时间、管理时间。

安排时间除了做一个时间表外,更重要的是"事分轻重缓急"。在《高效能人士的七个习惯》一书中,作者史蒂芬·柯维提出,"重要事"和"紧急事"的差别是人们浪费时间的最大理由之一。因为人的惯性是先做最紧急的事,但这么做会导致一些重要的事被荒废掉。例如,我认为这篇文章里谈到的各种学习都是"重要的",但它们不见得都是老师布置的必修课业,采纳我的建议的同学们依然会因为考试、交作业等紧急的事情而荒废了打好基础、学习做人等重要的事情。因此,每天管理时间的一种好方法是,早上确定今天要做的紧急事和重要事,睡前回顾一下,这一天有没有做到两者的平衡。

每个人都有许多"紧急事"和"重要事",想把每件事都做到最好是不切实际的。我建议大家把"必须做的事"和"尽量做的事"分开。必须做的事要做到最好,但尽量做的事尽力而为即可。建议大家用良好的态度和宽广的胸怀接受那些你暂时不能改变的事情,多关注那些你能够改变的事情。此外,还要注意生物钟的运行规律,按时作息,劳逸结合,这样才能在学习时有最好的状态。

大学四年是最容易迷失方向的时期。大学生必须有自控的能力,让自己交些好朋友,学些好习惯,不要沉迷在对自己无益的习惯(如网络游戏)里。一位积极、主动的中国学生在"开复学生网"上劝告其他同学:"不要玩游戏,至少不要玩网络游戏。我所认识的专业水平比较高的大学朋友中没有一个玩网络游戏的。沉迷于网络游戏是对现实的逃避,是不愿面对自己不足的一面。我认为,要脱离网络游戏,就得珍惜自己宝贵的大学时间,找到自己感兴趣的方向,做一些有意义并能给自己带来满足感的事情。"

为人处世:培养友情,参与群体

很多大学生入校时都是第一次离开父母、离开自己生长的环境。进入校园开始集体生活后,如何与同学、朋友以及社团的同事相处就成了大学生学习内容的一部分。大学是大家最后一次可以在相对宽松的环境中学习、培养、训练如何与人相处的机会。在未来,人们在社会里、在工作中与人相处的能力会变得越来越重要,甚至超过了工作本身。所以,大学生

要好好把握机会,培养自己的交流意识和团队精神。

"人际交往能力不够强,人际圈子不够广,但又没有什么特长可以引起大家的注意,在社团里也不知道怎么和其他人有效地建立联系。"这是一些大学生在人际交往方面经常遇到的困惑。对如何在大学期间提高人际交往能力,我的建议是:

第一,以诚待人,以责人之心责己、以恕己之心恕人。对别人要有诚挚、宽容的胸襟,对自己要怀着自我批评、有过必改的态度。与人交往时,你怎样对待别人,别人也会怎样对待你。这就好比照镜子一样,你自己的表情和态度,可以从他人对你流露出的表情和态度中一览无遗。你若以诚待人,别人也会以诚待你。你若敌视别人,别人也会敌视你。最真挚的友情和最难解的仇恨都是由这种"反射"原理逐步造成的。因此,当你想修正别人时,你应该先修正自己。你想别人怎么对你,你就应该怎么对别人。你想他人理解你,你就要首先理解他人。

第二,培养真正的友情。如果能做到第一点,很多大学时的朋友就会成为你一辈子的知己。在一起求学和寻求自身发展的道路上,这样的友谊弥足珍贵。交朋友时,不要只去找与你性情相近或只会附和你的人做朋友。好朋友有很多种:乐观的朋友、智慧的朋友、脚踏实地的朋友、幽默风趣的朋友、激励你上进的朋友、提升你能力的朋友、帮你了解自己的朋友、对你说实话的朋友等。此外,大学时谈恋爱也可以教你如何照顾别人,增进同理心和自控力,但恋爱这件事要随缘,不必为了谈恋爱而谈恋爱。

第三,学习团队精神和沟通能力。社团是微观的社会,参与社团是步入社会前最好的磨炼。在社团中,可以培养团队合作的能力和领导才能,也可以发挥你的专业特长。但更重要的是,你要做一个诚心诚意的服务者和志愿者,或在担任学生工作时主动扮演同学和老师之间沟通桥梁的角色,并以此锻炼自己的沟通能力,为同学和老师服务。这样的学习过程也不会很轻松,挫折是肯定有的,但是不要灰心,大学社团里的人际交往是一种不用"付学费"的学习,犯了错误也可以重头来过。

第四,从周围的人身上学习。在班级里、社团中,多观察周围的同学,特别是那些你觉得交往能力和沟通能力特别强的同学,看他们是如何与人相处的。比如,看他们如何处理交往中的冲突,如何说服他人和影响他人,如何发挥自己的合作和协调能力,如何表达对他人的尊重和真诚,如何表示赞许或反对,如何在不冒犯他人的情况下充分展示个性等。通过观察和模仿,你会渐渐地发现,自己的人际交往能力有意想不到的提升。在学校里,每一个朋友都可以成为你的良师,他们的热心、幽默、机智、博学、正直、礼貌等品德都可以成为你的学习对象。同时那些你不喜欢的人和事也可以为你敲响警钟,警告你千万不要做那样的人和事。当然,你也应当慷慨地帮助每一个朋友,试着做他们的良师和模范。

第五,提高自身修养和人格魅力。如果觉得没有特长、没有爱好可能会成为自己人际交往能力提高的一个障碍,那么,你可以有意识地去选择和培养一些兴趣爱好。共同的兴趣和爱好也是你与朋友建立深厚感情的途径之一。很多在事业上有所建树的人都不是只会闭门苦读的书呆子,他们大多都有自己的兴趣和爱好。我在微软亚洲研究院的同事中就有绘画、桥牌和体育运动方面的高手。业余爱好不仅是人际交往的一种方式,还可以让大家发掘出自己在读书以外的潜能。例如,体育锻炼既可以发挥你的运动潜能,也可以培养你的团队合作精神。如果真的没有什么兴趣爱好,那么,多读些好书丰富自己的知识也可以改进自己的人际交往能力,因为没有什么比智慧和知识渊博更能体现一个人的人格魅力了。

所以,学会与人相处,这也是大学中的一门"必修课"。

对大学生们的期望

踏入大学校门时,你还是一个忙碌的、青涩的、被动的、为分数读书的、被家庭保护着的中学毕业生。

就读大学时,你应当掌握七项学习,学好自修之道、基础知识、实践贯通、培养兴趣、积极主动、掌控时间、为人处世。

经过大学四年,你会从思考中确立自我,从学习中寻求真理,从独立中体验自主,从计划中把握时间,从交流中锻炼表达,从交友中品味成熟,从实践中赢得价值,从兴趣中攫取快乐,从追求中获得力量。

离开大学时,只要做到了这些,你最大的收获将是"对什么都可以拥有的自信和渴望"。你就能成为一个有潜力、有思想、有价值、有前途的中国未来的主人翁。

所以,我认为大学四年应是这样度过。

(资料来源:凤凰网。)

三、国外的核心素养体系

自1997年以来,国际经济合作与发展组织(OECD)、联合国教科文组织(UNESCO)、欧洲联盟(简称"欧盟",EU)等国际组织先后开展关于核心素养的研究。受其影响,美国、英国、法国、德国、芬兰、日本、新加坡及中国台湾地区等也积极开发核心素养框架。此处主要分享国际经济合作与发展组织、欧盟组织、美国、英国、德国的学生的核心素养框架(见图4-2至图4-6)。(图片资料来自搜狐)

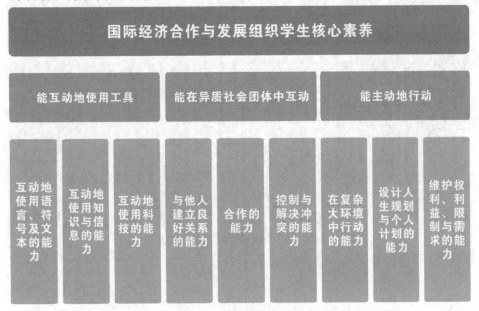

图4-2 国际经济合作与发展组织学生核心素养框架

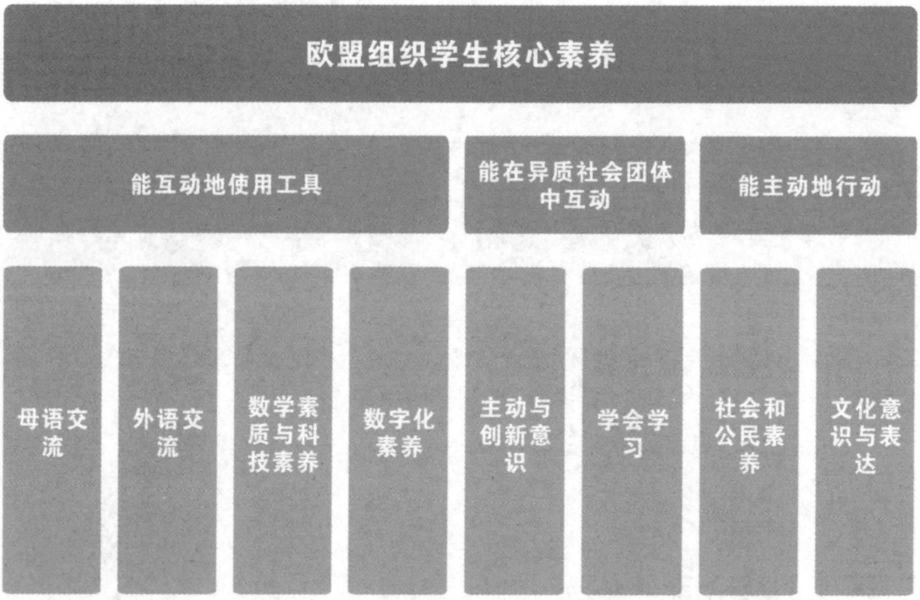

图 4－3 欧盟组织学生核心素养框架

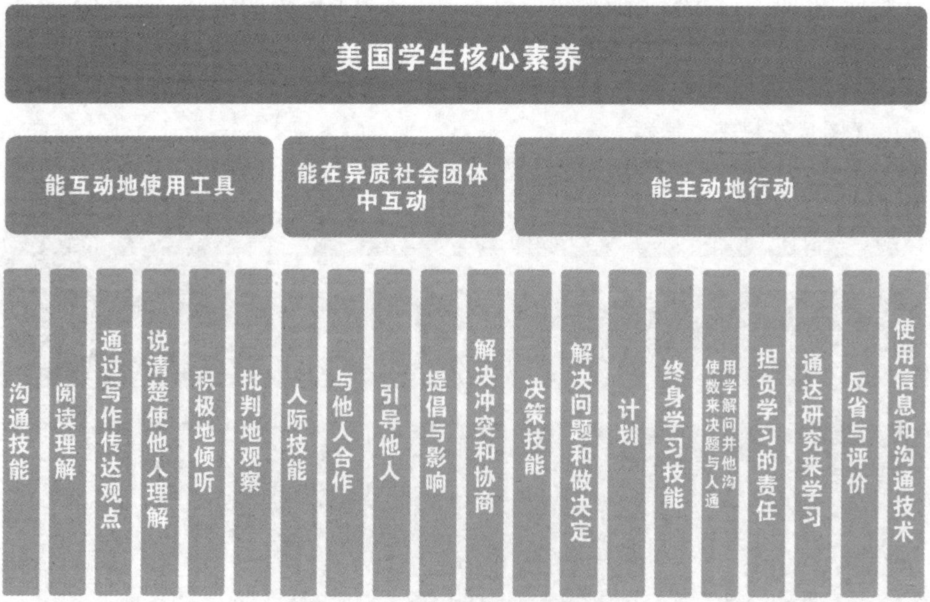

图 4－4 美国学生核心素养框架

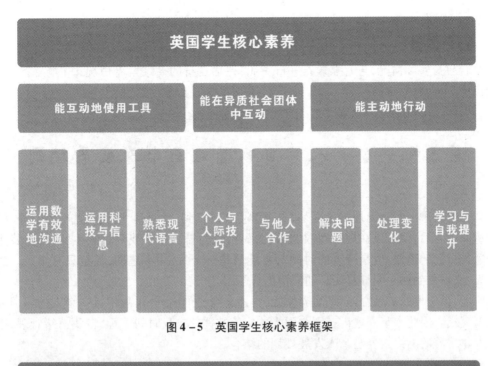

图 4-5 英国学生核心素养框架

图 4-6 德国学生核心素养框架

 **课堂互动**

以 3~5 人为小组讨论,讨论国外学生核心素养体系与个人发展及教育之间的任意话题,之后请每个小组评选出最精彩的发言,并请该成员在全班进行分享。

复习思考

结合自身实际情况,与七维素养进行对照,评估自身的七维素养情况,并融入个人发展规划当中。

第三节 全面人才自我管理与个人发展规划

现实生活中经常会出现的画面是,一个学生在阅读到、学习到、听到一些非常有意义、有正能量的内容后,他可以在短时间内非常的兴奋,认为自己终于找到了人生的目标,找到了一条适合自己的道路,但是持续的时间却可能只是一个月、一个星期,甚至只有半天。到了第二天,又恢复到那个明日复明日的懒惰的样子了。

所以,无论再好的教育体系、培养模式,再适合自己的内容,也敌不过一个人的习惯和自我管理模式。因此本节着重讲一下全面人才应该掌握的自我时间管理、自我情绪管理,以及全面人才培养的七维素养与个人发展规划的结合。

一、自我时间管理

一天有24个小时,每小时有60分钟,每分钟有60秒钟,那就意味着我们每个人每天拥有86 400秒钟。你的每一秒钟会怎么使用呢?就如你把它想象成是每天有人给你86 400元钱,而你必须每天花完它们,然后第二天就会再次给你86 400元钱;假如哪一天你没有花光这些钱,你或许就不再拥有第二天的钱了。假如是这样,那你每天要怎样去使用你的86 400秒钟呢?我们需要深刻地对时间有所认识,才能够有效地去安排好时间,制订出行而有效的时间表来,最大限度地去完成每一天那些重要的事情。

我们一起阅读下面几句话,然后再开始我们的时间管理课程内容:失去的时间是永远无法追回的;我们都有相同的时间,真正的价值在于我们利用它做什么事;损失了时间就等于抵押你的未来;时间是经不起浪费的,时间一流逝,我们就一无所获。

 拓展资料4-4

十大无效时间应用法

(1)老是在做别人喜欢你做的事;
(2)老是用同样的方式完成事;
(3)做你不擅长的事;

(4) 做无乐趣可言的事;

(5) 总是被打断的事;

(6) 别人也不感兴趣的事;

(7) 超出预计两倍时间的事;

(8) 合作者不可信赖或没有品质保障的事;

(9) 不可预期进行过程的事;

(10) 煲电话粥。

(一)时间管理的方法

1. 8020 原则

20%的工作占整个工作80%的价值,集中80%的精力做好20%的工作,投入20%的精力做另外80%的工作。如何坚持这一原则呢?列出全部工作项目,对工作按价值进行分类——重点,分配自己的时间和精力。

2. ABC 原则

A:必须做的。B:应该做的。C:暂时可以不做的。

3. 排列优先次序

运用四象限原理去解析,如图4-7所示。

事情的等级状态可以随时间的改变而变化——提前完成,尽量将A类推为B/C/D类。

时间管理四象限使用技巧:不要总是做灭火员,尤其是灭自己的火;B做得多了,A就自然做得少了;寻求调整自己情绪的有效办法,提高工作效率;比做"紧急且重要的事情"更重要的是把重要的事变成紧急的事去做;勤于计划。好记性不如烂笔头,并学会分解大的计划;尽量将每件事情一次性做对。

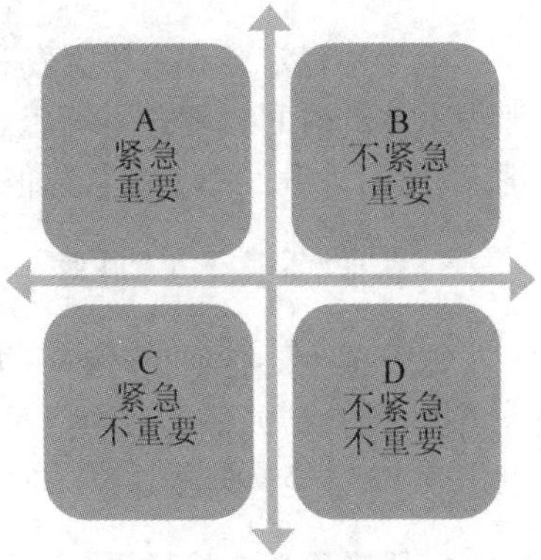

图4-7 时间管理四象限

4. 制订原则

对工作做出计划,并按计划去执行,必须留出处理不可预计事务的时间,列出日、周、月的工作清单。

用几句言简意赅的话来讲:明确目标——量化,分清轻重缓急——主次,制订计划表,立即行动。

(二)时间管理的11个技巧

1. 价值观吻合

自己一定要确立个人的价值观,假如价值观不明确,你就很难知道什么对自己最重要,当你价值观不明确,时间分配一定不好。时间管理的重点不在于管理时间,而在于如何分配时间。你永远没有时间做每件事,但你永远有时间做对自己来说最重要的事。

2. 设立明确的目标

成功等于目标,时间管理的目的是让自己在最短时间内实现更多你想要实现的目标;你必须把4到10个目标写出来,找出一个核心目标,并依次排列重要性,然后依照你的目标制订一些详细的计划,关键就是依照计划进行时间分配。

3. 改变自己的想法

美国心理学之父威廉·詹姆斯对时间行为学的研究发现这样两种对待时间的态度:"这件工作必须完成,它实在讨厌,所以我能拖便尽量拖"和"这不是件令人愉快的工作,但它必须完成,所以我得马上动手,好让自己能早些摆脱它"。当你有了动机,迅速踏出第一步是很重要的。不要想立刻推翻自己的整个习惯,只需强迫自己现在就去做你所拖延的某件事。然后,从明早开始,每天都从你的时间计划表中选出最不想做的事情先做。

4. 遵循20比80定律

生活中肯定会有一些突发和急需解决的问题,如果你发现自己天天都在处理这些事情,那表示你的时间管理并不理想。成功者花最多时间在做最重要的事情,而不是最紧急的事情上,然而一般人都是做紧急但不重要的事。

5. 安排"不被干扰"时间

每天至少要有半小时到一小时"不被干扰"的时间。假如你能有一个小时完全不受任何人干扰,把自己关在自己的空间里面思考或者工作,这一个小时的效率可以相当于你一天的工作效率,甚至有时候这一小时比你3天工作的效率还要好。

6. 严格规定完成期限

帕金森在其所著的《帕金森法则》(Parkinsons Law)中,写下这段话:"你有多少时间完成工作,工作就会自动变成需要那么多时间。"如果你有一整天的时间可以做某项工作,你就会花一天的时间去做它。而如果你只有一小时的时间可以做这项工作,你就会更迅速有效地在一小时内做完它。

7. 时间日志

你花了多少时间做哪些事情,把它详细地记录下来,早上出门(包括洗漱、换衣、吃早餐等)花了多少时间,搭车花了多少时间,出去拜访客户花了多少时间……把每天花的时间一一记录下来,你会清晰地发现浪费了哪些时间,这和记账是一个道理。当你找到浪费时间的根源,你才有办法改变。

8. 理解时间大于金钱

用你的金钱去换取别人的成功经验,一定要抓住一切机会向顶尖人士学习。仔细选择你接触的对象,因为这会节省你很多时间。假设与一个成功者在一起,他花了40年时间成功,你跟10个这样的人交往,你不是就浓缩了400年的经验?

9. 学会列清单

把自己要做的每一件事情都写下来,这样做首先能让你随时都明确自己手头上的任务。不要轻信自己可以用脑子把每件事情都记住,而当你看到自己长长的表单时,你也会产生紧迫感。

10. 集中高效工作

假如你在做纸上作业,那段时间都做纸上作业;假如你是在思考,花一段时间只用来思考;打电话的话,最好把电话累积到某一时间一次把它打完。当你重复做一件事情时,你会熟能生巧,效率一定会提高。

11. 统筹分配时间

你必须思考一下要做好一份工作,到底哪几件事情是对你最有效率的,列下来,分配时间把它做好,始终直瞄靶心。

(三)最简单的时间管理

笔者曾对大学生的课余时间管理做过一份网络调研,研究显示,大学生周一到周五的课余时间安排中,自习是排第一位的,但是在第二位上,大一、大二、大三的学生表现了明显不同的选择:大一学生会选择学生会等社团活动,大二、大三学生果断选择了在宿舍上网。无论他们选择的理由是什么,我们可以看出时间的管理与年级、性别等因素有关联,女生比男生的时间管理信心和时间管理能力都要更好些,大一新生比其他年级学生更好些。随着年级的增长,或许是学习的枯燥和压力的增加,许多学生的斗志减弱了,被许多不良的成分污染了。

当然,此份调研也看出,学习成绩优秀的学生也是比其他学生更善于时间管理,更善于抓住和利用时间。时间管理能力强的人,普遍都可以快捷地完成任务,腾出更多的时间做更多丰富精彩的事情。歌德说过:"善于利用时间的人,永远有充裕的时间。"下面,我们分享一些每个人都可以轻而易举做到的事情。

1. 学会拒绝

无论社会上的成年人还是学生,大部分人都在面临一种自己为自己种下的"牢笼",那就是一种道德牢笼,当有人请你帮忙的时候,你总是要说"没问题""行,小意思"。这或许可以让我们显得很高尚很仗义,但是我们许多时候有没有想过自己有一个很紧要的事情,只因为别人很礼貌地请你帮忙,你自身的计划就被打乱了。牺牲自己原有的计划,而去做了或许本不是很重要的事情。

2. 关掉电脑/手机

如果你长达7年不玩电脑,你就会比那些每周平均花费34个小时在电脑娱乐上的人来说多了12 376个小时。当然这里不是说绝对不玩电脑,例如每天适当地放松半个小时,但是只有半个小时的话,你还是可以使用11 000多个小时做很多事情,追赶上那些疯狂的人。

3. 关掉通知

现代科技已经进化到可以利用我们对紧急事件的嗜好了:邮件、微博、QQ、知乎等争先恐后地抢走我们的注意力。幸运的是,有一个简单的方法就可以解决它:那就是关掉所有的通知。当你有时间且思想不集中的时候再去处理那些事情,比如饭后休息的时候,然后把那些事情集中解决,这样可以节省许多时间。

4. 制订优先级计划

人类是种很有趣的生物,如果你要去见朋友,你得安排一个确定的时间去看他,但是如果你有一些事情恰恰是和你自己有关系的,比如写一本书,或者去健身房,那么你却不会安排好日程。你就是想避开它。把你优先级最高的事情视作你要赶上的航班:预先约定好时间,然后对所有阻挡你的航班的事情说不。

5. 最重要的事情先做

你现在能做的最重要的(不是最紧急的)事情是什么?今天做一部分。记住分散你注意力的冲锋队是无穷无尽的,别用"我就先做这些事情,一会再做那些最重要的事情"这样的想法骗自己。你不是靠这些借口活着的。

6. 花更多的时间,做更少的事情

你可能有成百上千件事要做,有一个小诀窍是一天最多做一到三件事,而且持续为之努力。你的大脑不喜欢这个限制,其他人也不会喜欢这个限制。但是无论如何请这样做。把自己的注意力放在一件事情上要比同时做多件事要有效率得多。为熟练自己的工作多匀一点时间出来。

7. 学会忽略

忽略是很粗鲁、不道德但是却相当必要的。总是有些人你是没空去搭理他们的,你必须允许自己忘记一些请求。你可以晚一点去做打扫、付账单、回复邮件这些事情,这个世界是不会崩溃的。而这样做的报酬是你完成了那些真正重要的事情。

高中时候的学生是很少会去浪费时间的,因为他有清晰的目标,而当他们考进大学后,会开始不知不觉地浪费时间,这是迷茫的一种开始,所以,要学会本节关于时间管理的方法和窍门。

二、自我情绪管理

(一)情绪的含义

情绪是人们对客观事物或对象所持有的主观认知经验的统称,是人的各种感觉、思想和行为的一种综合的心理和生理状态。最普遍、通俗的情绪有喜、怒、哀、惊、恐、爱等,也有一些细腻微妙的情绪如嫉妒、惭愧、羞耻、自豪等。情绪常和心情、性格、脾气、目的等因素互相作用,也受到荷尔蒙和神经递质影响。无论正面还是负面的情绪,都会引发人们行动的动机。尽管一些情绪引发的行为看上去没有经过思考,但实际上意识是产生情绪的重要一环。人的情绪有天生也有后天控制的成分,而我们常说的情商就是指情绪商数,而并非情感商数。

情绪既是主观感受,又是客观生理反应,具有目的性,也是一种社会表达。情绪是多元的、复杂的综合事件。情绪构成理论认为,在情绪发生的时候,有五个基本元素必须在短时间内协调、同步进行。

1. 认知评估

我们注意到外界发生的事件(或人物),认知系统自动评估这件事的感情色彩,因而触发接下来的情绪反应(例如:看到心爱的宠物死亡,主人的认知系统把这件事评估为对自身有重要意义的负面事件)。

2. 身体反应

情绪的生理构成,身体自动反应,使主体适应这一突发状况(例如:意识到死亡无法挽回,宠物的主人神经系统觉醒度降低,全身乏力,心跳频率变慢)。

3. 感受

人们体验到的主观感情(例如:在宠物死亡后,主人的身体和心理产生一系列反应,主观意识察觉到这些变化,把这些反应统称为"悲伤")。

4. 表达

面部和声音变化表现出这个人的情绪,这是为了向周围的人传达情绪主体对一件事的看法和他的行动意向(例如:看到宠物死亡,主人紧皱眉头,嘴角向下,哭泣)。对情绪的表达既有人类共通的成分,也有各地独有的成分。

5. 行动的倾向

情绪会产生动机(例如:悲伤的时候希望找人倾诉,愤怒的时候会做一些平时不会做的事)。

(二)大学生情绪的特点及影响

由于在知识结构、社会经验、认知等方面的劣势,大学生挫折体验深刻、持久,容易产生以下消极情绪。

1. 自卑

自卑在大学生中特别是新生中比较常见,来自各地的新生涌入强手如云的大学,大学生在很多方面都不能适应,因为许多在中学不可预见的因素出现,自卑的情绪也就出现了,这种情绪的表现有行为萎缩、瞻前顾后、多愁善感等。

2. 焦虑

在竞争压力较大的大学环境当中,大学生经常会对环境中的各种事件感到担忧或不安,焦虑自然就产生了,这种情绪往往导致大学生无所适从,扰乱大学生正常学习和生活。

3. 孤独

大学生有独特的个性,这种个性阻碍了他们之间的关系,这也造成了大学生团队合作精神的缺乏。这是一种孤单寂寞的心态,通常表现为渴望与人交往,也不存在厌烦他人、对他人有戒备的心理,在与人交际时一切如常,绝不会有做作使人感到不舒服的表现。

4. 抑郁

大学生因为生活中一些不如意的事情在某个时候觉得情绪低落。生活中经常听到有人在说"郁闷""烦躁""别理我,烦着呢"等语言,成为与"爽""酷"等流行语齐名的口头禅。实际上这些词都是抑郁情绪的代名词。

5. 易怒

青春期的大学生由于内分泌系统处于非常活跃的阶段,大脑神经过程的抑制和兴奋发展不平衡,自制力较差,容易冲动。

在日常的生活中,由于自身原因和外界综合因素造成的心理和情感上的波动,不但会影响大学生的学习和生活,还对大学生的人生观、世界观和价值取向的形成与塑造起着不可忽视的作用,尤其是表现在对大学生的健康、学习和人际关系的影响上。

(三)情绪管理

情绪管理是指通过研究个体和群体对自身情绪和他人情绪的认识、协调、引导、互动和控制,充分挖掘和培植个体和群体的情绪智商,培养驾驭情绪的能力,从而确保个体和群体保持良好的情绪状态,并由此产生良好的管理效果。下面列举六种情绪管理的方法。

1. 心理暗示法

从心理学的角度来讲，心理暗示法就是个人通过语言、形象、想象等方式，对自身施加影响的心理过程。这个概念最初由法国医师库埃于1920年提出，他的名言是"我每天在各方面都变得越来越好"。自我暗示分消极自我暗示与积极自我暗示。积极自我暗示，在不知不觉之中对自己的意志、心理以至生理状态产生影响，积极的自我暗示令我们保持好的心情、乐观的情绪、自信心，从而调动人的内在因素，发挥主观能动性。心理学上所讲的"皮格马利翁效应"也称期望效应，就是讲的积极的自我暗示。而消极的自我暗示会强化我们个性中的弱点，唤醒我们潜藏在心灵深处的自卑、怯懦、嫉妒等，从而影响情绪。

与此同时，我们可以利用语言的指导和暗示作用，来调适和放松心理的紧张状态，使不良情绪得到缓解。心理学的实验表明，当个人静坐时，默默地说"勃然大怒""暴跳如雷""气死我了"等语句时心跳会加剧，呼吸也会加快，仿佛真的发起怒来。相反，如果默念"喜笑颜开""兴高采烈""把人乐坏了"之类的语句，那么他的心里面也会产生一种乐滋滋的体验。由此可见，言语活动既能唤起人们愉快的体验，也能唤起不愉快的体验；既能引起某种情绪反应，也能抑制某种情绪反应。因此，当我们在生活中遇到情绪问题时，我们应当充分利用语言的作用，用内部语言或书面语言对自身进行暗示，缓解不良情绪，保持心理平衡。比如默想或用笔在纸上写出下列词语："冷静""三思而后行""制怒""镇定"等。实践证明，这种暗示对人的不良情绪和行为有奇妙的影响和调控作用，既可以松弛过分紧张的情绪，又可用来激励自己。

2. 注意力转移法

注意力转移法，就是把注意力从引起不良情绪反应的刺激情境，转移到其他事物上去或从事其他活动的自我调节方法。当出现情绪不佳的情况时，要把注意力转移到使自己感兴趣的事上去，如外出散步，看看电影、电视，读读书，打打球，下盘棋，找朋友聊天，换换环境等，有助于使情绪平静下来，在活动中寻找到新的快乐。这种方法，一方面中止了不良刺激源的作用，防止不良情绪的泛化、蔓延；另一方面，通过参与新的活动特别是自己感兴趣的活动而达到增进积极的情绪体验的目的。

3. 适度宣泄法

过分压抑只会使情绪困扰加重，而适度宣泄则可以把不良情绪释放出来，从而使紧张情绪得以缓解、放松。因此，遇有不良情绪时，最简单的办法就是"宣泄"，宣泄一般是在背地里、在知心朋友中进行的。采取的形式或是用过激的言辞抨击、谩骂、抱怨恼怒的对象；或是尽情地向至亲好友倾诉自己认为的不平和委屈等，一旦发泄完毕，心情也就随之平静下来；或是通过体育运动、劳动等方式来尽情发泄；或是到空旷的山林原野，拟订一个假目标大声叫骂，发泄胸中怨气。必须指出，在采取宣泄法来调节自己的不良情绪时，必须增强自制力，不要随便发泄不满或者不愉快的情绪，要采取正确的方式，选择适当的场合和对象，以免引起意想不到的不良后果。

4. 自我安慰法

当一个人遇有不幸或挫折时,为了避免精神上的痛苦或不安,可以找出一种合乎内心需要的理由来说明或辩解。如为失败找一个冠冕堂皇的理由,用以安慰自己,或寻找理由强调自己所有的东西都是好的,以此冲淡内心的不安与痛苦。这种方法,对帮助人们在大的挫折面前接受现实、保护自己、避免精神崩溃是很有益处的。因此,人们在遇到情绪问题时,经常用"胜败乃兵家常事""塞翁失马,焉知非福""坏事变好事"等词语来进行自我安慰,可以使自己摆脱烦恼,缓解矛盾冲突,消除焦虑、抑郁和失望,达到自我激励、总结经验、吸取教训之目的,有助于保持自己情绪的安宁和稳定。

5. 交往调节法

某些不良情绪常常是由人际关系矛盾和人际交往障碍引起的。因此,当我们遇到不顺心、不如意的事,有了烦恼时,能主动地找亲朋好友交往、谈心,比一个人独处胡思乱想、自怨自艾要好得多。因此,在情绪不稳定的时候,找人谈一谈,具有缓和、抚慰、稳定情绪的作用。另一方面,人际交往还有助于交流思想、沟通情感,增强自己战胜不良情绪的信心和勇气,从而能更理智地去对待不良情绪。

6. 情绪升华法

升华是改变不为社会所接受的动机和欲望,而使之符合社会规范和时代要求,是对消极情绪的一种高水平的宣泄,是将消极情感引导到对人、对己、对社会都有利的方向去。如一同学因失恋而痛苦万分,但他没有因此而消沉,而是把注意力转移到学习中,立志做生活的强者,证明自己的能力。

在上述方法都失效的情况下,仍不要灰心,在有条件的情况下,去找心理医生进行咨询、倾诉,在心理医生的指导、帮助下,克服不良情绪。

三、全面人才与个人发展规划的关系

通过本章的介绍,同学们已经发现,全球各个国家均在为了培养全面人才而努力着。不同的国家、不同的大学也都纷纷拥有各自不同的教育体系、教学理念、培养目标、培养方式。但是这些都是属于体制和机构固有的内容,而在这个要适应社会发展而成长的环境下,每名学生要学会无论你处在怎样的环境下,如城市、学校、学院、专业、宿舍、圈子、家庭,你都不要因其而对自己形成固化的认知。我们的路要自己去规划。

(一) 全面人才与专才

多年以来,对全面人才与专业人才的争论和矛盾就一直存在,他们的矛盾存在是有意义的,但是却与本书提倡的全面人才是不同的,因为这首先是对全面人才一词的理解问题出现了偏差。

普遍存在的矛盾根源是来自通才教育与专才教育间的矛盾,因为通才是在博雅教育和通识教育的体系下发展而来,它提倡了人格修养的带入。这方面的教育对一个完整的人的培养是有所益处的,但是对大学生毕业后进入社会到底有多少益处呢?这是一个未知数,正是这未知数带来了许多的争论。

而本书提到的全面人才,是基于以社会发展和个人发展为前提的全面素养提升,是一种接地气的完整的人。因此并不是矛盾争议的那个通才。当然还有部分人会夸张地理解为专才只会一门技能,全才就是会多门技能,这是不对的。

(二)全面人才让人生变得充满意义

有学生会问,假如未来有一天,人人都是全面人才,那社会上能有多少管理岗位,不可能人人都做管理者,那会不会全面人才过剩了呢?能这样想的学生是很好的,证明你学会了善于思考的习惯和批判思维的习惯。

首先,全面人才不是指的传统意义的人中龙凤、稀缺人杰的含义。它象征的是一种代名词,一种水平和能力达到一定程度的人的统称。一个国家要进步,社会要进步,要靠整体国民素质、国家人才水平的提高来实现,所以学生要普遍达到全面人才水平,全面人才是对未来的劳动者的基本称谓。换言之,我们可以理解为,现在能达到全面人才的学生,你有很大机会成为管理者,再过若干年后全面人才就在同一起跑线了,假如达不到,就会落后被淘汰。

其次,全面人才不仅仅是一种综合能力的表现,它也是一种心境的表现。因为每位全面人才的视野眼界都是较高的水平。曾经有一个笑话,说的是在美国,一个年轻人兴高采烈地坐进一辆出租车要赶紧回家,司机问他你为什么这么开心呀,年轻人说我终于拿到哈佛大学的毕业证书了,我要赶紧回家去给家人分享。司机说原来这样呀,我是你六届以前的学长。原本这个笑话是想表达大学生的普遍性和就业形势的艰难,可是我们通过相同的笑话可以看到的是,这位大六届的哈佛大学学长,为什么不可以说是因为他看透美国商业社会的本质,自己选择了做一个自由的出租车司机,他不觉得这份职业有哪里不妥,反而这也许是他认为最开心的个人发展规划呢?

所以在这里,请同学们可以放松自己的内心,不要受太多世俗的信息干扰,认为一定是以金钱收入、权势地位等来划定"成功"的标准。成功,是因人而异的,三百六十行,行行出状元,一千人眼里有一千个哈姆雷特,只要是符合我们自身的个人发展规划,符合我们自己内心所想要的,符合社会发展需要的,就是你正确的规划。让全面人才成为你生活充满意义的原动力,期待你在第五章、第六章进行你的职业发展规划。

 课堂互动

以3~5人为小组讨论,自己有没有遇到过情绪管理很好或不好的经历,请每个小组整合发言,并请小组派代表进行分享。

复习思考

结合自身实际情况,认真对照第一章制订的学业规划,至今是否有好好付诸行动。如果没有做到位,请结合自我时间管理重新规划,如已做到位,可适当关心周边同学的学业规划执行情况。

第五章 自我认知与解读

第一节 自我心理认知层面解读

一、自我认知概述

(一)自我认知

自我认知指的是对自己的洞察和理解,包括自我观察和自我评价。自我观察是指对自己的感知、思维和意向等方面的觉察;自我评价是指对自己的想法、期望、行为及人格特征的判断与评估,这是自我调节的重要条件。

个体对自我的存在、行为和心理的认知会有一个发展过程,刚开始是比较模糊的。所以小孩子会经常出于好奇心而做一些危险的行为和事情,这个时候他们的自我意识是比较朦胧的,只有在经过不断地试错和加深记忆以及思考学习后,对自我肌体的存在感才会渐渐成熟。随后才会有意识地区分哪些行为是危险的,哪些行为是安全的,决定是否要做。最后才是对自我心理的认知。一般来说,一个人的思维和想象力达到一定程度后,才会具备这种察觉自我心理变化的能力。个体开始区分个人肌体行为和心理行为的差异是自我心理认知的开始。

认识自我,实事求是地评价自己,是自我调节和人格完善的重要前提。自我认知的心理认知是一种比较高级的认知能力。教育程度低或智力程度比较低的人,也许终身也不具备这种自我的认知。而有些人,则能够超越这种心理认知。心理认知一般来说是一个无限的过程,因为心理活动本身是无限的,它会跟着个人经历和记忆以及思想和想象力不断地发展。因此凡是出现和前一阶段或者时期不同的心理活动后,个体对自我的心理将会有一个总结和重新的调整。

我们需要拥有全面认识自己的能力,全面认识既包括认识优点也包括认识缺点。一旦我们没有真正地认识自我,将导致内心出现自负或自卑等心理,最终这些负面的心理会影响到我们一生的发展。自我认知是一种严谨的人生态度,自信而不自满,无论是春风得意还是失败困惑,我们都应保持最平常的心态。从认知自己到发展自己,这是一个美好的人生历程。

认知自我是一种胜不骄、败不馁的从容,需要冷静地思考,这样才能有机会赢得最后的成功;认知自我是一种高度自立的洒脱的生活方式,看清生命的本真,才能创造出属于自己的人生价值;认知自我是一种具有高度责任心的反省,需要将勇气与真诚注入自己的言行中,认清前面的方向。所以,在忙碌之后不忘与自己进行一次深入的交谈,剖析内心,从而拥有自我认知的能力。

(二)自我意识

自我意识是对自己身心活动的觉察,即自己对自己的认识,具体包括认识自己的生理状况(如身高、体重、体态等)、心理特征(如兴趣、能力、气质、性格等)以及自己与他人的关系(如自己与周围人们相处的关系,自己在集体中的位置与作用等)。自我意识是一个人对自己的认识和评价,包括对自己心理倾向、个性心理特征和心理过程的认识与评价。正是由于人具有自我意识,才能使人对自己的思想和行为进行自我控制和调节,使自己形成完整的个性。

自我意识主要包括以下三种心理成分。

1. 自我认识

自我认识是主观自我对客观自我的认识与评价,自我认识是自己对自己身心特征的认识,自我评价是在这个基础上对自己做出的某种判断。正确的自我评价,对个人的心理生活及其行为表现有较大影响。如果个体对自身的估计与社会上其他人对自己的客观评价距离过于悬殊,就会使个体与周围人们之间的关系失去平衡,产生矛盾,长期以来,将会形成稳定的心理特征——自满或自卑,将不利于个人心理上的健康成长。

自我认识在自我意识系统中具有基础地位,属于自我意识中"知"的范畴,其内容广泛,涉及自身的方方面面。对自己进行自我认识训练,重点放在三个方面:第一,认识到自己的身体特征和生理状况;第二,认识到自己在集体和社会中的地位及作用;第三,认识到自己内心的心理活动及其特征。

自我评价是自我意识发展的主要成分和主要标志,是在认识自己的行为和活动的基础上产生的,是通过社会比较而实现的。由于我们自我评价能力不高,对自己的评价往往不是过高就是过低,大多属于过高型。因此,要提高我们的自我评价能力,你就应学会与同伴进行比较,通过比较做出评价。你还应学会借助别人的评价来评价自己,学会用一分为二的观点评价自己。由于自我评价是自我认识中的核心成分,它直接制约着自我体验和自我调控,所以,要进行自我意识训练,核心应放在自我评价能力的提高上。

2. 自我体验

自我体验是主体对自身的认识而引发的内心情感体验,是主观的我对客观的我所持有的一种态度,如自信、自卑、自尊、自满、内疚、羞耻等都是自我体验。自我体验往往与自我认知、自我评价有关,也和自己对社会的规范、价值标准的认识有关,良好的自我体验有助于自我监控的发展。进行自我体验训练,就是让自己有自尊感、自信感和自豪感,不自卑、不自傲、不自满,随着年龄增长,让自己做错事会感到内疚,做坏事会感到羞耻。

3. 自我监控

自我监控是自己对自身行为与思想言语的控制,具体表现为两个方面:一是发动作用;二是制止作用,也就是支配某一行为,抑制与该行为无关或有碍于该行为进行的行为。进行自我认识、自我体验的训练目的是进行自我监控,调节自己的行为,使行为符合群体规范,符合社会道德要求,通过自我监控调节自己的认识活动,提高学习效率。

为提高我们自我监控能力,重点应放在促使一个转变上,即由外控制向内控制转变。我们的自我约束能力较低,常常在外界压力和要求下被动地从事实践活动,比如只有教师要求做完作业后检查,你才会进行检查。针对这种现象,我们应学会如何借助外部压力,发展自我监控能力。

二、自我心理认知

本书把自我认知划分为自我心理认知、自我能力认知、自我环境认知三个层次,让学生从内在属性、能力属性、外在属性来了解自我,以便更准确地认知自我,从而为个人的发展规划提供依据。

自我心理认知包含三个维度的内容:价值观、兴趣、性格。不同的维度有不同的特点和作用。具体来说:对价值观的探索,可以帮助个体了解自身最看重的事物,在面对选择时更知道该如何取舍;对兴趣的探索,可以帮助个体明确自身愿意充满热情投入其中的活动,并以此为基础确定一个职业选择范围;对性格的探索,可以帮助个体理解自身的行为习惯,在进行职业规划和求职时可以更好地发挥优势,弥补劣势。

(一)价值观认知

价值观是基于人的一定的思维感官之上而做出的认知、理解、判断或抉择,也就是人认定事物、辨别是非的一种思维或取向,从而体现出人、事、物一定的价值或作用。在阶级社会中,不同阶级有不同的价值观念。价值观具有稳定性、持久性、历史性、选择性与主观性的特点。价值观对动机有导向的作用,同时反映人们的认知和需求状况。简单来说,就是指一个人对周围的客观事物(包括人、事、物)的意义、重要性的总评价和总看法。

1. 价值观的重要性与作用

价值观思想认识上的统一是人际关系的基石;价值观利益上的互动和协调是人际关系的核心;价值观信息上的沟通是健康人际关系形成的关键;价值观实践上的一致是人际关系的保证。

价值观对人们自身行为的定向和调节起着非常重要的作用。价值观决定人的自我认

识,它直接影响和决定一个人的理想、信念、生活目标和追求方向的性质。价值观的作用大致体现在以下两个方面:

(1)价值观对动机有导向的作用,人们行为的动机受价值观的支配和制约,价值观对动机模式有重要影响。在同样的客观条件下,具有不同价值观的人,其动机模式不同,产生的行为也不相同。动机的目的、方向受价值观的支配,只有那些经过价值判断被认为是可取的,才能转换为行为的动机,并以此为目标引导人们的行为。

(2)价值观反映人们的认知和需求状况,价值观是人们对客观世界及行为结果的评价和看法,因而,它从某个方面反映了人们的人生观和世界观,反映了人的主观认知世界。

2. 价值观的类型

1)人生价值观

人生价值是一种特殊的价值,是人的生活实践对社会和个人所具有的作用和意义。选择什么样的人生目的,走什么样的人生道路,如何处理生命历程中个人与社会、现实与理想、付出与收获、身与心、生与死等一系列矛盾,人们总是有所取舍、有所好恶,对赞成什么、反对什么,认同什么、抵制什么,总会有一定的标准。人生价值就是人们从价值角度考虑人生问题的根据。

在关于人生的思考中,回答"为什么"的问题,即人生目的问题,要以人生的价值特性和对人生的价值评价为根据。一个人自觉地追求着自己认定的人生目的,是因为他对自己选择的生活做了肯定的价值判断,认为这样的生活具有价值或者能够创造价值。回答"怎么样"的问题,即人生态度问题,同样要以对人生的价值判断为根据。

2)职业价值观

职业价值观指人生目标和人生态度在职业选择方面的具体表现,也就是一个人对职业的认识和态度以及他对职业目标的追求和向往。价值观测评会有助于进行职业决策和提高工作满意度。理想、信念、世界观对职业的影响,集中体现在职业价值观上。

俗话说:"人各有志。"这个"志"表现在职业选择上就是职业价值观,它是一种具有明确的目的性、自觉性和坚定性的职业选择的态度和行为,对一个人职业目标和择业动机起着决定性的作用。

由于每个人的身心条件、年龄阅历、教育状况、家庭影响、兴趣爱好等方面的不同,人们对各种职业有着不同的主观评价。从社会来讲,由于社会分工的发展和生产力水平的相对落后,各种职业在劳动性质的内容上,在劳动难度和强度上,在劳动条件和待遇上,在所有制形式和稳定性等诸多问题上,都存在着差别。再加上传统的思想观念等的影响,各类职业在人们心目中的声望地位便也有好坏高低之见,这些评价都形成了人的职业价值观,并影响着人们对就业方向和具体职业岗位的选择。

每种职业都有各自的特性,不同的人对职业意义有不同的认识,对职业好坏有不同的评价和取向,这就是职业价值观。职业价值观决定了人们的职业期望,影响着人们对职业方向和职业目标的选择,决定着人们就业后的工作态度和劳动绩效水平,从而决定了人们的职业发展情况。哪个职业好?哪个岗位适合自己?从事某一项具体工作的目的是什么?这些问题都是职业价值观的具体表现。

3) 其他分类价值观

(1) 理性价值观：以知识和真理为中心的价值观。具有理性价值观的人认为追求真理高于一切。

(2) 美的价值观：以外形协调和匀称为中心的价值观。具有这类价值观的人把美和协调看得比什么都重要。

(3) 政治性价值观：以权力地位为中心的价值观。具有这类价值观的人把权力和地位看得最有价值。

(4) 社会性价值观：以群体和他人为中心的价值观。具有这类价值观的人认为为群体、他人服务是最有价值的。

(5) 经济性价值观：以有效和实惠为中心的价值观。具有这类价值观的人认为世界上的一切，实惠的就是最有价值的。

(6) 宗教性价值观：以信仰为中心的价值观。具有这类价值观的人认为信仰是人生中最有价值的。

3. 价值观探索方式

1) 生活方式问卷

莫里斯于1956年提出生活方式问卷，他用长短相近的文字描述各种生活方式所强调的内容不同，其重点是：

(1) 保存人类最高的成就。个人参加其社区中的群体生活，其目的不是为了要改变它，而是为了要了解、欣赏和保存人类已经成就的最好的东西。

(2) 培养独立性。一个人必须避免依赖他人或外物，生命的真谛应从自我中体验。

(3) 对他人表示同情和关切。以对他人的关怀和同情为中心，温情是生活的主要成分。

(4) 轮流体验欢乐与孤独。在美好的生活中，孤独与群处都是不可缺少的。

(5) 在团体活动中实践和享受人生。一个人应该参加社群团体，享受友谊与合作，以求实现大家的共同目标。

(6) 经常掌握变动不定的环境。一个人应经常强调活动的必要性，以谋求现实地解决、控制世界与社会所需要的技术的改良。

(7) 将行动、享乐与沉思加以统合。

(8) 无忧、健康地享受生活。

(9) 感受人生中那些美好。

2) 价值调查表

罗基奇于1973年提出价值调查表。他的价值系统理论认为，各种价值观是按一定的逻辑意义联结在一起的，它们按一定的结构层次或价值系统而存在，价值系统是沿着价值观的重要性程度的连续体而形成的层次序列。他提出了以下两类价值系统。

(1) 终极性价值系统，用以表示存在的理想化终极状态或结果，包含的内容：舒适的生活、振奋的生活、成就感、和平的世界、美丽的世界、平等、家庭保障、自由、幸福、内心平静、成熟的爱、国家安全、享乐、灵魂得到拯救、自尊、社会承认、真正的友谊、智慧。

(2) 工具性价值系统，是达到理想化终极状态所采用的行为方式或手段，包含的内容：有抱负、心胸宽广、有才能、快活、整洁、勇敢、乐于助人、诚实、富于想象、独立、有理智、有逻辑性、钟情、顺从、有教养、负责任、自控、仁慈。

罗基奇的价值调查表中所包含的这18项终极性价值和18项工具性价值,每种价值后都有一段简短的描述。施测时,让被试按其对自身的重要性程度对两类价值分别排序,将最重要的排在第1位,次重要的排在第2位,依此类推,最不重要的就排在第18位。用这个量表可以测得不同的价值在不同的人心目中所处的相对位置,或相对重要性程度。罗基奇的量表的优点在于,它是在一定的理论框架指导下编制而成的,其中包括的价值项目较多且简单明了,便于被试掌握,施测也容易。并且,这种研究方法是把各种价值观放在整个系统中进行的,因此更体现了价值观的系统性和整体性的作用。

4. 价值观与职业发展

在我们的生活和工作中,价值观一直是我们考虑事情的原则和标准,指导着我们的每一个行为,当然这也包括我们的职业发展规划。价值观是个体最核心的信念体系,影响我们各方面的行为和态度。比如大学生在进行职业选择时会受到一定动机的支配,而择业的动机又是由价值观决定的。

人们在进行职业选择的过程中会考虑很多的因素,当这些因素出现矛盾冲突时,我们在放弃或者决定妥协的时候,常常是出于对价值观的考虑。我们思考自己真正想要的是什么,是金钱,是实现自我,或者其他。每个人的价值观不同,重视的东西也就不同,这就必然导致我们在职业选择中做出不同的决定。

(二)兴趣认知

1. 兴趣的概述

个人兴趣是指"个人"对特定的"事物""活动"以及"人为对象"所产生的带有倾向性、选择性的态度、情绪。喜欢的想法和"个人爱好"意思相近,但含义不同。

根据兴趣产生的方式,可以将兴趣分为直接兴趣和间接兴趣。直接兴趣是人对事物本身或活动过程本身感兴趣。间接兴趣是人对活动的结果感兴趣。直接兴趣的作用时间短暂,而间接兴趣的作用比较持久。

个人兴趣体现着一个人的性格特点,不同性格的人,会有着不同的兴趣。每个人都会对其感兴趣的事物给予优先注意和积极的探索,并表现出心驰神往。兴趣不只是对事物表面的关心,任何一种兴趣都是由于获得这方面的知识或参与这种活动而使人体验到情绪上的满足而产生的;兴趣不只是和个人以及个人情感密切联系的,如果一个人对某项事物没有认识,也就不会产生情感,因而也就不会对它发生兴趣,相反,认识越深刻,情感越丰富,兴趣也就越深厚;同时,兴趣还受一定的好奇心的驱使,当人对一个未知的事物产生了浓厚的好奇心后,也会产生兴趣。例如:探险和一些业余的考古发掘,是出于对历史事件的真实性的研究,促使人们产生兴趣。兴趣是爱好的前提,爱好是兴趣的发展和行动力,爱好不仅是对事物优先注意和向往的心情,而且表现为某种实际行动。例如,对绘画感兴趣,而且由喜欢观赏发展到自己动手学绘画,那么就对绘画有了爱好。

2. 兴趣的培养

1）增加知识储备,培养兴趣的基础

知识是兴趣产生的基础条件,因而要培养某种兴趣,就应有某种知识的积累。如要培养写诗的兴趣,就应先接触一些诗歌作品,体验一下诗歌美的意境,了解一点写诗的基本技能,这样就可能诱发出诗歌习作的兴趣来。可以说,知识越丰富的人,兴趣也越广泛;而知识贫乏的人,兴趣也会是贫乏的。

2）开展有趣活动,培养直接兴趣

所谓直接兴趣就是人对事物或活动本身的外部特征发生的兴趣,是学生对新鲜的事物或内容在感官上产生的一种新异的刺激。这种刺激反应表现强烈但比较短暂。我们每上一堂新课时,学生往往表现出极大的兴趣,而且也较容易激发,但自上了复习课起,学生的兴趣就大不如前,有的甚至随着教学的深入和难度的增加,对课程失去兴趣。直接兴趣是对活动本身感兴趣,因而要培养这种直接兴趣,应使活动本身丰富而有趣。例如,有趣的游戏活动,能引起幼儿参与群体活动、体验社会角色的兴趣;新颖的教学内容和有趣的教学方法,能激起学生学习知识的兴趣;生动的课外实践活动,能培养学生学习实践操作、动手动脑、发明创造的兴趣;开展劳动竞赛、文体活动,能激发学生对劳动、学习、体育、艺术等的热情与兴趣。

3）明确目的意义,培养间接兴趣

所谓间接兴趣就是人对活动的结果及其重要意义有着明确认识之后所产生的兴趣。这种兴趣是由于认识到学习的意义和价值而引起了求学的状态,既有理智色彩,与个人的指向密切连带,又有持久的定向作用,且不会偶遇挫折便轻易悔改。在教学中我们也不难发现这样的情形:教一个班的学生打篮球,刚开始学大家都表现出很高的热情,但遇到相对枯燥一点的练习,有些学生就表现出不耐烦的样子,注意力开始不集中,感觉篮球也没那么好玩,而参加过篮球训练、经历过重要篮球比赛洗礼的学生则并不因此感到无趣,相反他们认为更有挑战性,更能提高自己球技,从而感受到学篮球的意义。这就是直接兴趣和间接兴趣的最大区别。间接兴趣是对活动的结果或意义感兴趣,因而,要培养人们间接的稳定的兴趣,就应让人们明确活动的目的与意义。

需要指出的是,在直接兴趣与间接兴趣中,我们应当追求的是哪种兴趣呢?毫无疑问是后者了。我们在教学中其实很多人并没有认识到兴趣的真正内涵。一般只是发展了学生的直接兴趣,这种兴趣更多地靠学生的本能,老师不需要花太多的功夫就能激发,他靠的是一种新异的刺激,是事物本身的属性。也有教师为了满足学生的直接兴趣就采用"放羊"式的教学方式,这其实是非常不可取的,这种方式不能有效地培养学生的间接兴趣。

实践可以看到,"放羊"放到最后,多数学生参与体育活动的积极性下降,不是去聊天就是回教室做作业。从直接兴趣过渡到间接兴趣是有一个过程的,这个就是教师教授的过程,也是学生通过反复甚至枯燥练习达到掌握技术、提高技能的过程。当学生利用了他掌握的技能去获得运动和成功的快感,感受到体育运动的无穷魅力,他就能对此项技能的意义产生了认知,那么这就能使直接兴趣和间接兴趣发生了迁移,学生的兴趣才被真正地建立起来。

4）根据自身的兴趣特点,培养优良的兴趣品质

由于所有的人所处的环境、所受的教育及主体条件各不相同,所以学生的兴趣都带有个

性特点,因而要根据自身条件进行兴趣爱好的自我培养。例如,有人兴趣广泛而不集中,就应加强中心兴趣的培养;有人兴趣单一而不广泛,就应加强兴趣广泛性的培养;有人兴趣短暂易变,就应加强兴趣稳定性的培养;有人兴趣消极被动,就应加强兴趣效能性的培养;有人兴趣在网络世界,容易沉湎,那么就要加强引导,同时又要注意培养这些年轻人的高尚的人格。

3. 兴趣的测试

目前在全球范围内,职业兴趣测试方面比较普及的是美国职业指导专家约翰·霍兰德(John Holland)根据他本人大量的职业咨询经验及其职业类型理论编制的测评工具:霍兰德职业兴趣自测。霍兰德是美国约翰·霍普金斯大学心理学教授、美国著名的职业指导专家。他于1959年提出了具有广泛社会影响的职业兴趣理论。认为人的人格类型、兴趣与职业密切相关,兴趣是人们活动的巨大动力,凡是具有职业兴趣的职业,都可以提高人们的积极性,促使人们积极地、愉快地从事该职业,且职业兴趣与人格之间存在很高的相关性。霍兰德认为人格可分为研究型(I)、艺术型(A)、社会型(S)、企业型(E)、传统型(C)、现实型(R)六个维度,每个人的性格都是这六个维度不同程度的组合。

兴趣测验的研究可以追溯到20世纪初,桑代克于1912年对兴趣和能力的关系进行了探讨。1915年詹穆士发展了一个关于兴趣的问卷,标志着兴趣测验的系统研究的开始。1927年,斯特朗编制了斯特朗职业兴趣调查表,它是最早的职业兴趣测验。库德又在1939年发表了库德爱好调查表,并在1953年编制了职业偏好量表,在此基础上发展了自我指导探索(1969年),据此提出了"人格特质与工作环境相匹配"的理论(1970年)。不难看出,在霍兰德职业兴趣理论提出之前,关于职业兴趣测试和个体分析是相互孤立的,霍兰德将两者有机结合起来。

霍兰德提出的六种类型如下。

1) 研究型(I)

共同特征:思想家而非实干家,抽象思维能力强,求知欲强,肯动脑,善思考,不愿动手;喜欢独立的和富有创造性的工作;知识渊博,有学识才能,不善于领导他人;考虑问题理性,做事喜欢精确,喜欢逻辑分析和推理,善于探讨未知的领域。

典型职业:喜欢智力的、抽象的、分析的、独立的定向任务,要求具备智力或分析才能,并将其用于观察、估测、衡量、形成理论、最终解决问题的工作,并具备相应的能力,如科学研究人员、教师、工程师、电脑编程人员、医生、系统分析员。

2) 艺术型(A)

共同特征:有创造力,乐于创造新颖、与众不同的成果,渴望表现自己的个性,实现自身的价值;做事理想化,追求完美,不重实际;具有一定的艺术才能和个性;善于表达,怀旧,心态较为复杂。

典型职业:喜欢的工作要求具备艺术修养、创造力、表达能力和直觉,并将其用于语言、行为、声音、颜色和形式的审美、思索和感受,且具备相应的能力,但不善于事务性工作,如艺术工作者(演员、导演、艺术设计师、雕刻家、建筑师、摄影家、广告制作人)、音乐工作者(歌唱家、作曲家、乐队指挥)、文学工作者(小说家、诗人、剧作家)。

3) 社会型(S)

共同特征:喜欢与人交往,不断结交新的朋友,善言谈,愿意教导别人;关心社会问题,渴望发挥自己的社会作用;寻求广泛的人际关系,比较看重社会义务和社会道德。

典型职业:喜欢要求与人打交道的工作,能够不断结交新的朋友,从事提供信息、启迪、帮助、培训、开发或治疗等事务,并具备相应能力,如教育工作者(教师、教育行政人员)、社会工作者(咨询人员、公关人员)。

4) 企业型(E)

共同特征:追求权力、权威和物质财富,具有领导才能;喜欢竞争,敢冒风险,有野心、抱负;为人务实,习惯以利益得失、权利、地位、金钱等来衡量做事的价值,做事有较强的目的性。

典型职业:喜欢要求具备经营、管理、劝服、监督和领导才能,以实现机构、政治、社会及经济目标的工作,并具备相应的能力,如项目经理、销售人员、营销管理人员、政府官员、企业领导、法官、律师。

5) 传统型(C)

共同特征:尊重权威和规章制度,喜欢按计划办事,细心、有条理,习惯接受他人的指挥和领导,自己不谋求领导职务;喜欢关注实际和细节情况,通常较为谨慎和保守,缺乏创造性,不喜欢冒险和竞争,富有自我牺牲精神。

典型职业:喜欢要求注意细节、精确度、有系统有条理,具有记录、归档、据特定要求或程序组织数据和文字信息的职业,并具备相应能力,如秘书、办公室文员、记事员、会计、行政助理、图书馆管理员、出纳员、打字员、投资分析员。

6) 现实型(R)

共同特征:愿意使用工具从事操作性工作,动手能力强,做事手脚灵活,动作协调;偏好于具体任务,不善言辞,做事保守,较为谦虚;缺乏社交能力,通常喜欢独立做事。

典型职业:喜欢使用工具、机器,需要基本操作技能的工作,对要求具备机械方面才能、体力或从事与物件、机器、工具、运动器材、植物、动物相关的职业有兴趣,并具备相应能力,如技术性职业(计算机硬件人员、摄影师、制图员、机械装配工)、技能性职业(木匠、厨师、技工、修理工、农民、一般劳动)。

然而,大多数人都并非只有一种性向(比如,一个人的性向中很可能是同时包含着社会性向、现实性向和研究性向这三种)。霍兰德认为,这些性向越相似,相容性越强,则一个人在选择职业时所面临的内在冲突和犹豫就会越少。为了帮助描述这种情况,霍兰德建议将这六种性向分别放在一个正六边形的每一角。

员工的工作满意度与流动倾向性,取决于个体的人格特点与职业环境的匹配程度。当人格和职业相匹配时,会产生最高的满意度和最低的流动率。例如,社会型的个体应该从事社会型的工作,社会型的工作对现实型的人则可能不合适。这一模型的关键在于:第一,个体之间在人格方面存在着本质差异;第二,个体具有不同的类型;第三,当工作环境与人格类型协调一致时,会产生更高的工作满意度和更低的离职可能性。

霍兰德所划分的六大类型,并非是并列的、有着明晰的边界的。他以六边形标示出六大类型的关系。它们之间的类型关系如下。

1) 相邻关系

如 RI、IR、IA、AI、AS、SA、SE、ES、EC、CE、RC 及 CR。属于这种关系的两种类型的个体

之间共同点较多,现实型(R)、研究型(I)的人就都不太偏好人际交往,在这两种职业环境中也都较少机会与人接触。

2）相隔关系

如 RA、RE、IC、IS、AR、AE、SI、SC、EA、ER、CI 及 CS,属于这种关系的两种类型的个体之间共同点较相邻关系少。

3）相对关系

在六边形上处于对角位置的类型之间即为相对关系,如 RS、IE、AC、SR、EI 及 CA,相对关系的人格类型共同点少,因此,一个人同时对处于相对关系的两种职业环境都兴趣很浓的情况较为少见。

人们通常倾向选择与自我兴趣类型匹配的职业环境,如具有现实型兴趣的人希望在现实型的职业环境中工作,可以最好地发挥个人的潜能。但职业选择中,个体并非一定要选择与自己兴趣完全对应的职业环境。

一则因为个体本身常是多种兴趣类型的综合体,单一类型显著突出的情况不多,因此评价个体的兴趣类型时也时常以其在六大类型中得分居前三位的类型组合而成,组合时根据分数的高低依次排列字母,构成其兴趣组型,如 RCA、AIS 等。

二则因为影响职业选择的因素是多方面的,职业选择不完全依据兴趣类型,还要参照社会的职业需求及获得职业的现实可能性。因此,职业选择时会不断妥协,寻求相邻职业环境甚至相隔职业环境,在这种环境中,个体需要逐渐适应工作环境。但如果个体寻找的是相对的职业环境,意味着所进入的是与自我兴趣完全不同的职业环境,则我们工作起来可能难以适应,或者难以做到工作时觉得很快乐,相反,甚至可能会每天工作得很痛苦。

4. 兴趣与职业发展

兴趣对一个人的个性形成和发展、对一个人的生活和活动有巨大的作用,这种作用主要表现在以下几个方面。

第一,对未来活动的准备作用。例如,对于一名学生来说,对化学感兴趣,就可能激励他积累各种化学知识,研究各种化学现象,为将来研究和从事化学方面的工作打基础、做准备。

第二,对正在进行的活动的推动作用。兴趣是一种具有浓厚情感的志趣活动,它可以使人集中精力去获得知识,并创造性地完成当前的活动。美国著名华人学者丁肇中教授就曾经深有感触地说:"任何科学研究,最重要的是要看对自己所从事的工作有没有兴趣,换句话说,也就是有没有事业心,这不能有任何强迫……比如搞物理实验,因为我有兴趣,我可以两天两夜、甚至三天三夜在实验室里,守在仪器旁,我急切地希望发现我所要探索的东西。"正是兴趣和事业心推动了丁教授所从事的科研工作,并使他获得了巨大的成功。

第三,对活动的创造性态度的促进作用。兴趣会促使人深入钻研,创造性地工作和学习。就学生来说,对一门课程感兴趣,会促使他刻苦钻研,并且进行创造性的思维,不仅会使他的学习成绩大大提高,而且会大大地改善他的学习方法,提高他的学习效率。

由此可知,人的兴趣不仅是在学习、活动中发生和发展起来的,而且还是认识和从事活动的巨大动力。它可以使人智力得到开发,知识得以丰富,眼界得到开阔,并会使人善于适应环境,对生活充满热情。兴趣确实对人的个性形成和发展起巨大作用。

综上所述，兴趣与工作满意度、职业稳定性和职业成就感之间的关系是密不可分的。职业生涯发展中对兴趣探索的大量研究将有助于帮助同学们选择自己喜爱的职业，制订合理的职业发展规划。

 拓展资料 5-1

郭晶晶：做己所爱，爱己所做

2008年8月17日，北京奥运会女子个人3米跳板跳水决赛在国家游泳中心"水立方"进行。"跳水皇后"郭晶晶以总分415.35分的高分成功卫冕。

作为国内现役运动员的代表，郭晶晶是跳水"梦之队"的领军人物，曾多次获得世界冠军。然而，辉煌的背后是她一步步走过的荆棘之路。5岁练跳水，15岁首次参加奥运会一无所获，1998年参加世锦赛，仅获女子3米跳板亚军，在之后的几年赛事中，她始终与奥运会冠军宝座失之交臂，其中包括悉尼奥运会3米跳板单人、双人亚军。巨大的压力、残酷的现实并没有让她意志消沉、打退堂鼓。相反，基于对跳水运动的喜爱，她以坚韧的毅力和不服输的信心，加之更为艰苦的训练坚持着。2004年，她终于从雅典奥运会拿回2枚金牌。如今，早可以光荣引退的她，仍在向2008奥运冠军冲刺，本届奥运会上她获得了2枚沉甸甸的金牌，演绎了一出完美的落幕。

作为一名老运动员，郭晶晶承受着长年伤痛的困扰，在一次次大型比赛中取得了如此辉煌的骄人战绩，是什么让她征战赛场多年却依然保持着良好的成绩？她成功的背后又有什么经历和特质？是什么动力在一路支撑着她？

郭晶晶说："因为喜欢，才会投入，才会愿意付出。"成功的背后是一路走过的荆棘之路，我们寻找她动力的源泉，可以看到，对跳水的热爱是支持着她战胜种种艰辛、勇往直前的中流砥柱。郭晶晶在跳板上的成功，是职业与兴趣结合的最佳体现。她喜欢跳水这项运动，为了实现那完美一跳而不停地去修正肢体动作，不断地在重复练习中改进不足，缔造完美。用她的话说，正因为喜欢，才会投入，才会愿意付出。

由此可见，兴趣是成功的奠基石，兴趣对职业发展的影响是职业是否能真正走向成功的重要决定因素。对职业的兴趣能让自己全身心地投入工作中，不计较得失，更能忍受成功前的寂寞，加快职业生涯发展的步伐。

（资料来源：百度文库。）

（三）性格认知

1. 性格的概述

性格是人对现实的态度和行为方式中较稳定的个性心理特征。它是个性的核心部分，最能表现个别差异。性格具有复杂的结构，大体包括：

（1）对现实和自己的态度的特征，如诚实或虚伪、谦逊或骄傲等；

(2) 意志特征,如勇敢或怯懦、果断或优柔寡断等;

(3) 情绪特征,如热情或冷漠、开朗或抑郁等;

(4) 理智特征,如思维敏捷、深刻、逻辑性强或思维迟缓、浅薄、没有逻辑性等。

性格是什么呢？性格对人的心理活动的影响巨大吗？这些问题看起来是非常简单的,可要进行实际的分析,还是一个蛮复杂的问题。主要表现在两个方面,一方面是因为性格的成因复杂,同时性格的表现也具有多样性的特点。它是人格的重要组成部分,它是长期的精神状态,心理咨询师即是通过对求助者性格进行分析,进而研究产生相应行为的特点和现实状况。

性格的心理学释义为人在对现实现象的态度以及对此做出的相应的行为表现方式的综合体现。它是社会属性最重要的表现方式,也是心理活动的重要因素的体现,正是因为它的重要性,故一直以来也是心理学研究的重点范畴,故需要根据性格的特征分析性格的表象方式,进而达到解决实际问题的实际效果。

从空间的结构上讲,人性的要素包含行为、形体、情感、精神、认知、目的、历史、未来、多面和多变十个基本层面。在时间的作用下,行为决定关系,形体造就特征,情感影响态度,精神成就气质,认知左右能力,目的决定计划,历史带来经验,未来设定理想,从而人性的内容可以概括为行为关系、形体特征、情感态度、精神气质、认知能力、目的计划、历史经验、未来理想、多面多维和多变多态十大类,各类之间有过渡,因而会产生新的性质,总共十八大类。

2. 性格的特征

1) 态度特征

性格的态度特征,是指个体在对现实生活各个方面的态度中表现出来的一般特征。

2) 理智特征

性格的理智特征是指个体在认知活动中表现出来的心理特征。在感知方面,能按照一定的目的、任务主动地观察,属于主动观察型,有的则明显地受环境刺激的影响,属于被动观察型;有的倾向于观察对象的细节,属于分析型,有的倾向于观察对象的整体和轮廓,属于综合型;有的倾向于快速感知,属于快速感知型,有的倾向于精确地感知,属于精确感知型。想象方面,有主动想象和被动想象之分,也有广泛想象与狭隘想象之分。在记忆方面,有主动与被动之分,也有善于形象记忆与善于抽象记忆之分等。在思维方面,有主动与被动之分,有独立思考与依赖他人之分,有深刻与浮浅之分等。

3) 情绪特征

性格的情绪特征是指个体在情绪表现方面的心理特征。在情绪的强度方面,有的情绪强烈,不易于控制;有的则情绪微弱,易于控制。在情绪的稳定性方面,有人情绪波动性大,情绪变化大;有人则情绪稳定,心平气和。在情绪的持久性方面,有的人情绪持续时间长,对工作学习的影响大;有的人则情绪持续时间短,对工作学习的影响小。在主导心境方面,有的人经常情绪饱满,处于愉快的情绪状态;有的人则经常郁郁寡欢。

4) 意志特征

性格的意志特征是指个体在调节自己的心理活动时表现出的心理特征。自觉性、坚定性、果断性、自制力等是主要的意志特征。自觉性是指在行动之前有明确的目的,事先确定了行动的步骤、方法,并且在行动的过程中能克服困难,始终如一地执行。与之相反的是盲从或独断专行。坚定性是指能采取一定的方法克服困难,以实现自己的目标。与坚定性相反的是执拗性和动摇性,前者不会采取有效的方法,只是一味我行我素;后者则是轻易改变或放弃自己的计划。果断性是指善于在复杂的情境中辨别是非,迅速做出正确的决定。与果断性相反的是优柔寡断或武断、冒失。自制力是指善于控制自己的行为和情绪。与自制力相反的是任性。

3. 性格的测试

1) MBTI 概述

MBTI 是当今世界上应用最广泛的性格测试工具之一。它已经被翻译成近 20 种世界主要语言,每年的使用者多达 200 万人。据有关统计,世界前 100 强公司中已有 89% 引入了 MBTI,用于员工和管理层的自我发展、提升组织绩效等各个领域。

MBTI 向我们揭示了性格类型的多样性和由此导致的不同个体之间行为模式、价值取向的差异性:性格类型深刻影响着我们观察事物的角度、思考问题的方式、决策的动机、工作中的行事风格,乃至人际交往中的习惯与喜好;不同性格的人在相同的境遇中或者面对相同问题时往往做出截然不同的反应,这很容易成为各种误解、矛盾的导火线,甚至引爆一场信任危机,严重危害团队的合作与绩效——如何看待人与人的差异,在工作中求同存异?如何突破人际交往的"性格壁垒",因人而异地开展交流与沟通?每一种性格类型都表现出独特的行为特征,为个人带来不同的能力优势与局限——怎样扬长避短,为最合适的人安排最合适的工作?每个人分别具有哪些能力优势与局限?怎样根据性格类型找到最佳的职业定位,规划未来的职业发展?在一个团队中可能聚集着各种性格类型的成员,不同性格类型的碰撞与对话最终将合成整个团队的性格——领导者将如何优化团队成员的性格配置,组建一支精诚合作的高效团队?团队成员怎样才能更好地融入集体,避免性格冲突,提升工作绩效?MBTI 从性格类型入手,引导我们认识自己、理解他人,在工作中建立自信并相互信任,从而更富成效地开展合作,也为个人发展铺就最佳途径。

MBTI 的第一张量表于 1942 年问世,之后不断修订、完善,至今已升级了 10 多个版本。值得一提的是,仅仅在 30 多年前,MBTI 量表还只对接受过专门训练的心理学家开放。事实上,在 MBTI 的设计中包含着一整套严格的施测流程和行为规范,具体如下。

第一步,调整心态。MBTI 只测试性格类型,而不同性格类型之间没有优劣之分,测试结果也将对其他人严格保密;请放松心情,最大限度地摆脱工作、家庭等外部环境的压力,尽量展现真实的自我。

第二步,受测者了解 MBTI 的测试目标、基本思路和主要内容。

第三步,答问题卷。受测者尽管按照自己的理解答题,也可以跳过模棱两可的问题不答,但是不应与其他人讨论。

第四步,答卷计分并比较。受测者将初步测试结果与以前的自我感觉相比较,并且对两者的差别及其成因做出思考。

第五步,阅读完整分析报告描述。受测者阅读并思考 MBTI 提供的性格类型描述,尽可能明确自己的性格类型。

MBTI 即迈尔斯-布里格斯类型指标,这个指标以瑞士心理学家荣格划分的 8 种类型(见表 5-1)为基础,加以扩展,形成四个维度,四个维度如同四把标尺,每个人的性格都会落在标尺的某个点上,这个点靠近哪个端点,就意味着个体就有哪方面的偏好。如在第一维度上,个体的性格靠近外倾这一端,就偏外倾,而且越接近端点,偏好越强。

表 5-1 MBTI 中的 8 种类型

类 型	对应类型英文缩写	类 型	对应类型英文缩写
外倾	E	内倾	I
感觉	S	直觉	N
思维	T	情感	F
判断	J	知觉	P

2) MBTI 类型

通过对照四个维度的描述,你或许已经识别出自己在每个维度上的偏好,取每个维度上偏好类型的代表字母,即可以由四个字母构成你的性格类型,如 ISFJ,即内倾感觉情感判断型;ENFP,即外倾直觉情感知觉型。四个维度、八个端点可组合成表 5-2 中的 16 种性格类型,你必然属于其中的一种。

表 5-2 MBTI 中的 16 种性格类型

类 型 名 称	对应类型英文缩写	类 型 名 称	对应类型英文缩写
内倾感觉思维判断	ISTJ	内倾感觉情感判断	ISFJ
内倾直觉情感判断	INFJ	内倾直觉思维判断	INTJ
内倾感觉思维知觉	ISTP	内倾感觉情感知觉	ISFP
内倾直觉情感知觉	INFP	内倾直觉思维知觉	INTP
外倾感觉思维判断	ESTJ	外倾感觉情感判断	ESFJ
外倾直觉情感判断	ENFJ	外倾直觉思维判断	ENTJ
外倾感觉思维知觉	ESTP	外倾感觉情感知觉	ESFP
外倾直觉情感知觉	ENFP	外倾直觉思维知觉	ENTP

(1) ISTJ。

安静、严肃,通过全面性和可靠性获得成功。实际,有责任感。决定有逻辑性,并一步步地朝着目标前进,不易分心。喜欢将工作、家庭和生活都安排得井井有条。重视传统和忠诚。

适合职业:首席信息系统执行官、天文学家、数据库管理、会计、房地产经纪人、侦探、行政管理人员、信用分析师。

(2) ISFJ。

安静、友好、有责任感和良知。坚定地致力于完成他们的义务。全面、勤勉、精确,忠诚、体贴,留心和记得他们重视的人的小细节,关心他人的感受。努力把工作和家庭环境营造得有序而温馨。

适合职业:内科医生、营养师、图书/档案管理员、室内装潢设计师、客户服务专员、记账员、特殊教育教师、酒店管理人员。

(3) INFJ。

寻求思想、关系、物质等之间的意义和联系。希望了解什么能够激励人,对人有很强的洞察力。有责任心,坚持自己的价值观。对于怎样更好地服务大众有清晰的远景。在对于目标的实现过程中有计划而且果断、坚定。

适合职业:特殊教育教师、建筑设计师、培训经理/培训师、职业策划咨询顾问、心理咨询师、网站编辑、作家、仲裁人。

(4) INTJ。

在实现自己的想法和达成自己的目标时有创新的想法和非凡的动力。能很快洞察到外界事物间的规律并形成长期的远景计划。一旦决定做一件事就会开始规划并直到完成为止。多疑、独立,对于自己和他人能力和表现的要求都非常高。

适合职业:首席财政执行官、知识产权律师、设计工程师、精神分析师、心脏病专家、媒体策划人、网络管理员、建筑师。

(5) ISTP。

灵活、忍耐力强,是个安静的观察者。直到有问题发生,就会马上行动,找到实用的解决方法。分析事物运作的原理,能从大量的信息中很快地找到关键的症结所在。对于原因和结果感兴趣,用逻辑的方式处理问题,重视效率。

适合职业:信息服务业经理、计算机程序员、警官、软件开发员、律师助理、消防员、私人侦探、药剂师。

(6) ISFP。

安静、友好、敏感、和善。享受当前。喜欢有自己的空间,喜欢能按照自己的时间表工作。对于自己的价值观和自己觉得重要的人非常忠诚,有责任心。不喜欢争论和冲突。不会将自己的观念和价值观强加到别人身上。

适合职业:室内装潢设计师、按摩师、客户服务专员、服装设计师、厨师、护士、牙医、旅游管理人员。

(7) INFP。

理想主义,对于自己的价值观和自己觉得重要的人非常忠诚。希望外部的生活和自己内心的价值观是统一的。好奇心重,很快能看到事情的可能性,这能成为实现想法的催化剂。寻求他人的理解和帮助他人实现潜能。适应力强,灵活,善于接受,除非是有悖于自己的价值观的。

适合职业:心理学家、人力资源管理师、翻译、大学教师(人文学科)、社会工作者、图书管理员、服装设计师、编辑/网站设计师。

(8) INTP。

对于自己感兴趣的任何事物都寻求找到合理的解释。喜欢理论性的和抽象的事物,热衷于思考而非社交活动。安静、内向、灵活、适应力强。对于自己感兴趣的领域有超凡的集中精力和深度解决问题的能力。多疑,有时会有点挑剔,喜欢分析。

适合职业:软件设计师、风险投资家、法律仲裁人、金融分析师、大学教师(经济学)、音乐家、知识产权律师、网站设计师。

（9）ESTP。

灵活、忍耐力强，实际，注重结果。觉得理论和抽象的解释非常无趣。喜欢积极地采取行动解决问题。注重当前，自然不做作，享受和他人在一起的时刻。喜欢物质享受和时尚。学习新事物最有效的方式是通过亲身感受和练习。

适合职业：企业家、股票经纪人、保险经纪人、土木工程师、旅游管理师、职业运动员/教练、电子游戏开发员、房产开发商。

（10）ESFP。

外向、友好、接受力强。热爱生活、人类和物质上的享受。喜欢和别人一起将事情做成功。在工作中讲究常识和实用性，并使工作显得有趣。灵活、自然不做作，对于新的任何事物都能很快地适应。学习新事物最有效的方式是和他人一起尝试。

适合职业：幼教老师、公关专员、职业策划咨询师、旅游管理/导游、促销员、演员、海洋生物学家、销售。

（11）ENFP。

热情洋溢，富有想象力。认为人生有很多的可能性。能很快地将事情和信息联系起来，然后很自信地根据自己的判断解决问题。总是需要得到别人的认可，也总是准备着给予他人赏识和帮助。灵活、自然不做作，有很强的即兴发挥的能力，言语流畅。

适合职业：广告客户管理师、管理咨询顾问、演员、平面设计师、艺术指导、公司团队培训师、心理学家、人力资源管理师。

（12）ENTP。

反应快、睿智，有激励别人的能力，警觉性强、直言不讳。在解决新的、具有挑战性的问题时机智而有策略。善于找出理论上的可能性，然后再用战略的眼光分析。善于理解别人。不喜欢例行公事，很少会用相同的方法做相同的事情，倾向于一个接一个地发展新的爱好。

适合职业：企业家、投资银行家、广告创意总监、市场管理咨询顾问、文案、广播/电视主持人、演员、大学校长。

（13）ESTJ。

实际、现实主义。果断，一旦下决心就会马上行动。善于将项目和人组织起来将事情完成，并尽可能用最有效率的方法得到结果。注重日常的细节。有一套非常清晰的逻辑标准，有系统性地遵循，并希望他人也同样遵循。在实施计划时强而有力。

适合职业：公司首席执行官、军官、预算分析师、药剂师、房地产经纪人、保险经纪人、教师（贸易/工商类）、物业管理人员。

（14）ESFJ。

热心肠，有责任心，善于合作。希望周边的环境温馨而和谐，并为此果断地执行。喜欢和他人一起精确并及时地完成任务。事无巨细都会保持忠诚。能体察到他人在日常生活中的所需并竭尽全力帮助。希望自己和自己的所为能受到他人的认可和赏识。

适合职业：房地产经纪人、零售商、护士、理货员/采购人员、按摩师、运动教练、餐饮管理师、旅游管理师。

（15）ENFJ。

热情,为他人着想,易感应,有责任心。非常注重他人的感情、需求和动机。善于发现他人的潜能,并希望能帮助他们实现。能成为个人或群体成长和进步的催化剂。忠诚,对于赞扬和批评都会积极地回应。友善,好社交。在团体中能很好地帮助他人,并有鼓舞他人的领导能力。

适合职业:广告客户管理、杂志编辑、公司培训师、电视制片人、市场专员、作家、社会工作者、人力资源管理师。

(16) ENTJ。

坦诚、果断,有天生的领导能力。能很快看到公司/组织程序和政策中的不合理性和低效能性,发展并实施有效和全面的系统来解决问题。善于做长期的计划和目标的设定。通常见多识广,博览群书,喜欢拓展自己的知识面并将此分享给他人。在陈述自己的想法时非常强而有力。

适合职业:公司首席执行官、管理咨询顾问、政治家、房产开发商、教育咨询顾问、投资顾问、法官。

4. 性格与职业发展

"性格决定命运",这是大家熟知的谚语,那你们是否明白其中的真正含义?一个人的性格对他的一生,尤其对其职业生涯的选择具有十分重大的意义。你可能因为自己的性格,丧失一个非常好的工作,也可能因为不了解自己的性格而从事了一个你不喜欢、不能适应的工作,从而痛苦万分。如果我们最开始就了解自己的性格,在职业选择中选择适合自己的职业,可能会避免走很多不必要的弯路。选择跟自己性格相匹配的工作,你会感觉得心应手,心情舒畅,对自己的工作充满热情,更容易在工作中取得成就。

性格的形成不仅受先天影响,而且在很大程度上也受到后天环境的影响,所以性格具有很强的可塑性。性格与职业匹配并不等于说必须先具有某种性格特征才能从事相对应的职业。长期从事某种特定职业会使从业人员按照职业的要求不断改变自己原有的性格特点,进而形成一些新的特点。这些变化会让人们更适合这一工作,发现自己意想不到的潜力。

人的性格是非常复杂的,它与职业的关系也不是一成不变的。我们天生擅长的一面,如果能寻找到与我们的特质相契合的环境和工作,充分发挥自己的长处和优势,这将是完美的。但是当职业选择与性格不相匹配时,也可以慢慢改变,不断培养自己的性格使之与职业选择相匹配。最重要的一点就是让性格类型与职业要求达到最佳匹配状态,使我们成为更有效的工作者。

课堂互动

以3~5人为小组,每个成员在纸上写上自己眼中的自己、自己眼中的其他小组成员,然后小组成员逐一交换纸条,事后讨论到底哪个被描述的自己是自己,自我对比思考。

复习思考

登录中国高校才企联盟官网或学校指定工具进行免费的测评,以达到自我心理认知。

第二节 自我能力认知层面解读

一、能力的概述

(一)能力的定义

能力,是完成一项目标或者任务所体现出来的素质。人们在完成活动过程中表现出来的能力有所不同。能力是指顺利完成某一活动所必需的主观条件。能力是直接影响活动效率,并使活动顺利完成的个性心理特征。

个人能力包括想象力、记忆力、观察能力、联想能力、组织能力、沟通能力、领导能力、创新能力、学习能力、号召能力,适应能力等。在知识经济时代,学习能力是最重要的,因为知识总是在更新,只有不断学习才能跟上时代的步伐。

(二)能力的分类

1. 通识能力

通识教育是在现代多元化的社会中,为受教育者提供通行于不同人群之间的知识和价值观。它所培养的通识能力目前在国内还没有统一的定义,在此处我们可以只考虑有助于学生进入社会的部分能力,表现为一些广泛意义上的思维能力与工具使用能力,例如包括批判分析能力、创新创造能力、自主学习能力、操作技能与实践能力、书写能力、计算机运用能力、数理分析能力、外语(课程)能力等,不包括国学、艺术鉴赏等能力。

2. 专业能力

专业教育是大学生进入大学四年最核心的学习课程,也是最能用以验证自身学习成果的能力,也是学生进入社会用以竞争的第一项能力。每个专业的学生的专业能力是不同的,也有的学生选择了辅修专业、第二专业,或是利用课余时间自学了更多的专业能力,此处主要指大学中所学的专业学术知识方面的能力。

3. 就业能力

通用就业力是指"能够获得初次就业、保持就业以及在就业之后能够胜任本职工作的基本能力和素质"。这里提出的通用就业力,排除了专业领域知识和技能的差异,是对就业者所具备的一般就业能力的考查。同时,也从个性心理特征角度全面测量与工作绩效最相关的性格特征。

通用就业力是一个综合的概念,它由基本工作能力、职场英语能力和个性心理特征三部分相对独立的成分共同组成。基本工作能力是通用就业力的基石,是完成就业所必备的基础能力。职场英语能力是在全球化工作环境中提升就业竞争力的有力工具。个性心理特征描绘了就业者性格剖面图,可标记就业者职业发展的潜力,为实现人岗匹配提供量化标准。这三个成分相辅相成,有机地整合形成了就业者完成就业、提升就业竞争力以及职业发展所需的通用就业力。

1)基本工作能力

基本工作能力是指就业者从事任何一种职业的基本能力要求,用以判断其在未来的工作中能否称职。大量的心理学和管理学的研究表明,就业者能力倾向能有效地预测就业者未来的工作表现和业绩。

2)职场英语能力

职场英语能力是就业者在日常工作环境中使用英语进行交流的能力,可分为英语资料理解能力、英语 e-mail 阅读与回应能力、英语电话沟通能力、英语报告撰写能力、英语会议报告阐述能力、参与国际会议能力等。

权威研究显示,全世界有将近四分之三的跨国公司已经面临必须管理二十个以上海外运营网络的挑战,全球协作(global co-ordination)成为建立跨国企业竞争优势的关键因素之一。正因为这种协作,使得全球化的沟通能力,特别是员工的职场英语能力,成为跨国公司获得成功的先决条件。进入 21 世纪以来,经济全球化推动了中小企业的逐渐国际化,这些企业也开始运用职场英语标准来要求员工,强化全球化的沟通能力,进而提升全球竞争力。由此,职场英语能力已经成为大部分公司员工立足职场的必备能力。

3)个性心理特征

个性心理特征是个体在社会活动中表现出来的比较稳定的成分,包括能力倾向、气质和性格。自 20 世纪 70 年代以来,以传统的智力测验、性向测验、学校的学业成就测验分数等手段预测未来工作绩效,在实际工作应用中频频受到质疑。结合心理学、管理学等多学科领域的"胜任力"概念应运而生。胜任力是指与工作绩效直接相关的知识、技能、自我概念、特质及动机。其中,知识和技能是外显的能力,相对容易被观察和测量。而自我概念、特质及动机等个性心理特征则是潜藏能力,相对难以测量,也不易改变和发展。大量研究发现,胜任力是预测工作绩效与个人成功的关键,能显著区分绩效优秀与一般的个体。

技术的进步形成了当今职场专业化分工的趋势。岗位的细分对人才选拔提出了更细致的要求,即针对不同岗位要求选择不同特征的人才。个体个性心理特征与岗位胜任力要求相匹配。既能够促进个体在工作中取得成功,也使得个体工作起来更得心应手,心情舒畅,为其职业生涯发展提供持续的动力。因此,个体心理特征作为通用就业力的重要组成部分,诠释了个体在不同岗位上职业发展的潜力。

4. 素养能力

1)自我决策能力

自我决策能力是一个人能否独立思考,果断处理事务和独立完成某项工作的能力。对于即将毕业走向社会的大学生来说,面临求职择业,别人的意见和忠告各种各样,最终还是要靠自己决定,这就是对自我决策能力的一次检验。在未来的工作中,每一件事情、每一个问题以及它们的变化进展都不可能像在学校那样有老师给你做指导,而必须靠自己迅速做出决定,及时予以处理。因此,具有良好的自我决策能力对大学生就业是十分重要的。

2)适应社会能力

适应社会和改造社会是对立统一的两个方面。现实生活常常不尽如人意,五彩纷呈的现实生活使刚步入社会的大学毕业生眼花缭乱,很不适应。大学毕业生面对现实生活中的消极现象常常产生不安、不满的情绪,而常常以改造社会为己任的大学生却忽视了适应社会这个前提。人类文明总是在继承与创新的矛盾运动中发展的。适应社会,正是为了完成社会赋予我们的职责和使命。适者生存,生存正是为了发展。对社会、对环境的适应,是主动的、积极的适应,不是消极的等待和对困难的反映,更不是对消极现象的认同。大学生只有具备较强的社会适应能力,走向社会后才能尽可能地缩短自己的适应期,充分地发挥自己的聪明才智。

3)实践操作能力

实践操作能力是人们将知识转化为物质力量的能力,是专业工作者必须具备的一种能力。在现实生活中,尤其是教学、科研、生产第一线,大学生实践操作能力的强弱,将直接影响到其作用的发挥。比如,作为一名教师,只有丰富的知识还不够,还要有把自己的知识传授给学生的能力。因此,大学生应注意克服只注重理论学习而轻视实践操作的倾向。一个大学毕业生如果在实践操作上有过硬的本领,一定会受到用人单位的青睐。仍以教师这个职业为例,许多用人学校在挑选毕业生时,往往注重的是毕业生的试讲能力和试讲效果,而不只是他们的专业考试成绩。

4)表达能力

表达能力是指运用语言阐明自己的观点、意见或抒发感情的能力,主要包括口头表达能力和书面表达能力。一个人要想让别人了解自己,重视自己,更好地发挥自己的才能,其前提就是要有表现自己的能力。要准确表现自己,就离不开出色的表达能力。不仅在参加工作走向社会后会立即强烈地意识到这一点,而且在求职择业的时候就会有深切的感受。比如撰写求职信、自荐信、个人材料,回答招聘人员提问,接受用人单位的面试等,第一个环节都需要较强的表达能力。

5)社交能力

社交能力实际上就是与他人相处的能力。社会上的人际关系远不如学校中的同学、师生关系那么简单。大学生步入社会后,要与各种各样的人产生这样那样的关系。能否正确、有效地处理、协调好工作与生活中人与人的各种关系,不仅影响一个人对环境的适应状况,而且影响着他的工作效能、心理健康、生活的愉快和事业的成就。因此,大学生自觉地培养良好的社交能力非常重要。

6)组织管理能力

虽然不是每个大学毕业生都会从事管理工作,但是在实际工作中每个从业者都会不同程度地需要组织管理才能,现代社会职业表明,不仅领导干部、管理人员应当具备组织管理才能,其他专业人员也应当具备。随着时代的发展,纯"书生型"的人才已不能适应社会的需要了。近年来,许多用人单位在挑选录用大学毕业生时,在同等条件下,往往会优先考虑那些曾担任过学生干部、具有一定组织管理能力的毕业生,这正反映了时代的客观要求。以上主要是从普遍性这个角度来谈大学毕业生应具备的知识和技能,此外,大学毕业生如能掌握一技之长,就更能增加顺利就业概率。

5. 特殊能力

特殊能力是顺利完成某种专门活动所必备的能力,如音乐能力、绘画能力、数学能力、运动能力等。各种特殊能力都有自己的独特结构。如音乐能力就是由四种基本要素构成的:音乐的感知能力、音乐的记忆和想象能力、音乐的情感能力、音乐的动作能力。这些要素的不同结合,就构成不同音乐家的独特的音乐能力。

二、能力的提升

(一)知识结构上的合理化、优化与提升

一个知识结构,大体上有三种类型:专业知识、管理知识、相关知识。只有建立和完善科学合理的知识结构,才能有效地支撑和提升自己的职业能力。

1. 传统的知识结构

即仅有某一专业知识的结构,这是唯一的知识结构,或称线性结构。这种知识结构已远远不能适应形势对管理者的要求。

2. "T"型知识结构

"T"型知识结构或称为纵横结构。这里的"纵",表示某一专业知识方面的深度;这里的"横",表示与某一领域相关的知识面的跨度或广度。"T"型的知识结构也可以称为通才的静态结构。一个现代管理者的知识结构如果缺乏时间标量,没有反映知识更新率的指数,仍然是不完整的。

3. 具有时间概念的"T"型知识结构

具有时间概念的"T"型知识结构或称通才的动态结构。这类知识结构的主要测定指标有三个:即深度、广度和时间度。只有这样的知识结构,才是管理者理想的知识结构。

(二)结合职业和工作需要去"补短板"

一般而言不主张"补短板",主张发挥自己的长处和优势,通过学习使长处更长、优势更优。但如果你眼前的工作职位确实需要这种能力,那就必须补上这个缺少的"短板"。例如,作为一名职业管理者,如果你在职业管理者所必备的职业知识和能力上有短板,那么,你就必须得补上这一短板。比如,沟通能力是管理者的最基本的素质要求,如果你要想在管理岗位上有所发展,你就必须补上这一课,否则,你就不称职,你就无法有更好的发展。假如你的

性格和习惯无法改变,确实补不上这一课,你就应该考虑是不是需要转换职业道路,比如走技术发展的道路。

(三)从行动上如何约束自己

知识的掌握和积累必须化为实践和行动,否则知识再多也只能是纸上谈兵。所以,你在学习的同时,一定注意把学到的知识、方法和工具运用到自己的管理实践中去。比如,你学习了关于时间管理、目标管理、沟通管理方面的知识和方法,那就要有意识地给自己制订一个可以落实的行动计划,检查自己的执行情况,改进自己存在的问题和不足。

三、能力与职业发展

对能力的探索,可以帮助个体发现自身具备的能力,一方面可以找出目前能够胜任的职业,另一方面可以和理想职业需要的能力进行比较,看自身是否具备获得和从事该职业的资格,并有针对性地提升个人能力。

能力不同,对职业选择自然存在差异。在能力类型与职业定位的匹配过程中应遵循以下原则:第一是必须承认人的能力类型是有所差异的,重点在于能力类型与职业类型的匹配,适合的才是最好的;第二是能力水平要与职业层次基本一致,在根据能力类型确定了职业类型后,还应根据自己所达到或可能达到的能力水平确定相吻合的职业层次;第三是充分发挥优劣能力的作用,每个人的能力结构是不一样的,某方面的能力占优势,则另一些方面可能不太突出,关键在于要扬长避短,而不是苦于自己能力的短板从而丧失信心和斗志。

▶ **拓展资料 5-2**

比尔·拉福从商之路

比尔·拉福的父亲是洛克菲勒集团的一名高级职员,在商界打拼多年。受到父亲的影响,比尔·拉福中学毕业时便立志从商,得到了父亲老拉福的支持,他认为儿子具备商业天赋又聪明果断,敢于创新,但他不赞成拉福上大学直接攻读商业相关专业。父子进行了一次长谈,拉福听从了父亲的劝告,大学选了麻省理工的机械制造专业。拉福在麻省理工学院度过了4年,在这4年里,他没有拘泥于本专业,还学习了许多化工、建筑、电子等方面的基本知识。

大学毕业后,比尔·拉福根据计划开始攻读经济学的硕士学位。他考进芝加哥大学,开始了为期3年的经济学硕士课程。这期间,比尔·拉福掌握了经济学的基本知识,搞清了影响商业活动的众多因素,同时他还特意认真学习了相关的经济法律。

拿到硕士学位后,比尔·拉福考了公务员,去了政府部门工作。他在政府部门一干就是

5年。5年后,比尔·拉福辞去公职下海,去了父亲为他引荐的通用公司熟悉商业业务。他在通用公司工作了2年,干得很出色,却再次辞职,通用公司开出高薪挽留,他婉言谢绝。接着,他立刻着手开办了拉福商贸公司。他的生意进展非常顺利,拉福公司的资产从最初的20万美元迅速发展为2亿美元,而比尔·拉福本人也成了一个传奇人物,拉福父子则成了职业规划的经典案例。

从比尔·拉福的整个生涯规划来看,我们可以了解到他的每一个选择都是为了实现他的一个短期目标,而他的每一个短期目标的实现都是为了实现他从商并大获成功的终极梦想。

本科学习机械制造专业是因为商贸必须具备一定的专业知识,如果不了解产品的性能、生产制造情况,很难保证贸易的收益。而且工科的学习,除了知识技能的培养,还能帮助他建立起严谨求实的思维体系,训练他推理分析的能力,使他养成脚踏实地的工作态度。他另外学习了许多化工、建筑、电子等方面的基本知识,对他后来的商业活动也有重大的作用。

他攻读经济学硕士学位,除了学习经济学的基本知识,搞清了影响商业活动的众多因素,还认真学习了有关的经济法律。因为在商业活动中,法律充当着至关重要的角色,没有法律保障,现代商业将陷入一片混乱。同时他还学习微观经济活动的管理知识。几年下来,他在知识储备上完全具备了经商的素质。

公务员的工作则让他收获了强大的社会交往能力,了解人的心理特征,善于与人交往,容易取得他人信任。在政府部门的环境下他逐渐变得机敏、老练、处变不惊,从稚嫩的热血青年成长为一名老成持重、不动声色的公务员。此外,通过5年的政府机关工作,他结识了大批各界人士,积累人脉资源,建立关系网络。这些都为他从商创造了很好的条件。在通用公司的2年,他熟练掌握了商业信息与商务技巧,获得了丰富的商业管理经验,还完成了原始资本的积累。经过7年的理论学习、实践学习和储备,一切都已经准备充分了,比尔·拉福开始创业,从而获得了巨大的成功。

比尔·拉福的生涯规划目标明确,脉络清晰,步骤合理,最初就充分考虑了个人兴趣、个人素质,从理论知识到能力培养再到模拟锻炼,一步一步走得很踏实,特别注重全面的职业技能的培养。最后在他坚持不懈的努力下,他将策划好的人生变为了自己的现实,实现了自己的梦想,成为了美国著名的企业家,也成了美国商业圈的一个神话人物。

(资料来源:《华闻周刊》。)

课堂互动

以3~5人为小组,每个成员在纸上写出自己认为自己具备的3个最出色的能力,然后念出来,让其他组员评价是否如你所写的那样。如果有不一致的地方,组内讨论出原因,课后进行自我思考。

复习思考

复习本节,对照本节所写到的能力进行自我分析对照,并对不足的地方进行提高。

第三节 自我环境认知层面解读

一、家庭环境

(一)家庭的定义

家庭有广义、狭义之分,狭义的家庭指一夫一妻制个体家庭;广义的家庭则泛指人类进化的不同阶段中的各种家庭形式。从社会设置来说,家庭是最基本的社会设置之一,是人类最基本、最重要的一种制度和群体形式。

从功能来说,家庭是能够使儿童社会化、供养老人、进行经济合作等,体现普遍意义上人类亲密关系的基本单位。从关系来说,家庭是由具有婚姻、血缘和收养关系的人们长期居住的共同群体。

但是这里,我们只讲述原生家庭环境对自我环境认知的影响。原生家庭是指父母的家庭,儿子或女儿并没有组成新的家庭,这样的家庭泛指原生家庭。原生家庭是指自己出生和成长的家庭。家庭的气氛、传统习惯、子女在家庭角色上的学效对象,家人互动的关系等,都影响子女日后在自己新家庭中的表现。

> **拓展资料5-3**

David S. Freeman 在 *Family Therapy with Couples:The Family-Of-Origin Approach* 中提及五项原生家庭的重要角色,让我们了解原生家庭对夫妻关系的影响:

(1)人从家庭的经历中,不可能没有情感未了的需要,例如:来自没安全感家庭的,想在配偶身上找到安全感。

(2)我们择偶时是希望在情感上得到我们在原生家庭中未得到的需要。

(3)我们都带着这些未了的情感包袱,希望在新的婚姻关系或家庭中得到解决。

(4)我们在原生家庭得不到家庭的满足,就会只顾索求,没有能力为择偶付出。这种看法虽然有点悲观,但是我们如果勇于面对自己原生家庭的问题,就有新的动力重新去爱。

(5)关系上的问题大多是因为原生家庭未解的结,而多于因为缺乏委身、关心和爱。这种看法或许带有谅解和盼望,当然背后不是鼓励你将埋怨归咎于原生家庭,而是鼓励你去正视家庭遗留下来的问题。

(资料来源:百度百科。)

（二）家庭的功能

1. 社会化功能

家庭从很多方面讲，都很适合承担社会化任务。它是一个亲密的小群体，父母通常都很积极，对孩子有感情，有动力。孩子常常在依赖下，将父母看作是权威。可是，父母很少经过明确训练来使孩子社会化，家庭并不总能很有效果、有效率地完成这一功能。越来越多的学校和专业机构担负起这方面的责任。

在一些国家，人们曾经尝试过各种各样代替家庭进行儿童社会化的方式。比如前苏联在早年引入过集体养育孩子的新模式，以色列探索过用集体农庄代替家庭的试验，然而这些尝试都以失败告终。

2. 情感和陪伴核心功能

在现代社会，对成人和孩子来说，家庭是情感陪伴的主要源泉。对儿童来说，缺少父母的关爱会导致智力、感情、行为等方面都受到伤害。对成人来说，虽不会因缺爱而死，但也需要感情的关怀。

从一些现状来说，家庭规模日趋微化，新婚夫妇日趋单独居住，而人们又很少能从家庭以外获得友谊和支持，迫使家庭成员在情感和陪伴上彼此深深依赖。提供情感和陪伴已成为现代家庭的核心功能。

3. 性规则

对社会来说，从有性关系到怀孕，都不是个人的事。所以在一般的社会里，强烈提倡合法生育和性规范的制度化，为的是使儿童能够得到良好的照顾，以及平稳的代际过渡。

一些现状是相对于以前在性方面对男女的双重标准，女性的性自由提高了，此外人们更能容忍婚外性生活了。但由此产生的是，有的人不愿意结婚了，有的人结婚了也不一定和配偶在一起了，使得配偶间的感情和陪伴关系的稳定性减弱了。

4. 经济合作

对以前的，或者乡土气息浓厚的农村家庭来说，家庭通常是一个生产的主要单位。而在现代社会，随着工业化、信息化、城市化、现代化的发展，家庭的主要经济功能由生产转变成了消费，如汽车、房屋、电器的购买等。

另外在现代社会，随着女性就业的增多，家庭中女性对男性在经济上的依赖在减少。

以上是美国现代社会的相关研究，然而在中国社会，家庭势必还要起到赡养老人、维系种族的延续等重要功能。

（三）家庭与职业发展

在传统的组织观念中，家庭与工作是两个截然不同的系统，很明显，传统的观念已经不适应现在的发展需要了,家庭对职业生涯的影响是不可忽略的。因为职业生涯与家庭因素息息相关,或协调或冲突。

1. 工作家庭冲突

工作家庭冲突是指当来自工作和家庭两方面压力在某些方面出现难以调和的矛盾时产生的一种角色交互冲突。即,因为工作需要或者工作任务使得个体不能够尽到对家庭的责任和义务,或者反过来因为家庭负担影响到了工作的选择及工作的完成。因为这些冲突各自的角色期望不同,故而在时间、压力和行为方面是不相容的。

2. 父母因素变量

家庭对学生本人有重大意义,会给职业选择带来极大影响。一种是受父母工作状态、家庭经济地位和受教育水平等影响;另一种是涉及父母支持、父母教养方式、亲子依恋等。这两个方面的影响是相互的,在大学生职业生涯的规划中有非常重要的作用。

1) 父母工作状态

父母的工作条件、工作经历以及雇佣状态会直接或间接影响学生的职业生涯规划和发展。研究发现,低收入家庭中的母亲失业会影响到学生的职业抱负、成就。父母失业会影响到学生的工作安全感以及其对自己未来职业的成功预期。父母工作状态也通过对学生活动的参与及学业的指导,而间接地影响学生未来的职业发展。

2) 父母受教育水平

家庭资本理论认为,父母受教育水平包括了父母所受的教育程度以及相应的能力和技能,这些都会融入到父母教养方式之中引发学生自我效能信念等,并影响学生掌握其未来职业成功所需求的技能。父母的受教育水平会影响学生的教育抱负,可能是因为具有较高教育水平的父母有较高的子女发展期望,这种期望会内化到父母的教养方式中去,所以父母会主动参与到其学业活动中,并最终促进其职业的发展。

3) 亲子依恋

根据依恋理论,父母是学生在幼儿早期的"安全基地",这种内部工作模式是幼年时期获得的,所以具有一定的情境稳定性和跨时间稳定性。在职业的社会情境中,在童年时期就形成了安全依恋的学生会更有胜任力和信心,并会具有职业生涯探索活动的主动性。但是,依恋水平的高低并不意味着其职业生涯探索发展水平的高低,心理分离和母子依恋的中等水平会促进学生的职业生涯探索水平的提高。不过,对两者关系的探讨更多是基于职业生涯探索行为的角度,缺少对其工作态度、动机等方面的了解。

4) 父母教养行为

父母教养行为是个体成长的一个重要变量,通过对学生的职业发展的论述,指出父母教养行为会促进学生发展职业兴趣和选择能力,其中父母的应对方式会直接影响学生职业生涯探索的过程,并进而间接作用于工作效能感和职业满意度。父母对子女职业准备的支持、父母的开放性以及权威型教养行为可以正向预测学生的职业生涯探索水平。

5) 父母支持

父母对于学生职业生涯规划的关注和支持与学生的职业生涯规划相关显著,父母支持则对子女的职业生涯规划起到正能量作用。此外,学生在父母的支持下,能够坚持自己解决问题,具有更好的适应能力,父母的支持是学生职业决策自我效能感的重要后盾。

二、社会环境

社会环境在这里泛指学生进入社会,生存及活动范围内的现实条件的综合,例如个人发展的城市环境、国家及所在地的经济环境、国家及所在地的政策环境、就业环境等直接影响职业发展的体系环境。官方的社会环境释义是,对我们所处的社会政治环境、经济环境、法制环境、科技环境、文化环境等宏观因素的综合。社会环境对我们职业生涯乃至人生发展都有重大影响。

(一)政策环境

政策环境就是指一个国家或地区在一定时期内的政治大背景。政策环境是各种不同因素的综合反映,诸如国家发展政策、国内危机、针对商业的恐怖主义行动,以及国家之间在特殊地区的冲突等,这些问题均包含在政策环境的分析考虑范围内。

因为自身的发展,是要客观发生在一个地区的,而那个地区所拥有的受影响的政治政策环境会直接影响到个人职业发展的规划与成功率。

(二)经济环境

经济环境是指构成企业生存和发展的社会经济状况和国家经济政策,是影响消费者购买能力和支出模式的因素,它包括收入的变化、消费者支出模式的变化等。社会经济状况包括经济要素的性质、水平、结构、变动趋势等多方面的内容,涉及国家、社会、市场及自然等多个领域。

因为经济环境会影响国家宏观经济水平调控、国家经济发展战略的指导实施、企业的发展,企业生存及发展面临的社会经济条件及其运行状况、发展趋势、产业结构、交通运输、资源等情况也均受经济环境的制约,所以,每一个学生对于个人职业发展都要充分考虑经济环境的条件,来合理规划自己的每一个目标和每一个计划。

(三)文化环境

文化环境是指企业所处的社会结构、社会风俗和习惯、信仰和价值观念、行为规范、生活方式、文化传统、人口规模与地理分布等因素的形成和变动的一种环境。社会文化环境是影响企业营销诸多变量中最复杂、最深刻、最重要的变量。社会文化是某一特定人类社会在其长期发展历史过程中形成的,它主要由特定的价值观念、行为方式、伦理道德规范、审美观念、宗教信仰及风俗习惯等内容构成,它影响和制约着人们的消费观念、需求欲望及特点、购买行为和生活方式,对企业营销行为产生直接影响。

任何企业都处于一定的社会文化环境中,企业的发展受到所在社会文化环境的影响和制约。为此,学生也要充分了解和分析社会文化环境,针对不同的文化环境制订不同的个人发展规划。

(四)就业环境

就业环境就是指所在地区的就业情况、就业比率、就业特征等的总和。因为一个地区,根据它的地理特点、经济特点、文化特点必然会形成各个地区不同的就业环境。例如沿海地区、内陆地区就有很大的区别,靠山的内陆地区和靠港口的内陆地区也是迥然不同的。而这些就业环境信息则是我们制订个人发展规划时非常需要认真考虑的问题,因为不可能你学了一个程序开发,却跑到一个内陆农业县城去找工作。

所以,在做职业发展的决策前也要充分地考虑目标地区的就业环境。

三、学校环境

身为一个大学生,除去心理维度和社会维度,其实最关键、最重要的莫过于学校环境的维度所带来的资源了。所以对自我学校环境进行分析、梳理是很重要的。因为一个大学生除去来自不同的家庭、拥有不同的内在特点、拥有不同的对未来的期许之外,每一个学生在学校所遇到、所收获、所经营资源的机会都是平等的,可对自身的影响却又各自不同。因为相同的资源,不同的人也会根据不同的自我和不同的目的而得到不一样的收获。

(一)学校

我国的教育特点令我们从小学到大学,一直都会处在一个有重点学校、实验学校、普通学校的区分的学习环境下;在每个学校的班里还会区分重点班、尖子班、差班等;到了大学,大学之间的档次、排名也会非常的明显化。

教育面前,人人平等,或许有的学校的师资力量确实领先了一些,但是每个学生受的教育是一致的。不过,每一所学校的校风文化、学生潜力、历史传承、校友资源却是的的确确有着鲜明的不同。这就会成为不同学校的学生所先天拥有的不同的资源。例如现如今的社会招聘中,清华北大的毕业生简历就会优越地获得用人单位先查阅简历、先邀约面试的好处,而普通民办大学可能就会因此连面试的机会都丧失掉,这些现实社会存在的问题,也就是学校环境带来的影响。

(二)专业

自我认知自己的专业,专业带给我们的首先是一个先天的基础技能,是我们在职业发展时除了毕业院校以外,第二个用人单位关注的要素;其次专业带给我们的是思维方式,不同类的专业会使我们思考问题时形成一种惯性思考模型。

所以,自身的专业会影响着我们在选择职业发展时的细分方向,还要充分结合社会环境的因素来综合考虑,一个合适的专业出现在合适的地区会意味着发展的顺利和前途的光明,反之则是为难了自己,走了弯路。有的学生还可能会在做职业规划时完全放弃所学专业的方向与技能,这种时候就要好好考虑其他的自我认知层面,考虑专业形成的自身工作思考习惯善于什么。

(三)人脉

看过《中国合伙人》这部电影吗?里面的王阳很聪明可是却并没有什么职业规划,正是因为他大学的好哥们成冬青在创业,他加入了进来,才有了之后的王阳。包括留美归来的孟晓骏本也是不知回国可以去做些什么,因为成冬青这个大学好哥们,而一回国就直接成为了公司的合伙人高管。这就是典型的好人脉的作用。

其实校园环境中的人脉,不能单纯地理解为商业性质的那种人脉的经营。这里的人脉更多地代表一种广交师友的意义,包括从小学开始到大学毕业,你所认识的、相熟的老师、同班同学、同校不同班的同学、学长学姐、校友前辈等。因为他们都会对我们做职业发展规划、做就业决策、做未来目标指定有十分重要的影响。

课堂互动

以3~5人为小组,每个成员说出一个目标城市、目标岗位,然后由其他成员对该信息进行分析讨论,借此机会可以倾听更多的声音为自己制订职业发展规划提供信息。

复习思考

在一张纸上,分别对照本章的几类环境因素,写下自我目标城市、目标职位及各因素分析,加深对目标的了解程度。

第六章　生涯规划与管理

第一节　个人生涯规划与职业发展

 拓展资料 6-1

周杰伦：成功路上没有偶然

你可以不喜欢周杰伦，但是你却不可能不知道周杰伦。因为你的同学们一定都知道他，这个有点沉默、家世平平的歌手，用他的音乐席卷了整个华语地区，成为流行乐坛巨星。他的音乐风格灵动，开拓了流行音乐新领域，他在流行乐坛引领了"中国风"，甚至在某种程度上带动了中国古典文学的复兴。

"每个年轻人至少听过10首他的歌曲，对于中国内地来说，他应该是继邓丽君后普及率最高的歌手。"在一次颁奖典礼上，司仪如是说。

作为一个职业规划师，穿过巨星耀眼的光环，我看到一个职业发展优秀的人。周杰伦的身上，到底有什么过人之处？又有什么可以运用到我们自己的职业发展上呢？

职业培养期：成绩平平的他，专注自己的音乐天赋

周杰伦，1979年1月18日出生于台北。爸爸是生物老师，妈妈是美术老师。从小，周杰伦对音乐就有着独特的敏感，听到音乐就会随着节奏兴奋地摇晃，有时候一边看电视，一边戴上墨镜学高凌风唱歌。母亲见他在音乐方面很有天赋，毫不犹豫地拿出家里所有的积蓄，给他买了一架钢琴。这一年，周杰伦才4岁。

虽然是教师之子，周杰伦的学习成绩却不尽如人意。小时候，成绩栏上红颜色比蓝颜色多，数学考试成绩经常在40分左右，只能用"对音乐有天分的人，好像数学都不太好"来安慰自己。英语老师甚至认为他有学习障碍。高中联考时，周杰伦的功课还是很差，只考了100多分。当时淡江中学第一届音乐班招生，周杰伦抱着试试的心理参加了考试，竟然考上了。在高中能学习音乐，周杰伦觉得幸福无比，他的音乐天赋和才华在这里得到了认同。他的高中同学回忆，那个时候，周杰伦弹钢琴唱歌和打篮球的样子迷倒了很多女孩子。虽然父母亲在他 14 岁时离异,但是躲在音乐世界里的周杰伦却并没有受到很大的冲击。他回忆说:"12 岁到 16 岁的日子是我最开心的日子,音乐让我的心灵得到安慰。"

周杰伦的高中钢琴老师说,周杰伦 10 多岁时已经培养出了远远超越他实际年龄的即兴演奏能力,他能将庄严肃穆的音乐变奏,以一种很有意思的方式重新演绎,听上去就像流行歌曲。

纵观周杰伦的职业培养期——学生时代,有两点特别引人注目。首先是他对自己音乐天赋的忠诚和投入。音乐对于他而言,与其说是一种兴趣,不如说是另一个世界。在这个世界里,音乐帮助他抵挡父母离异、成绩不好等所有的青春期的常见烦恼,让他自信健康的成长。一个人能够在自己的天赋中自由舞蹈,这无疑是一种幸福,这能抵挡住一切成长的动荡。爱因斯坦在这个年纪正幻想与光赛跑,傅聪则生活在小提琴音符中间……其次是他在高中时代选择读音乐班,这是一个很重要的职业规划。

高中时代是个人重要的职业培养和探索期,这个时候,孩子刚刚开始有社会意识,如果天赋在自己的小群体里获得认同,就会极大推动孩子未来把这种天赋作用于社会的想法。如果周杰伦上的是普通高中,也许他的音乐才能只会变成一个差生聊以自慰的"小把戏"。而音乐班的氛围,让他的这种天赋很顺利地从个人兴趣发展成了社会技能。

职业适应期:在当餐厅侍应生的日子,坚持音乐梦想

由于偏科严重,还屡屡挂科,周杰伦没有考上大学。是先择业还是先就业?这个问题被今天的大学毕业生千万次地问,当年的周杰伦也面临这个走出校门后进入职业适应期的经典问题。

如果择业,最吸引他的一定就是成为一名歌手,但一个普普通通的 17 岁的孩子,如何成为歌手?无奈的周杰伦几次碰壁以后,选择了在一个餐厅做侍应生——先生存,再谋发展。

在餐厅的工作其实很简单,把厨师做出来的饭菜送给女侍应生,再由女侍应生送给客人。即使是这样,周杰伦也没有离开自己的音乐世界,他带着一个随身听,一边工作一边听歌。机会终于来了。老板为了提高餐厅档次,决定在大堂放一部钢琴,但连续尝试了几个琴师都不满意。周杰伦在空闲的时候偷偷地试了试,他的琴声震惊了不少同事,包括他的老板。老板拍着周杰伦的后背说:你可以在这两个小时不用干活了。可以说,选择先去餐厅打工,是周杰伦的正确选择。好的职业规划强调先生存再发展:其一,完美的工作不是一下子就能获得的,需要长期的技能和经验的积累。这是一个漫长的时期,如何度过?先就业,让自己生存下来是关键。其二,大部分学生毕业的时候,最需要补的能力不是专业能力,而是适应社会的心态。这堂心态课程可以在任何工作里面学到,往往比能力更加重要。可以说,毕业后最好的职业规划选择应该是:找一份自己能做的工作,培养自己适应社会的心态。同时,注意培养进入理想工作的能力,把完美工作作为长期目标来努力。

试想,如果周杰伦坚持寻找自己喜欢的完美工作:唱歌。那么,他的音乐之路能坚持多久?没有经济支持,没有能够证明自己的履历,没有明确的方法和方向,最大的可能就是一个音乐梦想随之破碎,无可修复。当前的大学毕业生中也有这样一些人:我要做管理,我要做导演,我拒绝做一份自己不喜欢的工作。于是,把自己塞进了现实与梦想的夹缝中间,动弹不得。他们忘记了,完美的工作是从不完美处开始的。

职业发展期：面对挫折不言败，历经风雨终成功

在餐厅里打工和弹琴让周杰伦慢慢开始有在公众面前演奏的机会，也慢慢开始积累起自己的听众。如果没有那个意外出现，他也许会觉得，这样的工作还挺好的。但是，机遇从不会忘记那些执着于梦想的人。

1997年9月，周杰伦的表妹瞒着他，偷偷给他报名参加了当时台湾著名娱乐主持人吴宗宪的娱乐节目《超猛新人王》。当时的周杰伦非常害羞，他甚至不敢上台唱自己的歌，只好找了一个朋友来唱，自己用钢琴伴奏。两个人的演出"惨不忍睹"。但主持人吴宗宪路过钢琴的时候，惊奇地发现这个一直连头也没敢抬的小伙子谱着一曲非常复杂的谱子，而且抄写得工工整整！他意识到这是一个对音乐很认真的人。节目结束以后，他问周杰伦：你有没有兴趣参加我的唱片公司，任音乐制作助理？很多人往往把这一瞬间定义为周杰伦生命的转折点。因为他的过人天赋加上吴宗宪的慧眼识珠，周杰伦终于成功啦！笔者不以为然，因为通过短短的几秒钟看乐谱根本无法判断某人是否具有音乐天赋，真正让吴宗宪感动的是这个年轻人对自己乐谱的认真程度。打动吴宗宪的，与其说是才气，不如说是认真。很多时候，不管能力有多大，机会往往只选择那些认真对待自己工作的人，这本身也是一种最重要的能力。

作为唱片制作助理，在负责唱片公司所有人的盒饭之余，周杰伦在那间7平方米的隔音间里开始了自己的创作生涯。半年下来，他写出来的歌倒不少，但曲风奇怪，没有一个歌手愿意接受。其中包括拒绝《眼泪不哭》的刘德华和拒绝《双截棍》的张惠妹。当然，两年后他们后悔不迭。

吴宗宪有些着急，他决定给这个年轻人一些打击。他让周杰伦来到自己的办公室，告诉他写的歌曲很烂，当面把乐谱揉成一团，丢进废纸篓里。这是周杰伦在音乐道路上遭受的重大打击。然而，吴宗宪第二天早上走进办公室的时候，惊奇地看到这个年轻人的新谱子又放在了桌上，第三天、第四天……每一天吴宗宪都能在办公桌上看到周杰伦的新歌，他彻底被这个沉默木讷的年轻人打动了。

1992年12月的一天，吴宗宪把周杰伦叫到房间说，如果你可以在10天之内拿出50首新歌。我就从里面挑出10首，做成专辑——既然没有人喜欢唱你的歌，你就自己唱吧。10天之后，周杰伦安安静静地拿出50首歌，于是就有了周杰伦一举成名的专辑《JAY》。从这张专辑开始，周杰伦的人气一发而不可收。

周杰伦从此进入他职业的第三个时期，即职业发展期。从很多成功人士的经历来看，这个阶段的开始往往是由于连接到了业内的第一平台。周杰伦联系到当时的台湾娱乐界名人吴宗宪；王宝强这个阶段开始拍《士兵突击》；爱因斯坦在这个阶段联系上了科学伯乐奥斯特瓦尔德；打工皇帝唐骏在这个时期写信联系到了比尔·盖茨；而比尔·盖茨在这个阶段正磕磕巴巴地在IBM的董事会面前展示了他的windows 1.0。几乎每一个成功人士背后都有一个登上行业第一平台的故事。所以这也是职业规划的重要原则：进入行业内的第一平台，并展示自己。

周杰伦的职业经历说来传奇，其实也普通。每个人进入职场的时候，都会遇到类似的问题。领导的批评，他人的不认同……如何对待和处理这些问题，比问题本身更加重要。没有被上司的讽刺打倒的周杰伦，用更多的努力获得了认同。胜利者不一定总是赢的人，能够接受打击,能够更加积极对待事业,才能取得最终的胜利。

纵观周杰伦的职业发展,经历了3个时期:在校学习期间的职业培养期、餐厅打工的职业适应期和之后的职业发展期,在每个时期,他都做了很好的示范。在职业培养期,他选择了专注自己的天赋,没有被"大而全"的教育模式平庸化。在职业适应期,他明智地选择了先就业再择业,先养活自己,慢慢培养自己的能力,期待在更高平台展示的机会。在职业发展期,他调整好自己的心态,用认真、踏实的精神和态度打动公司的同时,也打动了所有的听众。这些道理都很简单,只是简单并不代表容易做。周杰伦也许有一些你我没有的天赋,但是成功的路上绝对没有偶然。

(资料来源:互联网信息整理。)

一、职业规划(生涯规划)概述

(一)职业规划定义

职业规划是对职业生涯乃至人生进行持续的系统的计划的过程,在学术界人们也喜欢叫它"生涯规划",在有些地区,也有一些人喜欢用"人生规划"来称呼它,其实表达的都是同样的内容。在对一个人职业生涯的主客观条件进行测定、分析、总结的基础上,对自己的兴趣、爱好、能力、价值观、特长等进行综合分析与权衡,结合时代特点,根据自己的职业倾向,确定自己最佳的职业奋斗目标,并为实现这一目标做出行之有效的计划。它通常建立在个体对自我全面、深刻的认识的基础之上,需要结合自身发展的一般性特点。职业规划的好坏必将影响整个生命历程。

(二)职业规划意义

在市场经济中,社会竞争日趋激烈,"凡事预则立,不预则废",生涯规划显得十分重要,现在已经在向中学阶段普及职业规划了,以让中学生正确认识自我。客观上要求初高中阶段学生在高考前就应通过生涯规划系统测评工具探索自我,制订符合自身实际情况的生涯规划,选择满足社会发展需要和自己有兴趣的专业,还要重新认识自我,调整自己的生涯规划,并积极做好知识、技能、思想、心理诸方面的准备,努力实施生涯规划。实际上,中学阶段是认识自我的主要时期,是职业生涯规划形成的关键时期,职业生涯规划教育应从初高中生抓起。

大学生生涯规划,对大学生而言,就是在自己兴趣、爱好的前提下及认真分析个人性格特征的基础上,结合自己的专业特长和知识结构,对将来从事工作所设计的方向性的方案。大学生在走向社会前,将现实环境和长远规划相结合,给自己的生涯一个清晰的定位。

大学生首先需要进行自我评估,借助于专业性的生涯规划的潜能、人格、兴趣测验,判断自己的发展方向,确定自己未来的发展目标,进行正确的生涯设计,然后制订出恰当的行动计划,认真执行,并且不断做出评估与反馈。在校期间进行不间断的完善和补充,使自己与社会发展、所学知识与专业进步、自身潜力与将来发展能够同频共振。

生涯规划对所有人来说都很重要。不论是对于小学生、初中生、高中生还是大学生,生涯规划都将对其一生的成就产生重大影响。在中国,心理学专业比较少一些,学生在大学期间很少有机会接受系统的心理学教育,很难系统科学地了解自我。这时候就需要专注于职业测评,这可以起到重要的辅助作用,帮助学生系统地了解自我后制订职业发展规划。

(三)职业生涯类型

1. 理智型

理智型的人一般会拥有深思熟虑的特质,并且具备较强的逻辑思维能力。他们可以冷静客观地去思考和解决事情,去分析一切可能出现的选择与利弊,最后依靠理智的思维去进行判断,做出最有利的决策。

理智型的人能客观地分析自我优势与劣势,并进行调整。他们可以全面地搜集所需要的各种信息,并在对应的基础上开展理智的思考和冷静的分析,最终做出决策。因此他们在职场上是如鱼得水型。

例如,某工商管理专业大三学生小宁,性格乐观开朗,善于交际,在校期间积极参加各种社团组织。他对市场策划工作非常感兴趣,并且将自己的求职方向就定位在市场策划方向。在准备进入该目标行业以前,他在社团时就担任策划部工作,在实习时也是在相关公司的市场部实习,并和策划从业人士广泛接触,了解整个策划工作的情况和员工应具备素质,从而分析自身的情况进行调整,并有针对性地开展人脉经营。

2. 愚钝型

愚钝型的人往往别人说什么,他就会跟着做什么,不善于从自身的角度去发现和分析问题并做出有价值的判断。

大多数人通常在高考选择专业的时候就开始考虑一个专业是否好坏,是否喜欢,是否好就业。而愚钝型的人可能会在真正学了以后才开始考虑这个专业的喜好和未来,在发现不合适时,又会像走错了路一样,再次返回或者重蹈覆辙。花费比常人更多的精力,甚至依然无法达到理想的目标。

例如,某大二女生小妍刚刚转专业到了工商管理专业,她在大一的时候是生物专业的学生,她选择生物专业是因为家里有亲人是这个方向的,在当年报专业时有说到生物专业不错,就业很有竞争力,于是小妍就报了生物专业。可是开学后她发现自己非常不喜欢这门专业,于是她又听很多人说工商管理的专业课好,好就业,于是她就在大二转到了这个专业。但是她依然对学完工商管理以后的出路很是担忧,甚至担忧自己会不会喜欢工商管理专业。

3. 犹豫型

犹豫型的人总会思考再三,举棋不定,关键时候难以下决定。他们总是害怕自己选错了,不敢轻易做决定,很多时候就这样让机遇从眼前流逝,这种情况尤其体现在竞争激烈的职场上。

当下的毕业生普遍认为签约就意味着有了"铁饭碗",还有的人会吃着碗里的望着锅里的,总是不知该选择哪个。

例如,小黑是某名牌985高校的大四学生,因为其出色的成绩和母校的光环,他在校招时得到了三个进入大企业的机会。但其中一个单位要求小黑当天下午三点前就要必须签订就业协议书,否则视为本人放弃。因为这个时间比较紧,小黑一时犹豫不决,不敢签约,还想找一个待遇更好,工作轻松,自己喜欢的机会,就是这样的犹豫,以及挑剔,最终使他失去了校招进入大企业的机会,最后只能走入了社会求职的道路。

4. 情绪型

情绪型的人一般不依据客观事实去做判断,而是纯粹依赖主观的喜好、情绪好恶来做决定。情绪对人的事业、生活与健康都有着十分重要的影响。不正常的情绪变化可能导致职场上的诸多问题发生。并且清晰化在职场上是一种不成熟的表现,给人留下负面的印象,对个人的职业发展和交友都带来许多机会的丧失。

亚里士多德曾说过:"任何人都会生气,这没什么难的,但要能适时适所,以适当方式对适当的对象恰如其分地生气,可就难上加难。"大学生刚进入职场时,年轻气盛、习惯性抱怨、情绪化,这都是职场上的大忌,任何一个领导都不希望自己的手下有这样的负面炸弹。

例如,小天工作能力都比较出色,也会受到前辈们的赞赏。但是有一次出现了一些问题,小天一怒之下给老板写了一封2 000字的辞职信,在信里表达了许多的怨言和对公司同事的攻击。老板看到信后第一时间就批准了小天的辞职申请。小天离开后依然觉得自己没有问题,并且自己工作能力很强,绝对不会愁找不到工作。但是这样的事情在小天毕业以前的三份实习工作中都发生了,小天也开始思考自己到底有没有错。

5. 顺从型

顺从型的人是心理学里的一种倾向型表现,这类人的性格是独立性差,容易受暗示,容易接受别人的意见,并按照别人的意见去做事情。在紧急困难情况下一般会表现得惊慌失措。在职场上,他们会比较缺乏自信,过于听从别人的意见,决定受他人左右。尤其是顺从型的大学生,在与人交往中非常被动、自卑、不敢反对和提出自己的意见、看法。甚至当自己被他人侵犯正当利益时,也不敢申辩,生怕激怒对方,不善于保护自己。

例如,小谢是一个温柔善良的女孩子,就读于英语专业,目前大四。她正在一家普通本土广告公司实习,她本可以进入国际4A广告公司实习的,因为和她一起应聘的同学请她把机会让下来,小谢就让给了同学。小谢在公司实习并不开心,因为她本来很擅长做文案工作,但是HR面试问她做设计可不可以,小谢觉得自己只是个小小实习生,有一份工作机会就很好了,她没敢表达自己想做什么和擅长做什么,于是就在做又不擅长又不喜欢的平面设计。

6. 直觉型

直觉型的人常常是依据自己的直觉进行判断,他也不以客观环境作为判断依据,而是关注自己的内心感觉。他们以自我判断为导向,凭借自己的信息和感觉做出决策。在他们眼里职业没有好坏,也没有适合不适合,只有当时是不是那样想。

例如,小翟从小到大一直是个很自立的孩子,每一次的考学决定都是自己做的决定。眼下又是一次做决定的时候,小翟的成绩、能力、专业、人脉都非常适合他选择留校或者进事业单位做他擅长的事情。但是小翟一味地给家里出了一个难题,就是他认为自己该出国读研,没有为什么,因为他认为这是对的。

二、职业规划与职业发展

(一)职业规划目的

1. 找到适合自己的工作

第一个目的是找到适合自己的工作,找工作最重要的就是要人岗匹配,适合自己。每个工作都有长处和短处,每个人都有优势和劣势。分析、定位是职业生涯规划的首要环节,它决定着个人职业生涯的方向,也决定着职业生涯规划的成败。求职之前先要进行职业生涯规划,进行职业生涯规划之前先要进行准确的自我定位。先要弄清自己想要干什么、能干什么,自己的兴趣、才能、学识适合干什么。可以通过可靠的量表工具的测量,评估职业倾向、能力倾向和职业价值观,这是职业生涯规划的基础。职业规划就是根据测评结果的各项指标,以及自身的学历、经历、能力,了解一个人的内在、外在优势,并且把这些优势整合在一起,作为自己在职场上打拼的核心竞争力,然后找到这个人岗匹配的匹配点,也叫职位切入点。

2. 通过规划实现职业发展

第二个目的是通过规划求得职业发展,制订出今后各个阶段的发展平台,并且拿出攻占各个平台的计划和措施,然后由咨询师对切入点所在的市场状况、行业前景、职位要求、入行条件、培训考证、工作业务、薪酬提升、行业英语等运作进行详细的指导,如:要上每个平台,需要多长时间、补充哪些知识、增加哪些人脉等,而自己则沿着主干道去充电,几年后成为业内的精英,从而使自己的薪水和职位得到升华。

拓展资料6-2

董卿:我的完美职场三级跳,做最好的自己

我很欣赏托尔斯泰的一句话:"理想是指路的明灯,没有理想,就没有坚定的方向,而没有方向,就没有生活。"

从默默无闻到一举成为多届春节联欢晚会主持人,董卿快速走红的速度超过很多人的想象。关于董卿转战过的舞台,可以列出一个很长的清单:浙江有线电视台、上海东方电视

台、上海卫视（现在的东方卫视）、中央电视台。拾级而上,从一个小窗口走至万人瞩目的舞台中央,董卿找到了自己的位置,美丽、智慧的她在这里肆意绽放着自己的无限魅力。

选择所爱,爱所选择。

从小时候开始,董卿就不是一个按部就班、容易满足的人。看上去纤秀柔弱的董卿,其实是一个很有主见的人,下了决心九头牛也拉不回来。二十几年的主持人生涯,董卿完成了自己人生的三次跨越。对于董卿来说,每一次跨越都是一次超越自我的过程。

1993年,董卿毛遂自荐进入刚成立的浙江有线电视台,走出了主持人生涯的第一步。由于当时浙江有线电视台尚处于初创阶段,因此董卿除了主持节目外,还要自己撰稿、剪接甚至充当制片人的角色。在浙江有线电视台的工作使董卿熟悉并爱上了主持人这份工作。

董卿的工作得到了领导的赏识。当她正被普遍看好的时候,1995年上海电视台面向全国招聘节目主持人,董卿决定去应聘。结果,她在六七百名竞聘者中脱颖而出。

天道酬勤。1998年董卿在上海东方电视台开始主持《相约星期六》,这档大陆版的《非常男女》节目以新颖的样式、幽默风趣的台风,迅速席卷申城,仅仅一年,就创下了10%的收视率,董卿随即成为在上海这座大都市中家喻户晓的明星级人物。2000年,因工作出色,董卿获得了"第三届上海十大文化新人""上海市新长征突击手"等荣誉称号。

知董卿在事业蒸蒸日上之时,却做出了一个让朋友们大吃一惊的决定:放弃黄金栏目,加盟刚刚起步的上海卫视。一切归零的董卿,在上海卫视脚踏实地地努力工作。是金子总会发光,5年时间,她相继主持了《从星开始》《新上海游记》《海风伴我行》《亲亲百家人》等节目。其间,最引人注目的是2000年元宵节的那场"上海—悉尼双向传送音乐会"。董卿在悉尼全场用英语主持音乐会。这一次,她的不俗表现得到了业内人士的好评。因此,2000年她获得了第五届全国广播电视节目主持人"金话筒"奖。

人生的机缘好像在冥冥中已经安排好了,即将开播的中央电视台西部频道民歌节目《魅力12》与董卿收放自如的主持风格相得益彰,中央电视台向董卿伸出了橄榄枝。

做出"飘在北京"的决定很艰难,耗费了将近半年的时间,上海有父母、朋友、驾轻就熟的工作、悠闲的生活,而北京除了一份具有挑战性的工作外,别无其他。

长安街、中央电视台和复兴路的家,在北京地图上,董卿只认识这3个标记。《魅力12》刚开播时,收视率和影响力都一般,那是一段"寂寞时光",但她并不后悔,出身书香世家的她从小就有爱读书的习惯,书里的世界让她学会"在浮躁里沉住了气"。

董卿在央视崭露头角是在2004年央视组织的第十一届全国青年歌手电视大奖赛期间。她主持了业余组和专业组的30多场比赛,她以落落大方的性格、清晰的吐字和充满亲和力的甜美微笑,赢得了选手们的信赖,也征服了广大观众。

同年,民歌节和东盟国际博览会同时在广西南宁举行,东盟各成员国首脑相聚南宁,赋予了民歌节特殊的内容。在"一节一会"的开幕晚会上,董卿犹如一个从春天里走来的女孩,清纯亮丽中蕴含着优雅与端庄,不仅给现场观众留下了深刻的印象,而且也得到了央视领导的认可。

经过努力,2004年成为董卿主持人生涯的又一重大亮点,她主持了130多场次晚会、文娱节目,也打破了自己的主持纪录,并从西部频道调入综艺频道。这一年,她开始主持央视音乐频道的《音乐人生》和《综艺大观》,以及改版后的《欢乐中国行》。

是机遇更是实力,央视物色春晚主持人时,从央视西部频道《魅力 12》走出来的董卿,以其落落大方、亲切自然的主持风格获得了春节联欢晚会总导演的青睐。台领导决定大胆起用这个对观众来说还比较陌生的新人。对于第一次入选万众瞩目的春节联欢晚会主持人,董卿曾说,当初自己如同置身梦中,不知道这种荣誉是梦境还是现实。"我会努力尝试,越是困难我越应该尝试着去克服它。"

2005 年 2 月,在国际电视主持人论坛暨年度颁奖盛典上,董卿捧得"最佳电视综艺节目主持人"及"最佳电视女主持人"两个奖项。从此,董卿的名字开始家喻户晓。

在磨砺中成长,做就做到最好。

"命运不会亏待任何一个人,不管顺境、逆境都要保持一颗平常心,正确地把握自己,审视自己。"董卿始终铭记父母的嘱咐,在面对成功与挫折时,始终表现得那么平静与谦和。

董卿相信一句话:"女人 20 岁之前的容貌是天生的,20 岁之后就是自己塑造的。"她说:"阅历和环境都会影响你的眼神和姿态。如果我一直安宁地生活,肯定不会是现在的模样。"

董卿从小就在父母的引导下读书,做家务,利用假期打工。从 6 岁开始,家里的锅碗都是她洗。从 14 岁开始,父母为了锻炼她,每年暑假都要求她出去打一个月工。在董卿看来,正是这种教育方式让她学会了用书来充实自己,学会了在人生道路上遭遇坎坷的时候努力"坚持"。

在浙江艺术学院读书的时候,董卿并不自信。第一次上形体课,同学们的动作熟练优美,她却是一张白纸,连劈叉都不会。老师问她:"看上去身材挺修长的,动作怎么这么僵?"她只能红着脸低着头不说话。到了周末,她还是郁闷,漂亮的室友总被帅哥约出去,而她只能把课本看了再看。熬过半年,董卿才开始显山露水,成绩名列前茅,形体课和台词训练课也渐入佳境。

1994 年专科毕业后,董卿参加工作,几次易主虽然都是成功的,但其实每次改变她都要经历一种大的落差。虽然董卿是从七八百人中脱颖而出,成为两个幸运儿之一,可是刚到上海东方电视台时,董卿却无比失落。那时候,还是新人的她根本没有人理会,也没节目可做。年底的上海春节晚会,新人董卿负责联络、催场,跑前跑后,"姜昆老师吃饭了!""您该准备上场了!"璀璨的舞台却不属于她。那些无聊的日子董卿选择了读书,并顺利地考上了上海戏剧学院的电视系节目主持人专业。

1998 年,面向全国的上海卫视成立,董卿第三次易主,丢掉炙手可热的位置,想找到更大的舞台。怎知那时的上海卫视收视率一塌糊涂,上班就是点卯,董卿枯坐在蒙了灰的办公桌前,感觉从前恍然如梦,那时她特别烦闷,也很少出门,甚至电视也不看,就在家读《红楼梦》和《唐宋诗词》。这些古典文学名著,帮她平复了浮躁,也让她想清了方向。

董卿不愿空闲着,报考了华东师范大学古典文学专业的研究生,1999 年收到录取通知,接下来,上海卫视改革成功,事业蒸蒸日上,一切柳暗花明。董卿被委以重任,主持多档节目。

那是一段人生的好日子,有名有闲,到了周末,董卿上午去美容院,下午开车兜风,晚上健身。生活虽然安逸而快乐,但董卿的内心深处却总有一个声音在呼喊着——这个城市的法国梧桐,她都看了 7 年了。人生能有几个 7 年?她能不能去别的城市看看另一种世界?宁愿再跌落一次也仍然选择挑战自我的董卿接受了中央电视台的邀请,来到了北京。

初到北京,没有住的地方,在央视宾馆里凑合着;没有车,只好拖着大包小包的衣服、化妆品、鞋子等在街边等待接自己的人;没闲工夫逛商场,衣服都是从上海背过去的;没有化妆师,只能自己对着镜子描眼线;没有认识的人,刚到央视的时候,一个月只有7天的活儿,董卿每次走出电视台,总会踯躅半刻。她闲下来了,又能去哪?想开车散心,车在上海的车库里。夜里回家,推开门,只有满身的浮尘,还有并排放着的4个箱子。

她真想提上箱子转身就走,将袭人的流浪感丢在这陌生的房间!可是,"我现在要的是什么?不就是工作、激情和满足感吗?坚决不能回去!"她逼回眼泪。

董卿把这股执著的劲头融入了自己的工作中。她主持的节目,导演都很放心:她博闻强识外加准备充分,在台上如行云流水般举重若轻;她懂得衣饰搭配,为了一双鞋子,肯跑遍整个北京,央视造型师都夸她上镜;台后她拧着眉毛很是认真,为了一句台词斟酌半天,一上台却又笑得毫无忧愁,仿佛那些失眠和孤独的夜晚从不存在。

至今,董卿还记得自己在工作中的一个小小"骄傲"。2004年12月31日,董卿主持元旦特别节目,所有节目都演完了,但导播却着急地向她打手势:离零点还有3分钟!天啊,这是直播啊,台里台外多少双眼睛啊,这180秒说些啥呢?心跳如战鼓,却不动声色,董卿云淡风清地对着镜头闲聊起来。等到实在没词了,她就优雅地转向电子屏幕说:"让我们静静等待吧,等待2005年的到来。"

"16秒!"她得救了。一下台,导演紧紧握住她的手,像迎接英雄一般。这一次,她真真切切地感受到了工作的快乐。

董卿在工作上的"拼命"与"狠劲儿"在圈内向来是有口皆碑的。敢于不断挑战自我的她喜欢追求极致,喜欢压力过后的尽情释放,即使精力已到极限。而她也常常形容自己对事业、舞台的这种执着和迷恋,就如飞蛾扑火一样狂热,就好像穿上了童话中的红舞鞋一样旋转、旋转,停不下来……

(资料来源:互联网信息整理。)

(二)职业规划注意

个体职业生涯规划并不是一个单纯的概念,它和个体所处的家庭、组织以及社会存在密切的关系。随着个体价值观、家庭环境、工作环境和社会环境的变化,每个人的职业期望都有或大或小的变化,因此它又是一个动态变化的过程。

对于个体来说,职业生涯规划的好坏必将影响整个生命历程。我们常常提到的成功与失败,不过是所设定目标的实现与否,目标是决定成败的关键。个体的人生目标是多样的:生活质量目标、职业发展目标、对外界影响力目标、人际环境等社会目标。整个目标体系中的各因子之间相互交织影响,而职业发展目标在整个目标体系中居于中心位置,这个目标的实现与否,直接引起成就与挫折、愉快与不愉快的不同感受,影响着生命的质量。

学生在求职准备方面呈现出几个明显倾向:

第一,在职业能力的自我评估上,许多大学生存在高估或低估的倾向,呈现出明显偏差;

第二,在职业信息的了解上,大学生们过于关注职业是否符合自身需要,却忽略了职业要求与自身素质的匹配程度;

第三,在职业准备的投入上,大多数学生比较被动。

课堂互动

以 3~5 人为小组,请每个成员在纸条上写上,你认为自己是什么类型的,组内其他成员是什么类型的。然后大家公开纸条信息进行讨论。

 复习思考

可以在各种信息渠道上面查看职业规划的案例,充分认识和理解职业发展规划的重要性。

第二节 自我职业发展规划与设计

一、规划的概述

个人职业发展规划也叫个人职业生涯通道设计。是一个人对其一生中所承担职务的相继历程的预期和计划,这个计划包括一个人的学习与成长目标,及对一项职业和组织的生产性贡献和成就期望。个体的职业生涯规划并不是一个单纯的概念,它和个体所处的家庭以及社会存在密切的关系,要根据实际条件具体安排。并且因为未来的不确定性,职业生涯规划也需要确立适当的变通性。虽然是规划,也不是一成不变的。同时职业规划也是个体的人生规划的主体部分。

真正的职业规划分为三个方面,即职业定位:职业目标设定和职业通道设计。真正意义上的设计是指职业通道的设计。

(一)规划的意义

(1)做好职业生涯规划,可以分析自我,以既有的成就为基础,确立人生的方向,提供奋斗的策略。

(2)通过职业生涯规划,可以重新安排自己的职业生涯,突破生活的格线,塑造清新充实的自我。

(3)通过职业生涯规划,个人可以准确评价个人特点和强项,在职业竞争中发挥个人优势。

(4)通过职业生涯规划,可以评估个人目标和现状的差距,为自己提供前进的动力。

(5)通过职业生涯规划可以准确定位职业方向。

(6)通过职业生涯规划重新认识自身的价值并使其增值。通过自我评估,知道自己的优缺点,然后通过反思和学习,不断完善自己,从而使个人价值增值。

(7)通过职业生涯规划,全面了解自己,增强职业竞争力,发现新的职业机遇。

(8)职业生涯规划通常建立在个体的人生规划上,因此,做好职业生涯规划将个人生活、事业与家庭联系起来,让生活充实而有条理。

(二)规划的准则

1. 择己所爱

从事一项你所喜欢的工作,工作本身就能给你一种满足感,你的职业生涯也会从此变得妙趣横生。兴趣是最好的老师,是成功之母。调查表明:兴趣与成功概率有着明显的正相关性。在设计自己的职业生涯时,务必注意考虑自己的特点,珍惜自己的兴趣,择己所爱,选择自己所喜欢的职业。

2. 择己所长

任何职业都要求从业者掌握一定的技能,具备一定的能力条件。而一个人一生中不能将所有技能都全部掌握。所以你必须在进行职业选择时择己所长,从而有利于发挥自己的优势。运用比较优势原理充分分析别人与自己,尽量选择冲突较少的优势行业。

3. 择世所需

社会的需求不断演化着,旧的需求不断消失,新的需求不断产生。新的职业也不断产生。所以在设计你自己的职业生涯时,一定要分析社会需求,择世所需。最重要的是,目光要长远,能够准确预测未来行业或者职业发展方向,再做出选择。不仅仅要有社会需求,并且这个需求要长久。

4. 择己所利

职业是个人谋生的手段,其目的在于追求个人幸福。所以你在择业时,首先考虑的是自己的预期收益——个人幸福最大化。明智的选择是在由收入、社会地位、成就感和工作付出等变量组成的函数中找出一个最大值。这就是选择职业生涯中的收益最大化原则。

通过以上的简单步骤和原则,个人就可以设计职业生涯规划了。根据不同的情况,个人可以制订一个整体生涯规划,尤其要注意的是,职业生涯规划是人生规划的主体部分,是同个人、家庭和社会生活结合在一起的,是和个人追求幸福生活密不可分的。所以制订职业生涯规划,要和个人人生目标结合起来,要把职业生涯与家庭、社会生活结合起来。

(三)规划的前提

如果你的职业生涯规划目标是成为一个掌握上亿元资产公司的总经理,你就要把这个规划分成几个中等的规划,如什么时候成为一个部门的主管,什么时候成为一个部门的经理,然后再把这些规划进行进一步的细分,使它成为直接可操作的具体计划。

1. 设定正确的职业理想

职业理想在人们职业生涯设计过程中起着调节和指南作用。一个人选择什么样的职业,以及为什么选择某种职业,通常都是以其职业理想为出发点的。任何人的职业理想必然要受到社会环境、社会现实的制约。社会发展的需要是职业理想的客观依据,凡是符合社会发展需要和人民利益的职业理想都是高尚的、正确的,并具有现实的可行性。大学生的职业理想更应把个人志向与国家利益和社会需要有机地结合起来。

2. 正确进行自我分析和职业分析

首先,要通过科学认知的方法和手段,对自己的职业兴趣、气质、性格、能力等进行全面认识,清楚自己的优势与特长、劣势与不足。避免设计中的盲目性,达到设计高度适宜。其次,现代职业具有自身的区域性、行业性、岗位性等特点。要对该职业所在的行业现状和发展前景有比较深入的了解,比如人才供给情况、平均工资状况、行业的非正式团体规范等;还要了解职业所需要的特殊能力。

3. 构建合理的知识结构

知识的积累是成才的基础和必要条件,但单纯的知识数量并不足以表明一个人真正的知识水平,人不仅要具有相当数量的知识,还必须形成合理的知识结构,没有合理的知识结构,就不能发挥其创造的功能。合理的知识结构一般指宝塔型和网络型两种。

4. 培养职业需要的实践能力

综合能力和知识面是用人单位选择人才的依据。一般来说,进入岗位的新人,应重点培养满足社会需要的决策能力、创造能力、社交能力、实际操作能力、组织管理能力和自我发展的终身学习能力、心理调适能力、随机应变能力等。

5. 参加有益的职业训练

职业训练包括职业技能的培训,对自我职业的适应性考核、职业意向的科学测定等。可以通过"三下乡"活动、大学生"青年志愿者"活动、毕业实习、校园创业及社会兼职、模拟性职业实践、职业意向测评等进行职业训练。

(四)规划的注意

1. 结合自己的性格、特长和兴趣

职业生涯能够成功发展的核心,就在于所从事的工作要求正是自己所擅长的。如果一个人性格内向,不善与人沟通,没有很好的交际意识,那么这个人就很难成为一名成功的管理人员。制订职业规划一定要认真分析出自己的优缺点。

从事一项自己擅长并喜欢的工作,工作会很愉快,也容易脱颖而出。这正是成功的职业规划核心所在。

2. 考虑实际情况,并具有可执行性

很多人刚开始时雄心壮志,一心想着出人头地。但是实际社会里的工作,有时确实会存在一定的跨越,但是更多的时候却是一种积累的过程——资历的积累、经验的积累、知识的积累,所以职业规划不能太过好高骛远,而要根据自己的实际情况和社会情况,一步一个脚印,层层晋升,最终方能成就梦想。

3. 职业决策必须有可持续发展性

职业决策不能够只制订一个阶段性的目标,应该是一连串的、可以贯穿自己整个职业发展生涯的远景展望。如果职业决策定的过短浅,后面又没有后续职业决策点支撑,肯定会使人丧失奋斗的热情,且不利于自己长远发展。

二、规划的理论

(一)规划发展阶段

(1)探索阶段:15~24岁。

(2)确立阶段:25~44岁,这一阶段是大多数人工作周期中的核心部分。这一阶段包括了三个子阶段:尝试子阶段(25~29岁)、稳定子阶段(30~44岁除职业中期危机阶段之外的时段),以及职业中期危机阶段(30~44岁的某个时段)。

(3)维持阶段:45~65岁。

(4)下降阶段:66岁及以上,当退休临近的时候。处在不同职业发展阶段的人,应考虑不同的事情。

在探索阶段,可以多做些尝试、探索,在工作中摸索出本人的职业性向、职业锚、职业兴趣等,逐步找到最适合自己的职业。而40岁以上的人,就不应该做过多的尝试,而是应该认真分析清楚本人的职业锚、职业性向,选择本人有优势的职业做长远的打算。这里的年龄阶段划分还应该针对不同的职业加以区分,例如:在中国,作为职业足球运动员,30岁已经该退休了;而作为教授,30岁差不多是最年轻的。可以看到大学生是处在第一阶段:探索阶段。

(二)职业锚

所谓职业锚,又称职业系留点。锚,是使船只停泊定位用的铁制器具。职业锚,是指当一个人不得不做出选择的时候,他无论如何都不会放弃的职业中的那种至关重要的东西或价值观。实际就是人们选择和发展自己的职业时所围绕的中心。

职业锚,也是自我意向的一个习得部分。是个人进入早期工作情境后,由习得的实际工作经验所决定,与在经验中自省的动机、价值观、才干相符合,达到自我满足和补偿的一种稳定的职业定位。职业锚强调个人能力、动机和价值观三方面的相互作用与整合。职业锚是个人同工作环境相互作用的产物,在实际工作中是不断调整的。

1. 职业锚注意

(1)职业锚以员工习得的工作经验为基础。职业锚产生于早期职业阶段,新员工已经工作若干年,习得工作经验后,方能够选定自己稳定的长期贡献区。个人在面临各种各样的实际工作生活情境之前,不可能真切地了解自己的能力、动机和价值观以及与之对应的、合适的职业选择。因此,新员工的工作经验产生、演变和发展了职业锚。换句话说,职业锚在某种程度上由员工实际工作所决定,而不只是取决于潜在的才干和动机。

(2)职业锚不是员工根据各种测试得出的能力、才干或者作业动机、价值观,而是在工作实践中,依据自身和已被证明的才干、动机、需要和价值观,现实地选择和确定的职业定位。

(3)职业锚是员工自我发展过程中的动机、需要、价值观、能力相互作用和逐步整合的结果。

(4)员工个人及其职业不是固定不变的。职业锚,是个人稳定的职业贡献区和成长区。但是,这并不是意味着个人将停止变化和发展。员工以职业锚为其稳定源,可以获得该职业工作的进一步发展,以及个人生物社会生命周期和家庭生命周期的成长、变化。此外,职业锚本身也可能变化,员工在职业生涯的中后期可能会根据变化的情况,重新选定自己的职业锚。

2. 职业锚类型

1) 技术/职能型

技术/职能型的人追求在技术/职能领域的成长和技能的不断提高,以及应用这种技术/职能的机会。他们对自己的认可来自他们的专业水平,他们喜欢面对来自专业领域的挑战。他们不喜欢从事一般的管理工作,因为这意味着他们将放弃在技术/职能领域的成就。

2) 管理型

管理型的人追求并致力于工作晋升,倾心于全面管理,独自负责一个部分,可以跨部门整合其他人的努力成果,他们想去承担整个部分的责任,并将公司的成功与否看成自己的工作。具体的技术/功能工作仅仅被看作是通向更高、更全面管理层的必经之路。

3) 自主/独立型

自主/独立型的人希望随心所欲安排自己的工作方式、工作习惯和生活方式。追求能施展个人能力的工作环境,最大限度地摆脱组织的限制和制约。他们宁愿放弃提升或工作扩展机会,也不愿意放弃自由与独立。

4) 安全/稳定型

安全/稳定型的人追求工作中的安全与稳定感。他们可以预测将来的成功从而感到放松。他们关心财务安全,例如:退休金和退休计划。稳定感包括诚信、忠诚,以及完成老板交代的工作。尽管有时他们可以达到一个高的职位,但他们并不关心具体的职位和具体的工作内容。

5) 创业型

创业型的人希望使用自己能力去创建属于自己的公司或创建完全属于自己的产品(或

服务),而且愿意去冒风险,并克服面临的障碍。他们想向世界证明公司是他们靠自己的努力创建的。他们可能正在别人的公司工作,但同时他们也在不断学习并评估将来的机会。一旦他们感觉时机到了,他们便会自己走出去创建自己的事业。

6)服务型

服务型的人指那些一直追求他们认可的核心价值,例如:帮助他人,改善人们的安全,通过新的产品消除疾病。他们一直追寻这种机会,即使这意味着需要变换公司,他们也不会接受不允许他们实现这种价值的工作变换或工作提升。

7)挑战型

挑战型的人喜欢解决看上去无法解决的问题,战胜强硬的对手,克服无法克服的困难、障碍等。对他们而言,参加工作的原因是工作允许他们去战胜各种不可能。新奇、变化和困难是他们的终极目标。如果事情非常容易,它马上变得非常令人厌烦。

8)生活型

生活型的人喜欢允许他们平衡并结合个人的需要、家庭的需要和职业的需要的工作环境。他们希望将生活的各个主要方面整合为一个整体。正因为如此,他们需要一个能够提供足够的弹性让他们实现这一目标的职业环境。甚至可以牺牲他们职业的一些方面,如:提升带来的职业转换,他们将成功定义得比职业成功更广泛。他们认为自己在如何去生活,在哪里居住,如何处理家庭事务,以及在组织中的发展方向等方面是与众不同的。

(三)职业决策的风格

美国职业生涯专家斯科特(Scott)和布鲁斯(Bruce)于1995年认为决策风格是在后天的学习经验中逐渐形成的,并将决策风格划分为五种类型:理智型、直觉型、依赖型、回避型和自发型。

1. 理智型

以周全的探求和对选择的逻辑性评估为特征。理智型的决策者具备深思熟虑、理性分析、逻辑思考的特性。这类决策者会评估决策的长期效用并以事实为基础做出决策。理智型决策风格是比较受到推崇的决策方式,强调综合全面地收集信息、理智地思考和冷静地分析判断,是其他决策风格的个体需要培养的一种良好的思考习惯。但理智型的决策风格也并不是理想的、完美的决策方式,即使采用系统的、逻辑的方式,也会出现因为害怕承担决策的后果而不能整合自己和他人重要观点的困扰。

2. 直觉型

以依赖直觉和感觉为特征,比较关注内心的感受。直觉型的决策风格以自我判断为导向,在信息有限时能够快速做出决策,当发现错误时能迅速改变决策。由于以个人直觉而不是理性分析为基础,这类决策发生错误的可能性较大,因此,易造成决策不确定性,容易使直觉型决策者丧失信心。

3. 依赖型

以寻求他人的指导和建议为特征。依赖型的决策者往往不能够承担自己做决策的责任,允许他人参与决策并共同分享决策成果,会受到他人的正面评价,但也可能因为简单地模仿他人的行为导致负面的反应。依赖型的决策者需要理解生活中重要他人对自己的影响程度。

4. 回避型

以试图回避做出决策为特征。回避型的决策风格是一种拖延、不果断的方式。面对决策问题会产生焦虑的决策者,往往因为害怕做出错误决策而采取这样的反应。往往是由于决策者不能够承担做决策的责任,而倾向于不考虑未来的方向,不去做准备,不知道自己的目标,也不思考,更不寻求帮助。这样的决策者更容易受到学校等支持系统的忽略。所以,这些学生需要意识到自身的决策风格及其可能造成的危害,努力调整,增强职业生涯规划的意识和动机,才能从根本上得到帮助。

5. 自发型

以渴望即刻、尽快完成决策为特征。自发型决策者往往不能够容忍决策的不确定性以及由此带来的焦虑情绪,具有强烈即时性,并对快速做决策的过程有兴趣。自发型决策者常会基于一时的冲动,在缺乏深思熟虑的情况下做出决策,此类决策者通常会给人果断或过于冲动的感觉。

三、规划的方法

(一)平衡单法

决策平衡单(decision-making balance sheet)经常被应用于问题解决模式和职业咨询中,用以协助咨询者系统地分析每一个可能的选项,判断分别执行各选项的利弊得失,然后依据其在利弊得失上的加权计分排定各个选项的优先顺序,以执行最优先或偏好的选项。

1. 主体框架

(1)自我物质方面的得失。
(2)他人物质方面的得失。
(3)自我赞许与否。
(4)社会赞许与否。

实际应用时,由于认为"自我赞许与否"和"社会赞许与否"仍显得笼统,所以台湾生涯辅导专家金树人将最后的两项改为"自我精神方面的得失"与"他人精神方面的得失",就是从以"自我—他人"和"物质—精神"所构成的四个范围内来考虑。

决策平衡单是用来协助决策者做出好的重大决定的。它可以帮助决策者具体地分析每一个可能的选择方案,考虑各种方案实施后的利弊得失,最后排定优先顺序,择一而行。

2. 步骤

(1)列出可能的职业选项:咨询者首先需在决策平衡单中列出有待深入评估的3~5个潜在职业选项。

(2)判断各个职业选项的利弊得失:平衡单中列出供咨询者思考的重要得失,集中于四个方面,分别是自我物质方面的得失、他人物质方面的得失、自我赞许与否(自我精神方面的得失)、社会赞许与否(他人精神方面的得失)。咨询者可依据重要的得失方面,逐一检视各个职业选项,并以"+5"至"-5"的十一点量表(+5,+4,+3,+2,+1,0,-1,-2,-3,-4,-5)来衡量各个职业选项。

(3)各项考虑因素的加权计分:咨询者在各个方面的利弊得失之间,会因身处不同情境而有不同的考量。因此,在详细列出各项考虑层面之后,须再进行加权计分。

(4)计算出各个职业选项的得分:咨询者须逐一计算各个职业选项"得"(正分)与"失"(负分)的加权计分与累加结果,并计算各个生涯选项的总分。

(5)排定各个职业选项的优先顺序:依据各职业选项在总分上的高低,排定优先次序。职业选项的优先次序即可作为咨询者职业生涯决策的依据。

(二)5W法

第一个问题"我是谁"要求对自己进行一次深刻的反思,有一个比较清醒的认识,能将自己的优点和缺点都一一列出来。

第二个问题"我想干什么"是对自己职业发展的心理趋向的检查。每个人在不同阶段的兴趣和目标并不完全一致,有时甚至是完全对立的。但随着年龄和经历的增长而逐渐固定,并最终锁定自己的终身理想。

第三个问题"我能干什么"则是对自己能力与潜力的全面总结。一个人职业的定位最根本的还要归结于他的能力,而他职业发展空间的大小则取决于自己的潜力。对于一个人潜力的了解应该从几个方面着手去认识,如对事的兴趣、做事的韧力、临事的判断力,以及知识结构是否全面、是否及时更新等。

第四个问题"环境支持或允许我干什么"中的环境支持在客观方面包括本地的各种状态,比如经济发展、人事政策、企业制度、职业空间等,在人为主观方面包括同事关系、领导态度、亲戚关系等,两方面的因素应该综合起来看。有时我们在职业选择时常常忽视主观方面的东西,没有将一切有利于自己发展的因素调动起来,从而影响了自己的职业切入点。而在国外,通过同事、熟人的引荐找到工作是最正常也是最容易的。当然我们应该知道这和一些不正常的"走后门"等歪门邪道有着本质的区别。这种区别就是这里的环境支持是建立在自己的能力之上的。

明晰了前面四个问题,就会从各个问题中找到对实现有关职业目标有利和不利的条件,列出不利条件最少的、自己想做而且又能够做的职业目标,那么第五个问题有关"自己最终的职业目标是什么"自然就有了一个清楚明了的框架。最后,将自我职业生涯计划列出来,建立形成个人发展计划书档案,通过系统的学习、培训,实现就业理想目标:选择一个什么样的单位,预测自我在单位内的职务提升步骤,个人如何从低到高逐级而上。例如:从技术员做起,在此基础上努力熟悉业务领域,提高能力,最终达到技术工程师的理想生涯目标;预测工作范围的变化情况、不同工作对自己的要求及应对措施;预测可能出现的竞争及如何相处与应对,分析自我提高的可靠途径;如果发展过程中出现偏差,如果工作不适应或被解聘,如何改变职业方向。

(三) SWOT 分析法

SWOT 分析法又称为态势分析法,它是由旧金山大学的管理学教授韦里克于 20 世纪 80 年代初提出来的,SWOT 四个英文字母分别代表:优势(strengths)、劣势(weaknesses)、机会(opportunities)、威胁(threats)。所谓 SWOT 分析,是先将与研究对象密切相关的各种主要内部优势、劣势、机会、威胁等,通过调查列举出来,并依照矩阵形式排列,然后用系统分析的思想,把各种因素相互匹配起来加以分析,从中得出一系列相应的结论,而结论通常带有一定的决策性。通过 SWOT 分析法,个体能够更准确地进行自我评估,更清晰地认识自己的生涯计划,从而能就社会就业市场的状况和个人的情况做出最佳的决策。

运用 SWOT 分析法进行职业生涯决策一般有以下几个步骤。

1. 构建个体的 SWOT 矩阵

个体通过与他人进行比较,考察自己周围的职业环境,认清自身的优势和劣势,以及周围职业环境的机会和威胁,就可以构建出自身的 SWOT 矩阵。

2. 定量的 SWOT 分析

给 SWOT 矩阵中每个维度的每一项因素配以权重,并根据权重进行定量分析。对于不同的职业,个体的每一项优势、劣势、机会和威胁对其的影响程度是不同的。而且,我们在进行 SWOT 分析时,如果只考虑到每项因素的大致影响的话,那么随着分析项目的增加,可能这种分析就无法得出客观真实的结果,个体也很难分出自己相对于其他竞争对手在进行新的职业选择时是否具有比较优势。所以只有根据当时当地的人才市场的具体情况,用数量化的方式把个人优势、机会结合起来与劣势、威胁相比较,才能够清晰地分析出自己选择这项职业是否比他人具有优势,从而才能做出最优的职业决策。

(四) 决策树法

决策树法利用了概率论的原理,并且利用一种树形图作为分析工具。其基本原理是用决策点代表决策问题,用方案分支代表可供选择的方案,用概率分支代表方案可能出现的各种结果,经过对各种方案在各种结果条件下损益值的计算比较,为决策者提供决策依据。

决策树法是常用的风险分析决策方法。该方法是用树形图来描述各方案在未来收益的计算、比较以及选择的方法,其决策是以期望值为标准的。人们在未来可能会遇到好几种不同的情况,每种情况均有出现的可能,人们目前无法确知,但是可以根据以前的资料来推断各种自然状态出现的概率。在这样的条件下,人们设计的各种方案在未来的经济效果只能是考虑到各种自然状态出现的概率的期望值,与未来的实际收益不会完全相等。

如果一个决策树只在树的根部有一决策点,则称为单级决策;若一个决策不仅在树的根部有决策点,而且在树的中间也有决策点,则称为多级决策。

决策树法对于职业犹豫者在做职业决策时可提供有效的帮助。

 课堂互动

以3~5人为小组,各自讨论自己的职业规划,互相学习,学会听取其他人的意见。

 复习思考

选择一种规划方法做出自己的职业发展规划。

第三节　自我职业生涯管理与发展

 拓展资料6-3

施瓦辛格的职业生涯发展的管理与规划

四十多年前,一个10多岁的穷小子,身体非常瘦弱,却在日记里立志长大后做美国总统。如何能实现这样宏伟的抱负呢?经过思索,他拟定了一系列目标。

做美国总统首先要做美国州长,要竞选州长必须得到雄厚的财团后盾的支持,要获得财团的支持就一定得融入财团,要融入财团最好娶一位豪门千金,要娶一位豪门千金必须成为名人,成为名人的快速方法就是做电影明星,做电影明星前得练好身体,练出阳刚之气。

按照这样的思路,他开始行动。某日,当他看到著名的体操运动联合会主席 Kurl Marnul 后,他相信练健美是强身健体的好点子。他开始刻苦而持之以恒地练习健美,他渴望成为世界上最结实的壮汉。三年后,借着发达的肌肉,一身似雕塑的体魄,在以后的几年中,他囊括了各种世界级的"健美先生"称号。

22岁时,他踏入了美国好莱坞。在好莱坞,他花费了十年时间,利用自身优势,刻意打造坚强不屈、百折不挠的硬汉形象。终于,他在演艺界声名鹊起。当他的电影事业如日中天时,女友的家庭在他们相恋九年后,也终于接纳了这位"黑脸庄稼人"。他的女友就是赫赫有名的肯尼迪总统的外甥女。

2003年,年逾56岁的他,告别影坛,转而从政,成功竞选为美国加州州长。他的下一个目标就是美国总统。

他就是阿诺德·施瓦辛格。他的经历告诉我们：科学规划，行动有力，就能成功。

从这个职业规划案例可以看出：职业规划制订得越早、步骤越详细，越能早日实现自己的梦想。不管这个目标多么艰难、自己的现实和理想之间相差多远，只要自己有恒心，有切实可行的细致的计划，并一步一个脚印踏踏实实地去完成，就一定能实现自己远大的理想！

（资料来源：根据互联网信息整理。）

以上的案例，从教学的角度是毋庸置疑的。但是我们从实际出发想一下十几岁的毛头小子当时会有如此详尽的一套计划吗？从可令人信服的角度去分析，其实更多的可能是，施瓦辛格是在其人生的职业发展道路上，不断地根据经历做着职业生涯规划的管理与调整，才有了之后的每一步成功。

一、生涯管理

自我职业生涯管理也称个人职业生涯管理，是以实现个人发展的成就最大化为目的的，通过对个人兴趣、能力和个人发展目标的有效管理实现个人的发展愿望，即在组织环境下，由员工自己主动实施的、用于提升个人竞争力的一系列方法和措施。自我职业生涯管理的重要性，对于个人来说，关系到个人的生存质量和发展机会；对于组织来说，关系到保持员工的竞争力。

（一）阶段

1. 成长阶段

成长阶段大体上可以界定在从一个人出生到14岁这一年龄段上。在这一阶段，个人通过对家庭成员、朋友和老师的认同以及与他们之间的相互作用，逐渐建立起了自我的概念。

2. 探索阶段

15~24岁这一阶段，每一个人将认真地探索各种可能的职业选择。他们试图将自己的职业选择与他们对职业的了解，以及通过学校教育、休闲活动和个人工作等途径所获得的个人兴趣和能力匹配起来。处于这一阶段的人，还必须根据来自各种职业选择的可靠信息来做出相应的教育决策。

3. 确立阶段

25~44岁属于这一职业生涯的前期阶段，这一年龄段是大多数人工作生命周期中的核心部分。人们通常愿意（尤其是在专业领域）早早地就将自己锁定在某一已经选定的职业上，然而，在大多数情况下，处于这一阶段的人们仍然在不断地尝试与自己最初的职业选择所不同的各种能力和理想。通常情况下，在这一阶段的人们第一次不得不面对一个艰难的抉择，即判定自己到底需要什么，什么目标是可以达到的，以及为了达到这一目标自己需要做出多大的牺牲和努力。

维持阶段(45~55岁)是这一职业生涯的后期阶段,人们一般都已经在自己的工作领域中为自己创立了一席之地,因而他们的大多数精力主要就放在保持现状和拥有这一位置上了。

4. 下降阶段

55岁以上这一阶段,人的健康状况和工作能力都在逐步衰退,职业生涯接近尾声。许多人都不得不面临这样一种前景:接受权力和责任减少的现实,学会接受一种新角色,学会成为年轻人的良师益友。这一阶段每个人都不可避免地要面对退休,这时,人们所面临的选择就是如何去打发原来用在工作上的时间。

(二)路径

职业路径是指组织为内部员工设计的自我认知、成长和晋升的管理方案。职业路径在帮员工了解自我的同时,使组织掌握员工职业需要,以便排除障碍,帮助员工满足需要。另外,职业路径通过帮助员工胜任工作,确立组织内晋升的不同条件和程序,对员工职业发展施加影响,使员工的职业目标和计划有利于满足组织的需要。职业路径设计指明了组织内员工可能的发展方向及发展机会,组织内每一个员工可能沿着本组织的发展路径变换工作岗位。良好的职业路径设计一方面有利于组织吸收并留住最优秀的员工,另一方面能激发员工的工作兴趣,挖掘员工的工作潜能。因此,职业路径的设计对组织来讲十分重要。下面主要介绍四种职业路径设计方式,即传统职业路径、行为职业路径、横向技术路径及双重职业路径。

1. 传统职业路径

所谓传统职业路径,是一种基于过去组织内员工的实际发展道路而制订出的一种发展模式。

2. 行为职业路径

行为职业路径是一种建立在对各个工作岗位上的行为需求分析基础上的职业发展路径设计。

3. 横向技术路径

横向技术路径即组织常采取横向调动来使工作具有多样性,使员工焕发新的活力、迎接新的挑战。虽然没有加薪或晋升,但员工可以增加自己对组织的价值,也使他们自己获得了新生。

4. 双重职业路径

双重职业路径主要是用来解决某些人在某一领域中具有专业技能,既不期望在自己的业务领域内长期从事专业工作,又不希望随着职业的发展而离开自己的专业领域的困惑。

(三)趋向

1. 实际性向

具有这种性向的人会被吸引去从事那些包含着体力活动并且需要一定的技巧、力量和协调才能承担的职业。这些职业的例子有森林工人、耕作工人及农场主等。

2. 调研性向

具有这种性向的人会被吸引去从事那些包含着较多认识活动(思考、组织、理解等)的职业,而不是那些主要以感知活动(感觉、反应或人际沟通、情感等)为主要内容的职业。这种职业的例子有生物学家、化学家及大学教授等。

3. 社会性向

具有这种性向的人会被吸引去从事那些包含大量人际交往内容的职业,而不是那些包含着大量智力活动或体力活动的职业。这种职业的例子有诊所的心理医生、外交工作者及社会工作者等。

4. 常规性向

具有这种性向的人会被吸引去从事那些包含大量结构性的且规律较为固定的活动的职业。在这些职业中,雇员个人的需要往往要服从于组织的需要。这种职业的例子有会计、银行职员等。

5. 企业性向

具有这种性向的人会被吸引去从事那些包含大量以影响他人为目的语言活动的职业。这种职业的例子有管理人员、律师及公共关系管理者等。

6. 艺术性向

具有这种性向的人会被吸引去从事那些包含大量的自我表现、艺术创造、情感表达以及个性化活动的职业。这种职业的例子有艺术家、广告制作者等。

二、生涯发展

大学生职业生涯发展的核心就是要学会根据个人需要和现实变化,不断调整职业发展目标与计划。

职场上常说,计划赶不上变化。对于自己碰到的问题和环境,需要及时调整发展规划,一成不变的发展计划有时形同虚设。

根据职业方向选择一个对自己有利的职业和得以实现自我价值的单位,是每个大学生的良好愿望，也是他们实现自我的基础，但这一步的迈出要相当慎重。就人生第一个职业而言，它往往不仅是一份单纯的工作，更重要的是它会初步使你了解职业、认识社会，一定意义上它是你的职业启蒙老师。最后，提醒同学们，人生成功的秘密在于机会来临时，你已经准备好了！机遇对于任何人来说都是平等的，千万别在机遇面前说抱歉。

在职场当中，常会遇到以下两种情形：一种是自然顺势的发展，就是当职业符合自己的个人意愿时，在完成职业的要求中熟能生巧，自然而然地也就达到一个更高的境界。比如一个爱好写作的人应聘到一家报社做记者，时间一长，顺理成章地就成了一名作家，甚至是较有影响力的作家。另一种则是人为努力的发展，就是当职业虽并不符合自己的个人意愿但无法改行时，在履职过程中渐渐培养起对现行职业的热爱，由此积累经验，竟然获得了意外的成功。比如一个爱好写作的人被录用到一家企业搞营销，一开始很不适应，但却无法改行，只好慢慢地去适应、习惯，居然渐渐地对营销产生了浓厚的兴趣，终于成为一代营销大师。

因为时代在不断地发展进步，职场在变化，社会需求在变化，我们自身素质与能力也在变化，所以生涯的规划也在随之而调整。作为现代大学生一定要学会与时俱进，才能跟得上时代的步伐，不断地进步与发展。

 拓展资料6-4

张艺谋的职业生涯规划

经过奥运开闭幕式的洗礼，张艺谋已经成为中国电影的一面旗帜。不仅是张艺谋导演拍摄的电影好看，而且他的职业发展历程也值得同学们借鉴。

解剖：张艺谋的发展历程

"前半生"——从农民到摄影师和演员。

1968年初中毕业后，张艺谋在陕西乾县农村插队劳动，后在陕西咸阳国棉八厂当工人。1978年入北京电影学院摄影系学习。1982年毕业后任广西电影制片厂摄影师。1984年作为摄影师拍摄了影片《黄土地》，崭露头角。1987年主演影片《老井》，颇受好评。

"后半生"——从《红高粱》到奥运会开、闭幕式总导演。

1987年，张艺谋导演的一部《红高粱》，以浓烈的色彩、豪放的风格，颂扬中华民族昂扬奋进的民族精神，融叙事与抒情、写实与写意于一炉，发挥了电影语言的独特魅力，广获赞誉。正是这部电影，让张艺谋成功地实现了从演员到导演的转型，并以一个成功导演的角色进入公众视野，奠定了张艺谋成功导演的地位。

从此，张艺谋导演便一发不可收拾，在经过一段艺术片的成功后，他又转向了商业大片，《英雄》《十面埋伏》《满城尽带黄金甲》等一部部商业大片的红火为他带来了巨大的声誉，并最终带他走到了中国电影旗帜的位置。

2008年北京奥运会，张艺谋又以其独特的大手笔，面向全世界展示了一部绝对中国的完美"大片"，也使得张艺谋站上了生涯的巅峰。

揭秘:张艺谋的成功轨迹

插队劳动的农民—工人—学生—摄影师—演员—导演,一次次巨大的职业跳跃和转型才最终造就了一个成功的导演。让我们共同来探析张艺谋导演的职业规划过程。

1. 职业准备期

特殊的历史环境,使得年轻时的张艺谋未能上高中就插队当了农民和工人,很多人像他一样没有选择,但能像他一样坚持自己梦想的却不多。终于,在1978年。张艺谋以27岁的"高龄"去学习自己钟爱的摄影,为自己未来的转型进行积累。

2. 职业转型期

重新进入课堂学习后,张艺谋老老实实地做起了摄影,虽然他的志向是导演,但他显然十分清楚自己要做什么。这个时候的他仍在学习,不是在课堂上,而是在实践中学习。

3. 职业冲刺期

在《黄土地》获奖后,张艺谋有两个选择:继续作为一个已经很成功的摄影师或者转型开始做导演。然而,意料之外,他却做了另外的选择——做一名演员!并且也获得了一定的成功。不过也可以说,这实在是最明智的选择。要做导演,特别是要想成为较有建树的导演的话,当然最好能亲身体验过做演员的感受,才能在拍片的时候和演员们足够契合。

4. 职业发展期

《红高粱》成功以后,张艺谋拍了一段时间的文艺片,在全国大众都熟悉了他的名字后,张艺谋敏锐地捕捉到了商业片的市场价值,并与中国电影市场的需求相契合,于是他转向商业大片,开始了自己的大片之旅,并一直延续到现在。尤其是借助2008年北京奥运会开幕式的无形宣传,张艺谋导演蜚声海内外,风头无人能及。

思考:如何进行成功的职业生涯管理?

张艺谋导演的成长历程告诉我们,清晰的职业规划是成功的基础,随时调整与修正的职业生涯管理是核心。同学们有更好的学习环境,也有更好的成才条件,应该抓住机遇,合理规划职业发展,同时随着各种状况的出现做好职业生涯的管理,方能获得职业生涯的成功。

(资料来源:根据互联网信息整理。)

 复习思考

学会通过在学校的实践来验证自我生涯规划,并及时做出反馈与调整。

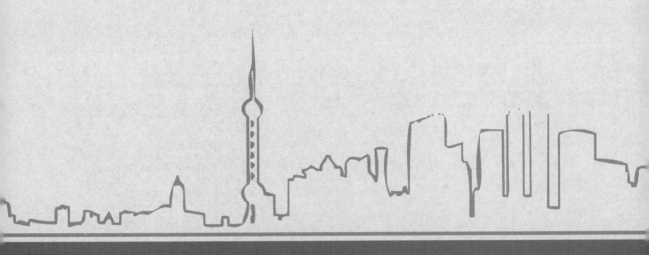

就业发展与指导篇

JIUYE
FAZHAN
YU
ZHIDAOPIAN

第七章 职业认知与职业要求

第一节 职业与职业认知

一、职业

(一)职业的定义

根据中国职业规划师协会的定义:"职业 = 职能 × 行业",这样才能算是一个完整的职业。根据中华人民共和国民政部职业技能鉴定指导中心的定义,职业是参与社会分工,利用专门的知识和技能,为社会创造物质财富和精神财富,获取合理报酬作为物质生活来源,并满足精神需求的工作。职业的含义主要由以下四个方面构成:第一,与人类的需求和职业结构相关,强调社会分工;第二,与职业的内在属性相关,强调利用专门的知识和技能;第三,与社会伦理相关,强调创造物质财富和精神财富,获得合理报酬;第四,与个人生活相关,强调物质生活来源,并涉及满足精神生活。

(二)职业的要素

职业主要由以下五个要素构成。
(1)职业名称:职业的符号特征,一般是以社会通用称谓来命名的。
(2)职业主体:指从事一定社会分工活动,具有承担该职业活动所需要的资格和能力的劳动者。
(3)职业客体:指职业活动的工作对象、内容、劳动方式和场所等。
(4)职业报酬:指通过职业活动所获得的各种报酬。
(5)职业技术:指劳动者在从事职业活动中所运用的自然技术、社会技术与思维技术的总和。它体现在人们从事职业活动时所使用的工具、材料、工艺方法的发展和应用,也包括尚未形成系统的经验。

（三）职业的特征

1. 职业具有合作属性

职业是人类在劳动过程中的分工现象，它体现职业者与劳动资料之间的关系，也体现出职业者之间的关系。其中劳动产品的交换体现的是不同职业之间的劳动交换关系，这种劳动过程中结成的人与人的关系就是合作，并且随着时代的发展，职业已不再是过去那样通过单一个体开展，更多的是通过合作的关系开展。

2. 职业具有利益属性

职业是人们赖以谋生的劳动过程，具有逐利性的一面。职业活动中既满足职业者自己的需要，也满足社会的需要，只有当把职业的个人利益与社会利益结合起来，职业活动及其职业生涯才会更有意义。

3. 职业具有竞争属性

随着经济的发展和时代的进步，职业越来越丰富多样，劳动者的数量也在急剧攀升，在出现合作的关系的同时，竞争的关系也必然会产生。并且随着行业的增加，许多职能重叠的行业也在出现，各行业之间除了协作，也产生了竞争的关系。

4. 职业具有规范属性

职业的规范性应该包含两层含义：一是指职业内部的操作规范性，二是指职业道德的规范性。不同的职业在其劳动过程中都有一定的操作规范性，这是保证职业活动的专业性要求。当不同职业在对外展现其服务时，还存在一个伦理范畴的规范性，即职业道德。这两种规范性构成了职业规范的内涵与外延。

5. 职业具有时代（学习）属性

职业的时代性指职业由于经济的发展、时代的变化、人们生活方式等因素的变化而必然导致了职业要随着各种因素的变化而变化，职业不会一成不变，六十年代的职业不会和九十年代依然相同。所以职业具有强烈的时代属性。

（四）职业兴趣

职业兴趣是一个人对待工作的态度和对工作的适应能力，表现为有从事相关工作的愿望和兴趣，拥有职业兴趣将增加个人的工作满意度、职业稳定性和职业成就感。

1. 个人需要和个性

无论一个人的兴趣是什么，都是以需要为前提和基础的，人们需要什么也就自然会对什么产生兴趣。人们的需要包括生理需要和社会需要或物质需要和精神需要，因此人的兴趣也同样表现在这两个方面。人的生理需要或物质需要一般来说是暂时的，容易满足。例如，人对某一种食物、衣服感兴趣，吃饱了、穿上了也就满足了。而人的社会需要或精神需要却是持久的、稳定的、不断增长的。例如，人际交往、对文学和艺术的兴趣、对社会生活的参与则是长期的、终生的，并且是不断追求的。兴趣是在需要的基础上产生的，也是在需要的基础上发展的。

有的人兴趣和爱好的品位比较高，有的人兴趣和爱好的品位比较低，兴趣和爱好品位会受一个人的个性特征的影响。

2. 个人认识和情感

兴趣不足是和个人的认识与情感密切联系的，如果一个人对某项事物没有认识，也就不会产生情感，因此也不会对它产生兴趣。同样，如果一个人缺乏某种职业知识，或者根本不了解这种职业，那么他就不可能对这种职业感兴趣，在职业规划时也想不到。相反，认识越深刻，情感越丰富，兴趣也就越深厚。

例如，有的人对集邮很入迷，认为集邮既可收藏，又能观赏，既能丰富知识，又能陶冶情操，而且收藏得越多、越丰富，集邮者就越投入、越情感专注、越有兴趣，于是集邮就会发展成为一种爱好，并有可能成为他的职业生涯。

3. 家庭环境

家庭作为最基本的社会单元，对每个人的心理发展都起着很重要的影响，因此每个人的职业心理发展也都具有很强的社会化特征，家庭环境的熏陶对其职业兴趣的形成具有十分明显的导向作用。大多数人从幼年起就在家庭的环境中感受其父母的职业活动，随着年龄的增长，逐步形成自己对职业价值的认识，使得个人在选择职业时，不可避免地带有家庭教育的印迹。家庭因素对职业取向的影响，主要体现在择业趋同性与协商性等方面。

一般情况下，个人对于家庭成员特别是长辈的职业比较熟悉，在职业规划和职业选择上产生一定的趋同性影响，同时受家庭群体职业活动的影响，个人的生涯决策或多或少产生于家庭成员共同协商的基础上。兴趣有时也受遗传的影响，父母的兴趣也会对孩子有直接的影响。

4. 受教育程度

个人自身接受教育的程度是影响其职业兴趣的重要因素。任何一种社会职业从客观上对从业人员都有知识与技能等方面的要求，而个人的知识与技能水平的高低在很大程度上取决于其受教育的程度。一般意义上，个人学历层次越高，接受职业培训范围越广，其职业取向领域就越宽。

5. 社会因素

社会舆论对个人职业兴趣的影响主要体现在政府政策导向、传统文化、社会时尚等方面。政府就业政策的宣传是主导的影响因素，传统的就业观念和就业模式也往往制约个人的职业选择，而社会时尚职业则始终是个人特别是青年人追求的目标。如当前计算机技术和旅游事业都得到较大发展,对这两个职业有兴趣的人也增加得很快。另一方面,兴趣和爱好是受社会性制约的,不同的环境下、不同的职业、不同的文化层次的人,其兴趣和爱好都不一样。

6. 职业需求

职业需求是一定时期内用人单位可提供的不同职业岗位对从业人员的总需求量,它是影响个人职业兴趣的客观因素。职业需求越多、类别越广,个人选择职业的余地就越大。职业需求对个人的职业兴趣具有一定的导向性,在一定条件下,它可强化个人的职业选择,或抑制个人不切实际的职业取向,也可引导个人产生新的职业取向。

二、职业发展认知

(一)职业的变化

1. 职业种类越来越多

随着社会分工的发展和职业的分化,职业已远远超过"三百六十行",据有关资料介绍,大约在20世纪70年代,全世界的职业种类就已超过42 000种,目前数量只会更多,不会更少。

2. 行业变化越来越快

从大力发展纺织业,到钢铁、汽车和建筑业的产值超过纺织业的,再到现今的互联网行业、电商行业的兴盛等。在过去,一个行业革命需要数千年、数百年,而现在的变化也许只需要几年的时间。时代在进步,行业也在变化。

3. 第三产业在兴起

第三产业是伴随现代工业社会的发展而崛起的一类新兴行业,它包括交通运输业、邮电通信业、商业、服务业、金融保险业、医疗业、教育业等。分布在第三产业中的职位的比重在不断增加。社会生产力的提高解放了劳动力,人们越来越多地需要社会服务行业为他们排忧解难、提供方便。第三产业的劳动人数将迅速增加,提供各种各样服务项目的社会服务业将迅速发展壮大,不仅能产生大量新职业,而且是吸纳社会劳动力的主要渠道。

4. 职业逐渐智能化

从工业革命以来,科技一直在发展进步,近几年又飞速发展,智能化时代已来临,劳动效率提高,对劳动者的技能要求降低,在逐渐匹配智能化时代的需求。

5. 岗位要求复合化

从目前的就业市场上看,职业岗位的要求和劳动方式都在逐步由简单的单一技能型需求向复合型人才转化。过去单一技能就可以匹配的职位,现在往往需要更多相关专业的知识和技能,所以也需要更多跨专业、复合型人才。

6. 人才类型在变化

一直以来人才类型由学术型、工程型、技术型、技能型组成,但随着经济的发展、高科技的进步、人力市场的饱和,许多原有的人才结构已产生变化,有些类型或许在逐渐减少,有些类型或许在被替代。

(二)职场紧缺人才

1. 产业分类

随着我国经济与社会的发展,今后我国对人才的需求将有较大的变化。从技术和产业发展的角度来说,今后几年我国将大力发展六大技术领域:生物技术、信息技术、新材料技术、新能源技术、空间技术、海洋技术。这六大技术可形成九大高科技产业:生物工程、生物医药、光电子信息、智能机械、软件、超导体、太阳能、空间和海洋产业。

2. 行业分类

2011年《神州学人》周刊刊出中国在未来发展中供不应求的九种人才,引起了应届毕业生的关注。现摘要今后供不应求的九种人才。

1)信息类人才

此类人才将备受青睐,因为谁抢先掌握最新信息,谁就掌握市场的主动权。

2)文秘专业和精通谈判的人才

随着市场的开放,各种各样的商务活动更加频繁,需要大批谈判人员和文秘人员。

3)精通外语又学有专长的管理人才

与国际接轨的贸易经济中,迫切需要的是精通两门以上外语,又具有一定管理经验的人士。

4)律师和注册会计师

熟悉国际法通则的律师和注册会计师将扮演举足轻重的角色,通晓国内外法律和会计规则的人才将备受关注。

5)物业管理人员

政府管理的职能将集中体现在国计民生的行业,而诸如房地产管理、社区管理的重任将逐步落在物业管理人员的肩头。

6)心理医生

生活节奏加快、市场竞争、人才竞争使人们的心理压力大增,心理疾病增加,所以需要大批心理医生。

7)金融保险业的从业人员

金融保险业将更加步入正轨,从业人员在人们心目中的面貌将会变成"人见人爱"。

8)教育工作者

加入世界贸易组织后,中国每年将有数千万人重新就业,在岗在职人员也需要知识的更新,教师的地位将大幅度提高,教师将成为热门职位。

9)导游

大量的外宾、外商涌入中国,大批的国人出境考察、旅游,因此导游将是人们争夺的对象。

3. 政策分类

国家六部委发文要求加强国家重点领域紧缺人才培养。据教育部官方网站消息,教育部、国家发改委、财政部、人力资源和社会保障部、科技部、国资委六部委就今后一段时期加强国家重点领域紧缺人才培养工作提出意见。

意见指出,根据《国家中长期科学和技术发展规划纲要(2006—2020年)》精神及优先支持行业分析,我国未来一个时期的主导职业包括:会计、计算机、软件开发、环保、健康与保健医药、咨询服务、保险、法律、老年医学、家庭护理服务、公共关系、市场营销、生命科学、旅游管理、人力资源等。

(三)职业发展认知的影响

职业的迅速发展,对大学生就业产生了许多方面的影响,大学生在求职择业和进行就业准备时,要认真研究职业发展的趋势。

1. 新职业种类大量出现,扩大大学生择业范围

大学生在择业中首先要考虑的便是"专业对口",但由于职业发展加快,新职业种类不断增加,所谓和专业"对口"的职业种类当然也会相应增多。这就要求大学生在择业时应当解放思想,开阔视野,跳出过往传统职业种类的狭小范围。

2. 同一职业或职位对就业者的要求不断提高

对于某些职业来说,仅有学历文凭还不具有就业资格,还需要有关实践经验、经相关的职业素质和职业资格认证后获得的资格证书,如律师、环评工程师等职业。

3. 人才的流动拥有更多便利条件

大学生毕业后的首次就业不再意味着选择了终生不变的职业,随着各种条件的变化,已就业的大学生也可能面临第二次、第三次的择业,所以大学生就业时应从发展的角度看待自己的初次就业。

三、职业认知途径

对于还没有走上工作岗位的在校大学生来说,要深刻认知相关的职业并了解相关职业信息有一定的困难,必须尽可能地利用各种渠道、手段来收集相关职业的信息,认知职业世界。其主要途径有以下八种。

(一)社会实践、实习活动

俗话说"纸上得来终觉浅",亲身体验是了解有关职业情况的最佳途径,但这种途径却不是那么容易获得的。因为实习机会的取得往往也是一个双向取得的过程,多数企业不愿意也无义务承担大学生的培养工作,因而一般会问"你会做什么"。没有工作经验的大学生自然就很难找到满意的工作岗位。进入与自己职业意向相关的企业从事哪怕是打杂的工作,认真观察、体会职业情况,这样的机会也是很宝贵的。所以,大学生在寒暑假的社会实践、毕业实习时应当尽可能选择符合自己职业方向的工作,这不仅能将自己所学的专业知识直接用于管理、生产和其他社会服务,还可以更为直接地了解这些企业的用工情况及职业的素质要求,从中找出自己的差距,在校期间有效地利用学校的学习资源加以弥补,提高自己的职业素养。

(二)生涯人物访谈

要了解职业社会,对职场成功人士进行一些访谈也是很好的途径和方法。生涯人物访谈是指找到你所感兴趣的职业中的成功人士进行结构式的访谈。比如你喜欢在IT行业从事营销工作,你就得想办法找一位在IT公司从事市场营销工作的人员(可以是你的师兄、师姐或者你的朋友等)进行采访,了解IT营销岗位的岗位职责,以及从业任职能力、素质要求。

采访要尽可能找到从业领域中有3年以上工作经验的人士,这样效果会更好,一般采访的内容要涉及职业的历史问题、职业的现状问题、职业的未来问题。

采访的技巧也可以使用滚雪球的访谈拓展方式,通过认识的人,再推荐其他相关人物,依此不断连续滚动下去;要尽可能选择面谈,因为电话、在线等方式很难感受到当事人的真实情感状态;访谈最好不要一次完成,可以拉长次数进行,以便于和当事人建立更加密切的关系。切记不要带着功利性的心理与当事人接触,而要以学习、交朋友的姿态作为出发点。生涯人物访谈的目的是收集使你能够做出明智职业生涯决策的信息,不要利用生涯人物访谈来找工作或开展职业面试,这样不但会使你感到尴尬,也会使受访者反感。

通过生涯人物访谈还可以结识一些职业人士,这样可以大大丰富毕业时从学校到职场的过渡。可以认为,通过生涯人物访谈可以使大学生拥有更丰富的职场信息、信心与可能的资源。

(三)计算机辅助职业指导系统

通过互联网强大的搜索功能可以获取大量有益的资料,这是信息时代搜索信息的一种高效、快捷、便利的途径。而且随着人才市场化、信息化运作进程不断加快,网络的普及程度不断提高,网上求职、网上招聘已经成为一种常见模式。

(四)亲朋好友、家人及其他社会关系

个人的接触面总是有限的,扩宽社交范围可以得到需要的、有价值的信息。亲朋好友、家人及其他社会关系是最直接的社交范围。这些人分布在社会的各个领域、各条战线,通过他们了解和收集的社会需求信息,针对性更强,信息量更大,可信度更高。有的大学生还要依靠亲朋好友来推荐工作,这时亲朋好友对有关职业信息的介绍就会更有针对性与实用性。大学生应该积极主动地去了解这些信息,尤其是有关职业素质要求方面的内容。

(五)新闻传播媒体

广播电台、电视台、报纸、杂志等媒体具有速度快、传播面广、信息及时等特点,是大学生获得职业信息的重要渠道。各用人单位和组织也都希望通过媒体来介绍企业现状、发展前景及人才需求信息。新闻传播媒体因而成为巨大的信息源。报纸、杂志、广播电台开办的人才专栏有时也会发布关于社会职业情况(如职业薪酬、声望、需求、流动性)的调查报告或较为全面深入的分析文章;一些招聘广告在提供职位需求信息的同时,还包含着大量相关职业信息。

(六)职业介绍机构、毕业生就业市场

一般来说,毕业生就业市场的信息是比较靠谱的,且信息量大,专业对口性也比较强,毕业生在就业市场上还可以与用人单位直接洽谈,相互了解,毕业生从而可以掌握相关职业信息。

(七)校内就业主管部门

现在,各高校都专门设立了从事职业生涯辅导或毕业生就业工作的各级服务与管理机构,如职业生涯辅导中心、毕业生就业指导中心、就业工作处或办公室等,其准确性、权威性、可信度非一般就业渠道可比,而且通过这个渠道所获取的信息及时,专业对口性强,因而求职成功率高。尤其是院系一级的学生就业指导机构,熟悉与专业相关的职业的一般情况,更与不少已毕业的校友有直接的联系,与一些相关企事业单位的成功人士也会有一些联系,可以通过这些人士了解职业发展的情况。

（八）各类书籍等出版物

这类信息来源范围非常广,包括一般出版物、视听资料及教育材料。

1. 一般出版物

一般出版物主要包括书籍、期刊、报纸等,有一些人因此而认为就业信息是枯燥无味的。实际上,媒体能够使一个职业变得有魔力,使之对读者和观众更加具有吸引力。

有许多自传是关于名人的职业生涯的,如著名的艺术家、政治家和科学家。当然,名人并不是大多数工作者的真正代表。许多书也对家庭主妇、农民、教师、社会工作者、环境保护者、渔夫、护士、煤矿工人、摄影家及宗教工作者进行了描写。比如《医生的一天》就是一本非常好的书,让人们了解做医生的辛苦。又如《达尔文传》可以让人们看到一个博物学家的生涯历程,《曹禺传》可以让人们看到一个戏剧家的生涯。

2. 视听材料

视听材料主要包括电影、录像带、幻灯片及类似材料,一般学校都会经常请自己的知名校友来做生涯讲座。这些讲座的相关录像,一般学校都会保存。另外,一些流行的电影也会经常用各种方式展示职业人,从而帮助人们了解职业的状态,如大家对心理学家的了解很多都是通过影视媒体获得的。比如《在云端》精彩地展示了一个离职辅导人员的工作内容与心路体验,《美丽心灵》很好地展示了诺贝尔经济学奖获得者约翰·纳什的生涯历程等。

3. 教育材料

教育材料主要包括工具书。官方的教育材料是指由中华人民共和国人力资源和社会保障部、国家质量监督检验检疫总局、国家统计局出版的《中华人民共和国职业分类大典》。该工具书是1999年正式颁布的,2010年逐步启动了关于各个行业的修订工作,2015年颁布了新修订的版本。该工具书是当前系统化的职业信息研究成果,也是与就业相关的各项计划和统计工作的基础。

国外在完善职业信息方面,已经有非常完备的体系。大部分发达国家都有本国的职业分类系统或职业信息资料库,如美国、加拿大、澳大利亚、新西兰、日本等。国外的经验可以对构建"中国特色的职业信息系统"起到参考作用。

 课堂互动

以3~5人为一个小组讨论,每人发表自己对职业的了解,然后整合出一份小组的完整心得,并派一名小组代表进行分享。

 复习思考

我对职业了解吗?我对职业的了解完整吗?按照书中所列举的几种方式,让自己去了解自己感兴趣的职业的基本情况。

第二节 职业适应与转换

大学生完成学业之后,开始步入社会,选择适合自己的职业,这无疑标志着他们一个新的人生阶段的开始,是他们人生过程中非常重要的转折。一个年轻学生从学校进入社会,期间必然要经历一个社会角色转变的过程,因此适应难度相对较大,磨合期较长。大学毕业生如何顺利完成从学生角色到职业角色的转换,并尽可能地缩短这个转变的过程,是适应职业环境的一个关键。每一个即将就业的青年学生都应该对这种社会角色和环境的转变有一个清楚的认识,积极适应职业角色和职业环境,尽快适应社会。

一、职业适应的定义

从实践看,任何人都不可能胜任社会中所有的职业,也不是任何人通过职业培训后,就一定能完全适应新职业的要求。人们对职业的适应程度主要包括两个方面:一方面是指因人的个性特征不同而对所从事职业的适应程度,另一方面是指某一类型的执业活动的特点对人的个性特征及其发展的影响。

职业适应,也称工作适应,是指人在职业活动中,对工作提出各种问题时的一系列心理过程。主要是指个体对工作环境、工作任务、工作活动的适应,以及对自身行为和新的工作需要的适应。人们在与职业相适应的过程中,居于主体地位并发挥主导作用。同时,职业也以其不断变化着的工种、技能等,要求人与之相适应、相符合。人与职业之间,既存在相适应的方面,又存在不相适应的方面,两者之间只能在不断磨合的过程中达到和谐与统一。同时,人的个性特征与职业活动之间又是相互作用、相互联系的,离开了人的主观能动性,再好的职业人们也难以适应。因此,在实践中培养和强化与职业活动相适应的个性特征在当前择优上岗的竞争中是十分重要的。

二、职业适应的影响因素

有专家研究认为,大学毕业生的职业试用期为三年。人们可以适应某职业,但内心不一定认同该职业,可能对其评价很低,甚至低于社会评价的一般水平。据调查,刚参加工作时,有70%以上的大学生认为自己"完全适应"或"基本适应"工作需要,有20%多的大学生则认为"基本不适应"或"完全不适应"工作需要。其实,职业与人的生存和发展的物质条件密切相关,与人对社会的贡献密切相关,也与自我价值实现密切相关。影响职业适应的因素也随新时期大学生择业价值取向而凸显出来。影响职业适应的因素主要包括以下几个方面。

（一）职业期望

大学毕业生的职业理想在很大程度上受到利益取向的制约,这种趋势首先和大学生在市场经济条件下的逐步现实化有关,是我国由计划经济向社会主义市场经济转轨的反映,也是社会进步的表现。大多数的大学生经过了十几年的寒窗苦读,急于展示自己的才华,以期能更好地回报家人和社会,因而他们对未来职业有很高的期望。

（二）职业心态

大学毕业生在职业生活中已摒弃了"铁饭碗"的旧观念,而转向对实现自身价值的追求。大多数人希望专业对口,在事业上有所作为。在具体生活中,他们对职业的考虑是多方面的,这是职业心态务实化的一个表现,即大学生在择业时既追求精神上的满足感和事业上的成就感,又希望在物质上有足够的保障。

（三）职业风险

工作安定性反映出当代大学生既渴望参与竞争,又期望"饭碗"稳定,这样一种矛盾的心态。刚毕业的大学生蕴含着一股敢闯敢做的拼劲,这是就业、创业所需要的,对于他们的能力和意志都是一种锻炼,具有积极意义。但同时也可以看出,他们愿意承担这种风险是有条件的,如果达不到这一条件,那么他们就会对工作的环境和职业的性质等比较在乎。

（四）职业待遇

目前大学生普遍比较看重经济待遇,关注生存条件,这已经成为相当一部分大学生职业适应的关键因素。刚刚毕业,在物质上几乎一无所有,一旦进入社会就面临着生存的问题,生存问题解决以后,才谈得上发展。当今社会是开放的社会、流动的社会,而较高的经济水平既是职业流动的物质保障,又是向高一层次的职业流动的筹码。当然,这也与社会压力有关,这种压力主要来自社会、家庭对他们较高的期望。

（五）职业声望

时代的发展使人们已经改变了"一锤定终身"的观念,由于种种原因,大学生很可能不会一下子就找到最适合自己的职业,但他们往往倾向于选择相对稳定、声望较高的职业,这说明大学生职业价值观中还存留着传统观念的痕迹,是我国社会仍处于转型时期的反映。他们特别关注职业性质及前途,有较强的竞争意识和自主性,希望职业符合个人兴趣爱好,关心职业声望和职业报酬。特别是重点大学及经济发达地区的大学生更是如此。

（六）自我价值

随着社会对"以人为本"价值观的进一步认同,大学毕业生也越来越注重自我价值的实现和个人前途的发展,出现了价值的多元化,形成了个人价值并非一定要由经济待遇来体现的观念。对大学生来说,选择适当的职业是他们跨入社会、走向成功、实现价值的重要一步。

（七）人际关系

在强调团队协作精神的今天,和谐的人际环境对职业适应举足轻重。有些大学生虽然能力很强,但因为与领导、同事相处不好而陷入困境,人际关系成为了他们职业适应的绊脚石。

除此之外,性格、就业准备程度也对职业适应产生影响。性格越外向,适应越快,越有助于个人在受挫折时积极调整好心态,从逆境中奋起,再创辉煌;就业准备越充分,在同等条件下,找到合适工作的机会就越多。大学期间社会实践活动的经历、兴趣爱好、工作单位领导的作风、工作效率等职业要素也影响着大学毕业生的职业适应。

三、角色认知与角色转换

（一）角色认知

人们通常把社会比作一个舞台,在这个舞台上,每个人都在扮演着自己的角色,客观地承担着社会角色。所谓社会角色,简单地说是一个人的身份,是指由人们所处的特定社会地位和身份所决定的一整套规范系列和行为模式,是人们对具有特定地位的人的行为的一种期望,是社会群体的基础,它随着社会实践的发展而不断更新。社会角色是社会赋予人的社会权利和义务,它反映了每个人在社会中的地位和在人际关系中的位置,代表了每个人的身份。每个人扮演的主要角色不同,是由其承担角色的主要任务决定的。例如,在就业前,青年人的主要社会角色常常是学生,因此社会常以对学生的要求来衡量和评价其行为,十几年的学生生涯也使得大学生对其承担的这一角色十分熟悉,但他们对社会职业人员的角色要求比较陌生。就业以后,青年学生的社会角色就相应地转变成了社会职业人员角色,社会也将以职业人员的行为规范和要求去衡量和评价他们。在这关键的转换时刻,大学生应该在认清学生角色和社会角色区别的基础上,主动强化角色转换的意识,以积极、理智的态度,顺利实现角色的转换。

(二)学生角色与职业角色的区别

1. 承担的责任不同

大学生是以学习、探索为主要任务的,在校园里不怕犯错误,什么事情你都可以去尝试,为了学习的尝试哪怕是错了,学校会原谅你。所以要是给大学生一个简单的角色定位,那就是你可以做错,你做错了不用承担过多的社会责任,因为大学生有天然的豁免权。作为大学生最快乐的事情就是有依靠,在学习方面可以依靠导师,有什么问题你都可以向他们请教;在生活上有什么困难可以依靠父母。总之,大学生在大学中基本没有负担。

成为一个职业人以后,应尽快地适应社会。首先必须学会服从领导和管理,迅速适应上级的管理风格;职业人如果在工作中犯了错误,是要承担成本和风险的责任,以及相应的社会责任的。实践表明,凡由大学生到职业人的社会角色转换比较快的人,则容易更早地获得单位的认可,能更快地寻找到新的起点,也就更容易享受到事业成功和生活幸福的喜悦。因此,大学毕业生应正确面对社会,正确处理工作与人际关系上的诸多矛盾,克服各种心理障碍,培养良好的适应能力,尽快适应工作环境,迈出成功的第一步。

2. 面对的环境不同

大学生在校园里有着寝室—教室—图书馆—食堂四点一线的简单而安静的生活方式,沉浸在单纯而简单的校园文化气氛中。但成为职业人,在紧张的职场上面临的社会环境是快速的生活节奏、紧张的工作和加班;没有了寒暑假,自由支配的时间少;还要适应不同地域的生活环境和习惯;由于缺乏实际工作经验,开始工作时往往不能得心应手;感觉工作压力显著增加,给心理造成很大的负担。

3. 人际关系不同

处理好人际关系是每一个大学毕业生走上社会后必须学会的课题。大学毕业生初出茅庐,人际交往比较单纯,社会上的人际关系相对于大学中的同学关系要复杂得多,使他们一时感觉不适应。事实上不同的环境对人的影响和要求也不同。

4. 面对的文化环境不同

作为学生,在大学里,学习时间可弹性安排,少许逃课没人管你,有较长的节假休息日,教学大纲提供清晰的学习任务;学术上多鼓励师生讨论甚至争论;布置作业或工作并规定时间完成;公平对待学生;以知识为导向;学习的过程,以抽象性与理论性为主要原则等。

但作为职业人,在单位里,规定上下班时间,不能迟到早退,经常加班加点,节假日很少,工作任务急又重;老板通常对讨论不感兴趣,多数老板比较独断;待职工不一定很公平;一切以经济利益为导向;要完成上司或老板交代的一件件具体的实实在在的工作任务等。

总之,大学生找工作难,找到工作后做好工作不容易,工作成果能让上司、老板满意更不容易。因此,大学生应充分认识大学生与职业人的根本区别,重视进入职场后的角色转换。

(三)角色转换与过程中存在的问题

大学生在选择与被选择的矛盾冲突过后,最终都选定了某一职业,这是人生的一大转折。接着是如何尽快适应这一转折,完成由学生到职业角色的转换,这一转换的成功与否直接影响着他们事业的成败。大学生在走向工作岗位之初对职业角色难免会有些不适应,从近年来社会反馈的信息来看,主要存在对学生角色依赖过重的心理、对职业角色的畏惧心理、一种眼高手低的自傲心态和一种消极退缩的自卑心理。

从学生时代过渡到获取工作报酬的工作状态,实际上就开始了一个人的职业生涯,是人在一生中一个新的阶段的开始。从学校毕业到走向工作岗位所需要的心理调整过程,这个顺利完成的过渡,将包含以下的角色转换。

1. 从宏大的"人生理想"向现实的"职业理想"转换

第一份工作对大学毕业生们的冲击是巨大的,从高高的象牙塔走下来的他们怀抱的是理想化的思维方式,是指点江山的做事方法。然而就业压力大,选择余地小,能够专业对口就已经很不容易了,让他们感到理想与现实之间的落差太大,一时难以接受。先前宏大的理想,在现实面前已经失去目标,失去动力,只感到实现理想是遥遥无期的事情。因此,情绪低落。当务之急需要把理想转化为职业目标,并制订出切实可行的方式、方法,去实现职业目标。搭起一座桥梁让自己从理想走入现实。实现职业目标有很多的途径,要结合自己的综合因素去选择一条最适合自己的途径,更快地实现职业目标,从而最终实现职业理想。从实现职业理想的角度看,我们所做的工作一定要与职业目标有密切的相关性,否则,所做的工作将不会对职业理想产生支持,那实现职业理想就会再次成为空想。

2. 从青苹果"学校人"到成熟"职业人"的转换

同样的实习经历,可以出现不同的出路和结局。关键是你自己的路怎么走,虽说自己做主,但也要先认识到究竟要在实习过程中获得什么,怎么才能把握实习机会为自己求职增加砝码?实习生一定要摆平心态,在做事方面,首先要建设的是自己的心态。一颗浮躁的心会带着你的眼睛在各个职位、各个企业之间来回游移,你会觉得这个工作你能做,那个你也能做,最后导致你连最简单的都做不好。从学校人转变成职业人的第一步,应对企业文化、业务流程、公司制度、仪态仪表、接人待物、为人处世等多个方面加以了解,知道企业需要的是什么人员,什么职位应该具备什么样的素质,如何能够更好地发挥自己的潜力。职业人最需要的就是敬业精神,职场新人要做的以日常性的事务工作居多,专业性的工作一般要经过企业的再培训之后才去做。要保持沉稳的心态,因为这是做好任何一份工作的关键。俗话说,"良好的开端是成功的一半"。你首先要学会适应,学会适应艰苦、紧张而又快节奏的基层生活。你缺少基层生活经历,可能不习惯一些制度、做法,这时,你千万不要用你的习惯去改变环境,而是要学会入乡随俗,适应新的环境。好高骛远、自命不凡,只能毁掉你的前程。要学习企业中那些卓越人才必备的八大基本素质:创新能力、学习能力、自信自立、自律、积极乐观、执着追求、责任感、合作开放。

3. 从单纯的处理问题方式向复杂的人际关系转换

初到一个公司,崭新的生活方式、陌生的社会环境、复杂的人际关系,都让他们感到不习惯。没有耐心去思考一些细节上的问题,因此,难以适应、四处碰壁。

在做人方面,首先要揭掉自我标签,低调做人。现代大学生的特点是张扬个性,彰显自我风格,追求与众不同。这种风气与氛围培养了不少"特别"的大学生。但工作岗位不是上演个人秀的舞台,因此,刚刚迈上工作岗位的大学生们一定要注意自我形象问题,做事一定要低调。少说多看,尽快熟悉人际关系,融入环境。锐气藏于胸,和气浮于脸,才气见于事,义气施于人。对上司先尊重后磨合,对同事多理解慎支持,对朋友善交际勤联络,复杂的人际关系是社会构成的一部分,亲和力越小,摩擦越大。一不小心,天时、地利、人和都离你而去。融入环境的手段之一是要学习基本的礼仪知识。职场有职场的规则,单纯的讲礼貌是不够的。身处其中,一言一行、一举一动都要符合职场规范。礼仪是构成形象的一个更广泛的概念,包括了语言、表情、行为、环境、习惯等,相信没有人愿意自己在社交场合上,因为失礼而成为众人关注的焦点,并因此给人们留下不良的印象。对大学生来说,礼仪是一门必修课,免得大学生在职场上碰了钉子才想着去补课。

4. 从系统的理论学习向多方位的实际应用转换

在学校里学习,都有系统的理论,一科连接一科,科科有现成的教科书,有教授讲解,有助教辅导。到了工作岗位,实际动手能力靠培养、练习,而且,实际应用是多角度、全方位的。没有人告诉你哪个该学和怎么学习,知识积累全靠自己探索。从而导致做了事却没有实现目标,甚至偏离了目标;或者不知从哪里入手,学些什么。

在应届毕业生进入公司的时候,企业都会对职场新人进行新员工入职培训,要多学多看,多虚心请教,才能积累工作经验。大学生缺乏实践经验就很难提到发展,公司的人都服有经验的人,大学生没有经验,则只能打下手,心理又不平衡。就会越搞越糟,使自己境地尴尬,甚至不懂装懂,让人笑话。以谦逊的态度去向别人请教,这并不是什么难事,放下架子,虚心请教,你会发现别人身上值得你学习的地方有很多,你自己身上也有值得别人学习的优点。虚心求教,进步很快,又能建立良好的人际关系,把自己很快融入到集体中去,既受益匪浅,又让人喜欢。

5. 从散漫的校园生活方式向紧张的工作模式转换

悠闲的校园生活方式被紧张的职场打拼所代替,使这些在家里备受呵护的独苗进入"断乳期",像是在奶奶、姥姥娇惯下自由淘气的孩子,一下被送到幼儿园,受到纪律、时间的约束,感到浑身不自在,迟到、请假成家常便饭,总想找个借口或编个理由请上一次假去外面玩一玩。每当新生力量进入单位,都会带来新的气息,同时也会带来一些新的问题。对于大多数刚刚走上工作岗位的毕业生来说,除了工作能力之外,还要有实干精神,懂得人际沟通。不但要完成好属于自己的每一项工作,还要做自己不愿做的事情。能否做好那些自己不愿意做的事情是一个人是否成熟的标志,也是一个人能否取得人生成功的主要因素。做好自己不愿做的事,学会妥协,向职场妥协,向现实妥协。

6. 从浮躁的心态向逐步理性化转换

转型需要时间,与企业的磨合需要时间,积累经验也需要时间,具备竞争力同样需要时间。要给他们融入职场的时间,他们需要过渡过程。哪怕时间很短,这个过渡过程必须经过。企业会给实习生时间和机会,但他们不能以此为借口,而应该要积极努力,从浮躁的心态中走出来,尽快进入符合企业要求的状态,这是理性化的成熟表现。

企业看重应届大学生,主要就是看到了隐藏在这些年轻人身上的"发展基因"。实习是一个大学生走向社会的阶梯,如果实习好了,机遇也就会随时光顾你,你或者会拿到实习单位的通知书,或者可以把实习经验当成跳板。不管什么用人单位,他们都需要一个谦虚谨慎、好学上进的员工,这个员工要勤奋刻苦、有把远大志向落到实处、树立责任感、执着追求事业的态度。对待实习兢兢业业,就可能有机会留在实习单位。在现实生活中,有些学生自以为不会留在实习单位,或者这山望着那山高,敷衍了事地对待实习工作,领导安排的工作不能完成,还总想搞点猫腻,偷偷出去应聘,结果新的工作没应聘上,实习的工作也丢了,最后走向工作岗位时,同届同学都成了老手,自己仍然是个新兵。

7. 从家长的呵护向自己保护自己转换

许多大学生在进入就业大军时,往往对就业的相关期限、实习权益等一知半解。原来可以依赖家长,现在需要自立。需要自己判断、自己选择。如果选择去一个根本不了解的公司,这是一种冒险,不要轻易决定第一份工作,一般来说,新人的第一次对职场的体验是刻骨铭心的,它会使新人对职场产生一种固定印象,形成固定心理状态,从而影响到他们今后的职业心态和职业规划。因此,走好职场的第一步,能够使大学生更好地为企业及社会服务,更大地发挥自己的潜力,若是为了在毕业前找到一份工作,或者迫于其他同学签约带来的压力而草率接受一份自己并不满意的工作,都是不可行的。对于一家自己向往的公司,作为实习生当然应该全力以赴地做好自己的工作,争取最终能被录用。但是我们也要警惕,一些用人单位制度不完善,是否侵犯了我们的权益。在毕业以前,我们作为在校生,无法享受劳动法的保护,一旦我们毕业了,我们就要懂得维护自己,以防一些不法的公司将自己作为廉价劳动力使用。我们要学会在社会上独立,学会保护自己。面对人生的种种挫折,我们要学会应对,学会维权。

课堂互动

以3~5人为小组讨论职业认知与转换的话题,通过各自发言"先进带动落后",然后派出小组公选的"小组落后代表",代表小组进行分享。

复习思考

拿出之前制订的学业规划与职业规划进行审视复核,看看如今自己对职业的了解,是否还与之前的规划相符,如不符,请调整并制订出新的职业发展规划。

第三节　职场分类与素质

要实现从大学生到职业人的社会角色的转换,就要实现从大学生到职业人从"要"到"给"的转变,也是"索取"到"贡献"的转变。学生时代因为父母的付出,可以从家里"要"到宠爱与照顾;因为老师的付出,可以从学校里"要"到知识与技能;因为社会的付出、国家的付出,可以从社会上"要"到社会的资助与培养。不需要考虑贡献,大可以尽管去"索取"。大学生在学校里,考试成绩不好不会给班级和学校造成经济损失,还会有补考的机会;如果和同学不能相处融洽,仍然可以保持自己的个性,孤芳自赏;如果你不喜欢那个老师,你可以不去听他的课,可以期盼着下学期换另一个老师;如果迟到、旷课只是耽误你自己的学习,与其他同学没有多大的关系。总之,校园里的大学生是"娇子",是全社会培养的对象,享受着各种优惠的待遇。

然而,大学毕业生从校园走上社会成为职业人,如果工作失误,会造成重大的经济损失,没有挽回的机会;如果与同事关系不好,会被组织认为没有团队合作精神,将成为出局的人;如果迟到、旷工,耽误的是整个团队的业绩,你随时有被开除的可能;作为职业人,在单位里你必须成为社会、企业或老板财富的创造者。大学生要转换成职业人,必须先"给",否则你什么也"要"不到。从"索取"的心态变成"贡献"的心态,是成为职业人的基本素质。从企业的角度来说,企业对人的判断有两个要求,一个是潜力,看你未来成长的空间;一个是素质,职业素质越高的人,获得成功的机会就越多。作为职业人,应考虑我能为单位带来什么以及我能为企业创造什么,而不应首先去想单位、企业或老板应该给我什么样的回报。当角色转换以后,你要具备相应的职业素质以匹配新的角色身份,也只有这样,你才能有可持续的发展,这样的员工才会受欢迎。

一、职业素质的定义与特征

(一)职业素质的概述

职业素质是劳动者对社会职业了解与适应能力的一种综合体现,其主要表现在职业兴趣、职业能力、职业个性及职业情况等方面。影响和制约职业素质的因素很多,主要包括:受教育程度、实践经验、社会环境、工作经历以及自身的一些基本情况(如身体状况等)。一般来说,劳动者能否顺利就业并取得成就,在很大程度上取决于本人的职业素质,职业素质越高的人,获得成功的机会就越多。所以大学生在进入职场之前,要努力提高个人职业素质,注重品质道德修养,为职业生涯发展奠定良好的基础。

素质包括先天素质和后天素质。先天素质是通过父母遗传因素而获得的素质,主要包括感觉器官、神经系统和身体其他方面的一些生理特点。后天素质是通过环境影响和教育而获得的。因此,可以说,素质是在人的先天生理基础上,受后天的教育训练和社会环境的影响,通过自身的认识和社会实践逐步养成的比较稳定的身心发展的基本品质。

对素质的这种理解,主要包括以下三方面的内容。

第一,素质首先是教化的结果,它是在先天素质的基础上,通过教育和社会环境影响逐步形成和发展起来的。

第二,素质是自身努力的结果,一个人的素质的高低,是通过自己的努力学习、实践,获得一定知识并把它变成自觉行为的结果。

第三,素质是一种比较稳定的身心发展的基本品质,这种品质一旦形成,就相对比较稳定。比如,一个品质好的学生总是能正确地对待别人和自己。

(二)职业素质的特征

1. 职业性

不同的职业,职业素质是不同的。对建筑工人的职业素质要求,不同于对护士的职业素质要求;对商业服务人员的职业素质要求,不同于对教师的职业素质要求。李素丽的职业素质始终是和她作为一名优秀的售票员联系在一起的,正如她自己所说:"如果我能把十米车厢、三尺票台当成为人民服务的岗位,实实在在去为社会做贡献,就能在服务中融入真情,为社会增添一份美好。即便有时自己有点烦心事,只要一上车,一见到乘客,就不烦了。"

2. 稳定性

一个人的职业素质是在长期执业过程中日积月累形成的。它一旦形成,便产生相对的稳定性。比如,一位教师,经过三年五载的教学生涯,就逐渐形成了怎样备课、怎样讲课、怎样热爱自己的学生、怎样为人师表等一系列教师职业素质,之后便能保持相对的稳定。当然,随着他继续学习以及工作和环境的影响,这种素质还可继续提高。

3. 内在性

职业从业人员在长期的职业活动中,经过自己学习、认识和亲身体验,觉得怎样做是对的,怎样做是不对的。这样有意识地内化、积淀和升华的这一心理品质,就是职业素质的内在性。我们常说,"把这件事交给小张师傅去做,有把握,请放心。"人们之所以放心他,就是因为他的内在素质好。

4. 整体性

一个从业人员的职业素质是和他的整体素质有关的。我们说某某同志职业素质好,不仅指他的思想政治素质、职业道德素质好,而且还包括他的科学文化素质、专业技能素质好,甚至还包括身体心理素质好。一个从业人员,虽然思想道德素质好,但科学文化素质、专业技能素质差,就不能说这个人整体素质好。相反,一个从业人员科学文化素质、专业技能素质都不错,但思想道德素质比较差,同样,我们也不能说这个人整体素质好。所以,职业素质一个很重要的特点就是整体性。

5. 发展性

一个人的素质是通过教育、自身社会实践和社会影响逐步形成的,它具有相对性和稳定性。但是,随着社会发展对人们不断提出的要求,人们为了更好地适应、满足、促进社会的发展的需要,总是不断地提高自己的素质,所以,素质具有发展性。

二、职业素质的要求

(一)职业素质的通用素质

1. 身体素质

身体素质指体质和健康(主要指生理)方面的素质。

2. 心理素质

心理素质指认知、感知、记忆、想象、情感、意志、态度、个性特征(兴趣、能力、气质、性格、习惯)等方面的素质。拓展训练可以提高心理素质,很多知名企业都通过拓展训练来提高员工的心理素质以及团队信任关系。

3. 政治素质

政治素质指政治立场、政治观点、政治信念与信仰等方面的素质。

4. 思想素质

思想素质指思想认识、思想觉悟、思想方法、价值观念等方面的素质。思想素质受客观环境等因素影响,例如家庭、社会、环境等。

5. 道德素质

道德素质指道德认识、道德情感、道德意志、道德行为、道德修养、组织纪律观念方面的素质。

6. 科技文化素质

科技文化素质指科学知识、技术知识、文化知识、文化修养方面的素质。

7. 审美素质

审美素质指美感、审美意识、审美观、审美情趣、审美能力方面的素质。

8. 专业素质

专业素质指专业知识、专业理论、专业技能、必要的组织管理能力等方面的素质。

9. 社会交往和适应素质

社会交往和适应素质主要指语言表达能力、社交活动能力、社会适应能力等方面的素质。社会交往和适应素质是后天培养的个人能力,是职业素质的另一核心之一,侧面反映个人能力。

10. 学习和创新的素质

学习和创新的素质主要指学习能力、信息能力、创新意识、创新精神、创新能力、创业意识与创业能力等方面的素质。学习和创新是个人价值的另一种形式,能体现个人的发展潜力以及对企业的价值。

(二)专门职业素质的要求

不同的职业对职业素质的要求是有所不同的,人对职业的适应与不适应,主要取决于人的职业素质是否达到了职业对人的要求,不同职业对人的不同要求就是对人的适应力的特殊要求,也就是对其素质优势的特殊要求。下面介绍几种不同职位对人的职业素质要求。

1. 教师类职业

(1)对教育工作有兴趣,热爱教育事业,有献身精神;
(2)具有较强的言语表达能力,口齿清楚,发音正确,善于表达;
(3)专业知识扎实,知识面广;
(4)具有较强的组织管理能力;
(5)观察能力强,善于观察学生的眼神、表情、姿态、行为、穿着和心理;
(6)具有较强的记忆力和理解能力;
(7)对学生态度和蔼、有耐心,平易近人;
(8)作风正派;
(9)兴趣广泛;
(10)具有良好的仪表。

2. 编辑类职业

编辑是指从事组稿、审读、编选、加工整理等工作的人员,其素质要求是:
(1)有扎实的专业知识和宽广的知识面;
(2)具有较强的社会活动能力和人际交往能力;
(3)具有较强的鉴别能力和对信息的快速反应、筛选能力;
(4)责任感强;
(5)具有较强的文学能力;
(6)有较强的学术价值观念和经济效益观念。

3. 金融财会类职业

(1)廉洁奉公,有正义感,能抵制各种诱惑,坚持原则;
(2)责任心强,时间观念强,慎重细致;
(3)有较强的数字反应能力和汇总、规划能力;
(4)具有较强的社交能力;
(5)具有扎实的专业知识和宽广的知识面,金融财会人员要学习有关经营、制造、推销、采购等方面的知识;
(6)具有较强的理解、分析、综合、判断和推理能力。

4. 企业管理类职业

美国企业界提出企业管理人员应具有如下特征:
(1)合作精神,能赢得人们的合作,愿与他人一起工作,对人不是压服而是说服;
(2)决策才能,依据事实而非依据想象进行决策,具有高瞻远瞩的能力;
(3)组织能力,能发挥部属的才能,善于组织人力、物力和财力;
(4)精于授权,能大权独揽,小权分散,自己抓大事,把小事分给部属;
(5)善于应变,不墨守成规,积极进取;
(6)勇于负责,对上级、下级、产品用户及整个社会抱有高度的责任心;
(7)勇于求新,对新事物、新环境、新观念有敏锐的感受能力;
(8)承担风险,对企业发展中不景气的风险敢于承担,有改变企业面貌、创造新局面的雄心和信心;
(9)尊重他人,重视和采纳他人意见,不武断狂妄;
(10)品行端正,品德为社会人士、企业职工敬仰。

日本企业界总结出企业管理者必须具备的品德和能力:
品德是:有使命感、责任感、积极性、进取心、忍耐心、勇气、忠诚老实、公平、热情。
能力是:有思维决定能力、规划能力、判断能力、创造能力、洞察能力、劝说能力、理解人的能力、解决问题能力、培养下级能力、调动积极性能力。

5. 商业经营类职业

成功的经商者要具备以下能力:
(1)发明能力,头脑灵活,在短时间内能产生各种新颖想法;
(2)信息处理能力,善于处理市场获得的信息,辨别其价值,及时反馈;
(3)情绪表达能力,对周围的世界以及商场即战场的感受比较灵敏,在贸易场合善于表达自己的意向;
(4)文学写作能力,涉及经济合同等经济文书,考虑周到,用字准确;
(5)组织管理能力,对进销贮运业务活动组织协调得当;
(6)果断决策能力,及时对经营做出正确的抉择;
(7)改革挑战能力,不满足于现状,勇于开拓新领域。

6. 社会科学研究类职业

社会科学研究人员主要指从事哲学、经济学、政治学、法学、教育学、文艺学、历史学、语言学、社会学、民族学、宗教学、情报学等研究的人员。美国著名学者马斯洛通过对许多著名社会科学家的研究,总结出了社会科学研究人员的主要人格特征。

(1)性格外向,善于处理自己与他人的关系;
(2)能有效地观察事实,观察力和预测力很强;
(3)自立自主,不满足于现状,也不因遭受打击与挫折而沮丧;
(4)对生活总是感到新奇、愉快,有狂热的追求;
(5)以问题为中心,而不以自我为中心;
(6)具有大慈大悲、济世救人的社会兴趣;
(7)具有民主的气度,对各种各样的人都一视同仁;
(8)富于幽默;
(9)有较强的社会责任感和为真理献身的精神;
(10)富有创造性。

7. 广告策划、设计类职业

(1)较强的创造性,能独出心裁;
(2)丰富的知识,对复杂的事物有鉴别、识别能力;
(3)有战略眼光和预见能力;
(4)法制观念强,不制造虚假广告;
(5)诚实守信,有较强的人际交往能力;
(6)有全局观念和开拓新领域的能力;
(7)较强的想象能力和绘画能力。

8. 推销、采购类职业

(1)独立性和自我管理能力较强;
(2)善于捕捉信息,灵活应变;
(3)时间观念强;
(4)善解人意,劝说能力强;
(5)诚实、守信用;
(6)喜怒不形于色;
(7)性格外向,人际交往能力强;
(8)口头表达能力和洞察能力较强。

9. 外贸工作类职业

外贸工作人员是指从事对外贸易工作人员,包括进口外销、市场调研、物价行情、翻译、采购、商品检验等各种岗位。要求的素质是:

(1)保守国家机密,责任心强,讲求国格人格;
(2)反应灵敏,待人热情,有较强的社交、涉外能力;
(3)外语水平高,语言表达能力强;
(4)具有扎实的外贸专业知识和较宽的知识面;
(5)具有较强的协调能力、合作共事能力。

10. 政府机关公务员类职业

(1)公务员要有较高的政治素质,要坚持四项基本原则,坚持改革开放,执行党的路线、方针、政策,全心全意为人民服务,遵纪守法,保守国家秘密,公正廉洁,具有高度的责任感和强烈的事业心;

(2)具有扎实的基础知识、专业知识、管理知识和宽广的知识面;

(3)具有较强的组织管理、协调能力和决策能力;

(4)具有较强的调研能力和较高的政策水平;

(5)具备良好的思维能力,分析、综合、比较、抽象概括能力要有一定的发展水平,思维的广度、深度、独创性、灵活性等应有一定的发展水平;

(6)具有较强的文字能力和应变能力;

(7)具有一定的社会交往能力,且能坚持原则性和灵活性的统一。

拓展资料 7-1

煮熟的鸭子飞了

李强、谭大伟是住在同一个宿舍的学生,他们所学的专业都是市场营销。毕业时,他们在学校的食堂前看到了一家外企的招聘启事,就都邮寄了自己的求职材料。后来他们都顺利地通过了笔试,并同时收到了面试通知。

面试时,他们被分在两个会议室。

主考官问了李强一系列关于市场营销的问题。李强对答如流,并不时提出自己的新见解,受到了主考官的赞赏。在另一个会议室,谭大伟的面试也进行得很顺利,主考官对他的回答也表示十分满意。

在面试就要结束时,主考官向李强和谭大伟提出了同样的问题:"对不起,我们公司的电脑出了故障,参加面试的名单里没有你,非常抱歉!"不过,说这句话的是在不同的会议室里。

胜利在望的李强听到了主考官的话后,马上变得没有了风度。他生气了,质问考官为什么会出现这样的事,他这么优秀的一个人,在学校里每次考试都是第一名,为什么居然不能进入面试?他说,这是公司成心在耍他。

主考官对他说:"你先别生气。其实,我们的电脑并没有出错,你以第一名的成绩进入了我们的面试名单。刚才的插曲不过是我们给你出的最后一道题。在对竞争激烈的就业,你感到惶恐和不安是正常的。但是,你的心理承受能力实在是太差了。市场营销部是全公司最有可能经历风险的部门,作为这个部门的高级人员,我们需要有良好的心理素质的人才。我们希望你能找到更合适的工作。"

李强愣住了:前功尽弃了!没想到这也是一道考题!

而在另一间会议室里,谭大伟在听完了同样的问题之后,面带微笑,十分镇定地说:"我对贵公司发生的这个错误十分遗憾,但是我今天既然来了,就说明我和公司有缘分。我想请您给我一次机会。这个计算机的失误对我来说,或许是人生的一个难得的机遇,对于公司来说,这或许意外地选择了一个优秀的员工。"

主考官露出了满意的神情:"你真是一个不错的小伙子!我愿意给你这个机会。"

(资料来源:济源人才网。)

(三)提高和培养职业素质及能力

1. 建立合理知识结构的有效途径

1)博览群书

书是人类知识的综合和储存,博览群书,使人视野开阔,思路灵活。在人类历史上,众多优秀的人才无不是博览群书的典范。

2)按主攻目标积累

在积累知识的过程中,按主攻目标积累的知识最有效。这是因为,有了主攻目标才能制订计划去做某事;才能明确积累什么知识;有了主攻目标,才能判断知识的相对价值,积累最有效的知识,最大限度地发挥知识结构的作用。一个人要有所成就,就必须专注一事,不可以把精力过多分散于多方面。因此,在具备了一定广博的知识后,应按主攻目标积累知识,善于限制阅读范围,严格慎重地选择阅读的书籍和杂志,切忌漫无边际的浏览。

3)注意动态调节

世界上一切事物都处于不断的运动、变化和发展之中。作为反映客观事物的知识结构,也必然是不断变化的。大学生要建立合理的知识结构,就要注意动态调节。在实际生活中,需要调节知识结构的情况有三种:一是由于科学技术的迅猛发展引起的知识更新,需要调整知识结构,以适应形式的需要;二是开辟新学科或探索新的科学领域,需要建立与之对应的新的知识结构;三是职业或工作性质变动,需要调整原有的知识结构,使其保持高效状态,发挥潜在的效能。

4)内储与外储相结合

记忆是掌握知识的基本手段,人们的记忆一般通过两种方式进行:一种是内储,另一种是外储。内储是指用大脑记忆知识,其储存范围因人而异,通常是常用的、能举一反三的知识,这些知识是人们进行思维活动的工具。外储就是利用记忆工具储存知识,其储存对象是与本专业、特别是与主攻目标相联系的知识。知识的内储与外储,是记忆的两个侧面,两者关系密切、不可偏颇。忽视知识内储会导致思想迟钝,忽视知识外储会使记忆负担过重,只有两者协调发展,才有利于建立合理的知识结构。当前,由于网络查询的便捷和智能手机的普遍使用,广大青年包括大学生的知识外储倾向凸显,知识内储的削弱值得警惕。

2. 大学生应具备的主要核心能力及培养

1）适应社会能力

适应社会,首先需要调整自己的观念,勇敢地面对世界、接纳世界。大学生走出校门之前大都有"海阔任鱼跃,天高任鸟飞"。需要提醒的是,人类文明始终是在继承和创新的矛盾运动中不断发展的,要改造世界,首先要接纳世界,只有接纳世界才能站稳脚跟,找到真正改造世界、创造业绩的切入点。要用积极主动的态度去接纳现实,并有勇气和决心去消除生活中的消极现象,弘扬主旋律,尽一份应尽的责任。

2）人际交往能力

大学生在搞好学习的同时,应注意培养自己的人际交往能力。培养人际交往能力应注意以下几点:大胆参与,心理相容,诚实守信,平等互利。

3）组织管理能力

毕业生步入社会后,不可能每个人都走上领导岗位从事管理工作,但每个人在将来的工作中都会不同程度地用到组织管理才能,这是现代社会对人才提出的新的要求。例如学生干部等有过相关组织管理经验的毕业生也成为用人单位的优先选择对象。在学习生活中培养自己的组织管理能力应注意:要珍惜机会,要注意向别人学习。

4）表达能力

表达能力是指运用语言文字阐明自己的观点、意见或抒发思想、感情的能力。包括口头表达能力、文字表达能力、图示表达能力等几种形式。

训练口头表达能力,即俗话所说的"口才",首先要敢于说话,就是敢在公众面前大大方方地说话,这是练好"口才"的前提。有的人在公众面前不敢说话,主要原因是对自己能不能说好话信心不足,怕说错了被别人讥笑,这是属于心理素质问题。因此练好"口才"必须调整好自己的心理素质,要正确认识自己。其次是有话可说,就是说话时要有丰富的材料和内容。这是练好"口才"的基础。大学生作为有知识、有文化的青年佼佼者,普遍具有丰富的知识,除了搞好专业学习外,还要多读书、多看报,关心国家大事,掌握更多信息,关注大多数人关注的话题,这样才能在和别人谈话时有话可谈。最后要善于谈话,就是如何把话说得更简练、更生动、更有水平,使人爱听,让人信服,这是练好"口才"的关键。

提高文字表达能力,要勤于练笔,哪怕学校没有开设有关的写作课程,不提供必要的实习机会,也应该抓紧时间去研读有关的著作和范文,多做练习,使自己的文字表达能力得到相应的锻炼和提高。

5）开拓创新能力

开拓创新能力的实质是一种综合能力,它是各种智力因素和能力品质在新的层面上融为一体、相互制约、有机结合所形成的一种合力,是以智能为基础具有一定科学根据的标新立异。大学生培养开拓创新能力应注意:积累知识,增长才干;培养想象力;培养发散性思维能力。

6）竞争能力

竞争是激活社会机体的活跃细胞,它带来进步的活力,使胜利者继续前进,失败者奋起直追,对强者是鼓励,对弱者是鞭策。其结果是"你我他"的共同发展。另外,还要注意在竞争中保持健康的心态。竞争是众多的人在追求同一个目标,不能达到目标的可能是大多数。要认识到这是一种正常现象,并重整旗鼓,寻找新的目标继续前进。要知道成功有先后,胜利有迟早,只要目标合乎客观实际,加上自己的顽强努力,人人都能取得成功。

7) 分析判断和解决问题的能力

分析判断和解决问题能力就是对客观世界间接的、概括的反应能力,通过对感性材料的研究、分析与剖析,找出事物的本质规律,从而形成科学的概念和结论,达到解决问题的目的。分析判断是一种重要的思维活动,任何问题的解决都离不开科学的分析。分析判断和解决问题的能力是大学生必备的基本能力。

8) 动手能力

大学生不仅要积累知识,还要通过参加科研活动和利用科研项目等机会,着力培养和提高实际动手能力,以满足今后工作的需要。

9) 实践能力

大学生应该把课堂上、书本里学到的普通理论同具体实践结合起来,在实践中培养自己的真才实学。参与校内外科技活动能促进大学生的科学研究能力、动手能力和创造能力的提高,进而提高自己分析问题和解决问题的能力,同时还学会了科研器材的使用技巧,增强了组织管理、独立工作和社会活动的能力。

三、职业的分类

20世纪90年代中期,随着社会主义市场经济体制的逐步建立和科学技术的迅猛发展,我国的社会经济领域发生了重大变革,这对人力资源管理提出了新的要求。为此,国家提出要制订各种职业的资格标准和录用标准,实行学历文凭和职业资格两种证书制度。《中华人民共和国劳动法》中明确规定:"国家确定职业分类,对规定的职业制订职业技能标准,实行职业资格证书制度。"根据社会经济发展的需要,1995年2月,劳动部、国家统计局和国家质量技术监督局联合中央各部委共同成立了国家职业分类大典和职业资格工作委员会,组织社会各界上千名专家,经过四年的艰苦努力,于1998年12月编制完成了《中华人民共和国职业分类大典》,并于1999年5月正式颁布实施。

《中华人民共和国职业分类大典》是我国第一部对职业进行科学分类的权威性文献。由于它的编制与国家标准《职业分类与代码》(GB/T 6565—1986)的修订同步进行,相互完全兼容,因此,它本身也就代表了国家标准。《中华人民共和国职业分类大典》的重要贡献在于,它在广泛借鉴国际先进经验[特别是《国际标准职业分类》(ISCO—88)]和深入分析我国社会职业构成的基础上,突破了过去以行业管理机构为主体,以归口部门、单位甚至用工形式来划分职业的传统模式,采用了以从业人员工作性质的同一性作为职业划分标准的新原则,并对各个职业的定义、工作活动的内容和形式以及工作活动的范围等做了具体描述,体现了职业活动本身固有的社会性、目的性、规范性、稳定性和群体性的特征。《中华人民共和国职业分类大典》科学地、客观地、全面地反映了当前我国社会的职业构成,填补了我国长期以来在国家统一职业分类领域存在的空白,具有深远的意义和广泛的应用领域。

《中华人民共和国职业分类大典》把我国职业划分为由大到小、由粗到细的四个层次:大类(8个)、中类(66个)、小类(413个)、细类(1838个)。细类为最小类别,亦即职业。8个大类分别如下。

第一大类:国家机关、党群组织、企业、事业单位负责人,其中包括5个中类、16个小类、25个细类。

第二大类:专业技术人员,其中包括14个中类、115个小类、379个细类。

第三大类:办事人员和有关人员,其中包括4个中类、12个小类、45个细类。

第四大类:商业、服务业人员,其中包括8个中类、43个小类、147个细类。

第五大类:农、林、牧、渔、水利业生产人员,其中包括6个中类、30个小类、121个细类。

第六大类:生产、运输设备操作人员及有关人员,其中包括27个中类、195个小类、1119个细类。

第七大类:军人,其中包括1个中类、1个小类、1个细类。

第八大类:不便分类的其他从业人员,其中包括1个中类、1个小类、1个细类。

从职业结构看,职业的分布有三个特点。第一,技术型和技能型职业占主导。占实际职业总量的60.88%的职业分布在"生产、运输设备操作人员及有关人员"这一大类,它们分属我国工业生产的各个主要领域。从这类职业的工作内容分析,其特点是以技术型和技能型操作为主。第二,第三产业职业比重较小,仅占实际职业总量的8%左右。三大产业中的职业分布,以第二产业的职业比重最大。第三,知识型与高新技术型职业较少。现有职业结构中,属于知识型与高新技术型的职业数量不超过总量的3%。

为保证各地劳动力市场使用的职业分类与代码的科学和规范,有利于劳动力市场信息联网,劳动和社会保障部在主持编纂《中华人民共和国职业分类大典》的同时,根据重新修订的职业分类国家标准《职业分类与代码》(GB/T 6565—1999)和《中华人民共和国职业分类大典》,制订了《劳动力市场职业分类与代码(LB501—1999)》,并于2002年进行了修改。新标准《劳动力市场职业分类与代码(LB501—2002)》分为6个大类、56个中类、236个小类、17个细类。

课堂互动

以3~5人为小组讨论自己的职业目标与职业要求的差距及自己会如何应对,然后小组评选出发言最为精彩的一位作为代表,代表小组进行分享。

复习思考

拿出之前制订的职业规划,与目标职业进行比对,然后拟出一份毕业之前的行动计划。

第八章 就业形势与就业去向

第一节 就业形势与职业环境

一、大学生就业形势

(一)就业人数再创新高

根据教育部发布的最新信息,2017年高校毕业生人数达到795万,超越2016年的765万,高校毕业人数创历史最高,堪称史上更难就业季,再根据人社部的毕业生数据,如果加上中职毕业生和2016年尚未就业的学生数量,2017年待就业的学生加在一起约有惊人的1500万。

截至2017年5月底,2017年应届毕业生仅有26.7%已经签约,相比去年同期下降了8.7%。从性别上看,男生签约比例更高,为29.5%,女生则为24.7%。

2017年毕业生实际签约平均月薪为4014元,比去年下降了751元,不过期望月薪仅比去年降低110元。另外,2017年应届毕业生的期望平均月薪与实际签约的平均月薪差值达到861元,相比去年差距进一步拉大。男生与女生的月薪也有所区别,男生的实际签约月薪为4374元,女生为3624元。

(二)就业城市的多选择性

长期以来,毕业后能留在北京、上海、广州、深圳这些大城市工作往往是大部分应届毕业生的梦想,这些城市因政治、经济等因素形成罕有的顶端优势资源,且足以让父母倍觉脸上有光。然而,随着近几年这些大城市为解决"大城市病"而推出的控制人口规模等政策,毕业后在"北上广深"这些大城市工作变得越来越难。

清华大学发布过一组数据显示,清华毕业生京外就业率接连三年突破50%。当然,这其中有学生因为北京这样的大城市房价高,以及其他生活成本昂贵等原因自动放弃在北京就业等因素,但北京日益收紧的人口政策也是毕业生选择离开北京的主要原因,过去几年来,大城市管理者试图通过减少毕业生落户以调控城市人口规模的意图也愈发明显。

虽然一线城市仍保持相对较高的就业签约率，但多个调查机构的报告都显示，近两年，高校毕业生选择就业地不再盲目追逐"北上广"等一线城市，成都、杭州、武汉、重庆、南京等"新一线"城市魅力凸显，成为大学毕业生热衷的择业目的地。

人社部国际劳动保障研究所所长莫荣表示，近年来，我国东部经济发达地区的部分加工业、制造业正逐步向中、西部地区转移。毕业生就业区域分布的变化体现了我国产业转移、产业结构调整给毕业生就业带来的影响。

（三）"慢就业"与"迂回就业"

2017年考研报考人数达到177万，以7%的增长终结持续两年的报考颓势。最近的一份调查显示，考研人群中56%的出发点是为了找到"更好的工作"。值得注意的是，2017年考研大军中往届毕业生占了足足四成。经济下行背景下，压力正逐步向考研和就业传导。随着就业市场上知名企业针对学历的要求不断提高，加上就业领域逐步细分，导致越来越多毕业生选择升学或出国深造，提高自身就业竞争力。

2017届毕业生中，有40.8%的应届毕业生认为就业很难，就业形势严峻，同比去年上升了4.3%。在较大的就业压力下，更多毕业生出现了延迟就业的现象，在调查中选择"慢就业"的应届生比例高达9.8%。

专家认为，随着越来越多的"95后"走出校园，他们对就业的选择更加多元化，也更加青睐工作与兴趣相结合。但不可否认的是，这也反映出毕业生感知到了当前就业形势的严峻性，又不愿屈就不喜欢的工作，因此选择了用"慢就业"来暂时规避现实的竞争。

据前程无忧发布的《2016应届毕业生求职到位率调查报告》，当年创业应届生占1.3%。在大学生就业形势愈发严峻的情况下，越来越多高校学子选择了创业这条路。其中，餐饮行业、零售、个体服务业等行业已经成为应届本科毕业生创业最集中的行业，甚至超过了互联网创业所占的比例。成本低是重要原因，互联网背景下很多传统行业也都借助了互联网的因素。

各级政府出台了一系列相关政策鼓励大学生创新创业，力图通过高校、政府、社会三方建立有效机制，引导大学生创新，支持大学生创业实践。

与此同时，各高校关于创业创新教育的具体举措和休学创业的规定也逐步落实。日前，清华大学通过《清华大学研究生学籍管理规定》的修订方案，展现出其对大学生创业的支持力度和决心：研究生创业，可以停学三年。

值得注意的是，大学生创业成功率低也是一个不争的事实。一项调查数据显示，当前，全国大学生创业成功率最高的浙江为4%，中国大学生创业成功率平均为2%，这与欧洲和美国的大学生创业成功率20%有整整十倍的差距。不过大学生创业还是越来越被视为一种解决就业的迂回道路。

（四）就业专业的差异化

从不同行业来看，平均月薪最高的是IT/通信/电子/互联网行业，应届生实际签约月薪平均为 4867 元;其次是金融业和交通/运输/物流/仓储行业,平均签约月薪分别是 4692 元和 4457 元;农林牧渔和服务业是应届毕业生签约薪资水平较低的行业,月薪分别为 3347 元和 3115 元。

根据不同专业的就业状况,那些失业量较大,就业率、薪资和就业满意度综合较低的专业为"红牌专业",而失业量较小,就业率、薪资和就业满意度综合较高的专业,为需求增长型"绿牌专业"。

1. 红牌专业

本科就业"红牌专业"包括:历史学、音乐表演、生物技术、法学、美术学、生物工程。其中,音乐表演、美术学连续三届是红牌专业。

2. 绿牌专业

本科就业"绿牌专业"包括:信息安全、软件工程、网络工程、数字媒体艺术、通信工程、电气工程及其自动化、广告学。其中,软件工程、网络工程、通信工程连续三届是绿牌专业。

 拓展资料 8-1

全国高校各科十大热门专业

人文社科类:金融学领跑收入榜

报告显示,市场营销、财务管理和工商管理的就业率位列前三。就业率排名靠前的六个专业中,管理类专业独占四席(市场营销、财务管理、工商管理、会计学),表现亮眼。而文科十大热门本科专业中,就业率较低的专业则是法学,低于全国本科平均水平。

数据显示,金融学以月收入 4621 元领跑文科十大热门本科专业月薪榜,市场营销紧随其后。文科十大热门本科专业中,除金融学和市场营销外,其余专业月收入均低于全国本科平均水平。

理科:信息与计算科学获"三冠王"

《2017 年中国大学生就业报告》显示,在理科十大热门专业中,电子信息科学与技术、信息与计算科学表现突出,就业率、月收入、就业满意度较高。其中,信息与计算科学的就业率、月收入、就业满意度这三项指标均居理科热门专业第一,获"三冠王"。

理科十大热门专业中,化学专业的毕业生毕业半年后月收入最低,与全国本科毕业生平均月收入相差 600 多元。

工科:软件工程专业就业率最高

2016 届毕业生人数较多的工科专业多为电气信息类专业,包括计算机科学与技术、电气工程及其自动化、软件工程、自动化、电子信息工程、通信工程。

数据显示,2016 届毕业生人数较多的十大工科专业,九个专业就业率均高于全国平均水平。综合看来,软件工程、计算机科学与技术就业率、月收入、就业满意度三项指标均"可观":

软件工程的就业率和月收入居第一,计算机科学与技术的就业满意度居第一,月收入居第二。

(资料来源:《金陵晚报》。)

二、大学生就业影响与机遇

(一)大学生就业的影响因素

1. 经济增速放缓,对就业的拉动效应减弱

中国经济整体仍处下滑周期中,经济发展速度的放缓和结构的调整,客观上会对劳动者就业结构产生影响,同时也会对就业总体规模产生挤压效应,从而对劳动者就业产生影响。尤其是传统支柱产业企业改革的重组加快、淘汰落后产能、部分行业持续低迷及产能过剩将造成结构性失业和转型性失业,就业难度加大。国际经济发展形势仍然不确定,风险和变数依旧较多,欧美主要经济体面临着财政紧缩、主权债务风险上升等诸多问题,新兴经济体面临着经济结构调整、出口下滑等问题,世界经济艰难复苏,影响着出口型经济及就业的发展。

2. 城镇化中农村劳动力转移就业压力大

近年来,我国城镇化建设不断加快,城镇化率大幅提高,农村劳动力向城镇转移的步伐加快,城镇人口快速增加,我国城镇化率由2000年的36.2%上升到2013年的53.7%。在城镇化进程中,农村的就业压力减轻,但是劳动力转移就业压力增大。一是城镇对农村劳动力就业吸纳能力有限,每年城镇中新成长劳动力、高校毕业生需就业;二是农村劳动力向大中型城市转移的门槛较高。由于户籍限制、素质技能要求高、就业信息不畅通等因素,农村转移劳动力寻找工作难度大。

3. 新兴产业的加快发展影响到就业水平

一方面,在大力调整夕阳产业和淘汰落后产能时,要对涉及职工的转移安置提供帮助;另一方面,新兴产业在我国具有良好的发展前景,这其中必然导致技术技能人才短缺。此外,由于科技进步、劳动生产率提高等因素,也使一些企业减少新员工吸纳,甚至排挤出部分劳动力,这也会导致就业的结构性问题。

4. 中西部地区加快发展导致劳动力流动新变化

近年来,我国中西部经济发展不断加快,农民工工资不断上涨,与东部地区的差距缩小,如在中西部务工的农民工月收入差距与东部的已经缩小至30元左右。区域就业形势差别明显,东部地区求职人数同比出现大幅下降。随着中西部地区传统劳务输出大省的工作环境好转,返乡就业、创业正成为越来越多外漂农民工的新选择。

5. 企业用工成本的承受力与劳动者高期望值的矛盾

从2009年以来,货币工资一直以两位数的速度快速增长,且增速逐年加快。据统计,

2013年全国共有27个地区调整了最低工资标准,平均调增幅度为17%;有17个地区制订了工资指导线,基准线普遍在14%左右。调查反映,当前工资增长和企业承受能力的矛盾已导致许多中小企业和大型劳动密集企业的普工短缺。

6. 人口结构变化使劳动力供给增长放缓

我国正在发生变化,在一定程度上反映了劳动力供求关系的变化。我国劳动适龄人口的总量开始减少,在新生劳动力供给方面,大学生将占据一半左右的水平,农民工总量特别是跨省流动农民工的增速减缓,并逐步趋于稳定。据预测,我国劳动年龄人口将于2016年达到峰值,总量为9.99亿人,之后逐渐下降,到2020年将下降至9.87亿人。2011—2020年就业年均增速将比2001—2010年下降0.9个百分点,拉动经济增长率下降约0.4个百分点。城镇化加速推进所释放的农村富余劳动力和劳动力素质的提高,仍然不能弥补劳动力人数减少对经济增长造成的负面影响。

(二)大学生就业的机遇

虽说大学生就业道路上面临着种种困境,但也不必悲观灰心。面对大学生就业的严峻形势,国家和高校都非常重视大学生的就业工作。国家和政府不断推出促进就业创业的政策措施,为毕业生提供了有利的政策环境和机遇。高校也逐渐重视培养学生的综合素质,逐步加强就业创业指导和服务,提升大学生的就业竞争力。

1. 国家层面高度重视就业工作

党和国家领导人始终把就业放在重要地位。国家主席习近平在各地考察时多次强调,就业是民生之本,要坚持就业第一,认真抓好扩大就业,切实做好以高校毕业生为重点的青年就业工作,搞好职业技能培训,完善就业服务体系,缓解结构性失业问题。国务院总理李克强非常重视就业问题,他指出,中国发展的目的是为了保障和改善民生,而最大的民生就是就业,大学生求职就业问题政府与学校会关心到底,并且他连续两年在主持召开的国务院常务会议上研究就业工作,2013年针对高校毕业生就业工作提出加强政策落实、拓宽就业渠道、鼓励自主创业、完善就业服务、开展就业帮扶和促进就业公平等。2014年确定进一步简政放权措施促进创业就业。

2. 利于大学生就业创业的政策相继出台

面对日益严峻的大学生就业形势,近年来,各级政府纷纷加大对大学生就业的扶持力度,相继制订并实施了一系列解决大学生就业难题的政策,这些政策措施概括起来包括以下几个方面。

1)鼓励支持高校毕业生面向基层就业的政策

2003年共青团中央、教育部等四个部门就联合发布了《关于实施大学生志愿服务西部计划的通知》,通过给予毕业生相关政策、资金支持鼓励其到基层工作。随后相继推出高校毕业生"三支一扶"(支教、支农、支医和扶贫)计划、农村义务教育阶段学校教师特设岗位计划、选聘高校毕业生到村任职工作(选聘大学生村官)等项目,鼓励毕业生到西部地区、边远艰苦地区、农村等基层工作,为基层的教育进步、经济和社会发展做贡献。

2) 鼓励毕业生自主创业的政策

人力资源和社会保障部等《关于实施大学生创业引领计划的通知》、财政部等《关于对从事个体经营的有关人员实行收费优惠政策的通知》、中国人民银行等《关于进一步改进小额担保贷款管理积极推动创业促就业的通知》等提出对毕业生加强创业教育和创业培训,为毕业生创业提供工商登记和银行开户便利、提供资金支持和经营场所支持、减免税费、加强创业公共服务等扶持政策。各省市也结合本地区实际相继推出具有地域特色的鼓励毕业生创业的政策措施。

3) 就业见习和职业培训政策

人力资源和社会保障部、教育部、国家发展和改革委员会、财政部、国家工商行政管理总局等部门推出了"三年百万"高校毕业生就业见习计划、特别职业培训计划、高校毕业生职业培训促进就业、建立青年就业创业见习基地等措施,为提高高校毕业生的就业技能、岗位技能、创业能力等提供政策、基地和资金支持。

4) 就业服务政策

通过开展高校毕业生就业服务月活动、残疾人大中专毕业生就业服务月活动、就业援助月活动、高校毕业生就业服务周活动、公共就业人才服务专项活动,建立全国就业信息监测制度,推进就业信息公共服务网络建设,以及开展高校困难毕业生就业帮扶工作、离校未就业高校毕业生实名登记和就业服务工作等为各类毕业生提供就业帮扶和援助,采取针对性措施帮助其实现就业。

5) 科研项目和服务外包吸纳政策

教育部、财政部、人力资源和社会保障部等先后出台并实施了《关于鼓励科研项目单位吸纳和稳定高校毕业生就业的若干意见》《关于重大科研项目单位吸纳高校毕业生参与研究工作签订服务协议有关问题的通知》《关于进一步加强科研项目吸纳高校毕业生就业有关工作的通知》《关于加快服务外包产业发展促进高校毕业生就业的若干意见》《关于推动服务外包人才网络招聘工作的若干意见》等政策文件,为毕业生开拓更多的就业渠道。

6) 入伍服兵役政策

2009年以来,国家不断完善毕业生入伍服兵役政策并且加大宣传力度,为应征入伍服义务兵役的毕业生提供学费补偿和国家助学贷款代偿,鼓励高校毕业生积极应征入伍服役,为国防和军队现代化建设奉献力量。

国务院《关于做好2014年全国普通高等学校毕业生就业创业工作的通知》和教育部《关于做好2014年全国普通高等学校毕业生就业工作的通知》对鼓励高校毕业生到城乡基层就业,鼓励中小微型企业吸纳毕业生就业,实施就业指导、就业服务和就业援助,创造公平的就业环境等提出了更加具体、完备的举措。

随着信息化的发展,互联网络越来越发达。互联网络不仅提供了交易的平台,而且创造了就业模式。《淘宝网2009年度企业社会责任报告》指出,截至2009年底,淘宝网创造了80.88万个直接且充分就业机会,带动物流、支付、营销等产业链就业机会为230.51万个。这80.88万就业者中,有57.2%以上年龄在23~32岁,其中大学生通过网络创业实现就业成为潮流。可见,网络创业就业已经成为新型就业模式吸纳大量毕业生,因而借助于现代互联网络,开发新的就业渠道也越来越受到重视。人力资源和社会保障部2013年发布的《网络创业促进就业研究报告》提出:网络创业对拉动就业发挥了巨大作用,建议大力鼓励支持网络创业就业的发展。国务院2013年发布的《关于做好2013年全国普通高等学校毕业生就业工作的通知》提出,支持通过网络创业带动就业。这是国家首次把网络创业就业纳入正式文件。现在,一些地方已经实行"一元"企业制度,大幅度降低设立企业的门槛。高校毕业生可以免费到当地工商机关办理企业注册登记,在不需要注册资本的情况下,自行解决就业问题。

3. 高校越来越重视大学生综合素质的培养

现在的就业市场上,并不是所有用人单位都注重毕业生的学历,越来越多的用人单位更看重学生的创新能力、解决实际问题的能力和沟通能力、表达能力等综合实力。为了适应就业市场对人才的需求,高校开始重视对学生创新创业能力、实践能力、就业技能等综合素质的培养。

1) 多项举措齐头并进,提高大学生的创新创业能力

为了培养学生的创新创业精神和能力,高校普遍采取实施改革人才培养模式、设置适应经济社会发展需要的应用型专业、加强实践基地建设、设立创新创业奖励基金、营造浓厚的创新校园文化氛围等保障措施。南开大学为了培养高素质、创新型人才,一是实施教学改革,建立适应社会经济发展和专业体系构成需要的新专业,实行"弹性学制",适度延长参与重大科研项目的学生的学习年限;二是为学生的创新创业提供资金支持,设立创新科研基金和科技创业基金,对取得突出成绩的学生给予奖励;三是引导学生参与实践。以学校科技园为基地,鼓励学生到企业参与科技创新;为了支持学生创办高新技术企业,允许其休学2年;组织开展本科生创新科研"百项工程",建设和开放校级实验室平台,开办课外学习研究小组等。河南师范大学通过实行因材施教、分类培养的人才培养模式改革,为学生创新能力的提升创造宽阔的平台,开展全方位、多层次的学科科技训练和竞赛,设立创新创业奖励基金,以国家大学生创新创业训练计划实施单位为抓手,鼓励大学生参与创新型项目等,大力推动了大学生创新活动的开展。

2) 搭建学生实践实习平台,提高学生的实践能力

实践经历在大学生就业过程中起着举足轻重的作用。上海青年研究中心的调查显示,逾53%的已工作大学生感知到"工作经验或社会活动经历"是影响他们顺利就业的重要因素。逾85%的用人单位赞同在招聘时注重大学生是否有同行业的实习经历。

上海交通大学为了给学生实践实习提供更多机会,在与行业结合方面做了探索,与微软、英特尔、IBM等8家国际著名IT企业签约,联合建立学生实践基地;与宝钢集团、上汽集团、上海电气集团、上海纺织控股集团等合作建立研究生联合培养基地。河南师范大学为提高学生的实践能力,不仅延长学生实习时间(由原来的大四上学期延长为大四一年),更是为学生创造了更多更高的校外实习平台,联合省内外100家企业、100所示范高中,建立了"1+100"校企联合协作共同体和"1+100"省级示范性高中协作共同体。通过高校与社会资源整合,一方面,学生不仅可以接触前沿科研,经过实习和锻炼,毕业后也很快能成长为用

人单位所需要的人才;另一方面,合作单位也可以从实习学生中找到需要的人才,提前把人才储备起来。经过双向选择,如果实习学生毕业后到单位工作,双方就没有了适应、了解的过程,可以直接进入工作状态。

3)完善就业服务体系,为学生提供全方位的就业指导服务

高校为了提高毕业生的就业实力进而提高就业率,对建立和完善毕业生就业服务体系,加强就业引导和职业辅导,提升就业创业服务水平等逐渐重视起来。高校普遍开设有《大学生就业创业指导》《大学生职业生涯规划》等课程,创办就业刊物,举办就业大讲堂并邀请职业规划各方面专家、企业成功人士对学生进行面对面的专门指导,通过就业信息网、手机客户端、微博、微信等现代化手段为学生打造信息化就业平台。各项举措为学生学习求职技能、创业知识,了解招聘信息、就业政策等提供了便利。

综上所述,高校毕业生就业面临着种种困境,同时也有着种种机遇。困境不等于绝境,大学生要把困境当着激励,逆境而上,转变就业观念,把握国家和学校给予的种种政策措施,提升自身综合素质,增强自身就业竞争力,积极投身社会主义建设事业,体现自身价值所在。

三、大学生就业环境

(一)社会环境

1. 经济环境

1)经济形势

经济形势的变化对职业的影响是最为明显又最为复杂的。当经济处于萧条时期,企业的效益降低,对人力资源的需求减少,因而职业选择和职业发展的机会也减少;当经济处于高速发展时期,企业处于扩张阶段,对人力资源需求量增加,职业选择和就业机会就会增多。

2)收入水平

社会对人力资源的需求是一种派生的需求,当人们的收入水平提高时,对商品消费的需求会增加,企业扩大生产,从而增加对人力资源的需求,职业选择和就业机会就会增多,反之则减少。

3)经济发展水平

在经济发展水平高的地区,企业相对集中,优秀企业也比较多,个人职业选择的机会就比较多,因而就有利于个人职业发展;反之,在经济落后地区,个人职业发展与就业就会受到限制。

4)劳动力市场供求状况

劳动力市场的供求状况对职业选择和职业发展产生重要影响。如果某类职业的人才供不应求,则职业选择和就业机会增多;反之某类人才供过于求,职业选择和就业机会就会减少。

2. 政策环境

1）政治环境

政治因素主要涉及国家的方针、政策，影响职业的政治因素包含：教育制度、政治体制、经济管理体制、人才流动的政策等。政治和经济是相互影响的，政治不仅影响到一国的经济体制，而且影响着企业的组织体制，从而间接影响到就业机会的多少；政治制度和氛围还会潜移默化地影响个人追求、个人理想、个人价值观，从而对个人的职业选择产生影响。

2）法律环境

法律因素是指中央和地方的有关法规和有关规定，如政府有关人员招聘、工时制、最低工资的强制性规定，现行的户籍制度、住房制度、人事制度和社会保障制度，这些因素都会对职业的选择和发展产生重要的影响。

3. 文化环境

社会文化包括教育条件和水平、社会文化设施等。在良好的社会文化环境中，个人能受到良好的教育和熏陶，从而为职业发展打下更好的基础。社会文化是影响人们行为、欲望的基本因素。社会文化反映着个人的基本信念、价值观和规范的变动。

（二）学校环境

1. 高校扩招与就业岗位的矛盾

国内快速发展的高等教育与社会和经济发展所处的转型阶段配置错位的矛盾，高等教育的大众化已是必然趋势，高校的扩招带来了高等教育的普及也带来了飞速增长的大学毕业生。高等教育从精英教育逐步向大众教育转变，为我国社会经济发展提供了有力的人才支持与知识贡献。2002年我国高等教育毛入学率15%，2007年高等教育在学人数2 700万人，规模为世界第一，2015年高等教育在学人数3 647万人，国家教育事业发展"十三五"规划预期2020年高等教育在学总规模3 850万人，毛入学率50%，就业人数、待业人数和岗位需求量的比例显而易见。

2. 高校专业设置错位

目前大部分学校缺乏足够的自主权，招生和专业设置与市场需求脱节。部分大学在专业及课程的设置上存在较大的盲目性，专业趋同现象较为严重，造成人员供给大于需求。而另一些学校专业划分过细，很难跟上市场变化的步伐，脱离市场。同时，不少学校缺乏改革和调整的积极性、主动性，专业设置和专业调整往往不是面向市场需求，而是单纯立足于自身师资条件等。以注重能力培养的高职、高专教育专业缺乏特色，学生不仅理论功底不够扎实，而且应有的动手能力也不强。相反用人单位则对应聘者的实际操作能力、适应工作环境变化的能力提出了越来越高的要求。

3. 学生就业渠道不畅

目前大学生就业渠道不科学,无非是学校和导师推荐、熟人介绍、校园和社会的招聘会、人才就业网站、报考公务员、服务西部等。但是,学校、导师推荐不具备普遍性,也就是说不可能每个学生都被推荐;考公务员近年来热度一直不减,可谓是百里挑一、千里挑一,而且还受专业、志趣、是否党员等限制,只适用于特定人群。网站和招聘会对于大学毕业生来说才是最主要的就业渠道,但招聘会比较原始和低效的信息获取方式,使得信息渠道比较窄,成交率比较低,依然无法满足毕业生的需求。

4. 毕业生自身问题

大学生自身在就业理念上存在误区,部分毕业生思想准备不够充分,对工作的期望值过高,过多追求优越的条件,而忽略了自身条件,在整个择业过程中容易受到其他影响,如攀比、自卑、依赖,高不成低不就。现在的企业对于应聘者也提出了更高的要求,他们希望毕业生们具有相关的专业知识,还要有良好的逻辑性、人格修养,以及肯学、肯吃苦的精神,就目前看来,毕业生离这一期望还存在着一定的差距,这也是导致就业难的一个重要因素。

课堂互动

以3~5人为小组讨论在面对严峻的就业现状时,你将如何解决问题,并整合组内发言,派代表代表小组进行分享。

复习思考

认真思考自己就业时可能遇到的问题,并纷纷准备好对应的解决方案。

第二节 就业去向与未来行业

一、大学生毕业去向类别

大学毕业生的就业去向,总结下来一般为以下几类。

(一)民营企业、私企

民营企业的发展和国家经济增长高度息息相关,GDP每增长一个百分点就能拉动上百万人的就业,经济的下行势必会影响到此类别的就业问题。我国处于结构调整的重要时期,传统行业面临困境,第三产业、服务业成为岗位增长的支柱。

去民营企业就业是非常大数量毕业生们的选择,不过随着经济的变化,该类就业问题肯定会一直受其影响。而且除了当年的毕业生外,逐年累计的未就业毕业生以及其他待就业人群也是其中的竞争者。因为更多的影响因素是市场对于人才的需求,所以在专业上会有比较大的偏重,并不是所有专业都好就业。

此外,这其中还有很多企业会设定很多的门槛,985、211高校研究生、英语6级、户口等等,都让很多人望而却步,虽然他们中不乏很多优秀者。当然了,相比较来说民营企业这一类别已经是各类别中自由竞争度最大的了,更需要自己的努力和机遇。也是很多有激情的同学的选择。

优势:能够发挥能力,发展空间较大;能够很快学到实用的知识;私企工作不单调,需要一职多能,无形中提高了自己的能力;劳有所得,私企老板会按照你的贡献决定你的待遇,形成良性循环;自由性大,升职、积累经验相对更快,想跳槽也容易。

弊端:风险较大,比如经济危机到来,私企一批批倒台;有的公司不能保证福利;企业人文环境参差不齐,有些极好,有些极差;竞争相对激烈,工作环境不稳定,下岗可能性大;有些制度不合理,吃亏也只能忍着。

建议:很多毕业生愿意选择私企,认为私企的门槛较低,更易积累经验,但是,不要形成"直接进入私企"的意识,私企的素质参差不齐,毕业生缺乏经验,很容易被第一份工作定型,错误的观念和不良的职场习惯会限制你的发展,同时,私企同样有广阔的发展空间,不会束缚才能,所以对私企应慎重考虑。

(二)公务员

2016年国考中,2.7万个招录名额共吸引了近140万人报名。很多大学毕业生看到这组数据,就被吓得停下了脚步。其实仔细想想,这几百万人里面至少有50%的人是抱着碰碰运气的心态去试一下,这部分绝对是炮灰,可以忽略不计;至少有30%的人只是随便复习一下,没有经过完整的训练;至少有15%的人复习方法不对,最后剩下5%基础较好、方法得当且复习全面的人,真正的决斗也只在这几个人里面展开,还要除掉一些心理素质不好的或者发挥不稳定的,所以真正准备了的基本上都会有所收获的。

在公务员招考中,大量岗位招收本科毕业生,有些岗位并不限定专业。相对来说,国家公务员考试公平公正,因此被誉为"玻璃房里的考试"。参加国考,凭借自己的实力笔试、面试竞争上岗,成为一名公务员,成为不少大学毕业生的优先选择。

此外,近四年来,公务员的职业幸福感一直稳居前三。有数据显示,2015年进入政府机构的毕业生就业满意度竟然达到了72%,为所有通道中最高的。当然,还有很多大学生报考是因为公务员是一份比较稳定的工作,并且具有比较完善的福利保障。这其实也是很多家长对于孩子的要求,安稳即可。其实,走上仕途不仅仅是稳定,做得好的话工资待遇绝对不比企业高管差,这是后话。

优势:有稳定的收入和生活,有良好的保障;公务员收入不是最高,但福利极好;有一定的社会地位及相应的权限;职业轨迹确定,工作没有太大的浮动性;国家机构员工,本身带有荣誉性质。

弊端：工作枯燥,忙起来极忙,闲起来极闲；考试没完没了,升职总与考试、考核挂钩；有些机关人际关系复杂,钩心斗角；收入稳定,但没有大幅提高的可能,只能保持平均水准；坐在清水衙门、没有晋升可能的人,很没成就感。

建议：有志从政的人、有权利欲望的人、真心想改变国计民生状况的人、想要一个稳定工作的人都可以选择考公务员,公务员这个工作,如果心境淡泊,没有野心,不失为不错的选择,能够保证安定的生活和充足的个人时间；如果想要升职,则要有长期奋斗(至少15年)的决心和高明的人际头脑,否则不容易出头。

(三)国企、事业单位

国有大中型企业是最缺人才之地,也是最需要大学毕业生去充实之地。然而,在不少的招聘会上却看到、听到一些国企招聘者对招收大学毕业生顾虑重重、抱怨多多,什么"大学生不职业、不敬业、不诚信"等,仿佛大学毕业生与企业之间有一道难以逾越的鸿沟。

从大学毕业生的择职观看,许多人觉得国企挣钱少、待遇低、工作环境差、工作岗位脏,因此不愿走进国企；还有的大学生觉得,进国企当管理者还可以考虑,如果进车间当工人,多年的书可是白读了。而国企管理者认为,大学毕业生普遍缺乏包括工作能力、适应能力、生存能力在内的就业力,职业素质差。不培训不好用,可是花力气培训后,又怕他们翅膀硬了便另攀高枝,让企业白忙一场。

优势：稳定的收入,良好的福利保障；有国家做后盾,安全系数高；国企注重员工素质,要求员工为人处世遵循一定规则,员工因此可以学到不少东西；有些行业工作相对安逸,心理压力相对较低；国企锻炼人,能够形成良好的就业观。

弊端：入门难,不容易进入；有的论资排辈,想要出人头地一般需要多年的奋斗；人际关系较复杂；中西部的国企,大多待遇一般。

建议：国企人际关系复杂,初入其中的大学毕业生也许会摸不到门路,而按资排辈的现实更让心高气傲的大学生心生不服,当然,国企也正在克服上述弱点,国企能够全方位地锻炼人,总的来说,国企是不错的选择。

(四)外企

外企的管理一般要正规、国际化很多,也有更多的机会去接触行业最新的技术和理念。而且进外企的门槛一般平均来说更高,认同感强一些。如果从工资水平来说,也相对其他企业较高。

优势：高薪,福利好,工作环境好；外企有系统的企业文化、管理制度,员工能够学到更多的东西；强调个性和创造性,有利于培养能力,也有利于搭建自己的人脉；注重员工发展,给予员工诸多培训；实力雄厚,不会出现拖欠工资、罔顾员工权利等现象。

弊端：起点高,发展空间不大；工作量大,加班加到吐血；竞争激烈,神经随时紧绷；打入核心机构难上加难,可能性基本为零；对外语有很高的要求。

建议：外企的高薪高酬是很多毕业生追求的目标,进入外企,感受成熟的企业环境和管理系统,有利于毕业生学到更多的东西,不论是个人能力、行业观念还是企业文化意识,外企能够全方位地充实员工的头脑,但是,外企竞争激烈,职位也只能到一定级别,有些聪明人会进入外企学习先进的管理经验和技术,然后自己创业。

(五)考研进修

这个类别中主要有两部分人,一部分人是在专业层次的递进,如果专业需求较高,这部分人基本上就业都会有比较好的保证。还有一部分是延缓就业,这一部分其实就有点"混学历"等思路。其实这个通道说白了,最后还是要进入下一个"考虑出路"的循环。因为并不是所有人都适合做科研。

优势:延缓就业压力,推迟就业期的到来;有些城市,有些学校能给研究生解决户口的问题;提高自身学历,增强竞争力;国家出台了新的研究所扩招政策,考研相对容易,能够拿到更高的文凭;学术上有创见,可以沿着这个方向一直努力,毕业后获得稳定的工作。

弊端:研究生毕业后,毕业压力仍在,而且有了更为年轻的竞争者,压力越加沉重;读研期间,不一定能学到对自身职业有用处的知识,白白浪费了积累经验的时间;研究会生扩招,会出现和大学扩招相同的结果——研究所学历贬值,也许毕业后只有一个选择——考博。研究生毕业或博士毕业后年龄偏大,失去年龄优势,特别是女生,要面临更多的年龄歧视。学术研究,层次越高,就业面越窄,毕业后,面对更加激烈的竞争,此时却已无法放弃本专业。

建议:如果对某个专业,某种学问有无法遏制的热爱和相应的研究能力,要不浪费自己的爱好和天分,继续深造,终有一天会有建树;但如果考研只是为了规避和缓解就业压力,建议不要考研,研究生毕业后压力只增不减,而且会使你丧失积累经验的机会,试想,两三年内,你将与多少机会失之交臂;年龄有时候是一种优势,因为年轻,有犯错误的时候也会有改正错误的机会,一旦年纪大了才开始接触社会,这些机会就会相应减少,试想,一个二十几岁的大学生犯了错误,单位会念在他年纪小,给予原谅,但一个将近三十岁的人犯同样的错误,会让人诧异甚至认为不可原谅,善用年龄优势就能为自己留下余地。

(六)出国深造

面对高等教育日益开放化、多元化、国际化,越来越多的人不满足于国内传统教育方式的引导,以高中生、大学生为主流的很大部分人都纷纷选择"出国留学"这一方式来提升自我。国外领先的教学质量、开放的教学环境、多元的民族文化都是学生选择留学的因素。

优势:增长见闻,开阔视野,成为一个有见识的人;掌握一门外语,受益终身;磨炼自己的生存能力,培养自己的吃苦精神,学习外国人的优秀之处;好的学校和好的专业,能够使自己学到真正的知识,拿到过硬的文凭;有机会进入外国公司或者移民。

弊端:出国留学需要大笔金钱,投资不一定有相应回报;国外消费水平高,也许你常会感到入不敷出;有些国家排他性强,你无法真正融入同学之中;外国的经济危机闹得厉害,工作机会更少;如果没有学到真正的知识,会白白浪费几年光阴和大笔金钱。

建议:年轻的时候有机会多见见世面,是件好事,如果有条件出国留学,不妨出去;但是,如果没有好的学校或者好的专业,大可不必出国镀金,把同样的资金用来创业或投资意义更大。

（七）自主创业

要说并不是所有大学生都适合创业。鼓励大学生创业并不是什么现在才有的新鲜产物，没有鼓励也会有人投身到创新创业的事业中去，所以国家在政策上稍加引导和鼓励是好的。但这并不是说每个大学生都适合去创业，每个人都应该认清自己的发展定位，是要去参加创业做老板，还是做好一个雇员。还有，建议大学生们在创业之前想好，对自己的情商、智商、财商进行评价一下，没有准备好最好别去碰，办企业不是坐下喝喝咖啡就能办起来的。

优势：不必为人打工，自己的事业自己做主；全方位锻炼人的能力；最大限度激发人的潜质；培养系统性的思维能力；创业成功的成就感无可取代。

弊端：目前中国的创业环境并不健全，需要一笔较大开支，需要长远目光和周密规划；毕业生社会经验少，眼高手低，盲目乐观，容易碰壁，创业失败打击巨大。

建议：大学毕业生想要成功创业，不只需要远大的理想，还要有激情、行动力、领导能力、商业信用和超强的适应性，毕业生不论是心智、观察市场的眼光、领导气质都还有一定欠缺；想创业的人无需急于一时，进一家好公司，积累了丰富的经验和人脉，再辞职创业更为妥当，成功率也更高。

（八）其他、自由职业

至于自由职业、参军、入伍和支教等，其实都是相对比较小众的通道。而且，这类选择中，等到服务期一过或者退伍后，还是要面临着再就业。这其中在这些路上能够持续性走下去的人并不是很多，所以终究还是要回到"再就业"这个问题。

优势：充分发挥自己的才能与爱好，时间自由、充裕；能够全面安排自己的生活；挑战性高，生活不易枯燥；按照自己的理想生活，心灵充实。

弊端：没有稳定收入或只有很少的收入；脱离社会太久，不容易融入社会；对自制力要求极高；对自我学习能力有极大要求；会有入不敷出的情况；有江郎才尽的顾虑。

建议：自由职业适合有艺术气质的人，SOHO一族的生活虽然令人羡慕，但存在的隐患也不容忽视，自控力强、计划性强、有理财观念的人能够适应自由职业，并保证自己的生活；容易产生惰性的人，还是需要工作来规范，不建议太过"自由"。其他类别选择则要时刻考虑着自己的前途，如果最终还是会回到再就业，一定不要让自己与社会脱轨，并保证锻炼自己的工作技能。

二、未来就业热门的行业

（一）新兴领域

1. 云计算

企业向云端迁移是大势所趋，在政策和市场双轮驱动下，我国云计算产业进入快速发展阶段。数据显示,2015年,我国云计算产业总体规模已经达到了1 500亿元,2016年,国内主要云计算企业增长都实现了翻番。国内云计算发展的良好势头锐不可当,并正加速向各个行业和领域渗透。

2. 大数据

大数据行业的融资金额2013—2015年达到43.4亿美金,大数据已经渗透到几乎每一个行业,2016年3月17日,《中华人民共和国国民经济和社会发展第十三个五年规划纲要》发布,其中第二十七章"实施国家大数据战略"提出:把大数据作为基础性战略资源,全面实施促进大数据发展行动,加快推动数据资源共享开放和开发应用,助力产业转型升级和社会治理创新;具体包括:加快政府数据开放共享、促进大数据产业健康发展。

3. 人工智能

2016年被业界称为人工智能的新纪元,几乎所有的IT互联网企业,以及那些还在推动互联网+、数字化转型的传统企业,也开始寻求借助人工智能实现自身的转型升级,以人工智能为代表的新技术正在成为新的生产力。

中国政府计划成为全球人工智能领域的领导者,并通过增加经费来帮助人工智能的发展。依据第十三个五年计划的规定,政府在科技研究方面的支出每年内要翻一番。国家发展和改革委员会刚刚批准了一项计划,组建国家人工智能实验室,研究深入学习。

随着"阿尔法狗"的出现,人工智能对人类棋手碾压式的胜利,会意味着什么呢?

4. 虚拟现实

2015年全球VR领域共获得6.9亿美元投资,2016年投资规模增长至23.2亿美元,增长率达236.2%,高于其他领域的投资增幅。VR会成为一个非常巨大的市场,但是短时间内它并不能代替智能手机成为下一个计算平台。2016年中国虚拟现实市场总规模为68.2亿元,赛迪顾问对虚拟现实发展预测倾向乐观,预计到2020年,市场进入相对成熟期,规模将达到918.2亿元,年复合增长率达125.3%。

5. 3D打印技术

3D打印技术目前已经步入了飞速发展的时代,3D打印被赋予了"第三次工业革命"的大背景,以3D打印技术为代表的快速成型技术被看作是引发新一轮工业革命的关键要素。目前,在3D打印技术领域,虽然国内与国外存在较大的差距,但是,国内在某些方面已经领先全球,并且从"国家领导人"到"普通民众"对3D打印技术给予了高度的关注和极大的热情,这为提升"中国制造"整体实力提供了一个绝佳的机会,为3D打印的普及应用与深化发展提供了一个良好的平台。

6. 无人技术

无人技术起初还主要应用在无人机、无人驾驶汽车等领域。但从2017年7月到现在,随着阿里巴巴的无人超市上线,这些亚马逊的无人机、京东的无人仓、百度的无人驾驶、西门子的无人工厂……层出不穷的"无人技术"令人眼花缭乱。人们在感叹科学技术大迈步的同时也对未来世界充满了焦虑与不确定性:"无人时代"的来临,人类能做些什么?

7. 机器人

据媒体报道,渣打银行2017年7月发布的《中国、东盟及前景》报告中,调查了珠三角地区200多家企业制造商,这些制造商们预计工资平均涨幅或达7.2%。在这样的背景下,希望使用更多机器人来代替工人的企业家不在少数。也正是在这样的大背景下,中国的机器人市场正在呈现快速发展的格局。按照国际机器人联合会(IFR)2017年2月发布的报告,2010年到2016年,中国工业机器人市场增长了5倍多。2013年以后,中国已连续四年成为全球最大的工业机器人市场,中国占全球市场的份额,也从2013年的1/5提升到去年的接近1/3。机器人市场的快速发展,既给经济社会发展带来了机遇,也给经济社会发展提出了挑战。

8. 新能源

新能源(NE)又称非常规能源,是指传统能源之外的各种能源形式,指刚开始开发利用或正在积极研究、有待推广的能源,如太阳能、地热能、风能、海洋能、生物质能和核聚变能等。中国是最大的新能源市场,发展新能源产业是改变我国的能源结构,降低对化石能源的依赖度,同时减少环境污染的必然选择。

9. 新材料

新材料是指新近发展的或正在研发的、性能超群的一些材料,具有比传统材料更为优异的性能。近年来,新材料越来越受重视,国家也重视新材料产业发展。新材料技术则是按照人的意志,通过物理研究、材料设计、材料加工、试验评价等一系列研究过程,创造出能满足各种需要的新型材料的技术。新材料将成为数万亿产值的市场。

10. 互联网医疗

互联网医疗是互联网在医疗行业的新应用,其包括了以互联网为载体和技术手段的健康教育、医疗信息查询、电子健康档案、疾病风险评估、在线疾病咨询、电子处方、远程会诊、及远程治疗和康复等多种形式的健康医疗服务。互联网医疗,代表了医疗行业新的发展方向,有利于解决中国医疗资源不平衡和人们日益增加的健康医疗需求之间的矛盾,是卫生部积极引导和支持的医疗发展模式。

(二)传统领域

1. 医疗服务

2016年医疗服务行业的驱动因素来自于药品行业景气度持续下滑,以及药品价格形成机制的变化。在分级诊疗和医生多点执业的推动下，公立医院借助民营资本盘活存量资产、创造增量价值。医疗服务业务为新技术提供了商业化的出口，而新技术给医疗服务业务提供了高附加值的项目。

2. 生物技术与生命科学

随着基因组学、分子生物学等基础学科的发展，生物制剂与生命科学技术正在治疗中发挥越来越重要的作用：生物制剂方面，越来越多的单抗药物对肿瘤、糖尿病等疑难杂症产生突破性疗效，"重磅炸弹"级新药频出。

3. 健康养老

健康养老产业受需求迫切和政策鼓励双向驱动，将迎来十分确定的发展机会。未来我国政府和个人将面对很大的养老压力，截止2014年，65岁以上老年人口达1.4亿，占人口比重的10.1%，到2020年老年人口将增至2.6亿。

同时，养老作为"健康中国"的一部分已被提升到国家战略性高度。我们将全面贯彻国家提出的建设以居家为基础、社区为依托、机构为补充的多层次养老服务体系的精神，深入挖掘投资机会。

4. 教育

国内民办教育市场规模超过6 000亿元，而在线教育五分之一的市场份额吸引了无数资本和创业者，虽然盈利模式依然存在极大的问题，传统线下培训机构也一直拥有着稳定的线下资源和师资，但这块领域是每一个发展大国都极其看重的行业。

5. 体育

中国各路巨头均开始瞄准海外优质体育标的资产，渐渐向成熟体育的盈利模式靠拢。

6. 文化娱乐

消费升级使得人们的消费习惯逐渐向文化娱乐产业进行倾斜，消费人群和消费金额也越来越低龄化和增长化。

课堂互动

课堂分成10组，每组分配1个未来新兴行业，10组在组内讨论对该新兴行业的认识，然后整合组内信息并派出小组代表进行分享。

复习思考

认真复核自己的职业发展规划，对应不同类别的毕业去向，梳理自己的计划。

第三节 就业信息的渠道获取

一、认识就业信息

就业信息普遍是指与用工单位人员招聘、求职者寻求岗位相关的信息与情报。一般在狭义层面的表现是指用人单位通过一定渠道发布的关于招聘的计划、要求、流程等相关消息;广义层面会包括国家和地方经济形式、就业法规政策、行业发展动向等社会经济外在宏观信息以及与就业主体相关的主体特征、内在需求等内容。

对大学生求职者来说,就业工作是要做好全面就业准备、就业决策和就业过程控制等工作,因为就业信息具有客观性、共享性、传递性、即效性、可利用性等特点。所以在就业信息中需要对以下类别的相关信息有所了解。

(一)相关法规政策

就业方面的法规政策是一个社会为了规范劳动力市场的运行、管理而制订的约束性文本,具体包括国家在民众就业方面的相关法律、行政法规、司法解释、地方法规及其他规范性文件等。认识和了解这些法规政策,是大学生依法求职和在求职过程中进行自我维权的基础和前提。就业的法规政策常包括以下三个层面的内容。

1. 国家层面的法规制度

当前我国已出台的就业相关法律和重要政策文件有:《中华人民共和国劳动法》《中华人民共和国劳动合同法》《中华人民共和国就业促进法》《中华人民共和国劳动合同法实施条例》《普通高等学校毕业生就业工作暂行规定》《公务员录用规定(试行)》《就业服务与就业管理规定》等。这些法律文本从国家的层面上明确了用工组织或个人的基本权益、义务,譬如对于试用期,《中华人民共和国劳动法》规定最长不超过六个月,《中华人民共和国劳动合同法》规定劳动合同期限在三个月以上不满一年的,试用期不得超过一个月。了解这些法规的主要内容和基本原则,不仅对大学生求职本身有很大的帮助,同时对其在今后工作职场中能坚持依法办事、自我维权也大有益处。此外,为鼓励和支持大学生就业,政府也出台了相关扶持性政策,譬如 2009 年国务院办公厅出台了《关于做好当前经济形势下就业工作的通知》《关于加强普通高等学校毕业生就业工作的通知》等。这些文件虽具有临时性、阶段性特征,但常常也具有更强的针对性,了解这些政策,对把握就业大趋势、大环境具有重要的参考价值。这些法规文件一般都可以通过网络搜索获得。

2. 地方政府的相关规定

在国家法规政策指导下,各地方政府往往也出台和细化了相关政策,形成了各地关于大学生就业的相关规定。与国家的法规政策相比,这些地方性政策规定具有更强的区域性、指向性和可操作性等特征,其对学生求职行为具有更强的影响。如北京、上海等中心城市对应届毕业生落户制订了专门的政策,重庆市政府也专门制订了鼓励和支持大学生创业、到基层就业的相关政策,以及不少地方政府为吸引大学生而制订的关于普通高校毕业生引进、培养、晋升、待遇优惠政策等。这些政策在不同地方差异较大,其往往也会因为地方政府在经济社会发展、产业结构调整等战略布局上的不同,而在扶持力度、投入重点、时间跨度等方面呈现较大差异。这些信息往往可以在当地政府网站,特别是人力资源和社会保障网、地方高校毕业生就业信息网上获取,对于一些需要"落地"的地方政策,各高校就业信息网、辅导员也常会及时宣传、传达。

3. 学校层面的工作制度

针对大学生求职,几乎所有的高校都出台了相关的管理办法,譬如,对学生违法行为的限制、对学生推荐次数的要求、对三方协议的管理、对学生实习实训的规定等。这些制度对学生求职行为具有最直接的规范和约束效应,与学校的就业行动息息相关。其信息往往可以通过学校就业信息网或者学生手册等渠道获得,当然,学生也可到学校就业指导服务中心或向辅导员、班主任直接咨询。

(二)行业与产业发展信息

每届大学生毕业求职都处于一个特定的时代背景下,不同的时代就会对应着不同的就业环境、时代趋势、求职规则。在经济社会发展、产业结构调整下,不同专业、不同发展目标的大学生就业必将面对不同的局面。譬如,早些年中国通信运营商在短信、语音业务等方面都保持着高水平的增长,然而当腾讯推出微信并被用户大规模接受使用后,通信运营商的传统业务就面临着巨大压力。与之相似的,电子商务的大规模普及,就导致线下实体的业绩下滑,迫使线下实体企业要做出重大战略转型。因此,大学生求职需要宏观地去掌握行业、产业、企业等客观信息,了解外界大势,方能科学地决策。

(三)自我内在需求信息

在求职研究和具体操作中,自我内在需求信息往往被求职者所忽略。事实上,大学生自我内在需求与实际求职结果以及今后的职业满意程度具有较高的相关性。职场如战场,试想,在战场上你明明擅长打狙击,却让你去当冲锋手,结果可想而知。因此在求职过程中,只了解外在因素做到"知彼"还远远不够,理性的求职行为和决策同时更需要建立在求职者"知己"的基础上。求职,作为我们人生发展的重要一步,其决策需要建立在个人总体的人生规划基础之上。大学期间,不少大学生也通过系统的职业生涯规划教育并对自己有了相当的了解,但鉴于求职将是人生的又一个重要转折点,因此,在做出求职行动和决策前,我们依然需要再次审视和把握自己的真实情况,包括自身的兴趣爱好、个性特征、价值取向、能力素质、薪资要求、地域选择以及可利用的人脉资源、学习状况等。我们相信,你只有真正尊重了真实想法和实际需要,最终的结果才能更满意。

(四)实际招聘信息

具体的招聘信息对求职者行为选择具有更具体、更直接的影响,它往往也是应聘者在求职过程中最为关心的一类信息。这类信息常包括用人单位基本信息、岗位基本信息、招聘安排信息三方面内容。具体而言,单位基本信息包括单位类型、主要业务、单位规模、单位地址、发展前景、企业文化、社会声望等内容;岗位基本信息包括工作内容、工作环境、素质要求、薪资待遇与福利保障、是否满足自己的兴趣等;而招聘安排信息就是具体的招聘过程安排内容,包括招聘计划、招聘流程、笔试面试等。招聘信息可以通过网络、招聘单位宣传资料、宣讲会等途径获得,其掌握和运营情况往往对求职者的求职结果具有最直接的影响。

以上四类信息,前三类更为宏观,稳定性、持续性强,是属于需要求职者长时间留意、准备和收集的。第四类信息则是大学生求职过程中最为关注的信息,表现具体,且具有很强的时效性,需要在求职过程中随时收集整理。

二、获取信息的渠道

(一)求职渠道选择的趋势

1. 就业渠道多样化

当前大学生就业趋势更趋严峻,求职竞争更加激烈。在这样的背景下,大学生的求职渠道选择呈现多样化、个性化发展趋势。大学生在求职渠道上,除了常见的校园招聘、专场招聘、团队互助、学校推荐、实习求职等渠道外,学生求职中也出现了登门拜访、电话自荐、个性网站、异地求职、免费试用、曲线求职等特殊渠道。个别学生甚至借助网络等工具进行以个人求职为目的的红人炒作,这些现象的出现,充满了年轻人的创新。

2. 网络求职成为流行

随着计算机的普及和移动互联网技术的发展,社会对网络的利用已经更加普遍,网络也成为不少大型企业发布信息、招聘人才的首选方式,美国《财富》杂志报道称,美国企业已经有5%以上的求职和招聘都是在网络上完成的。对大学生而言,网络求职也因其具有便捷、低廉等优势而得到了大学生的普遍青睐。利用网络"足不出户找工作",成为个别学生特有的求职方式。当前,虽然网络招聘也还存在操作不规范、信息陷阱等问题,但我们相信随着网络监管体系的逐渐健全,网络求职也将会进一步得到运用和发展。

3. 不同群体有不同就业渠道

在招聘活动中,不同层次的企业常采用不同的人员招聘、选拔方式,即使是到校招聘,大型企业也常有自己较为固定的目标院校。因此,从学校的角度而言,不同性质的高校往往面临不同的用人单位群体,而不同层次、特性的学生群体也往往具有不同的求职主渠道。譬如,"985""211"院校的学生,到校招聘单位数量庞大,学生就可以不出校门就能落实就业,因此校园招聘就是他们的主要就业渠道;而对于高职学生,利用实习实训促成就业的比例相对就较高。

4. 求职中社会关系的地位

在就业的大环境里,往往有人脉资源的求职者可以赢得机会。当前大学生在求职过程中也更加注重人脉资源的开发与利用,这对促进顺利就业提供了帮助。

(二)求职渠道的常用类别

随着信息技术的进步,大学生求职信息的获取渠道也越来越丰富,可以来自学校就业主管部门、社会公共就业服务机构、市场经营性就业服务机构。这些机构发布信息的目的不同,信息类型也有所差异,但对求职大学生而言都有一定的利用参考价值。

1. 招聘会

根据招聘主体不同,分为校园招聘会和社会招聘会两种形式。

1)校园招聘会

校园招聘会是经学校就业指导中心或相应机构同意由招聘单位直接进入学校举行的现场招聘会活动。对毕业生而言,这种招聘会具有安全、经济、针对性强的特征,其规模、层次往往因为学校影响力等不同而存在较大差异,譬如"985""211"院校每年到校招聘的单位数量大、质量高,而一般院校到校招聘的单位质量、数量都相对差一些,因此对于求职学生而言,关注和直接参与重点大学校园招聘会是一种不错的选择。不同单位进入学校举行招聘会的时间差异较大,但整体有提前进入学校组织招聘会的倾向,个别单位甚至也借用赞助学生活动等方式将人才选拔活动向低年级延伸。一般而言,每年9月下旬至12月上旬及次年3月上旬至5月中旬成为企业进入学校招聘的两个高峰期。世界500强企业往往将校园招聘时间确定为冬季,个别企业春季时也针对考研落榜学生进行补录,但名额相对有限。企业到校招聘一般包括信息发布、现场宣讲、接收简历、笔试、面试、录用签约等环节,对求职者而言,每个环节都不容错过。学校在校园招聘会的组织上,逐步向小型化、经常化方向发展,不少学校更欢迎企业到校举行专场招聘活动,因为这种招聘形式往往具有更好的针对性。但为了减轻多场招聘会组织的压力,每年依然有不少学校采用集中组织数百家单位的校内大型双选会形式,这些双选会对应届毕业生而言很有价值,毕业生们应及时收集信息并积极参与。

2）社会招聘会

社会招聘会是由政府机构或专业人力资源公司、社会中介机构统一组织,由招聘单位参加的招聘活动形式,这种招聘会多带有社会招聘的性质,也有针对应届毕业生求职举行的专场活动,一般在大学集中的地域或者交通便捷的会展中心举行。政府部门组织的招聘活动往往具有公益性质,一般规模较大,针对性较强;由专门人才公司、社会中介举行的招聘活动往往会收取一定费用,这种招聘会举行场次较多,层次差异较大,岗位数量充足,但常要求应聘对象具有一定工作经验,因此应届毕业生优势不明显,同时毕业生也特别需要注意辨别信息的真伪。

2. 互联网

互联网求职既快捷,又方便高效。在求职中可利用的网站包括专业求职网站、大型门户网站中的求职专栏、求职论坛、企业网站及知名大学就业信息网等,它们的求职信息丰富,更新速度快,互联网除人才供求信息外,人才市场信息网络一般还提供政策法规、市场介绍、求职指导等有关信息,而且时效性强,计算机网络技术的运用,大大提高了人才市场的信息处理能力,使人才市场的信息能及时发布和更新。目前,大学生求职中可以用到的相关网站有:前程无忧(www.51job.com)、智联招聘(www.zhaopin.com)、中华英才网(www.chinahr.com)、全国大学生就业公共服务立体化平台(www.ncss.org.cn)、才企网(www.cuteu.org)。

3. 实习

通过实习实现就业是不少大学生都渴望能够遇到的好机会。但不同的学校因其性质的差异较大,其中职业技术学院、师范类高校、医学类高校的学生都有较长的实习时期,某些实习活动实际上与学校的订单式培养相结合,因此对学生的就业有较大帮助。事实上,不少大型公司也通过这种方式选拔员工。当然,对待实习活动,学生也应该看到,即使实习后不能留在实习单位,但这种经历也往往能为后期求职增添筹码。

4. 学校推荐

在招聘过程中,部分单位为了缩小人才招聘范围,减少人才招聘成本,其信息往往通过学校内部特殊渠道进行传递。其中,委托学校就业指导服务部门或辅导员、班主任进行定向推荐就是最常见的方式。这种推荐往往具有较强的针对性。定向推荐因为招聘企业与推荐人之间的特殊关系,常常会对求职者产生积极影响,因此,对求职者而言,得到这种特殊推荐往往能获得更大的竞争优势。

5. 报纸杂志

依托报纸杂志求职是较传统的求职方式之一,能刊登求职信息的报纸一般有两种,一类是综合性报纸的求职广告专栏,另一类是专门的人才类报纸。报纸招聘信息地域性特征较突出,每个地区的主流大众报纸一般都开辟有求职专栏,这些专栏刊登大量的关于本地区的招聘信息。值得注意的是,当前各种报纸杂志水平良莠不齐,获取求职信息一定要通过正规刊物,以避免被虚假信息误导。

6. 关系网

中国是一个重视人缘和关系的国家,因此每年大学生中利用亲戚、朋友关系实现就业的比例不在少数。关系网虽然重要,但并非鼓励大学生利用自己的特殊身份去进行不正当的求职竞争,而是希望大学生可以充分认识这种客观现实,合理使用资源,在求职之前可以将自己的可利用的社会资源进行整理,以便在求职过程中能够获得更好的支持和帮助。

7. 其他渠道

大学生求职中也还有其他渠道,如团队求职、互助求职、个性化求职等,只要用心,似乎总能找到适合自己的渠道。此外,在互助求职中成员之间互相推荐,资源共享,往往也会产生意想不到的效果。

三、获取信息的事项

(一)获取有效信息的挑战

1. 信息泛滥

大学生往往具有丰富的信息获取渠道,因此可以获得大量的就业信息。然而在大量的信息中,他们却往往因为缺乏良好的信息处理技巧,从而导致就业信息利用率很低,他们甚至常常因为信息太多造成选择性冲突而无所适从。这些信息量过多的求职者需要进一步掌握就业信息的使用方法,明确自己的求职目标,在信息选择上学会取舍,进而提高信息使用效率。

2. 信息匮乏

有些大学生在求职过程中往往缺乏获取求职信息的渠道,加之现在很多大学生缺乏主动性,致使能够获得的求职信息非常有限,从而将自己置于求职信息与机会匮乏的被动境地。要摆脱这种困境,就必须解决就业获取渠道和技术问题,同时增强自己获取求职信息的自觉性和主动性。

3. 虚假信息

如今处于监管还无法非常完善的时代,就业信息中总充斥着一些虚假信息,包括诈骗信息、夸大信息等对学生造成人身及财产损害。面对这种情况,求职大学生必须不断地提高自己对信息的鉴别能力,保证信息来源渠道的真实可信。

(二)获取有效信息的原则

1. 真实性

真实性即要求信息反映的情况与事实相吻合,没有夸大与隐瞒现象,信息真实可信。保证就业信息的准确真实,是就业决策的前提和基础,如果一条信息不能真实地反映实际情况,往往会对求职者的就业决策和行动造成误导,甚至让求职者陷入求职陷阱,造成财产损失甚至人身伤害。

2. 时效性

时效性即要求获得的就业信息还未过时,还有可利用的价值。一般而言,招聘单位举行的招聘活动都有较长的时间周期,但却只会在固定的时间阶段内;同时因为招聘平台的月费、年费等收费模式致使企业在招满职位后,该职位也仍然会对外展示超过一年之久。所以把握和分辨信息的时效性也是尤为重要的。

3. 完整性

完整性即要求信息完整。求职信息涉及多方面,即使是某个单位的具体招聘信息,也往往涉及招聘时间、招聘计划、岗位要求等多方面内容,只有全面了解这些信息,才能帮助求职者进行系统的分析和决策,如果对就业信息只停留在一知半解层面,就可能致使求职者在决策中犯错误。

4. 针对性

针对性即要求求职者能根据自己的实际需要对信息进行取舍,保留对自己有价值或高价值的信息,而排除那些无用、无关或低价值的信息。在求职过程中,求职者通过自身努力常常能获得多方面的信息,譬如只要登录某一求职专业网站进行某一关键词查询,瞬间就可获得大量相关内容。对于这些获取的内容,求职者必须根据自己的实际需要进行筛选。我们始终要认识到,只有自己真正需要的信息才是有价值的信息。

5. 计划性

计划性大学生毕业求职是一个较长的过程,而就业信息的收集、整理是贯彻这一过程始终的,大学生需要在求职过程中,根据不同阶段的不同需求,在信息收集上做到有目的、有计划、分轻重缓急的分步实施,以求达到更好的效果。

课堂互动

以3~5人为小组,讨论各类就业渠道的优缺点。

复习思考

访问互联网就业渠道的推荐网站,进行模拟求职的操作,学会熟练使用互联网招聘网站。

第九章　求职技巧与注意事项

第一节　求职技巧与简历呈现

一、自我推荐

大学毕业生的求职择业是用人单位与毕业生之间"双向选择"的过程。毕业生向用人单位正确地宣传自己、展示自己、推销自己的过程,就是自我推荐。自我推荐是就业的第一基础,自我推荐很大程度上决定大学生能否有机会进入下一步的面试及入职。

自我推荐可以令大学生在成千上万的求职者中脱颖而出,所以大学生要做好充足的准备。一是要自身准备充分,在材料上的准备和思想上的准备。材料准备包括个人的自荐材料、个人简历、各类证明材料等,而思想准备包括对这些材料的熟悉,对自身优势的了解,对企业及求职职位的清楚认识;二是要做好充足的信息收集,大学生要从漫天充斥的各类招聘信息中找出符合自己意向的信息,然后通过多种途径深入地挖掘信息的内容,在多种同类信息间比较与分析,发现各种机会。机会是给有准备的人的,只有做好充分准备工作,才能在自我推荐的过程中,做到从容应对、胸有成竹。

(一)自我推荐类型

一般自我推荐有个人的口头推荐、书面自荐、网络自荐等形式。

1. 口头自荐

这类自我推荐方式一般是用人单位到校招聘或者毕业生主动前往用人单位应聘,面对面与用人单位交流,展示个人才华,推销自我。这也是最佳的自我推荐方式。其优点是直接面对用人单位,可以现场表现自己的才华,容易给用人单位留下印象。如果自己表现出色,可能会被用人单位当场录用。其缺点是涉及的对象有限,只有在用人单位到校或到用人单位比较方便的情况下才可能使用这种方法,而对距离比较远的单位和现场没有时间的单位来说,则很难有机会实现面对面的交流。如果求职者本身形象气质俱佳,而且谈吐自如、反应敏捷,此种自荐方式就能显示其优势。

2. 书面自荐

通过个人自荐资料向用人单位推销自己,寄送自荐资料。倘若求职者能写一手漂亮的文章,那通过书面的形式就更能体现个人特点了。其缺点就是无法当面去展示个人的风采及口才等。

3. 网络自荐

这是现在最为普遍的自我推荐方式了,第一种是登录企业自己的平台,在上面留下或按要求登记自己的自荐资料;第二种是找到企业相关部门的电子邮箱,然后把自荐资料发送过去;第三种是利用现在的自媒体的迅速发展,有需要用人单位的高管、负责人都可以通过网上找得到,也可以利用自媒体做好自荐。其优点是可以充分利用互联网的功能去展示自己,像日志、招聘、视频等手段,让用人单位更全面地看到自己,展示自己。

(二)自我推荐技巧

1. 主动出击

做好充分的准备工作后,毕业生是要积极主动、毫不犹豫的,因为机会往往是一出现,转眼就被竞争的市场冲走了。机会往往也是人主动创造出来的,有了清楚的求职意向,主动获取就业信息,主动接触用人单位,努力地通过各种方式与用人单位建立联系,主动创造各种可能的机会让用人单位发现你。用人单位很喜欢积极主动的人,所以这种积极的态度也是用人单位在招聘时十分看重的;而且主动出击也能给用人单位传递这样的信息,就是你求职的意向是明确坚定的,对自己选择的态度是严肃认真的,而不是犹豫徘徊和不负责任的。

2. 对症下药

以社会和用人单位的需求为导向,不要盲目地推荐自己,要注重用人单位的需要、文化等,并对应展开个人自荐,这样才容易被对方接受。在自荐过程中,要紧紧围绕用人单位最想了解的内容,通过各种方式强调自己在这方面上的能力和与众不同的优势。

3. 灵活应对

每次的自我推荐都不一定是成功的,每一次的表现都不一定是用人单位所想要的,又或者是提供给你的反馈在你的意料之外等情形,你就要及时衡量权重,调整战术,变动自我推荐的表现方法,这样你就能最大化地把握住每一次的面试机会,获得更多的收获。

4. 良好形象

第一印象是给用人单位最直接的展示,大学生应该表现出朝气蓬勃、活力四射、积极向上的精神面貌。自荐就是要把自己最优秀的一面展示出来。如果没有一个良好的风貌,再优秀的能力也无法表现出来。因此,毕业生在自荐过程中,要充满自信,以洪亮的声音、清楚的语言、从容的举止,不卑不亢地展现自我。同时,向用人单位介绍自己的时候,一定要内容真实,言简意赅,态度谦虚,并认真聆听对方的讲话。

5. 注重细节

随着社会的发展,用人单位对人才的考察已经不仅只是在专业、技巧等要求上进行考察,而会更多地考虑求职者的性格、价值观、兴趣和团队精神。因此,在自荐的过程中,很多求职者会因为没有注意到一些很细小的问题,而导致自荐失败。例如,有的毕业生自我意识过强,过于积极主动表现自我,因此在回答提问的时候,总是抢在其他自荐者前面,比别人多说几句。殊不知,这样的人,在用人单位看来十分不注重团队合作精神,太急于表现自我,并不是单位所需要的人才。因此,自荐过程中,毕业生要举止文明大方,而且认真细致地回答提问。同时注重自荐的每个环节,比如一些基本的礼仪,包括如何打招呼,如何就座,如何握手,如何做手势,如何保持微笑等,还有些礼貌用语的合理使用,这些问题虽然从表面上都很微不足道,但正是这些微不足道的小事却能反映出你的素质和修养,所以要仔细对待每个具体的细节。

 拓展资料 9—1

石 头 汤

有一天,一位乞丐想饱餐一顿,经过一番设计,他敲开了一个财主家的大门。他对财主说:"请问能给我一锅味道鲜美的石头汤吗?"财主听了很奇怪:"什么味道鲜美的石头汤?"乞丐回答他:"就是用石头熬出的味道鲜美的汤。"财主说:"我还从来没听说过。"乞丐说:"让我做给你看吧!"于是财主把乞丐领到厨房,乞丐从院子中拾来一块石头,洗干净后放到锅里。他对财主说:"做汤需要油、盐、佐料。"财主说:"有道理。"于是给了乞丐油、盐和各种佐料。乞丐又说:"还需要一些蔬菜和排骨。"财主说:"也有道理。"给了乞丐许多蔬菜和排骨。乞丐把菜和排骨放进锅里同石头一起煮。过了一会儿,乞丐说:"好了,我们来尝尝吧!"乞丐把石头从汤里拿出来,扔到一边,开始大吃起来。财主尝后说:"味道还真不错。"其实,乞丐得到的是一锅鲜美的排骨汤。

我们可以设想,如果乞丐说:"请问能给我一锅排骨汤吗?"结局会是怎样?

其实,帮助乞丐实现目标的科学方法也就是营销理论的推销流程:爱达公式。

爱达公式的四个步骤是:引起注意,激发兴趣,引发欲望,实现目标。

乞丐的推销流程是:

(1) 引起注意——敲门。

(2) 激发兴趣——可以给我一锅石头汤吗?

(3) 引发欲望——用石头做的味道鲜美的汤。

(4) 实现目标——嗯,味道还真不错。

乞丐可以运用营销理论达到目的,求职者同样可以。

(资料来源:中国教育在线。)

二、笔试

笔试是一种与面试对应的测试,是考核求职者学识水平的重要工具。通俗点讲同大学生日常经历的考试一样,不过考方由学校改换成了用人单位,考试的侧重点也因用人单位的不同而随之不同。这种方法可以有效地测量求职者的基本知识、专业知识、管理知识、综合分析能力和文字表达能力等素质及能力的差异。

有的用人单位将笔试作为简历筛选后的第一轮筛选,主要是为了缩小范围,选出那些符合用人单位的企业文化和基本要求的人。也有的用人单位为了进一步考核求职者的专业技能或文字表达能力,在面试后进行笔试。

(一)笔试的类型

1. 专业考试

这种考试主要是检验求职者担任某一职务时是否能达到所要求的专业知识水平和能力。通过大学生的成绩单,一般用人单位都可以对大学生在校期间的学习情况有个基本了解,但对于个别单位来说,还需要对求职者的专业知识进行更深入的考核,特别是对于专业性较强的岗位来说,专业考试更是必不可少的。如机械、电子、会计等专业学生在求职过程中,用人单位十分看重其专业基础知识的掌握情况。再如外资企业招聘员工时,全部采用外文试题考核学生的外语水平等。

2. 心理测试

心理测试是将人的某些心理特征数量化,通过事先编制好的标准化量表或问卷,根据完成的数量和质量来衡量个体心理因素水平和个体心理差异的方法。目前越来越多企业在招聘人员的时候通过心理测试来了解求职者的性格、人职匹配、个人特质等情况,从而分析求职者是否适合该岗位的工作。例如销售人员需要外向、富有冒险精神的人,要不怕挫折,通过心理测试,就可以看出求职者是不是这样的人。

3. 综合能力测试

综合能力的测试主要是指个人智商的测试。通过图形识别、算术题等方式,用人单位可以对求职者接受新知识的能力以及个人智商水平有一定的了解。还有些能力测试要求求职者在规定的时间内对一组数据或一组资料进行分析,找出其合理的地方和存在的问题,并设计出解决问题的方案。这对求职者发现问题、分析和解决问题的能力就提出了更高的要求。

4. 公务员录用考试

国家机关目前已成为相当多大学生毕业首选的就业方向之一,每年国家、地方公务员录用考试都被誉为"千军万马过独木桥"。公务员录用考试的公共科目由《行政职业能力测验》和《申论》构成。其考试的内容与综合能力测试的考核内容基本上一致,都是考核求职者的综合素质。

(二)笔试的优缺点

1. 笔试的优点

笔试的优点表现在以下几个方面。一是经济性。笔试可对大批应试人员在不同空间、不同时间内实施,测评效率高。二是广博性。笔试的试卷内容涵盖面广,容量大,一份笔试试卷常常可以出几十道乃至上百道不同类型的试题,因而通过笔试可以测试出应聘者的基本知识、技能和能力的深度和广度,测试的信度和效度都比较高。三是客观性。这是笔试最显著的优点。考卷可以密封,主考人与被测者不必直接接触,评卷又有可记录的客观的尺度,考试材料可以保存备查,这较好地体现了客观、公平、公正原则。总之,采用笔试的方法,机会均等而且相对客观,这是其他方法难以替代的。

2. 笔试的缺点

偏重于机械记忆,不易发现个人的创造性和推理能力,不能全面地考察应聘者的工作态度、品德修养以及组织管理能力、口头表达能力和操作技能等。因此,笔试虽然有效,但还必须采用其他测评方法,如行为模拟法、心理测验法等,以补其短。一般来说,在企业组织的招聘中,笔试作为应聘者的初次竞争,成绩合格者才能继续参加面试或下一轮测试。

(三)笔试的注意点

1. 时间管理

要有策略地做题,先做擅长的,保证答题率和正确率。

2. 考试环境

如果在网上考,给自己营造一个安静的环境,手机静音,电话拔线,门口挂上"请勿打扰",调节舒服的光线来答题。

3. 考场纪律

一定要遵从监考人员的指示,在没有得到指令的情况下翻阅试卷,很有可能被取消笔试资格,有很多公司都非常看重应试者的守纪与诚信。大家要明确一点,笔试不仅仅是一场考试,也是求职过程中的一个环节,考场上的表现很可能会影响到你之后的面试。

4. 心理调节

有的时候我们可能会受到同考场内其他情况的影响,例如别人早交卷等,这个时候,我们要注意调节自己的心理,不要紧张、慌张,相信自己一定能够做好题目。

三、面试

面试是通过书面或面谈的形式来考察一个人的工作能力与否,物以类聚,通过面试可以初步判断应聘者是否可以融入自己的团队。面试是一种经过组织者精心策划的招聘活动,是在特定场景下,以考官对考生的面对面交谈与观察为主要手段,由表及里测评考生的知识、能力、经验等有关素质的考试活动。面试是公司挑选职工的一种重要方法。面试给公司和应聘者提供了进行双向交流的机会,能使公司和应聘者之间相互了解,从而双方都可更准确做出聘用与否、受聘与否的决定。

求职竞争是一种综合性的竞争,不仅仅是文凭、成绩、能力等的竞争,而是对求职者全方位的综合考察。但由于时间和考察方式所限,招聘官只能根据个人的判断(即个人的好恶)得出结论。实际上,大学应届毕业生应聘的一般都是初级岗位,面试时间不会太长,一般只有几分钟、十几分钟的时间。有一点我们可以肯定,同你的竞争者相比,你不可能没有任何一点长于他们,也就是说,他们不可能样样都比你厉害。你必须在不长的面试时间中,运用你的优势,强化和充分展示自己的优势。前面我们已经说过,这种优势可以是隐藏在你身上的任何一种个人品行特征。当然,这种品行特征必须是企业需要的,是招聘官欣赏的,如敬业、认真、负责等。这种优势放出的光芒完全可以盖住其他人的成绩、文凭、能力等优势。你不需要全身金光闪闪,一个点放射出足够的光芒可以胜过其他人的多处闪光。

(一)面试的准备

1. 充分了解应聘单位

对用人单位的性质、地址、业务范围、经营业绩、发展前景,对应聘岗位职务及所需的专业知识和技能等要有一个全面的了解。单位的性质不同,对求职者面试的侧重点不同。如果是公务员面试,内容和要求与企业公司相差很大。公务员侧重于时事、政治、经济、管理、服务意识等方面。而一位资深人力资源专员说:"面试时,我们都会问求职者对我们公司了解多少,如果他能很详细地回答出我们公司的历史、现状、主要产品,我们会高兴,会认为他很重视我们公司,对我们公司也有信心。"同时还应该通过熟人、朋友或有关部门了解当天对你进行面试考官的有关情况及面试的方式过程。

2. 使自己的能力与用人单位工作的要求相符合

"知己知彼,百战不殆。"求职者面试前应对自己的能力、特长、个性、兴趣、爱好、优缺点、人生目标、择业倾向有清醒的认识。认真阅读你所收集到的所有信息并牢记它们。尽量使自己的能力与工作要求相适应。参加面试时,通过显示你对知识的掌握和理解来表达你希望进入这一职业工作的愿望。

3. 模拟可能询问应聘的问题

面试前不经过角色模拟,便无法达到最佳的效果。一些负责招聘的人事主管提出,求职者应当乐意提问题,这样招聘者才能知道求职者的水准和想了解的问题。

4. 对可能遇到的问题进行准备

这项准备有助于认清自己真正的想法,有助于在面试的现场能够清晰地表达自我。

5. 练习处理对你面试不利的事情

即使曾有一些不愉快的受挫经历,即使自己曾经犯过错,也可作为一段可供学习的经验加以陈诉。务必用积极的事情抵消消极的事情,最好不要说有损自己形象的话。

(二)面试的类型

1. 一对一面试

一对一面试是一种运用得比较多的面试方式。在这种面试中,面试官和应聘者两个人单独面试,一个人进行口头询问,另一个人进行口头回答。

2. 系列式面试

系列式面试又称顺序面试,指企业在做出录用决定前,由几个面试官依次对应聘者进行面试,每一个面试官从自己的角度观察应聘者,指出不同的问题,根据标准评价表对应聘者进行评定,然后对每位应聘者的评价结果进行综合比较分析,最后做出录用决策。

3. 小组面试

小组面试是由几个面试官(其中一人为主考官)同时对一个应聘者进行面试。

4. 集体面试

集体面试是由多个面试官同时对多个应聘者进行面试。面试小组提出一个需要解决的问题,然后不采取行动,而是观察哪位应聘者首先回答问题。

5. 决策者综合面试

在挑选重要岗位人选时,有一种方法是由最高决策者进行综合面试。通常在有一定地位和阅历的人对具体岗位推荐了人选时采用这种方法。最高决策者对其学历、经历、能力已有一定的了解,面试是为了对其能岗匹配程度、与企业文化的融合程度、本人的性格和领导风格等进行进一步观察。

6. 压力面试

压力面试指用穷追不舍的方法对某一问题进行提问,问题逐渐深入,详细彻底,直至应聘者无法回答。这是为了测评应聘者如何应对工作中的压力,了解应聘者的机制和应聘能力,测试应聘者在适度的批评下是否会恼怒和意气用事。

7. 情景化面试

情景化面试是通过询问应聘者一系列问题来预测他在一个给定情景下的行为能力的面试形式。

8. 行为描述面试

行为描述面试是告诉应聘者一种情景,然后询问她过去在该职位工作时是如何处理的。这与情景化面试的不同之处在于,情景化面试关注的是应聘者对某一情景将会做出什么反应,行为描述面试关注的是应聘者曾经怎样处理这种场景。

9. 无领导小组讨论

无领导小组讨论是将被面试者组成一个临时工作小组,让他们讨论一些精心设计的管理活动中比较复杂棘手的问题,但不指定谁是负责人,通过对被面试者在讨论中所展现的语言表达能力、独立分析问题能力、概括能力、应变能力、团队合作能力、感染力、建议的价值性、措施的可行性以及方案的创意性等划分等级,对他们进行评价。其目的就在于考察被面试者的表现,尤其是看谁会从中脱颖而出,成为自发的领导者。在结束无领导小组讨论后,所有考官结合被试者在活动过程中的表现进行沟通。沟通内容包括被试者的态度、各种能力、优缺点以及性格特征是否适合岗位的需要,并对被试者的综合评价进行排序。目前,无领导小组讨论已被广泛应用于招聘面试环节。

10. 电话面试

一些单位在收到简历之后,为了在面试前做进一步的筛选,用人单位往往用打电话的形式进行首轮面试。电话面试的时间一般在 10～30 分钟,用以核实求职者的背景和语言表达能力。对于大学毕业生来说,电话面试不像面对面交流时那样直接,表现余地相应较小,仅能凭声音传达个人信息。

(三)面试的技巧

1. 倾听的技巧

面试的实质就是求职者与面试官进行面对面的交流与沟通,因此听与说是面试中相辅相成的两个环节,虽然"说"是面试中主要的部分,但是"听"往往更加重要,学会倾听,抓住问题的关键是正确表达的前提条件。只有专心倾听,把握住用人单位的问题和问题背后的含义,回答才会更加精准。

2. 表达的技巧

面试一般都以介绍自己的情况为主,在介绍时内容要力求简洁,尽可能地节省时间,切忌喋喋不休说个不停;语言平易、口齿清楚、语气平和、语速适中。自我介绍时要重点突出,扬长避短,实事求是地将自己的优势、特长展现给用人单位,注意不要有太多口头语,也不要有太多专业词语和华丽的修饰词语。

3. 回答的技巧

1) 主动引导

大多数求职者在回答问题时总是处于被动的状态,即由用人单位来主导交流的进程和方向,这对求职者是很不利的。为了很大限度地展示自己,你应该想方设法设计一些语言去引导用人单位问问题的方向,让用人单位提的问题刚好是你事先有所准备的,你即将说出的回答也最能体现你与众不同的特点和独到的见解。这样,你就能控制场面,胸有成竹,不至于在不经意间落入用人单位设计的"陷阱"。而要避免这种可能性的发生,你必须对面试做最充足的准备。

2) 三思而后言

回答问题应当分三步:停顿—思考—回答。停顿是为了弄清面试官提问题的用意;思考是为了理清自己的思路,组织好回答的语言。尽力把对问题的回答往自己准备好的内容靠近,从而尽快地掌控局面。

3) 突出重点

面试的时间是有限的,也许你有很多特长和能力,与其对这些内容泛泛而谈,还不如突出一到两个能够吸引用人单位注意力的内容,用生动的语言和具体的例子来说明,这样既能把自己介绍得更具特色,又能给用人单位留下一个更深刻的印象,当然,这取决于你对用人单位是否有足够了解,是否知道自己身上有什么素质最能吸引和打动对方。

4) 有个人独到的见解

面试官接待求职者太多,同样的问题问了若干次,类似的回答也听了若干遍。如果你在面试中能够做出具有独到见解和个人特色的回答,一定会引起对方的兴趣和注意。而独到的见解来自于对生活的深切感受和深入思考,只有学会独立思想和判断,才能坚守自己,看到别人看不到的精彩,说出别人说不出的机智。但同时也要注意不能通过哗众取宠的方式来表现你的"特色"。

5) 灵活应对面试官的"刁难"

有的面试官在面试时,故意提出一些难以作答的问题来考察求职者的应变能力。这时你不懂装懂、胡侃乱扯,或答"不知道",或沉默寡言,或含混其词,就恰恰中了面试官的"圈套"。对此,你可以回答"对不起,这个问题我还没有考虑好",或者"我的专业能力有限,对这个问题我的回答可能不当,请包涵"等。这样,你就可以改变被动局面,又可以给对方留下谦虚诚恳的好印象。当然,你还是可以事先设计回答的语言从而不让面试官有"刁难"你的机会。

6) 知之为知之,不知为不知

遇到自己实在不懂的问题也不需要慌张,要知道诚实也是一种优秀的品质,对于知识和能力来说,人品是更重要的,高等教育的目的也是使学生首先学会做人,然后才是学会做事。不要害怕表露自己的不足,要相信自己的优秀品质比任何不足都更光彩夺目,自己本身如果就是一个诚实、勇敢、正直的人,何惧那些无知与不足。事实上,无知并不可怕,可怕的是对无知的无知和对无知的掩饰。

4. 提问的技巧

提问要注意提问的时机、内容和方式。

首先是时机的把握。总的原则是不能打断别人的说话,也不能随意插话。提问可以发生在你某一次回答的后面,这种提问的内容主要是为了更准确地理解用人单位的问题,不让交流偏离主题,提问时应该先说:"对不起,我能提个问题吗?"提问也可以发生在所有的回答结束后,如果有的问题还没有弄清楚,在征得面试官同意的情况下,可以适当地提出自己关心的问题,询问对方的意见。

求职者提问时应该抓住机会,简练、完整地把自己的问题表达清楚。不要喋喋不休地提出若干问题,抓住一两个自身最关心的问题提出即可。对于提出的问题要慎重思考,不要好高骛远,不要贸然地询问薪酬和福利方面的问题,尽量提出与职业、专业相关的问题,比如企业未来的发展、人才培养的措施等方面,从而体现你的上进心,以及对用人单位未来发展的关注。

5. 礼节的技巧

求职者对行为举止要有正确的认识,好的行为举止恰恰是一个人自身素质与修养的直接表现,往往在举手投足间会给人留下深刻的印象。求职者应该提前 10～20 分钟到达面试地点,以表示求职诚意,同时也可以调整自己的心态。求职者应先敲门,在得到允许后可进入面试现场。接着求职者应向用人单位招聘人员问好致意,并做自我介绍,在招聘人员许可后方可入座。在整个面试过程中要保持举止文雅大方,谈吐谦虚谨慎,态度积极热情,在与用人单位交谈过程中不要左顾右盼,也不要肆无忌惮,随意走动,不要未经允许随便翻阅用人单位的资料。坐姿要正确,不能跷二郎腿,身体不要晃来晃去,或用手指在膝盖上有节奏却无目的地打击,这些都显得极不稳重。

6. 常见问题的处理技巧

(1) 请做个自我介绍。

这是面试的必考题目,介绍内容要与个人简历相一致,表述方式上尽量口语化,要切中要害,不谈无关、无用的内容,条理要清晰,层次要分明。事先最好以文字的形式写好背熟,以可以表达流畅为宜。

(2) 谈谈你的家庭。

用人单位希望了解应聘者的性格、观念、心态等,这是用人单位会问这个问题的主要原因。求职者可以简单地讲讲家庭人口、温馨和睦的家庭氛围、父母对自己教育的重视、各位家庭成员的良好状况、家庭成员对自己工作的支持还有自己对家庭的责任感。

（3）你有过什么失败的经历？

不宜说自己没有失败的经历，不宜把那些明显的成功说成是失败，不宜说出会影响到所应聘岗位的失败经历，所谈的经历应是失败令自己成长，或者是由于外在客观原因导致失败，并且失败后自己很快振作起来，以更加饱满的热情面对以后的工作。

（4）说说你有什么缺点和不足。

不宜说自己没缺点，不宜把那些明显的优点说成缺点，不宜说出严重影响所应聘工作的缺点，不宜说出令人不放心、不舒服的缺点，可以说出一些对于所应聘工作"无关紧要"的缺点，甚至是一些表面上看是缺点，从工作的角度看却是优点的缺点。

（5）离开上一家公司的原因是什么？

最重要的是应聘者要使招聘单位相信，应聘者在过往的单位的"离职原因"在此家招聘单位里不存在。避免把"离职原因"说得太详细、太具体，不能掺杂主观的负面感受，如"太辛苦""人际关系复杂""管理太混乱""公司不重视人才""公司排斥我们某某员工"等，但也不能躲闪、回避，如"想换换环境""个人原因"等。

不能涉及自己负面的人格特征，如不诚实、懒惰、缺乏责任感、不随和等。尽量使解释的理由为应聘者个人形象添彩。如"我离职是因为这家公司倒闭。我在公司工作了三年多，有较深的感情。从去年始，由于市场形势突变，公司的局面急转直下。到眼下这一步我觉得很遗憾，但还要面对现实，重新寻找能发挥我能力的舞台"。

（6）你有什么兴趣爱好？

业余爱好能在一定程度上反映求职者的性格特点。因此，最好不要说自己没有什么爱好，让用人单位感觉你太古板、太无趣；也不要说那些庸俗、令人感觉了无生趣的爱好，要结合自身应聘的岗位和自身实际情况回答，不要虚假或者千篇一律地回答喜欢看书、听音乐等。要适当地介绍一些户外运动的爱好，比如游泳、攀岩等，展现给用人单位一种健康、乐观向上的积极心态。更重要的是，你还可以向用人单位展示你在培养这些爱好的过程中收获了什么。

（7）你觉得你的团队合作能力如何？

用人单位问这个问题绝对不是想要知道你是否有这种能力，而是你是如何理解这种能力和你在日常学习生活中是如何贯彻团队合作能力的，所以要准备好几个最能体现你这种能力的例子，详细描述你是如何在团队中与别人共同合作来完成任务，如何与不同的人打交道，与他们协商、互相帮助的，这能很好地证明你的团队合作能力，避免用抽象、空洞和干瘪的语言来简单带过。

（8）你对我们公司了解多少？

这个问题就要求你在求职前必须做足功课，要对所应聘的单位做比较详细的调查，了解公司的产品、管理风格、历史和企业文化等问题。回答要恰如其分，要让面试官觉得你的求职行为并不是盲目的，是做了充分准备的，是在对公司调查了解的基础上产生的求职动机。你可以用这样的态度来开始回答问题："在寻找工作的过程中，我调查研究了许多公司，出于如下的理由,贵公司是我最感兴趣的公司。"

(9)作为应届生你没有什么经验,你打算怎样胜任这份工作?

如果招聘单位对应届毕业生的应聘者提出这个问题,说明招聘单位并不真正在乎"经验",关键看应聘者怎样回答,对这个问题的回答最好要体现出应聘者的诚恳、机智、果敢及敬业。如"作为应届毕业生,在工作经验方面的确会有所欠缺,因此在读书期间我一直利用各种机会在这个行业里做兼职。我也发现,实际工作远比书本知识丰富、复杂。但我有较强的责任心、适应能力和学习能力,而且比较勤奋,所以在兼职中均能圆满完成各项工作,从中获取的经验也令我受益匪浅。请贵公司放心,学校所学及兼职的工作经验一定能使我胜任这个职位"。

(10)你期望的薪资待遇是多少?

这是一个比较敏感的问题,也是个很微妙的问题。首先在回答这个问题的时候可以谦逊地表明自己更加看重于个人发展,看重自己能为公司带来多大的贡献,在此基础上再考虑个人的收入。一般情况,求职者应事先做适当的调查,对目前该地区,该行业和该职位的薪酬平均水平有所了解。在条件允许的情况下尽可能避免用一个精确的数据来回答这个问题。

在回答这个问题的时候,不要说多少薪水都无所谓,这是不可能的,而且也贬低了自己的能力;也不要过高地期望薪水,让用人单位觉得你在对钱的态度上是不成熟的,要强调这个工作岗位本身对你的锻炼才是你最看重的东西。

(11)我们为什么要录用你?

求职者回答时,一方面可以进一步阐述自身的优点以及对公司的向往,另一方面站在用人单位的角度考虑,让用人单位认为招聘自己进入企业后,自己能够很好地适应企业,并为企业做出贡献。可以这样回答:"我符合贵公司的招聘条件,凭我目前掌握的技能、高度的责任感和良好的适应能力及学习能力,完全能胜任这份工作。我十分希望能为贵公司服务,为贵公司的发展贡献一份力量。"

(12)你还有什么问题要问吗?

在面试接近尾声时,面试官一般会礼貌性地问你这个问题。在此情况下,通常是两种情形,一种是不少求职者往往会喋喋不休地发问,另一种是漠然地表示没什么问题。其实这两类都不是用人单位所希望看到的。

通常通过整个面试的全过程可以大概地判断出面试官对自己的兴趣,在此情况下,要注意审时度势,适当地提出问题。问题最好不要在个人待遇等方面纠缠不休,应询问有关工作职业、业务范围之类的问题,让面试官意识到你对这份工作的内容是十分关注的,还可以了解公司对个人发展或培训等情况,表达你积极上进和对自己高度负责的态度。

四、简历的呈现

简历就是对个人学历、经历、特长、爱好及其他有关情况所做的简明扼要的书面介绍。

简历是有针对性的自我介绍的一种规范化、逻辑化的书面表达。对应聘者来说,简历是求职的"敲门砖"。成功的简历就是一件营销武器,它向未来的雇主证明自己能够解决他的问题或者满足他的特定需要,因此确保能够得到会使自己成功的面试。

(一)简历的组成

1. 基本情况

个人基本情况应列出自己的姓名、性别、年龄、籍贯、政治面貌、学校、系别及专业,以及婚姻状况、健康状况、身高、兴趣与爱好、家庭住址、电话号码等。

2. 学历情况

应写明曾在某某学校、某某专业或学科学习,以及起止期间,并列出所学主要课程及学习成绩,在学校和班级所担任的职务,在校期间所获得的各种奖励和荣誉。

3. 工作资历情况

若有工作经验,最好详细列明,首先列出最近的资料,然后详述曾工作单位、日期、职位、工作性质。

4. 求职意向

即求职目标或个人期望的工作职位,表明你希望通过求职得到什么样的工种、职位,以及你的奋斗目标,可以和个人特长等合写在一起。

为体现不同人群的特点,四部分的排序及组合会根据实际情况略有出入。

(二)简历的技巧

1. 撰写原则

(1)十秒钟原则:就业专家认为,一般情况下,简历的长度以 A4 纸 1 页为限,简历越长,被认真阅读的可能性越小。高端人才有时可准备 2 页以上的简历,但也需要在简历的开头部分有资历概述。

(2)清晰原则:清晰的目的就是要便于阅读。就像是制作一份平面广告作品一样,简历排版时需要综合考虑字体大小、行和段的间距、重点内容的突出等因素。

(3)真实性原则:不要试图编造工作经历或者业绩,谎言不会让你走得太远。

(4)针对性原则:假如 A 公司要求具备相关行业经验和良好的销售业绩,你在简历中清楚地陈述了有关的经历和事实并且把它们放在突出的位置,这就是针对性。

(5)价值性原则:使用语言力求平实、客观、精炼,篇幅视工作所限为 1~2 页,工作年限 5 年以下,通常以 1 页为宜;工作年限在 5 年以上,通常为 2 页。注意提供能够证明工作业绩的量化数据,同时提供能够提高职业含金量的成功经历。独有经历一定要保留,如著名公司从业、参与著名培训会议论坛、与著名人物接触的经历,将最闪光的拎出即可。

(6)条理性原则:要将公司可能雇用自己理由,用自己过去的经历有条理地表达出来。个人基本资料、工作经历(包括职责和业绩)、教育与培训这三大块为重点内容,其次重要的是职业目标、核心技能、背景概论、语言与计算机能力、奖励和荣誉等。

(7)客观性原则:简历上应提供客观的证明或者佐证资历、能力的事实和数据。另外,简历要避免使用第一人称"我"。

2. 注意事项

(1)要仔细检查已成文的个人简历,绝对不能出现错别字、语法和标点符号方面的低级错误。最好让文笔好的朋友帮你审查一遍,因为别人比你自己更容易检查出错误。

(2)个人简历最好用 A4 标准复印纸打印,字体最好采用常用的宋体或楷体,尽量不要用花里胡哨的艺术字体和彩色字体,排版要简洁明快,切忌标新立异,排得像广告一样。当然,如果你应聘的是排版工作则是例外。

(3)要记住你的个人简历必须突出重点,它不是你的个人自传,与你申请的工作无关的事情尽量不要写,而对你申请的工作有意义的经历和经验绝不能漏掉。

(4)要保证你的简历会使招聘者在 30 秒之内,即可判断出你的价值,并且决定是否聘用你(简历以 200~300 字为宜)。

(5)要切记不要仅仅寄你的个人简历给你要应聘的公司,附上一封简短的应聘信,会增加公司对你的好感。否则,你成功的概率将大大降低。

(6)要尽量提供个人简历中提到的业绩和能力的证明资料,并作为附件附在个人简历的后面。一定要记住是复印件,千万不要寄原件给招聘单位,以防丢失。

(7)一定要用积极的语言,切忌用缺乏自信和消极的语言写你的个人简历。最好的方法是在你心情好的时候编写你的个人简历。

(8)个人资料里的联系方式一定要齐全,包括手机号码、宿舍固定电话、暂住地址或家庭地址、E-mail 等,方便用人单位通知你参加面试或发布面试结果。

(9)简历照片不宜五花八门,应以一至两寸的彩色半身职业近照为佳,男士穿白衬衫、单色领带和黑色西装外套;女士可穿带衣领的白色或浅色衬衫加纯色小西装或者外套,以便给 HR 留下一个好的第一印象。

(10)不要写上对薪水的要求。很多学生都对简历上该不该写对工资、待遇的要求存在疑惑,一般的人力资源经理都认为在简历上写上对工资的要求要冒很大的风险,最好不写。

课堂互动

以 3~5 人为小组,进行组内的模拟面试,每个人体验至少 2 种不同的面试类型。

复习思考

(1)撰写一份个人简历。
(2)撰写一份自我推荐信。

第二节　求职礼仪与求职心态

求职礼仪是公共礼仪的一种，它是求职者在求职过程中与用人单位、接待者、招聘者接触过程中所具备的礼貌行为和仪表规范。它对于求职者能否实现自身愿望，能否被用人单位所录用起着重要的作用，求职礼仪要从每个细节打造自己的形象，这是一项需要长期磨炼的修养。

一、求职礼仪的特点

（一）普及性

普及性指求职礼仪在整个人类社会的发展过程中普遍存在，并被人们广泛认同。对于每一位毕业生来说，为了社会的不断发展，为了实现自己的人生目标，在毕业后都会通过求职来获得一份满意的工作以实现自己的人生价值。而求职礼仪是求职过程必不可少的一部分，因此，求职礼仪具备普及性、广泛性。

（二）关联性

求职对于用人单位和应聘者来说是一个筛选的过程，也是一个目的性很明确的过程。用人单位希望招到一个综合能力、整体水平都很高的员工，但同时他们也会把求职者的仪表、言谈、行为等第一印象即求职礼仪作为影响求职结果的重要关联因素，即求职礼仪具有关联性。

（三）规范性

所谓规范性，主要是指它对具体的交际行为具有规范和制约作用。这种规范性本身所反映的实质是一种被广泛认同的社会价值取向和对他人的态度。无论是具体的言行还是具体的姿态，均可反映出行为主体的包括思想、道德等内在品质和外在的行为标准。

（四）发展性

发展性是指礼仪形成本身是个动态发展过程，是在社会需要和传统变化中形成的行为规范。在这种发展变化中，表现为一种继承和发展。礼仪一旦形成，就有一种相对独立性。

今天的礼仪形式就是从昨天的历史中继承下来的,有不少优秀的还要继续传承下去。而那些封建糟粕,则会逐渐被抛弃。所以礼仪的沿袭和继承是个不断扬弃的社会进步的过程。

世界上任何事物都是发展变化的,礼仪虽然有较强的相对独立性和稳定性,但它也毫不例外地随着时代的发展而变化。

二、求职礼仪的原则

(一)尊重原则

尊重包含自尊和尊敬他人,尊重是求职礼仪的基础。具体情况也要考虑具体的人、事、时、地而恰当处理。

(二)平等原则

在交往中,不要骄狂,不要我行我素,不要自以为是,不要厚此薄彼,更不要傲视一切,目中无人,更不能以貌取人,或以职业、地位、权势取人,而是应该处处时时平等谦虚待人。平等原则是交往中把握分寸,根据具体情况、具体情境而行使相应的礼仪,如在与人交往时,既要彬彬有礼,又不能低三下四;既要热情大方,又不能轻浮谄谀,要自尊不要自负,要坦诚但不能粗鲁,要信人但不要轻信,要活泼但不能轻浮。

(三)自律自信原则

自律就是自我约束,按照礼仪规范严格要求自己,知道自己该做什么,不该做什么。

自信是社交场合的一份很可贵的心理素质,一个有充分信心的人,才能在交往中不卑不亢、落落大方,遇到强者不自惭,遇到磨难不气馁,遇到侮辱敢于挺身反击,遇到弱者会伸出援助之手。

(四)宽容原则

理解宽容,豁达大度,有气量,不计较和不追究。这是一种胸襟,一种容纳意识和自控能力。

(五)诚信原则

孔子说:民无信不立;与朋友交,言而有信。在社交场合,尤其要讲究以下两点。一是要守时,与人约定时间的约会、会见、会谈、会议等,决不应拖延迟到。二是要守约,即与人签订的协议、约定和口头答应的事,要说到做到,即所谓:言必信,行必果。故在社交场合,如没有十分的把握就不要轻易许诺他人,许诺做不到,反落了个不守信的恶名,从此会永远失信于人。

三、求职礼仪的常识

(一)时间观念

守时是职业道德的一个基本要求,提前10~15分钟到达面试地点效果最佳,可熟悉一下环境,稳定一下心神。提前半小时以上到达会被视为没有时间观念,但在面试时迟到或是匆匆忙忙赶到却是致命的,如果你面试迟到,那么不管你有什么理由,都会被视为缺乏自我管理和约束能力,即缺乏职业能力,会给面试者留下非常不好的印象。不管什么理由,迟到会影响自身的形象,这也是对他人、对自己不尊重的表现。而且大公司的面试往往一次要安排很多人,迟到了几分钟,就很可能永远与这家公司失之交臂了,因为这是面试的第一道题,你的分值就被扣掉,后面的面试内容你也会因状态不佳而搞砸。

如果路程较远,宁可早到30分钟,甚至1个小时。城市很大,路上堵车的情形很普遍,对于不熟悉的地方也难免迷路。但早到后不宜提早进入办公室,最好不要提前10分钟以上出现在面谈地点,否则聘用者很可能因为手头的事情没处理完而觉得很不方便。外企的老板往往说是几点就是几点,一般绝不提前。当然,如果事先通知了许多人来面试,早到者可提早面试或是在空闲的会议室等候,那就另当别论了。对于面试地点比较远、地理位置也比较复杂的单位,不妨先跑一趟,熟悉交通线路、地形,甚至事先搞清洗手间的位置,这样你就能知道面试的具体地点,同时也了解了路上所需的时间。

但招聘人员是允许迟到的,这一点一定要清楚,对招聘人员迟到千万不要太介意,也不要太介意面试人员的礼仪、素养。如果他们有不妥之处,你应尽量表现得大度开朗一些,这样往往能使坏事变好事。否则,招聘人员一迟到,你的不满情绪就溢于言表,面有愠色,招聘人员对你的第一印象就大打折扣,甚至导致满盘皆输。因为面试也是一种人际磨合能力的考查,你得体、周到的表现,自然是有百利而无一害的。

(二)进入面试单位的第一形象

到了办公区,最好径直走到面试单位,而不要四处张望甚至被保安盯上;走进公司之前,口香糖和香烟都收起来,因为大多数的面试官都无法忍受你在公司嚼口香糖或吸烟;手机坚决不要开,避免面试时造成尴尬局面,同时也分散你的精力,影响你的成绩。一进面试单位,若有前台,则开门见山说明来意,经指导到指定区域落座,若无前台,则找工作人员求助。这时要注意用语文明,开始的"你好"和被指导后的"谢谢"是必说的,这代表你的教养;一些小企业没有等候室,就在面试办公室的门外等候;当办公室门打开时应有礼貌地说声"打扰了",然后向室内考官表明自己是来面试的,绝不可贸然闯入;假如有工作人员告诉你面试地点及时间,应当表示感谢;不要询问单位情况或向其索要材料,且无权对单位加以品评;不要驻足观看其他工作人员的工作,或在落座后对工作人员所讨论的事情或接听的电话发表意见或评论,以免给人肤浅嘴快的印象。

(三)等待面试时的表现不容忽视

进入公司前台,要把访问的主题、有无约定、访问者的名字和自己的名字报上。到达面试地点后应在等候室耐心等候,并保持安静及正确的坐姿。如果此时有的单位为使面试能尽可能多地略过单位情况介绍步骤,尽快进入实质性阶段,而准备了公司的介绍材料,我们应该仔细阅读以先期了解其情况。也可自带一些试题重温,而不要来回走动显示浮躁不安,也不要与别的接受面试者聊天,因为这可能是你未来的同事,甚至决定你能否称职的人,你的谈话对周围的影响是你难以把握的,这也许会导致你应聘的失败。更要坚决制止的是:在接待室恰巧遇到朋友或熟人,就旁若无人地大声说话或笑闹;吃口香糖,抽香烟,接电话。

(四)与面试官的第一个照面

1. 把握进屋时机

如果没有人通知,即使前面一个人已经面试结束,也应该在门外耐心等待,不要擅自走进面试房间。自己的名字被喊到,就有力地答一声"是",然后再敲门进入,敲两三下是较为标准的。敲门时千万不可敲得太用劲,以里面听得见的力度为宜。听到里面说"请进"后,要回答"打扰了"再进入房间。开门、关门尽量要轻,进门后不要用后手随手将门关上,应转过身去正对着门,用手轻轻将门合上。回过身来将上半身前倾30度左右,向面试官鞠躬行礼,面带微笑称呼一声"你好",彬彬有礼而大方得体,不要过分殷勤、拘谨或过分谦让。

2. 专业化的握手

面试时,握手是最重要的一种身体语言。专业化的握手能创造出平等、彼此信任的和谐氛围,你的自信也会使人感受到你能够胜任而且愿意做任何工作,这是创造好的第一印象的最佳途径。怎样握手?握多长时间?这些都非常关键。因为这是你与面试官的初次见面,这种手与手的礼貌接触是建立第一印象的重要开始,不少企业把握手作为考察一个应聘者是否专业、自信的依据。所以,在面试官的手朝你伸过来之后就握住它,要保证你的整个手臂呈L型(90度),有力地摇两下,然后把手自然地放下。握手应该坚实有力,有"感染力"。双眼要直视对方,自信地说出你的名字,即使你是位女士,也要表示出坚定的态度,但不要太使劲,更不要使劲摇晃;不要用两只手,用这种方式握手在西方公司看来不够专业。而且手应当是干燥、温暖的。如果他/她伸出手,却握到一只软弱无力、湿乎乎的手,这肯定不是好的开端。如果你刚刚赶到面试现场,用凉水冲冲手,使自己保持冷静。如果手心发凉,就用热水捂一下。

握手时长时间地拖住面试官的手,偶尔用力或快速捏一下手掌。这些动作说明你过于紧张,而面试时太紧张表示你无法胜任这项工作;轻触式握手显出你很害怕而且缺乏信心,你在面试官面前应表现出你是个能干的、善于与人相处的职业者;远距离在对方还没伸手之前,就伸长手臂去够面试官的手,表示你太紧张和害怕,面试者会认为你不喜欢或者不信任他们。

3. 无声胜有声的形体语言

加州大学洛杉矶分校的一项研究表明,个人给他人留下的印象,7%取决于用词,38%取决于音质,55%取决于非语言交流。非语言交流的重要性可想而知。在面试中,恰当使用非语言交流的技巧,将为你带来事半功倍的效果。

除了讲话以外,无声语言是重要的公关手段,主要有手势语、目光语、身势语、面部语、服饰语等。通过仪表、姿态、神情、动作来传递信息,它们在交谈中往往起着有声语言无法比拟的效果,是职业形象的更高境界。形体语言对面试成败非常关键,有时一个眼神或者手势都会影响到整体评分。比如面部表情的适当微笑,就显现出一个人的乐观、豁达、自信;服饰的大方得体、不俗不妖,能反映出大学生风华正茂,有知识、有修养、青春活泼,独有魅力。这些可以在考官眼中形成一道绚丽的风景,增强你的求职竞争能力。

1) 如钟坐姿显精神

进入面试室后,在没有听到"请坐"之前,绝对不可以坐下,等考官告诉你"请坐"时才可坐下,坐下时应道声"谢谢"。坐姿也有讲究,"站如松,坐如钟",面试时也应该如此,良好的坐姿是给面试官留下好印象的关键要素之一。坐椅子时最好坐满三分之二,上身挺直,这样显得精神抖擞;保持轻松自如的姿势,身体要略向前倾。不要弓着腰,也不要把腰挺得很直,这样反倒会给人留下死板的印象,应该很自然地将腰伸直,并拢双膝,把手自然的放在上面。有两种坐姿不可取:一是紧贴着椅背坐,显得太放松;二是只坐在椅边,显得太紧张。这两种坐法,都不利于面试的进行。要表现出精力和热忱,松懈的姿势会让人感到你疲惫不堪或漫不经心。切忌跷二郎腿并不停抖动,两臂不要交叉在胸前,更不能把手放在邻座椅背上,或加些玩笔、摸头、伸舌头等小动作,容易给别人一种轻浮傲慢、有失庄重的印象。

2) 眼睛是心灵的窗户

面试一开始就要留心自己的身体语言,特别是自己的眼神,对面试官应全神贯注,目光始终聚焦在面试人员身上,在不言之中,展现出自信及对对方的尊重。眼睛是心灵的窗户,恰当的眼神能体现出你的智慧、自信以及你对公司的向往和热情。注意眼神的交流,这不仅是相互尊重的表示,也可以更好地获取一些信息,与面试官的动作达成默契。正确的眼神表达应该是:礼貌地正视对方,注视的部位最好是考官的鼻眼三角区(社交区);目光平和而有神,专注而不呆板;如果有几个面试官在场,说话的时候要适当用目光扫视一下其他人,以示尊重;回答问题前,可以把视线投在对方背面墙上,约两三秒钟做思考,不宜过长,开口回答问题时,应该把视线收回来。

3) 微笑的表情有亲和力

微笑是自信的第一步,也能为你消除紧张。面试时要面带微笑、亲切和蔼、谦虚虔诚、有问必答。面带微笑会增进与面试官的沟通,会百分之百地提高你的外部形象,改善你与面试官的关系。赏心悦目的面部表情能使你应聘的成功率远高于那些目不斜视、笑不露齿的人。不要板着面孔,苦着一张脸,否则不能给人以最佳的印象,从而难以争取到工作机会。听对方说话时,要时有点头,表示自己听明白了,或正在注意听。同时也要不时面带微笑,当然也不宜笑得太僵硬,一切都要顺其自然。表情呆板、大大咧咧、扭扭捏捏、矫揉造作,都是一种美的缺陷,破坏了自然的美。

4）适度恰当的手势

说话时做些手势,加大对某个问题的形容和力度,是很自然的,可手势太多也会分散人的注意力,应在需要时适度做手势配合表达。中国人的手势往往特别多,而且几乎都一个模子。尤其是在讲英文的时候,习惯两个手不停地上下晃,或者单手比划。这一点一定要注意。平时要留意外国人的手势,了解中外手势的不同。另外注意不要用手比划一二三,这样往往会令人生厌。而且中西方手势中,一二三的表达方式也迥然不同,用错了反而会造成误解。交谈很投机时,可适当地配合一些手势讲解,但不要频繁耸肩或手舞足蹈。有些求职者由于紧张,双手不知道该放哪儿,而有些人过于兴奋,在侃侃而谈时舞动双手,这些都不可取。不要有太多小动作,这是不成熟的表现,更切忌抓耳挠腮、用手捂嘴说话,这样显得紧张,不专心交谈。很多中国人都有这一习惯,为表示亲切而拍对方的肩膀,这对面试官很失礼。

（五）如何令面试官重视你

个人自我介绍是面试实战非常关键的一步,因为众所周知的"前因效应"的影响,这 2～3 分钟见面前的自我介绍,将是你所有工作成绩与为人处世的总结,也是你接下来面试的基调,考官将基于你的材料与介绍进行提问。所以说,个人自我介绍将在很大程度上决定你在各位考官心里的形象,形象良好,才能让面试官重视你。

1. 气质高雅与风度潇洒

面试时,招聘单位对你的第一印象最重要。你要仪态大方得体,举止温文尔雅,要想树立起自己的良好形象,这就肯定要借助各种公关手段和方法。各种公关手段主要有言词语言公关、态势语言公关和素养公关。这些公关手段又包括数种方法,如幽默法、委婉法等。还应掌握一些公关的基本技巧。只有在了解有关公关的常规知识之后,才能顺利、成功地树立起自己良好的形象。如果你能使一个人对你有好感,那么也就可能使你周围的每一个人甚至是更多的人,都对你有好感。往往是风度翩翩者稳操胜券,仪态平平者则屈居人后。

2. 语言就是力量

如果说外部形象是面试的第一张名片,那么语言就是面试的第二张名片,它客观反映了一个人的文化素质和内涵修养。谦虚、诚恳、自然、亲和、自信的谈话态度会让你在任何场合都受到欢迎,动人的公关语言、艺术性的口才将帮助你获得成功。面试时要在现有的语言水平上,尽可能地发挥口才作用。对所提出的问题对答如流、恰到好处、妙语连珠、耐人寻味,又不夸夸其谈、夸大其词。自我介绍是很好的表现机会,应把握以下几个要点。第一,要突出个人的优点和特长,并要有相当的可信度。特别是具有实际管理经验的要突出自己在管理方面的优势,最好是叙述一下自己做过的项目,语言要概括、简洁、有力,不要拖泥带水、轻重不分。重复的语言虽然有其强调的作用,但也可能使考官产生厌烦情绪,因此重申的内容应该是浓缩的精华,要突出你与众不同的个性和特长,给考官留下几许难忘的记忆。第二,要展示个性,使个人形象鲜明,可以适当引用别人的言论,如老师、朋友等的评论来支持自己的描述。第三,坚持以事实说话,少用虚词、感叹词之类。第四要符合常规,介绍的内容和层次应合理、有序地展开。要注意语言逻辑,介绍时应层次分明、重点突出,使自己的优势很自然地逐步显露。第三,尽量不要用简称、方言、土语和口头语,以免对方难以听懂。当不能回答某一问题时,应如实告诉对方,含糊其辞和胡吹乱侃会导致面试失败。

四、求职心态

(一)求职的心理误区

1. 从众心理

当今大学生在求职择业过程中总是很难做出理性的选择,容易产生从众的心理和行为。如今,在毕业生就业日益趋于市场化的今天,许多大学生在择业过程中,对社会缺乏理性认识,容易受到家庭、社会、同学的影响,缺乏个人主见,随波逐流,从众心理较为严重。他们在求职现场寻找热门职业,报考人数越多,他们对那些职业的渴求就越大,从而忽视了对自身情况和特长的分析,受功利主义、实用主义思想的影响,他们很难找到适合自己的岗位。

2. 期望过高

大学生本人、其家长以及整个社会对就业产生过高期望,部分大学生就业心态变得狭隘,择业的自主性和多样化受到很大限制。"精英情结"造成了部分大学毕业生薪资期望过高,从而抑制了企业对劳动力的需求;毕业生大都希望留在发达的大城市中,造成了局部地区人才过剩;部分毕业生只想从事金融、计算机等热门行业,造成了部分行业人才过剩。另外,很多海归未能顺利就业也和这种"精英情结"有很大关系。

和国内这种就业观和就业环境严重脱节的状况相比,很多发达国家大学生的就业观已经发生了重大转变。由于高科技行业收缩和北美经济低迷,加拿大的失业率达到7.8%,大学生就业很难,不少学生选择了短期临时工作来暂时解决饭碗问题。巴西失业率达到12%,大学生们已经习惯"先就业再择业"。俄罗斯大学生毕业后大约只有30%从事与本专业挂钩的工作。而西班牙的大学生们已经习惯做"蓝领"工人了。面对激烈的求职竞争,国外大学生能够放下身段,从事基层工作的态度和观念值得国内大学生反思。

3. 心理素质较差

高校毕业生求职中常见的就业心理问题主要体现为畏惧心理、矛盾心理、依赖心理、自傲心理、自卑心理、攀比心理、从众心理等方面，并以一些情绪问题的形式表现出来，毕业生求职过程中比较常见的情绪问题主要有急躁、孤傲、自卑、焦虑、恐惧、情感淡漠等。这些常见就业心理问题，除了与当前整个社会就业环境有关之外，也与大学生自身心理发展特点紧密相连。在高校就业指导工作中，加强校园文化建设，完善大学生就业心理健康教育的工作机制，有效地开展大学生就业心理健康教育，帮助高校毕业生树立正确的求职期望，培养积极情感，提高应对挫折的能力，将会是解决大学生就业心理问题的有效途径。

4. 规划不足

尽管很多高校已经开展职业生涯教育，但大学生职业生涯规划意识普遍偏低，出现就业心理问题的大学生在这方面表现得尤为明显。这种规划意识的薄弱主要表现在对自我和工作世界缺乏足够的了解，在大学期间没有一个清晰的职业目标。

对自我的了解是职业规划的起点，需要通过能力、兴趣、性格和价值观等四个方面进行系统的探索，也就是发现自己的过程。同时，大学期间还要对工作世界进行探索，对工作世界的探索可以分为两个层面：行业和职业。对工作世界的探索可以通过浏览网页、听讲座、实习、职场访谈等途径进行。做好这两部分工作，是确保找到和自己优势匹配的职业的条件之一，有助于确定自己的职业目标。确定自己的职业目标以后，上学期间可以按照目标职业的能力要求来塑造自己，到了求职的时候已经具备目标职业要求的能力素质要求，就可以顺利就业。

5. 不合理信念

大学生求职中存在许多不合理的信念。这些不合理信念一旦存在于头脑中，就会影响顺利就业。求职中的不合理信念主要有以下几类。

1) 对"自我"的不合理信念

如"我不知道自己该干什么，我真没用"。这种迷茫时的自我否定心态，会造成求职中的犹豫、软弱。又如"我无法从事任何与我本身能力、专业不合的工作"。这种静态的眼光，怎么能适应职业生涯的动态发展？还有一些同学对自我的认识过于自负，如"只要我愿意去做，我就能做任何事"。自以为什么都能做的人，往往什么都做不好，也难以在职业生涯中取得成功。

2) 对"职业"的不合理信念

如"我一定要找一个最适合自己的职业，在没有找到自己适合的职业之前，绝不签约""我从事的工作要能满足我所有的要求""这份工作的专业要求应该是很严格的，我或许不合适吧""我一定要做自己最喜欢的工作，否则人生多没有乐趣啊！""这个行业不适合我的性别"……这些非理性的观念无形中就把自己的职业选择范围大大地缩减了，成为造成目前大学生就业困难的主要原因之一。

3) 对"就业"的不合理信念

一些同学对于就业过于草率,如"我会凭直觉找到最适合我的职业",结果到了岗位上才发现自己并不喜欢或者并不适合这个职业,造成频繁跳槽。又如"有工作就做吧,反正以后有的是机会换工作",过于随意地选择职业,往往会空耗精力,不利于在行业中提高自己,延误自己的职业发展。有些同学又过于慎重:"这个决定我一定要谨慎再谨慎,因为一旦选择了,就不能变了。"把职业看成静态的,觉得"一选定终身",结果导致犹豫不决,错失良机。

4) 对"发展"的不合理信念

如"我工作一定要在北京、上海,因为这里机会更多,利于我的发展"。现在很多人都在乎工作的地点、工资等外在的直接的待遇,这本无可厚非。但是,要辩证地分析自己的状况和自己行业的性质。北京、上海这样的大城市虽然机会看起来多一些,但是优秀人才也多,竞争也大,个人相对竞争优势不一定能够体现出来,相反,如果能够在其他城市,或许更能体现自己的竞争优势,发挥自己的才能,从而取得职业成功。

以上这些求职中常见的不合理信念禁锢了学生的头脑,影响了大学生的顺利就业。因此,在决定就业后一定不要用各种各样的主观推测"锁住自己",而对职业环境以及自我追求的变化无动于衷。态度决定一切,大学生要减少就业心理问题的影响,就必须改变自己的不合理信念。

 拓展资料 9-2

案例一:期望值过高

13届毕业生小王来自云南罗平,直到当年3月份他还未落实工作单位。笔者去参加国家医药管理局的供需见面协调会,顺便将他的应聘材料带去帮他落实单位。刚好罗平有一家制药厂要他,专业对口,又是家乡,然而他本人的择业意向却是:单位地点必须在昆明市,至于到昆明的什么单位、具体做什么工作都无关紧要,除此以外,什么单位都不考虑。在这种心态下,结果自然难以如愿。

分析:小王的思想在当前毕业生的择业过程中具有一定的代表性。不少毕业生过于向往经济发达地区,尤其是沿海地区的中心城市,最低的期望也是回自己家乡所在地的中心城市。他们只注重经济文化发达、工作环境优越的一面,而忽视了人才济济、相对过剩的一面。择业期望值居高不下,甚至还有逐年上升的趋势,从而导致他们的主观愿望与现实需求之间的巨大落差。

案例二:信心不足,缺乏主动

毕业生小刘学习成绩和其他方面条件都不错,在就业的初期满怀信心。但由于专业冷门等原因,找过几家单位都碰了壁,结果产生了自卑感,在后来的择业过程中表现越来越差,陷入恶性循环而不能自拔,以至于到了新的用人单位那里,只能被动地问人家"学某某专业的要不要",其他什么话都不敢讲,最终未能落实就业单位。

分析:小刘的失败是由于自卑心理在作怪。在择业遭受挫折后,一蹶不振,对自己评价过低,丧失了应有的自信心,大学生社会调查报告,择业时缺乏主动争取和利用机遇的心理准备,不敢主动、大胆地与用人单位交谈,也就不能很好地表达自己。越是躲躲闪闪、胆小、畏缩,越不容易获得用人单位的好感。这种心理严重妨碍了一部分毕业生正常的就业竞争,使得那些原本在某些方面比较出色的毕业生也陷入"不战自败"的困惑。

案例三:自负而失败

毕业生小 D 口才不错,在与用人单位代表面谈时自我感觉良好。一番高谈阔论以后,当对方问他的个人爱好是什么时,他竟得意洋洋地宣称是"游山玩水",结果被用人单位毫不犹豫地拒之门外。

分析:小 D 的失败是典型的自负心理造成的。自负在心理学上指过高地估计个人的能力,从而失去自知之明。在这种心理的支配下,不少毕业生在求职择业过程中,总是自以为是;自负自傲,自以为自己什么都懂、什么都会,夸夸其谈,胡吹海侃,结果留给用人单位的是浮躁、不踏实的印象。试想,有哪家单位肯要一个不知天高地厚、自命不凡、眼高手低的毕业生呢?

(资料来源:大学生校内网。)

(二)求职的心理调适

1. 发挥长处,做足就业准备

就业其实就是劳动力商品,价格也同其他商品一样,由自身价值和市场需要共同决定。大学生应该树立正确的就业观,保持积极向上的求职心态,同时还应该从个人的实际出发,发挥自身优势,扬长避短,明鉴自身价值,把握机遇,积极主动就业或创业。在择业前期准备过程中,学生首先要考虑所学的专业,以做到专业特长与职业要求相匹配,发挥专业特长,同时也要考虑自身的综合素质和能力,不能一味地强调专业对口,与此同时还应该多倾听家长、老师的意见等,但不能过于从众,做到有目标性地选择用人单位;在面试过程中毕业生应调整好心态,对应聘单位有详细了解,做到语言清晰,思维清楚,有的放矢。

2. 学校配合,提高大学生的就业竞争力

大学生从学校走向社会,在校期间的职业生涯规划是非常重要的一环。首先,在学科规划、专业和课程设计上要以市场为导向,以社会需求为目标,同时针对大学生的心理特点,构建科学培养方案,通过夯实专业基础、拓展自身素质训练、组织职业培训等途径,提高大学生的动手能力、适应能力和创新能力,提升其就业竞争力。其次,学校应设立专门的就业指导机构,通过专题讲座、心理辅导、信息咨询等多种形式对大学生择业能力进行专门的科学的指导,帮助学生了解社会,认清现实,使他们树立正确的就业观,及早进行职业生涯规划,适时地调整个人的职业定位,增强其求职信心。

3. 政府干预,营造良好的就业机会

政府应加强对大学生就业的宏观调控和指导,明确相关法律,在政策上鼓励和支持大学生就业,建立统一规范的就业市场,保障大学生有公平参加就业的机会,保障大学生平等就

业的权益,加强对劳动市场的监管力度与管理方法,适时地为大学生平等就业提供法律上的援助。同时,政府、社会应该为大学生努力拓宽就业空间,完善用人机制,缓解就业压力。此外,要建立健全社会心理咨询机构和干预机制,及时为有压力过大等心理疾患的大学生提供心理辅导。

课堂互动

以2人为小组,进行模拟压力面试,相互扮演面试官刁难对方,测试双方的压力值及应对方式。

复习思考

认真思考,自己如果在求职的过程中,还有哪些求职礼仪和求职心态不合格的地方,找到并更正。

第三节　求职风险与注意事项

一、求职中的风险与防范

(一)虚假招聘广告

在求职者正式进入单位之前,想方设法加强对企业的了解以免误入骗子设下的陷阱。因为轻信虚假招聘广告会发生的风险后果是不可预估的,被骗财骗色、误入传销组织、被人口贩卖等严重的违法行为都可能会出现,一定要摒弃急于求成的心态,最好选择由学校或教育、人事等政府部门举办的专场招聘会,学校和这些部门信誉较好,可以为毕业生把好第一道关。善用信息渠道去搜索、咨询、了解应聘的企业信息,全面了解用人单位的情况,做到信息对称。

(二)各种变相收费

骗取求职者的金钱是求职风险中最常见的,骗子的手法也非常多样,谨记按照有关规定招聘单位不得以招聘为由向求职者收取任何费用,如报名费、培训费等其实是一些企业变相敛财的手段和方法。即使是试用期,一般正规公司会向求职者说明试用期的工资情况,即使在试用期没有通过考核,求职者也会得到相应报酬。以下列举一些变相收费的情形。

专以骗取报名费为目的的"皮包"公司,他们"招工"时会把职业吹得天花乱坠,先收取报名费,等你到了公司,又提出中介费、建档费、办证费、培训费等一系列费用。接到一家公司的面试通知,去了之后,没有索要任何费用,录用并试用了一段时间后,对方说你专业知识不足必须参加公司内部培训,培训费300元,如果你不愿意,对方会说不交培训费可以走人,一个月工资也免谈。收取服装押金、从工资中抵扣各种费用等均是不合理的。

求职者遇到此类情况,要坚持拒交,并向招聘单位所在地区举报,以确保自己的合法权益不受侵害。

(三)警惕异地就业

对外地企业或某某外地分公司、分厂、办事处的高薪招聘,不论其待遇多么好,求职者千万要保持清醒的头脑和高度的警惕,不要轻信他的口头许诺,一是不去,二是到劳动保障部门咨询,并办理相关的手续,毕竟你一个人被安排去了一个陌生的城市,一切风险都是可能发生的,如被骗工骗钱甚至被人贩子骗卖。

(四)谨防名企、高待遇诱惑

对不熟悉市场行情又自视甚高的许多大学生求职者,开出具有诱惑力的薪水标准,或是包进500强,招聘各种总监经理职位等特别具有诱惑力的招聘条件和福利待遇。然后,会安排与初期不同的职位、工作、待遇等,或从事违法、暴力活动等。

防范这类风险很简单,不要幻想"天上掉馅饼",要冷静思考,做好对就业环境、职业信息、企业信息的充分调查了解,就能分辨出来了。

(五)就业协议的签订

与用人单位签合同时,求职者要"三看":一看企业是否经过工商部门登记以及企业注册的有效期限,否则所签合同无效;二看合同字句是否准确、清楚、完整,不能用缩写、替代或含糊的文字表达;三看劳动合同是否有一些必备内容,包括劳动合同期限、工作内容、劳动保护和劳动条件、劳动报酬、社会保险和福利、劳动纪律、劳动合同终止的条件、违反劳动合同的责任等。必须签书面合同,试用期内也要签合同,有的用人单位随意规定试用期长短,或者延长试用期,试用期一满,就找个理由将人辞退。法律规定,用人单位自用工之日起超过一个月不满一年,未与劳动者签订书面劳动合同的,须向劳动者每月支付2倍的工资;超过一年仍未订立的,视为已签订无固定期限劳动合同。同样,如果劳动者违法拒签,则用人单位可以单方面解除劳动合同。

劳动合同包含九大条款,分别是:①用人单位的名称、住所和法定代表人或者主要负责人;②劳动者的姓名、住址和居民身份证或者其他有效身份证件号码;③劳动合同期限;④工作内容和工作地点;⑤工作时间和休息休假;⑥劳动报酬;⑦社会保险;⑧劳动保护、劳动条件和职业危害保护;⑨法律、法规规定应当纳入劳动合同的其他事项(针对特殊行业)。

(六)女性求职的风险与防范

刚走出校门的女大学生不要很轻易地相信他人,给不法分子可乘之机,要加强自我防卫意识,例如面试地点不要在非正式的办公场所,最好有同学结伴而去,或至少可以把面试的时间地点告诉亲朋好友。如果遇到不法分子,要尽可能地巧妙周旋,寻找逃脱的机会,避免与歹徒发生激烈的正面争斗危害到自身生命安全。

招聘中的陷阱多种多样,需要求职者多多留心,求职者一旦发觉上当受骗,要及时向招聘单位所在地的人事局、劳动局监察大队或公安局派出所报案,寻求法律保护。但由于劳务诈骗往往涉及公安、工商、劳动、人事等部门,求职者应该根据情况选择最有效的投诉部门,若被投诉对象为合法机构,求职者可以找劳动部门;若求职受骗情况特别严重,诈骗金额大,可以到公安部门进行报案。

二、职场中的风险

(一)职场性骚扰

职场性骚扰是一个严峻而现实的问题。性骚扰是指违背当事人的意愿,采用包括行动和言语在内的种种与性有关的挑逗、侵犯和侮辱等方式,造成女性生理、心理损害或精神紧张的行为。据国际劳工组织在23个工业化国家的意向调查数据显示,有15%~30%的女性在工作场合受到过性骚扰,但可能有多达60%的女性受害者因惧怕而对遭受性骚扰的事实守口如瓶。中央电视台在前几年曾做过一个调查,当问到"你有没有遭遇或者在自己单位看到过办公室性骚扰"时,回答有的竟占31%。所以,对于一天有三分之一时间在办公室度过的职业女性来说,遭受性骚扰将有可能导致其心理健康受到影响。可以说职场性骚扰问题已经逐渐被人们所认识,作为职业女性,需要提高防范意识,保护好自己。

因为种种利益的牵扯,女性防抗和躲避职场性骚扰更显困难,因此它带给女性的心理伤害和压力就更为严重。一些女性迫于生计,无奈地低头,这无疑纵容了骚扰者的行为。用人单位应该出台相应措施防范职场性骚扰,加强管理者和员工的思想道德修养。女员工也要敢于和巧于反抗,在遭遇性骚扰时,通过大声呼救挣脱或机智地向外求助以免受害。

(二)职场冷暴力

所谓"职场冷暴力"即指上司或群体用非暴力的方式刺激对方,致使一方或多方心灵受到严重伤害的行为。其主要体现在让人长期饱受讥讽、漠视甚至停止日常工作等刺激,使人在心理上感到压抑苦闷。在对领导者的研究中,有一种领导风格被称为辱虐式领导,是指来自直接领导者的持续性的语言性或非语言性敌意行为,但不包括肢体接触。这些行为主要包括两大类:一类反映了领导者的主动性的辱虐行为,如嘲笑下属,指责下属能力不足,在别人面前贬低下属等;另一类反映了相对被动的辱虐式领导行为,如对下属不理不睬,即使下属完成了非常费力的工作也不给予赞扬,不履行对下属的承诺,对下属撒谎等。研究表明,辱虐式领导不仅会令员工个人产生消极的心理反应(如情绪耗竭、忧郁、焦虑等),降低工作满意度与组织承诺,损伤角色内和角色外绩效,促发职场偏差行为和攻击行为,而且还会因为导致旷工率上升、医疗健康成本增加及生产率降低等组织效能指标的变化而增加企业的整体运营成本。

不少人受不了上司的冷嘲热讽,终日抑郁,甚至一走了之。职场人特别是作为管理者的职场人,应该清醒地认识到职场冷暴力的危害,首先不去成为一个职场冷暴力的实施者,其次一旦面对遭遇到的职场冷暴力时,要能够理性和积极地处理。

(三)公司政治

"公司政治"是一个想在职场上生存的人所必须了解的事情,"政治"就是众人之事,企业也不例外,因为企业就是一群人所组成的组织。

比如作为空降兵,可以通过招兵买马和按照老板的偏好设计考核方案在公司中站稳脚跟,也就在公司政治的博弈中占据了上风。一些自认为有能力的人通常都不屑于公司政治,但政治是客观存在的。存在于大大小小、古今中外的企业里的一个现实情况:权利斗争、相互争宠、勾心斗角、本位主义、官僚主义、贪赃枉法、以权谋私等现象,潜伏在企业深层,渗透于企业活动的每一个角落。如果管理者对此没有准备,极可能陷入种种矛盾和纠纷之中。而且,没有哪个企业仅仅依靠制度文化就能消除这些企业的政治和道德问题。因此,要处理好这些问题,需要高超的领导艺术和政治手段。所以说,管理实践中蕴含着政治,对公司政治一无所知的管理者绝非好的管理者。

从这个角度来讲,如何处理企业内部权利斗争、官僚主义、钩心斗角等问题,形成相关的政策、程序与措施是管理者必备的技能之一,这也属于公司政治能力的范畴。因此,企业管理者的职能,一方面是决策、指挥、协调和控制与政治无关的企业行为,另一方面就是处理公司政治。虽然一个管理者的工作时间有多少用在处理公司政治上并不容易估算,但在某种程度上公司政治已成为公司事务的一部分。

(四)裁员风险

当人到中年时,上有老下有小,最希望的就是工作稳定、家庭和睦,而一旦遇上公司大规模裁员,不少人连生计都难以维持。因此,每一名职场人都要把自己打造成岗位中关键且必不可少的员工,并且要动态地考虑和调整自己的职业发展方向,合理地预判形势,一旦发现形势不对,就要及时调整职业规划。当然,最关键的还是要有核心专长,倘若自己从事的工作替代性很强,那么既不能得到很高的薪资,也极易被他人所取代。

（五）退休前过渡

有的人退休后跟原来仿佛两个人，情绪低落或脾气暴躁，目光呆滞，面色晦暗，这就是因为没能调整好现实与理想的差距。一个人如果退休前是强者，由于缺乏退休的心理准备，对自己退休后的生活也没有妥善的计划和安排，在离开自己熟悉的环境和热衷的事业后，精神上失去了寄托，从而不可避免地产生很多烦恼和不适，甚至患上了"退休综合征"。不少领导干部退休后很不习惯自家"门庭冷落"，而后生们也有意无意地疏远他们，甚至躲着他们，这种心理上的巨大落差令很多退休干部倍感不适。因此，每个人在职业生涯的后期都要从心理上做好平衡与调试，在行动上逐渐"淡出"工作环境，这样才不至于陷入退休后难以接受现实的窘境。

三、自我保护与防御

（一）善于观察

职场上的一些"无间道""宫斗戏"，它是一种客观会存在的现象，有时，一些仗义执言会无意间引来众人的反对，正因为你的善良与认真，无形中威胁到了一些工作不认真的人的利益或面子等；有时，你因为自己的出色表现而得到老板表扬后春风得意，你享受了老板的赞赏却成为了办公室里的"头号公敌"；有时，也许你处理了一件很重要的事情，本以为会得到赞赏，但是最后你却被"牺牲"了。这就是职场，它不意味着你要因为现实的复杂而去让自己和某些落后的现象靠拢。而是要提醒你进入职场前，要学会观察，在职场的生活推进当中，要学会观察，善于观察，懂得分析，与团队良好地相处。

作为职场人士以后，观察可以慧眼识人，可以交到很好的朋友；观察可以发现身边形形色色的人的本质，可以让你成为社交中的常青树，处处受欢迎；观察可以摸清公司的脉络，这是每个职场新人要学的一堂重要课程，搞清楚公司的人际关系和势力脉络，遇到事情时才能做出最明智的判断；观察可以了解上司的喜好，可以分析未来的发展形势，这些都是有效的自我防御基础。

（二）言语分寸

我们怎么做人，其实有时都是出自我们的嘴。"祸从口出"就是一个典型，一个本来挺好的年轻人，但是总管不好自己的嘴，常常无意地说出一些讨人厌的话。职场是个很小的空间，你说的每一句话，你今天是对一个人说，明天就全公司都知道了。所以想说什么，该说什么，不该说什么，千万要先思而后行。更加不要奢望有一个要好的同事可以私下说一些什么秘密甚至其他同事的坏话。所以职场上，不该说的千万不要说，可说可不说的，那也不要说了。

(三)做好本职

做好本职是以自我保护为前提而讲的,在一些力求表现、力争上游的年轻人那里不一定完全适用,但是还是有可取之处的。职场上,并不是越勤快就是越好的,也并不是你什么都会干、什么都能干就是好的。首先,你要真的理解你的上司安排你做的工作,知道上司安排你工作是希望你做什么,达到什么目的,而不要去想过多不需要干的事情;然后,有些没功劳只有苦劳的枯燥工作,要选择性地做好,否则只有可能让老板看到你的兢兢业业、勤奋刻苦,但同时也会因此限制了自己的才能和发展;最后,要合理分析你是否应该去帮别人做事情,你本是出自好心把自己的事情做完后,顺便帮别人也去做了,那么你"一肩挑"都做好了,被你帮的同事是否觉得你的行为是多余的呢?是否公司因为有了你,可以节省一些员工工资了呢。你做了越多的事情,也同时是多了许多会出现错误的地方。所以,做好本职是最基本的自我保护,如果一定要去做本职工作以外的事情,要在观察、分析的前提下,合理地做出决定。

(四)平常心态

在职场中,每个人都希望可以升职加薪,只是每个人的强烈度和选择的路径不一样,有的人选择踏踏实实做事,希望凭借自己的真本事被上司看到而达成上升;有的人选择讨好上司,极力满足上司的需求;有的人靠出卖同事,打击比自己能力强的人,踩着别人的肩膀上升;而有的人却富有智慧,既有工作业绩,又与领导保持融洽的关系,如此更容易在职场中立足。所以,有时候你的付出不会得到回报,因为职场是丰富多彩的组成,无论是怎样的结果,都要保持一份良好的平常心。有时候一份工作也不一定是一辈子的事业,时代在发展,职场也一定在不断地发展。所以争一时,也不一定就是对的,保持平常的心态有时会得到意想不到的收获。

(五)留有后路

年轻人初入职场,难免会得罪人或做错一些事情,甚至是不知不觉得罪了人。得罪人是要付出代价的,尤其年轻人在职场是没有背景、没有地位的,随时可能就会失去一份岗位。"生于忧患死于安乐",过分安乐、只记得享受有时就会让人迷失方向,葬送在其中,时刻处于一个紧绷的状态,时刻对自己的未来做好准备和规划,是可以看透很多事情、想明白很多事情的。既可以减少犯错的概率,也可以提前做好应对的准备。

这里的留有后路不是指要大学生做着一份工作还在准备着下家的意思,而是说把不同的可能出现的境遇都要提前考虑到,而对应的解决方案也要从高中低层面都准备好,做到留有后路,有备无患,也就是最完善的自我保护防御手段了。

四、其他注意事项

刚毕业的大学生对职场、对未来还是非常陌生的,在就业时总会犯上一些错误,虽然你会掌握到一些求职技巧、求职礼仪、求职策略,在本章最后依然给大学生们分享五点经验,理解它们对求职就业有莫大的帮助。

(一)时刻保持积极乐观的心态

首先,无论经济形势怎样,对待学习和就业要有一个积极主动的心态,面试前要充分准备,包括对行业、企业和岗位的了解;其次,对自己要有一个正确的认识,不要出现估计过高或不够自信的情况;最后,不要忽视工作中的每一个细节。

(二)关注个人职业生涯规划

大学生找工作不能只重视眼前,薪金待遇只是一方面,企业能不能给员工提供成长空间,能不能让大学生接受更多的岗位培训,对于刚进入社会的大学生都相当重要。

(三)避免过度注重外在事物

在求职时适当"包装"自己无可厚非,比如做一份精美的简历,穿一身帅气的服装,这是求职所必需的,但一定要把握"度"。让简历"美丽"这种做法虽然可以理解,但不值得提倡,因为很多用人单位在招聘毕业生时,更看重的是本人的素质,而不是简历和着装。比起从简历的外表上给自己"加分",倒不如多注意简历的内容、行为举止和待人接物的礼仪。

(四)就业与择业可同时进行

在目前大学生就业形势越来越严峻的情况下,先就业再择业也许是更"明智"的做法。但职业咨询专家同时指出,这并不表示大学生在找第一份工作时完全没有"择",盲目就业并不可取。也就是说,就业与择业也可以同时进行。

(五)不宜给自己过早定性

对于大学生来说,每个人都有着自己不同的特点,有人认为自己偏向于"牛"型人才,并照此完成自己的职业规划。对于大学生来说,进入职场前都是一张白纸,不应该过早在进入职场前就把自己归类,这样会束缚自己的发展。

课堂互动

以 3~5 人为小组,组内讨论遭遇求职风险时每个人的应对方法。

 复习思考

针对自我保护防御的部分,认真思考自己在将来进入职场以后要如何进行自我保护。

第十章 就业权利与法规政策

第一节 大学生就业权利与义务

一、毕业生的基本权利与义务

毕业生作为就业过程中的一个重要主体,享有多方面的权利,根据我国在《中华人民共和国宪法》《中华人民共和国劳动法》《中华人民共和国高等教育法》《普通高等学校毕业生就业工作暂行规定》等法律、法规和政策的有关规定,毕业生主要享有以下几方面的基本权利。

(一)毕业生的就业权利

1. 接受就业指导权

学生有权从学校接受就业指导,学校应成立专门机构,安排专门人员对毕业生进行就业指导,包括向毕业生宣传国家关于毕业生就业的有关方针、政策;对毕业生进行择业技巧的指导;引导毕业生根据国家、社会需要,结合个人实际情况进行择业,使毕业生通过接受就业指导,准确定位,合理择业。

2. 获取信息权

毕业生获取信息权,应包括三方面含义:信息公开,指所有用人单位的需求信息必须向全体毕业生公开,任何单位和个人不得隐瞒、截留需求信息;信息及时,指毕业生获取的信息必须是及时、有效的,而不能将过时、无利用价值的信息传递给学生;信息全面,毕业生有权获得准确、全面的就业信息,以便对用人单位有全面的了解和进行筛选,从而做出符合自身要求的选择。

3. 被推荐权

高等学校在就业工作中的一个重要职责就是向用人单位推荐毕业生。历年工作经验证明,学校的推荐往往在很大程度上影响到用人单位对毕业生的取舍。毕业生享有被推荐权包含这样几方面内容:①如实推荐,即高校在对毕业生进行推荐时,应实事求是,根据毕业生本人的实际情况向用人单位进行介绍、推荐;②公正推荐,学校对毕业生进行推荐应做到公平、公正,应给每一位毕业生以就业推荐的机会;③择优推荐,学校根据毕业生的在校表现,在公正、公开的基础上,还应择优推荐。

4. 知情权

毕业生在与用人单位签订协议前,有权了解用人单位的基本情况,包括生产经营的情况、工作环境、生活条件和工资待遇的情况,以及用人单位的规模、地点和拟安排工作的岗位等情况。

5. 选择权

根据国家有关规定,实行招生并轨改革的高校毕业生在国家就业方针、政策指导下自主择业。毕业生只要符合国家的就业方针和政策,可以自主地选择用人单位,学校、其他单位和个人均不得干涉。任何将个人意志强加给毕业生,强令毕业生到某单位工作的行为是侵犯毕业生选择权的行为。毕业生可结合自身情况自主与用人单位协商,要求学校予以推荐,直至签订就业协议。

6. 平等就业权

用人单位招录毕业生,应坚持公开、公平、公正的原则,任何凭关系、走后门以及性别歧视等都是对毕业生平等就业权的侵犯。《中华人民共和国劳动法》第十二条规定:"劳动者就业,不因民族、种族、性别、宗教信仰不同而受歧视。"第十三条规定:"妇女享有与男子平等的就业权利。在录用职工时,除国家规定的不适合妇女的工种或者岗位外,不得以性别为由拒绝录用妇女或者提高对妇女的录用标准。"

但在当前,毕业生的平等就业权受到很大程度的侵犯,也最为毕业生所担忧。由于各项配套措施滞后,完全开放公平的就业市场尚未真正形成,用人单位录用毕业生还不同程度存在不公平、不公正的现象,如女生就业难仍然是困扰女毕业生的一大问题。平等就业权是毕业生最为迫切需要得到维护的权利。

7. 违约及求偿权

毕业生、用人单位签订协议后,任何一方不得擅自毁约。如用人单位无故要求解约,毕业生有权要求对方严格履行就业协议,否则用人单位应对毕业生承担违约责任,支付违约金,毕业生有权要求用人单位进行补偿。

1) 解除协议权

当履行协议后毕业生的权利或人身自由、人身安全受到用人单位严重侵害时,毕业生可以主动提出解除协议。《中华人民共和国劳动法》第三十二条规定,有下列情形之一的,劳动者可以随时通知用人单位解除劳动合同:在试用期内的;用人单位以暴力、威胁或者非法限制人身自由的手段强迫劳动的;用人单位未按照劳动合同约定支付劳动报酬或者提供劳动条件的。

2)申诉权

《中华人民共和国劳动法》第七十七条规定:"用人单位与劳动者发生劳动争议,当事人可以依法申请调解、仲裁、提起诉讼,也可以协商解决。"第七十九条规定:"劳动争议发生后,当事人可以向本单位劳动争议调解委员会申请调解;调解不成,当事人一方要求仲裁的,可以向劳动争议仲裁委员会申请仲裁。当事人一方也可以直接向劳动争议仲裁委员会申请仲裁。对仲裁裁决不服的,可以向人民法院提起诉讼。"第八十三条规定:"劳动争议当事人对仲裁裁决不服的,可以自收到仲裁裁决书之日起十五日内向人民法院提起诉讼。一方当事人在法定期限内不起诉又不履行仲裁裁决的,另一方当事人可以申请人民法院强制执行。"此外,《中华人民共和国合同法》第一百二十八条也规定:"当事人可以通过和解或者调解解决合同争议。当事人不愿和解、调解或者和解、调解不成的,可以根据仲裁协议向仲裁机构申请仲裁……当事人没有订立仲裁协议或者仲裁协议无效的,可以向人民法院起诉。当事人应当履行发生法律效力的判决、仲裁裁决、调解书;拒不履行的,对方可以请求人民法院执行"。

3)求偿权

求偿权即向违约方要求承担违约责任、获得赔偿的权利。《中华人民共和国合同法》第一百一十二条规定:"当事人一方不履行合同义务或者履行合同义务不符合约定的,在履行义务或者采取补救措施后,对方还有其他损失的,应当赔偿损失。"第一百二十二条规定:"因当事人一方的违约行为,侵害对方人身、财产权益的,受损害方有权选择依照本法要求其承担违约责任或者依照其他法律要求其承担侵权责任。"

(二)毕业生应履行的义务

1. 服从国家需要的义务

虽然毕业生在就业时有了相当大的自主择业的权利,但是并不能排除服从国家需要的义务。当国家重点建设项目或某些行业急需人才的时候,应积极为国家的重点建设工程或项目服务,如大学生志愿服务西部计划、三支一扶、兵役。

2. 向用人单位实事求是介绍个人情况的义务

毕业生在向用人单位进行自我推荐、自我介绍和接受考察时,有义务全面、实事求是地反映个人情况,以利于用人单位的遴选,不得夸大其辞、弄虚作假。

3. 接受用人单位组织的测试或考核的义务

用人单位为了招聘到符合要求的毕业生,一般都要通过一些测试或考核手段来了解毕业生的情况,通过比较,做出是否录用的决定。因此,毕业生应予积极配合,充分展现自己的能力,接受用人单位的测试和考核。

4. 严格按照就业协议及其他合法约定履行相应的义务

《中华人民共和国合同法》第八条规定:"依法成立的合同,对当事人具有法律约束力。当事人应当按照约定履行自己的义务,不得擅自变更或者解除合同。依法成立的合同,受法律保护。"毕业生应认真履行协议或合同,不得无故擅自变更或自行解除。如果单方违约,必须主动承担违约责任。

二、试用期的基本权利

试用期,即劳动关系的试验阶段。试用期是用人单位和劳动者为了相互了解而约定的考察期,是特殊的劳动合同履行期。在这段期间,用人单位考察员工的工作能力,员工也考察用人单位的情况,是双方相互试用的过程。试用期劳动者的权利同样受法律保护,劳动者在试用期内的主要权利有以下几种。

(一)要求用人单位履行就业协议接收毕业生的权利

就业协议书是明确毕业生、用人单位和学校在毕业生就业工作中权利和义务的书面表现形式,是编制毕业生就业计划和对将来可能发生的违约情况进行是非判断的依据,具有法律效力。就业协议书一经签订就应严格履行,不得无故更改。用人单位必须依照协议书接收毕业生,并为其妥善安排工作岗位,保证毕业生顺利就业。

(二)签订正式的劳动合同的权利

有的用人单位认为只要不与劳动者签订劳动合同,就可以不受劳动法律的约束,在辞退劳动者时较为便利,并且不必给予经济补偿,于是频繁地辞退试用期员工就成为这种单位的一种用工手段。

有的用人单位往往以试用为名,不与劳动者签订劳动合同,或者只签订一份所谓的试用期合同,许诺等试用合格后再签订正式劳动合同。对此,劳动者应该学会依法维护自己的合法权益。

即使没有签订劳动合同,只要形成事实上的劳动关系,就要受到《中华人民共和国劳动法》等一系列法律法规的约束。根据《中华人民共和国劳动合同法》的规定:"建立劳动关系,应订立书面劳动关系。"

(三)获得劳动报酬的权利

在试用期间,刚毕业的学生在工作熟练程度、技能水平方面和其他人相比可能有差距,直接表现在工资水平上,体现为收入的差距。但只要劳动者在法定工作时间内提供正常劳动,用人单位就应当支付其工资。

有的用人单位在招工时就声明,试用期不发工资,只有试用期满双方签订了正式劳动合同后才有工资,或找其他借口不付工资。这些行为都是违反劳动法的,遇到这种情况,当事人可向劳动监察部门反映。

试用期内的工资标准与正式上岗后的工资标准相比一般都比较低。但是这种"低"也是有限度和标准的。劳动法明确规定试用期工资最低不应低于当地的最低工资标准。具体某个工种在当地的最低工资标准数是多少,可以到当地劳动保障部门去查阅。在这个最低工资标准之上,劳动者与用人单位可以协商决定。

(四)享有社会保障的权利

劳动者在试用期间,与其他劳动合同制员工一样,用人单位应该当依法为其办理社会保障手续,为其缴纳社会保险费。社会保险通常包括"五险一金",即养老保险、医疗保险、失业保险、工伤保险、生育保险和住房公积金。

(五)享有劳动保护的权利

用人单位应当为劳动者提供必要的劳动防护用品和劳动保护设施,防止事故,减少伤害。

(六)解除劳动合同的权利

在试用期间,劳动者可以随时通知用人单位解除劳动合同,不需要任何附加条件。用人单位不得要求劳动者支付职业技能培训费,还应按劳动者的实际工作天数支付工资。

签订合同后,用人单位不能随意解除。在试用期内,用人单位须有理由才能辞退员工,而员工可无理由走人。《中华人民共和国劳动法》规定,在试用期内,用人单位必须有证据证明劳动者不符合录用条件才能辞退。而员工只要通知单位就可以解除劳动合同,无须提供任何理由。

三、就业权利保护原则与途径

(一)就业权利保护的原则

毕业生的就业权利受到社会多方面的保护。在现实条件下,毕业生就业权利保护应该遵循以下原则。

1. 双赢原则

在就业过程中,毕业生与用人单位双方都应避免意气用事,相互猜忌,并通过适当的渠道解决就业过程中的分歧,在遵守法律法规的前提下,实现个人职业发展与企业发展的"双赢"。

2. 契约为本

大学毕业生的就业行为本质上是一种民事法律行为,双方的权利义务关系受到就业协议书、劳动合同等契约的制约。毕业生就业权利的保护应当充分尊重契约,毕业生要提高自我保护意识,谨慎签订就业协议书和劳动合同。而就业协议书和劳动合同等契约文件一旦形成,便具有法律的强制力和约束力,毕业生和用人单位双方都有责任和义务履行协议和合同中的相应条款。

3. 依法保护

毕业生就业权利的保护应当充分运用法律武器,在法律的保护与约束下进行。少数毕业生在自身就业权利受到损害时,不是在法律框架内寻找救济渠道,而是通过家长上门闹事、纠集亲友聚集等方式对用人单位或学校施压,造成不良的社会影响,这是十分不可取的。

4. 平等自愿

毕业生个人意愿的充分表达,是就业协议书和劳动合同订立的前提条件。毕业生就业协议书的保护,应当在遵守契约约定的情况下,充分尊重毕业生的个人意见,建立毕业生与用人单位平等的权利义务关系。

(二)就业权利保护的途径

1. 毕业生就业主管部门的保护

各省(直辖市、自治区)毕业生就业主管部门都有相应的规范来确定毕业生的权利,并对侵犯毕业生的行为加以抵制或处理。

2. 学校的保护

学校对毕业生权利的保护最为直接。学校通过制定各项措施规范毕业生就业指导和就业推荐，鉴别、过滤和筛选就业信息。对于用人单位在录用毕业生过程中的不公平、不公正行为，学校有权予以抵制，以维护毕业生公平的被录用权。对用人单位与毕业生签订不符合有关规定的就业协议，学校有权不予同意，可不作为编制就业方案的依据。

3. 毕业生的自我保护

毕业生的自我保护是毕业生权利保护的重要方面。毕业生的自我保护一般体现在以下几个方面。

1) 熟悉和了解有关法律常识及规定，自觉提高毕业生个人法律意识

毕业生应了解目前国家关于毕业生就业方面的有关方针、政策和规范以及它们之间的关系，熟悉毕业生在就业过程中的权利和义务，这是毕业生权益自我保护的前提。如果在就业过程中因为所谓的公司规定或部门规定与国家政策法规有抵触，而侵犯了自己的权利，则可以依据法规办事，维护自己的合法权益。

2) 签好就业协议书，充分发挥就业协议书的作用

就业协议书是明确毕业生、用人单位、学校在毕业生就业工作权利义务的书面文本，一般由教育部制定统一格式。毕业生也须认真签订好就业协议书。因为在我国健全和完善毕业生就业工作法律法规体系是一个渐进的过程，尽管少数省市做出了一定的尝试，但从全国范围来看还没有足够的法律依据和形式替代现行的就业协议书。而在毕业生就业实践中，一些单位在与毕业生、学校签订三方协议后，依据就业协议书中"如有其他约定，应在协议书的备注栏中明确，并视为本协议的一部分"的条款，还要与毕业生再签订一份比较详尽的劳动合同。

毕业生在签订就业协议书及其补充条款时一般应注意以下方面。

(1) 查明用人单位主体资格是否合格。协议双方的资格是否合格是就业协议书是否具有法律效力的前提(这里主要是指用人单位的资格)。用人单位，不管是机关、事业单位还是企业(私营企业除外)，必须要有招聘员工的自主权力。如果其本身不具备招聘员工的权力，则必须经其具有招聘员工权力的上级主管部门批准同意。因此，毕业生签订就业协议书前，一定要先审查用人单位的主体资格。

(2) 有关条款明确合法。毕业生一定要认真审查就业协议书。首先审查协议内容是否合法，是否符合国家相关法律和政策；其次审查和仔细推敲双方权利和义务是否合理；最后要审查清楚除协议本身外是否有附件及补充协议，并审查清楚其内容。按照《中华人民共和国劳动合同法》及相关法律的规定，就业协议书协议的内容至少应具备以下条款才能具有法律效力：服务期、工作岗位、工资薪酬、福利待遇、协议变更和终止条款、违约责任等。

(3) 签订就业协议书的程序要合乎程序规定。毕业生和用人单位经协商一致，签约时要注意完整地履行手续。首先，毕业生要签名并写清签字时间；其次，用人单位及其上级主管部门必须加盖单位公章并注明时间，不能用个人签字代替单位公章；最后，毕业生和用人单

位签字后须将就业协议书交给学校毕业生就业主管部门履行相关手续,以便及时制订就业计划和顺利派遣。

(4)写明违约责任。违约责任是指协议当事人不履行或不完全履行协议规定的义务应承担的法律责任,它是保证协议履行的有效手段。鉴于实践中毕业生及用人单位违约率有所增加的状况,就业协议书中违约条款就显得更为重要。因此,在就业协议书中,应详细描述当事人双方的违约情形及违约后应负的责任,同时还应写明当事人违约通过何种方式、途径来承担责任。这样,才能更有利于当事人双方履行协议,也有利于以后违约纠纷的解决。

3)遵循市场规则,预防侵害自身合法权利行为的发生

毕业生在就业求职过程中,无论是自荐,应聘,接受面试、笔试,洽谈就业意向,都应本着"真诚、信实、平等"的原则,以自身实力参与竞争,进行双向选择。同时,要有风险意识,对于有些用人单位招聘人员时夸大优厚条件、以欺骗手段吸引人才的做法要有提防戒备心理,预防侵害自身合法权利行为的发生。在就业报到过程中,毕业生也应对自身权利有所了解,善于进行自我保护。

4)用法律手段维护自身合法权利

由于高校毕业生就业市场不尽成熟和完善,有关法律、法规和制度尚不健全,再加上社会风气和人们的旧观念、旧思想的影响,毕业生在就业过程中不可避免地会遇到一些不公平现象,对毕业生就业求职的正当权利予以侵害。针对侵犯自身就业权利的行为,毕业生有权向用人单位上级部门和学校进行申诉并听取他们的处理意见,同时也可提交给当地的劳动争议仲裁机构进行调解和仲裁,或直接向人民法院提起诉讼。

复习思考

仔细复习大学生就业享有的权利,灵活掌握。

第二节 就业协议书与劳动合同

就业协议书是"全国普通高等学校毕业生就业协议书"的简称,是普通高等学校毕业生和用人单位在正式确立劳动人事关系前,经双向选择,在规定期限内确立就业关系、明确双方权利和义务而达成的书面协议,是用人单位确认毕业生相关信息真实可靠以及接收毕业生的重要凭据,也是高校进行毕业生就业管理、编制就业方案以及毕业生办理就业落户手续等有关事项的重要依据。就业协议书在毕业生到单位报到、用人单位正式接收后自行终止。就业协议书一般由国家教育部或各省、市、自治区就业主管部门统一制表。

一、就业协议书概述

就业协议书作为用人单位、毕业生之间的意向性协议,不仅能为毕业生解决工作问题,

保障毕业生在寻找工作阶段的权利与义务;同时,也保障了用人单位能够从不同学校找到合适、优秀的毕业生。

(一)就业协议书的区分

大学生毕业前后往往要签署三份协议:实习协议书、就业协议书、劳动合同,但是不少学生和用人单位都不能区分三份协议的特点和效力。

就业协议书是指在校学生毕业前与学校、用人单位三方签订的协议,目的在于约束学生和用人单位在毕业后建立劳动关系。

实习协议书是指在校学生通过参加实习单位的实际工作进行实践学习,明确双方权利义务的协议。对用人单位来说,实习只意味着企业给在校学生提供一个锻炼和学习的机会,并不存在应聘和聘用关系。学生参加实习是为了积累实践经验,实习一般属于教学过程的一部分。所以,实习的大学生与学校有着教育的关系,接收实习生的单位不与实习大学生建立劳动关系,因此双方的权利义务基本要靠实习协议书来自行约定。

劳动合同是指劳动者与用人单位建立劳动关系,明确双方权利义务关系的合同。劳动合同通常意义上是指雇佣合同,是平等主体公民之间、法人之间、公民与法人之间以提供劳务为内容而签订的协议,是受雇人为雇用人提供服务的合同,是当事人平等协商一致的结果。

(二)就业协议书与劳动合同的关系

就业协议书与劳动合同是用人单位录用毕业生时所订立的书面协议,但两者分处两个相互联系的不同阶段。

(1)就业协议书是毕业生在校时在学校参与见证下与用人单位协商签订的,是编制毕业生就业计划方案和毕业生派遣的依据。劳动合同是毕业生与用人单位明确劳动关系中权利义务关系的协议,学校不是劳动合同的主体,也不是劳动合同的见证方,劳动合同是上岗毕业生从事何种岗位、享受何种待遇等权利和义务的依据。

(2)就业协议书的内容主要是毕业生如实介绍自身情况,并表示愿意到用人单位就业,用人单位也表示愿意接收毕业生,学校同意推荐毕业生并列入就业计划进行派遣。劳动合同的内容涉及劳动报酬、劳动保护、工作内容、劳动纪律等方方面面,更为具体,劳动权利义务也更为明确。

(3)一般来说就业协议书签订在前,劳动合同订立在后。如果毕业生与用人单位就工资待遇、住房等有事先约定,则亦可在就业协议备注条款中予以注明,日后订立劳动合同时对此内容应予认可。

(4)就业协议书是毕业生和用人单位关于将来就业意向的初步约定,对于双方的基本条件以及即将签订劳动合同的部分基本内容大体认可,并经用人单位的上级主管部门、高校毕业生和用人单位签字盖章承诺履行协议。高校只在"有关信息及意见"一栏填写(或制作长条章加盖)学校的联系电话、邮箱、邮寄地址及相关意见等信息。一经毕业生、用人单位、高校、用人单位主管部门签字盖章,即具有一定的法律效力,是编制毕业生的就业计划和将来可能发生违约情况时的判断依据。

(5)现实中就业协议书存在的尴尬现象,即必须先签订就业协议书,学校才发毕业证的现象。这样看来,就业协议书不是毕业生和用人单位关于将来就业意向的初步约定,而是未毕业生和用人单位关于将来就业意向的初步约定。

二、就业协议书的签订

(一)就业协议书的签订原则

1. 主体合法

签订就业协议书的当事人必须具备合法的主体资格。对毕业生而言,就业必须要取得毕业资格,如果学生在派遣时未取得毕业资格,用人单位可以不予接收而无须承担法律责任。对用人单位而言,用人单位必须具有从事各项经营或管理活动的能力,单位应有录用毕业生计划和录用自主权,否则毕业生可解除协议而无须承担违约责任。对高校而言,高校根据用人单位的要求如实介绍毕业生的在校表现,也应如实将所掌握的用人单位的信息发布给毕业生。高校是毕业生签订就业协议书的一个重要组成部分。

2. 平等协商

就业协议的三方在签订就业协议书时的法律地位是平等的,一方不得将自己的意志强加给另一方。学校也不得采用行政手段要求毕业生到指定单位就业(不包括有特殊情况的毕业生),用人单位亦不应在签订就业协议书时要求毕业生交纳过高数额的风险金、保证金。三方当事人的权利义务应是一致的。除协议书规定内容外,三方如有其他约定事项可在就业协议书"备注"栏中加以补充确定。

3. 诚实信用

诚实信用原则是市场经济活动的一项基本道德准则,是现代法治社会的一项基本法律规则,是一种具有道德内涵的法律规范,是做人的一项基本原则,是合同法的一项基本原则,也因此成为当今世界具有特殊意义的原则。

(二)就业协议书内容

1. 毕业生情况及意见

毕业生情况及意见主要包括学生姓名、政治面貌、所学专业、学历层次、联系方式和应聘意见等,毕业生必须逐项填写完整,专业名称要与学校教务处的专业名称一致,不能简写,最后应签署姓名及日期。

2. 用人单位情况及意见

用人单位情况及意见主要包括单位名称、单位隶属、联系方式、单位所在地、经济类型、单位性质、档案转寄及户口迁移等基本情况。填写用人单位名称时，务必注意，是否与单位的有效印鉴上的名称一致，如不一致，协议无效。因此，毕业生签约前，一定要先审查用人单位的主体资格。

有用人自主权并可以接收档案的单位，在"用人单位意见"中签署"同意"意见并加盖单位人事部门公章。如果用人单位属于事业单位或机关等无用人自主权的单位，则必须在"用人单位上级主管部门意见"中签署"同意"意见并加盖公章，或加盖人事代理机构公章。

没有用人自主权或不接收档案的企业单位，毕业生要到区县一级人事代理机构或人才服务机构，填写清楚毕业生档案转寄详细地址，签署意见并加盖公章。

3. 学校意见

毕业生与用人单位签订好协议后，先由学生所在院（系）签署意见并加盖公章，再由学校毕业生就业管理部门审核，签署意见并加盖公章。

4. 备注

现行的就业协议书属格式合同，但"备注"部分允许当事人另行约定各自的权利义务，如报考研究生规定、服务期要求、福利待遇以及违约金等。

5. 就业协议签署后，毕业生原则上不得违约

由于用人单位原因或个人特殊原因需要重新择业的，必须取得用人单位同意解除协议的书面证明或退函，方可重新办理。

（三）就业协议书签订注意事项

第一，签协议前，毕业生一定要全方位地了解用人单位的相关情况。例如企业的发展趋势、企业招聘的岗位性质、企业的员工培养制度、待遇状况、福利项目等系列内容，不但要掌握资料，还要实地考察，并且还需要重点了解用人单位的人事状况，了解其是否具有应届毕业生的接收权。

第二，毕业生在签约时要按照正常程序进行。毕业生与用人单位达成就业意向后，先由毕业生、所在院（系）在就业协议书上签署意见后交用人单位，由用人单位签署意见后再交给学校，学校签字盖章后纳入就业计划，就业协议书生效。有的毕业生为省事，要求学校先签署意见（盖章），但这样做使学校无法起到监督、公证的作用，不便于维护毕业生的合法权益，最可能受害的将是毕业生本人。

第三，签署就业协议书时，一定要认真、真实地填写相关内容。如果准备专升本或考研，应事先向用人单位说明，并在就业协议书中注明。以往有毕业生向用人单位隐瞒这些情况，而后遭到违约处理。

第四，毕业生在签约时也要考虑对自身权利的保护。协议具有双向约定的作用,如果有双方需要相互承诺的部分，一定要在就业协议书或补充协议中加以说明。就业协议书中可以规定违约金的数额，根据现行劳动法的规定，上限是12个月的工资总和。

第五，毕业生在签约时，一定要注意条款的合理性。我国劳动法明确规定，用人单位不得以任何理由，向毕业生收取报名费、培训费、押金、保证金等，并以此作为是否录用的决定条件。

第六，毕业生、用人单位双方都不得单方面拖延签约周期。毕业生遇到问题而犹豫不决时，最好能够及时咨询院毕业生就业指导中心的老师，征求相关的意见，寻求指导。

第七，签订就业协议书后，一定要签署劳动合同。正式的劳动合同可能是学生毕业前签订、毕业后生效的，也可能是毕业后签订、立即生效的。一般就业协议书也会在劳动合同生效时终止其效力。

(四) 就业协议书签订的无效与解除

1. 就业协议书无效

无效协议是指就业协议书缺少有效要件或违反就业协议书订立的原则从而不发生法律效力。无效协议自订立之日起无效。例如，有的就业协议书对毕业生显失公平，或违反公平竞争、公平录用的原则；有的就业协议书是采取欺骗等违法手段签订的，这样的就业协议书无效，如用人单位未如实介绍本单位情况，根本无录用计划而与毕业生签订就业协议书。无效协议产生的法律责任应由责任方承担。

2. 解除就业协议书

为了维护就业协议书的严肃性和学校的声誉，毕业生与用人单位签订了就业协议书后，毕业生和用人单位都应认真履行协议。就业协议书的解除分为单方解除和双方解除。

1) 单方解除

单方解除，包括单方擅自解除和单方依法或依协议解除。单方擅自解除协议，属违约行为，解约方应对另一方承担违约责任。单方依法或依协议解除，是指一方解除就业协议书有法律上的或协议上的依据，如：毕业生未取得毕业资格，用人单位有权单方解除就业协议书；毕业生被录用之后，可解除就业协议书；依协议规定，毕业生未通过用人单位所在地组织的公务员考试，用人单位有权解除协议书。此类单方解除，解除方无须对另一方承担法律责任。

倘若毕业生因特殊原因要求违约，应承担违约责任。已签订就业协议书的毕业生，如要违约，需办理解约手续。步骤：先到原签协议书的单位办理书面同意的解约函(盖单位公章)，然后向学校毕业生就业工作部门提出书面申请(阐明解约理由)，并附上单位及上级人事主管部门审核同意的解约函，交招生就业办，最后学校毕业生就业管理部门根据有关规定审批换发新的就业协议书。

2) 双方解除

双方解除是指毕业生和用人单位双方经协商一致，消灭原订立的协议，使协议不发生法律效力。此类解除因是双方当事人真实意思表示一致的体现,双方均不承担法律责任。双方解除应在就业计划上报主管部门之前进行,如就业派遣计划下达后双方解除,还须经主管部门批准办理调整改派。

3. 就业协议书违约

就业协议书一经毕业生、用人单位签署即具有法律效力,任何一方不得擅自解除,否则违约方应向权利受损方支付协议条款所规定的违约金。从实际情况来看,就业违约多为毕业生违约。

毕业生违约,除本人应承担违约责任、支付违约金外,往往还会造成其他不良的后果,主要表现在以下几个方面。

(1)就用人单位而言,用人单位往往为录用一毕业生做了大量的工作,有的甚至对毕业生将要从事的具体工作也有所安排。同时毕业生就业工作时间相对比较集中,一旦毕业生因某种原因违约,势必使用人单位的录用工作付之东流,用人单位若另起炉灶,选择其他毕业生,在时间上也不允许,从而给用人单位工作造成被动。

(2)就学校而言,用人单位往往将毕业生违约行为认为是学校的工作不到位,从而影响学校和用人单位的长期合作关系。用人单位由于毕业生存在违约现象,而对学校的推荐工作表示怀疑。从历年情况来看,一旦大量毕业生违约,该用人单位在几年之内不愿到学校来挑选毕业生。面对激烈的就业竞争,用人单位的需求就是毕业生择业成功的前提,如此下去,必定影响今后学校的毕业生就业工作,同时影响学校就业计划方案的制订和上报,并影响学校的正常派遣工作。

(3)就其他毕业生而言,用人单位到校挑选毕业生,一旦与某毕业生签订就业协议,就不可能再录用其他毕业生。若日后该毕业生违约,那些当初希望到该用人单位工作的其他毕业生由于录用时间等原因,也无法补缺,造成就业信息的浪费,影响其他毕业生就业。因此,毕业生在就业过程中应慎重选择,认真履约。

三、劳动合同

劳动合同是指劳动者与用人单位之间确立劳动关系、明确双方权利和义务的协议。订立和变更劳动合同,应当遵循平等自愿、协商一致的原则,不得违反法律、行政法规的规定。劳动合同依法订立即具有法律约束力,当事人必须履行劳动合同规定的义务。

(一)劳动合同概述

1. 劳动合同的种类

根据《中华人民共和国劳动合同法实施条例》第十八条、第十九条规定,劳动合同可分为固定期限劳动合同、无固定期限劳动合同和以完成一定工作为期限的劳动合同。

1)固定期限劳动合同

固定期限劳动合同是指用人单位与劳动者约定合同终止时间的劳动合同。用人单位与劳动者协商一致,可以订立固定期限劳动合同。

2)无固定期限劳动合同

无固定期限劳动合同是指用人单位与劳动者约定无确定终止时间的劳动合同,即劳动法规定的长期合同。

3)单项劳动合同

单项劳动合同即没有固定期限,以完成一定工作任务为期限的劳动合同,是指用人单位与劳动者约定以某项工作的完成为合同期限的劳动合同。

2. 劳动合同的作用

1)劳动合同是建立劳动关系的基本形式

以劳动合同作为建立劳动关系的基本形式是世界各国的普遍做法。这是由于劳动过程是非常复杂的,也是千变万化的,不同行业、不同单位合同劳动者在劳动过程中的权利义务各不相同,国家法律法规只能对共性问题做出规定,不可能对当事人的具体权利义务做出规定,这就要求签订劳动合同时明确权利义务。

2)劳动合同是促进劳动力资源合理配置的重要手段

用人单位可以根据生产经营或工作需要确定录用劳动者的条件和方式数量,并且通过签订不同类型、不同期限的劳动合同,发挥劳动者的特长,合理使用劳动力。

3)劳动合同有利于避免或减少劳动争议

劳动合同明确规定劳动者和用人单位的权利义务,这既是对合同主体双方的保障又是一种约束,有助于提高双方履行合同的自觉性,促使双方正确行使权力,严格履行义务。因为劳动合同的订立和履行有利于避免或减少劳动争议的发生,有利于稳定劳动关系。

(二)劳动合同的签订

1. 劳动合同订立的原则

根据《中华人民共和国劳动合同法》第三条规定,订立劳动合同应当遵守如下原则。

1)合法原则

劳动合同必须依法以书面形式订立。做到主体合法、内容合法、形式合法、程序合法。只有合法的劳动合同才能产生相应的法律效力。任何一方面不合法的劳动合同,都是无效合同,不受法律承认和保护。

2)协商一致原则

在合法的前提下,劳动合同的订立必须是劳动者与用人单位双方协商一致的结果,是双方"合意"的表现,不能是单方意思表示的结果。

3)合同主体地位平等原则

在劳动合同的订立过程中,当事人双方的法律地位是平等的。劳动者与用人单位不因为各自性质的不同而处于不平等地位,任何一方不得对他方进行胁迫或强制命令,严禁出现用人单位对劳动者横加限制或强迫命令的情况。只有真正做到地位平等,才能使所订立的劳动合同具有公正性。

4)等价有偿原则

劳动合同明确双方在劳动关系中的地位和作用,劳动合同是一种双务有偿合同,劳动者承担和完成用人单位分配的劳动任务,用人单位付给劳动者一定的报酬,并负责劳动者的保险金额。

2. 劳动合同的内容

《中华人民共和国劳动法》第十九条规定了劳动合同的法定形式是书面形式,其必备条款有以下 7 项。

1)劳动合同期限

法律规定合同期限分为三种:有固定期限,如 1 年期限、3 年期限等均属这一种;无固定期限,合同期限没有具体时间约定,只约定终止合同的条件,无特殊情况,这种期限的合同应存续到劳动者到达退休年龄;以完成一定工作任务为期限,例如:劳务公司外派一员工去另外一公司工作,两个公司签订了劳务合同,劳务公司与外派员工签订的劳动合同期限是以劳务合同的解除或终止而终止的,这种合同期限就属于以完成一定工作任务为期限的种类。用人单位与劳动者在协商选择合同期限时,应根据双方的实际情况和需要来约定。

2)工作内容

在这一必备条款中,双方可以约定工作数量、质量,劳动者的工作岗位等内容。在约定工作岗位时可以约定较宽泛的岗位概念,也可以另外签一个短期的岗位协议作为劳动合同的附件,还可以约定在何种条件下可以变更岗位条款等。掌握这种订立劳动合同的技巧,可以避免工作岗位约定过于死板,因变更岗位条款协商不一致而发生的争议。

3)劳动保护和劳动条件

在这方面可以约定工作时间和休息、休假的规定,各项劳动安全与卫生的措施,对女工和未成年工的劳动保护措施与制度,以及用人单位为不同岗位劳动者提供的劳动、工作的必要条件等。

4)劳动报酬

此必备条款可以约定劳动者的标准工资、加班加点工资、奖金、津贴、补贴的数额及支付时间、支付方式等。

5)劳动纪律

此条款应当将用人单位制订的规章制度约定进来,可采取将内部规章制度印制成册作为合同附件的形式加以简要约定。

6)劳动合同终止的条件

这一必备条款一般是在无固定期限的劳动合同中约定的,因这类合同没有终止的时限。但其他期限种类的合同也可以约定。须注意的是,双方当事人不得将法律规定的可以解除合同的条件约定为终止合同的条件,以避免出现用人单位应当在解除合同时支付经济补偿金而改为终止合同不予支付经济补偿金的情况。

7)违反劳动合同的责任

一般约定两种违约责任形式,第一种是约定由违约一方赔偿给对方造成经济损失,即赔偿损失的方式;第二种是约定违约金,采用违约金方式应当注意根据职工一方承受能力来约定具体金额,避免出现显失公平的情形。违约,不是指一般性的违约,而是指严重违约,致使劳动合同无法继续履行,如职工违约离职,单位违法解除劳动者合同等。

3. 劳动合同签订的注意事项

1) 劳动合同签订的时间

自用工之日起一个月内订立书面劳动合同即可。否则用人单位须向劳动者支付双倍工资。自用工之日起超过一年未与劳动者签订书面劳动合同的,视为双方已经形成无固定期限劳动合同。

2) 劳动合同的期限

劳动合同的期限有三种:有固定期限的劳动合同、无固定期限的劳动合同和以完成一定工作任务为期限的劳动合同。所以用人单位与劳动者在签订劳动合同时要根据双方的需求来协商确定劳动合同的期限。同时,如果有约定试用期,试用期是包含在劳动合同期限内的,若劳动合同仅约定试用期的,试用期不成立,该期限为劳动合同期限。并且以完成一定工作任务为期限的劳动合同或者劳动合同期限不满3个月的,依照劳动合同法规定该情形不得约定试用期。

3) 对非全日制用工要特别注意

(1)非全日制用工在同一用人单位一般平均每日工作时间不超过4小时。每周工作时间累计不超过24小时。

(2)非全日制用工不得约定试用期。

(3)非全日制用工小时计酬标准不得低于最低小时工资标准。

(4)非全日制用工劳动报酬结算支付周期最长不得超过15日。

(5)用人单位必须为劳动者缴纳工伤保险,否则发生工伤事故则要承担相关责任。

(三)劳动合同的违约与解除

1. 劳动合同的解除

合同解除包括双方解除和单方解除。双方解除是当事人双方为了消灭原有的合同而订立的新合同,即解除合同。单方解除是指当事人一方通过行使法定解除权或者约定解除权而使合同的效力消灭。

1) 劳动者与用人单位双方协商一致解除劳动合同

《中华人民共和国劳动法》第二十四条规定,经劳动合同当事人协商一致,劳动合同可以解除。

2) 劳动者单方解除劳动合同

根据《中华人民共和国劳动合同法实施条例》第十八条规定,具有下列情形之一的,依照劳动合同法规定的条件、程序,劳动者可以与用人单位解除固定期限劳动合同、无固定期限劳动合同或者以完成一定工作任务为期限的劳动合同。

(一)劳动者与用人单位协商一致的;

（二）劳动者提前30日以书面形式通知用人单位的；

（三）劳动者在试用期内提前3日通知用人单位的；

（四）用人单位未按照劳动合同约定提供劳动保护或者劳动条件的；

（五）用人单位未及时足额支付劳动报酬的；

（六）用人单位未依法为劳动者缴纳社会保险费的；

（七）用人单位的规章制度违反法律、法规的规定，损害劳动者权益的；

（八）用人单位以欺诈、胁迫的手段或者乘人之危，使劳动者在违背真实意思的情况下订立或者变更劳动合同的；

（九）用人单位在劳动合同中免除自己的法定责任、排除劳动者权利的；

（十）用人单位违反法律、行政法规强制性规定的；

（十一）用人单位以暴力、威胁或者非法限制人身自由的手段强迫劳动者劳动的；

（十二）用人单位违章指挥、强令冒险作业危及劳动者人身安全的；

（十三）法律、行政法规规定劳动者可以解除劳动合同的其他情形。

3）用人单位可以单方解除劳动合同的情形

根据《中华人民共和国劳动合同法实施条例》第十九条规定，有下列情形之一的，依照劳动合同法规定的条件、程序，用人单位可以与劳动者解除固定期限劳动合同、无固定期限劳动合同或者以完成一定工作任务为期限的劳动合同：

（一）用人单位与劳动者协商一致的；

（二）劳动者在试用期间被证明不符合录用条件的；

（三）劳动者严重违反用人单位的规章制度的；

（四）劳动者严重失职，营私舞弊，给用人单位造成重大损害的；

（五）劳动者同时与其他用人单位建立劳动关系，对完成本单位的工作任务造成严重影响，或者经用人单位提出，拒不改正的；

（六）劳动者以欺诈、胁迫的手段或者乘人之危，使用人单位在违背真实意思的情况下订立或者变更劳动合同的；

（七）劳动者被依法追究刑事责任的；

（八）劳动者患病或者非因工负伤，在规定的医疗期满后不能从事原工作，也不能从事由用人单位另行安排的工作的；

（九）劳动者不能胜任工作，经过培训或者调整工作岗位，仍不能胜任工作的；

（十）劳动合同订立时所依据的客观情况发生重大变化，致使劳动合同无法履行，经用人单位与劳动者协商，未能就变更劳动合同内容达成协议的；

（十一）用人单位依照企业破产法规定进行重整的；

（十二）用人单位生产经营发生严重困难的；

（十三）企业转产、重大技术革新或者经营方式调整，经变更劳动合同后，仍需裁减人员的；

（十四）其他因劳动合同订立时所依据的客观经济情况发生重大变化，致使劳动合同无法履行的。

4）应充分保障劳动者的合法权益

根据《中华人民共和国劳动合同法》第四十二条规定，劳动者有下列情形之一的，用人单

位不得依照本法第四十条、第四十一条的规定解除劳动合同:

(一)从事接触职业病危害作业的劳动者未进行离岗前职业健康检查,或者疑似职业病病人在诊断或者医学观察期间的;

(二)在本单位患职业病或者因工负伤并被确认丧失或者部分丧失劳动能力的;

(三)患病或者非因工负伤,在规定的医疗期内的;

(四)女职工在孕期、产期、哺乳期的;

(五)在本单位连续工作满十五年,且距法定退休年龄不足五年的;

(六)法律、行政法规规定的其他情形。

2. 劳动合同的违约

违约责任的承担方式可以约定两种形式,第一种赔偿损失的方法。即约定由违约一方赔偿给对方造成经济损失;第二是约定违约金,采用这种方式应当注意根据职工一方承受能力来约定具体金额,不要出现显失公平的情形。另外,所谓的违约,不是一般性的违约,而是指比较严重的违约,造成劳动合同无法继续履行,如职工违约离职,单位违法解除劳动者合同等。

1)用人单位的违约责任

根据《中华人民共和国劳动合同法》第八十七条规定,用人单位违反本法规定解除或者终止劳动合同的,应当依照本法第四十七条规定的经济补偿标准的二倍向劳动者支付赔偿金。

2)劳动者的违约责任

根据《中华人民共和国劳动合同法实施条例》第二十六条规定,用人单位与劳动者约定了服务期,劳动者依照劳动合同法第三十八条的规定解除劳动合同的,不属于违反服务期的约定,用人单位不得要求劳动者支付违约金。

有下列情形之一,用人单位与劳动者解除约定服务期的劳动合同的,劳动者应当按照劳动合同的约定向用人单位支付违约金:

(一)劳动者严重违反用人单位的规章制度的;

(二)劳动者严重失职,营私舞弊,给用人单位造成重大损害的;

(三)劳动者同时与其他用人单位建立劳动关系,对完成本单位的工作任务造成严重影响,或者经用人单位提出,拒不改正的;

(四)劳动者以欺诈、胁迫的手段或者乘人之危,使用人单位在违背真实意思的情况下订立或者变更劳动合同的;

(五)劳动者被依法追究刑事责任的。

复习思考

通过信息渠道去获取就业协议书、劳动合同的范本,模拟签订,熟悉签订的流程。

第三节 常见就业侵权与处理

大学生在求职时将面临各种招聘单位,难免会与起媒介和中介作用的一些机构打交道,在众多的选择机会中有时也会遭遇别有用心的不良企图甚至陷阱。为帮助涉世未深的大学生擦亮双眼辨别真假,提高警惕避免上当,下面介绍几种常见的就业侵权行为及应对方法。

一、常见的就业侵权行为

(一)欺骗宣传

一些用人单位在招聘时夸大单位规模、发展前景、工资待遇等,或者隐瞒单位实情;有的用人单位千方百计了解毕业生的情况,却设法回避毕业生提出的了解单位的问题。这些都将导致毕业生与用人单位之间信息不对称,剥夺了毕业生的知情权。更有甚者,恶意欺骗宣传,宣称"高薪""高福利""高岗位"诱惑毕业生从事名不副实的工作,严重损害毕业生利益。如某企业抛出低工资高奖金的制度吸引应聘者,扬言做得好的话月薪可达万元,其实应聘者只能在几乎没有底薪的情况下领取苛刻的销售提成。要知道,管理规范的优秀企业通常会淡化奖金、提成这些易于孳生副作用的做法,只有那些急功近利、员工流动性大的企业才会反其道而行之。广大毕业生应脚踏实地,不要投机取巧,不要相信天上能掉馅饼,增强拒绝诱惑的能力,避免落入不法分子的圈套。

(二)招聘歧视

平等就业是每个劳动者享有的法律权利,但近年来出现了不少招聘中的歧视行为。

1. 性别歧视

这是女生们经常遇到的无奈。有的用人单位不顾社会责任,片面追求利益最大化,逃避劳动法赋予用人单位对女职工的特殊义务,在招聘员工时或私下或公开规定"只招男生"或"男士优先"。

2. 身体歧视

一些用人单位在缺少相关规定的情况下将身体有残疾或疾病的人拒之门外,剥夺这群人的就业机会;还有一些单位在并无必要的情况下对应聘者的身高、相貌提出要求。

3. 户籍歧视

有的用人单位只招收本地户口的毕业生,或者没有本地户口的就必须有本地户口居民的担保,提高了外地户口毕业生就业的门槛。有的地方政府为了保护本地人口就业,制订不合理的人才准入制度,使本地单位无法招收外地户口毕业生,或者无法使外地户口的劳动者成为正式职工,严重限制了人才的合理流动。

4. 院校歧视

一些用人单位明确在招聘简章中写上非"985""211"工程院校毕业生不招,粗暴地侵害了非重点大学毕业生的就业权益。

以上歧视行为侵犯了广大毕业生的平等就业权,我们需要理直气壮地对这类现象予以谴责。

(三)违规收费

国家有关部门早就明文规定,用人单位不得以任何名义向应聘者收取报名费、押金、保证金等费用,对员工的培训费应当从成本中支出。可有的用人单位却对此置若罔闻,巧立名目向应聘者收费。毕业生们迫于对工作的需要往往只能就范。可是不少企业在收取了费用后便为所欲为,或者怠于履行义务,或者向求职者提出更过分的要求。因此,毕业生在求职时要区分用人单位哪些做法是合理的,哪些做法是不合理的,对于各种名目的收费要坚决抵制。

(四)侵犯隐私

毕业生在求职时,会在相关领域如网络和求职材料上留下自己的信息资料,比如姓名、年龄、身高、学历、电话、身份证号码等,这些信息属于个人隐私的一部分,未经本人同意不得公开、泄露、出售。但可能因为各种原因,如工作人员的疏漏、网络软件的缺陷、不法分子的圈套等这些信息被用来侵害当事人或谋求商业利益。因此,毕业生求职时不要随便将个人资料留给不可靠的单位和个人,投放网络时要选择安全防范能力强和可靠性高的网站,同时注意保密设置内容的选项。在面试时,一些用人单位的提问会涉及个人隐私,如果与工作无关或者出于恶意,毕业生有权拒绝回答;如果处于安排合适岗位的考虑或者考察应变能力,毕业生可以视情况回答。用人单位因此获得毕业生的个人隐私后,负有保密的义务,否则构成侵权。

(五)侵犯知识产权

个别用人单位通过招聘时要求毕业生提供作品或者完成某项设计工作等方式,取得并盗用毕业生的智力成果。如某软件公司在报刊上刊登招聘启事,招聘计算机专业研究生,凡应聘者领取考卷一份,实为一项设计项目的一部分。就这样一场虚假招聘使本应耗费大量人力的设计工作得以轻松完成。所以广大毕业生尤其是设计类、计算机类专业的毕业生应该提高警惕,增强保护知识产权的意识,采取适当措施降低用人单位使用自己作品的可能性。例如,面试时不要让用人单位随意复制自己的作品;发送电子邮件时应对自己的作品进行处理,降低相关图片的分辨率;交付自己的作品时,应要求用人单位签收,以保存证据。

(六)虚假试用

一些不法企业滥用试用期廉价使用毕业生。规定试用期是正常招聘行为。但有些企业在试用毕业生时劳动强度高,工资报酬低,在试用期结束后又以种种理由辞去毕业生,更有甚者,还向毕业生收取所谓的培训费。所以广大毕业生在求职时一定要就试用期问题在合同中明确约定;在试用期间要注意保留有关工资、工作时间、工作能力的证据,以备必要时维护自己的权利。

(七)合同陷阱

毕业生尤其要防备一些老谋深算的老板设置的合同陷阱。近年来,社会中出现了一些严重违反法律的合同,这些合同都是无效的,下面介绍一些这样的非法合同,希望广大毕业生提高警惕。

1. 暗箱合同

这类合同中的权利和义务一边倒。有些企业,尤其是私营企业和个体工商户与劳动者签订合同时,多采用格式合同,根本不与劳动者协商,不向劳动者讲明合同内容。在合同中,只从企业的利益出发规定用工单位的权利和劳动者的义务,而很少或者根本不规定用工单位的义务和劳动者的权利。

2. 霸王合同

这类合同一般是以给劳动者或其亲友造成财产或人身损失相威胁,迫使对方在违背真实意愿的情况下所签订的。比如,有的企业看中一名技术员后,先与该技术员的亲朋好友订立劳动合同,然后再与该技术员谈话,强迫与其订立劳动合同,否则就以解雇其亲朋好友相威胁。

3. 生死合同

部分用人单位不按劳动法的规定履行劳动安全义务,妄图以与劳动者签订"工伤概不负责"的条款逃避责任。签订这类合同的往往是从事高度危险作业的单位。这类企业劳动保护条件差,安全隐患多,设施不安全,生产中极易发生安全事故。

4. 卖身合同

具体表现为一些用人单位与劳动者在合同中约定,劳动者一切行动服从用人单位的安排,一旦签订合同,劳动者就犹如卖身一样失去人身自由。在工作中,加班加点,被强迫劳动,有的单位连吃饭、穿衣、上厕所都规定了严格的时间,剥夺了劳动者的休息权、休假权,甚至任意辱骂、体罚、殴打劳动者。劳动者的生活、娱乐和人身自由受到限制。

5. 双面合同

一些用人单位与劳动者签订合同时,准备了至少两份合同。一份是假合同,内容按照劳动部门的要求签订,对外应付有关部门的检查,但在劳动过程中并不实际执行;一份为真合同,是用人单位从自身利益出发拟定的合同,合同规定的权利义务极不平等,对内用以约束劳动者。

 拓展资料 10-1

案例:就业协议有约束,签订须谨慎

2013年,作为北方某名牌高校的一名应届毕业研究生,小峰从激烈的竞争中脱颖而出,被某知名公司录取。此时,小峰发现还有一家发展前景更好的单位也在招聘,于是他匆匆和这家公司签订了就业协议书后,又去应聘了那家更有前景的单位。他认为反正就业协议书不是劳动合同,对自己没有约束力。

当小峰兴冲冲地跑到原来签订就业协议书的公司,请求解除就业协议时,该公司告知小峰,解除就业协议书可以,但小峰必须按照就业协议书的约定向公司交付违约金。面对不菲的违约金,初出校门的小峰真为自己法律意识的缺乏懊悔不已。

评析:

毕业生就业协议书与劳动合同确实不一样。学生签订毕业生就业协议书的时候,仍属于在校学生的身份,学生和招聘单位之间的关系还不是劳动法意义上的劳动关系,但这并不意味着就业协议书就没有约束力。事实上,作为一般民事协议,毕业生就业协议虽然不受劳动法调整,但却属于民法通则的调整范围,在平等、自愿等基础上建立起来的毕业生就业协议受法律保护,任何一方无正当理由任意违反都要承担相应的违约责任。因此,大学生在决定签署就业协议前,要认真对待就业协议的约定,特别是其中的违约条款,以免给自己造成损失。

与此同时,学校作为学生就业协议三方中的一方,应正确看待学生的违约行为。在目前的毕业生就业实践中,部分院校出于学校声誉等方面的考虑,一般不希望学生在签订三方协议后违约,有的学校甚至规定不得违约或者违约后将不再给学生新的三方协议。学校的这种做法,在目前严峻的就业形势下,应该说有一定的道理。但人才的自由流动是市场经济的常态,也是一个学生作为公民所应该具备的人权之一。对于事关学生职业生涯发展的就业问题,学校应给予更宽松的选择空间。当然,主张学校应该给学生更宽松的就业选择空间,不等于鼓励学生随意违反三方协议。毕竟违约行为是要承担相应责任的。因此,毕业生在签订三方协议前要三思而行。

此外,用人单位以过高的违约金方式变相强行留住人才的做法也是不能得到法律支持的,对三方协议违约金的约定,各地可能有不同的规定,但是对其上限做出规定则无异议,对违约金的约定应在合理的范围内。

(资料来源:大学生校内网。)

(八)非法中介

一些不法分子冒充合法机构,通过广告宣传,虚构招聘岗位,收取中介费后便人间蒸发。更有些私人机构,串通欺骗求职者,举办所谓的招聘会,接收大量简历,却不招一兵一卒,意在敛取求职者的钱财。奉劝广大毕业生不要轻信那些无相应资质的中介机构和场所,求职应去政府举办或者政府审查许可的有信誉的人才市场和人才服务机构。

二、侵权行为的应对与自我保护

那么怎样才能在求职过程中避免上当受骗呢?

(一)看"一照两证",选择正规的中介机构

"一照两证"即营业执照和人力资源和社会保障部为职业中介机构颁发的《职业介绍许可证》与《人力资源服务许可证》,凡"两证"欠其一的中介机构即为非法职介。为了确保自己的合法权益不受损害,求职者千万不要和非法中介打交道,否则,上当受骗在所难免。

(二)莫贪小便宜,以免被私招滥雇

那些无营业执照、无《职业介绍许可证》或《人力资源服务许可证》、无固定办公地点的非法中介常常以找不到工作不收费为幌子,专在一些正规中介旁边,伺机寻找"猎物"诱惑求职者入套,趁机向求职者敲诈勒索。

(三)拒交任何名义的费用

国家规定:任何招聘单位,以任何名义向求职者收取抵押金、风险金、报名费、培训费等行为,都属非法行为;招聘单位培训本单位的职工,也不准收取培训费。求职者遇到此类情况,要坚持拒交,并向招聘单位所在区、县举报,以确保自己的合法权益不受侵害。

(四)索要真实发票

求职者一定要向收费的职介机构索要税务局或财政局核发的正式发票。有了正式发票

等于多了一道护身符,一旦发生上当受骗,可以凭发票编号,找到该机构的法定代表人和领票人,发票是维权的依据,而普通收据是难以成为法律依据的。

(五)不轻信许诺到外地上班

对非法中介或私招滥雇者为外地企业的高薪招聘,不论其待遇多么好,求职者千万要保持清醒的头脑和高度的警惕,不要轻信口头许诺到外地上班,一是不去;二是到人力资源和社会保障部咨询,并办理相关的手续,否则会吃大亏,可能会被骗工骗钱甚至被人贩子骗卖。

(六)通过劳动行政部门进行保护

求职者一旦发现上当受骗,要及时向招聘单位所在地的人事局人才市场管理办公室、劳动保障监察大队或公安派出所报案,寻求法律保护。

复习思考

1. 温习本章内容,做到充分理解。
2. 通过互联网渠道找到《中华人民共和国劳动合同法》,阅读并基本掌握其内容。

第十一章　就业心理与个人修养

第一节　正确的就业心理状况

健康的心理素质不仅在择业过程中具有重要作用,也是毕业生适应职业生活、规划自己职业生涯的必要条件。为了缓解大学毕业生所面临的巨大的就业压力,加强大学生就业心理素质的培养,本节对构成大学毕业生就业心理压力的主要因素进行分析,并提出相应的对策,目的是全面提高毕业生的就业心理素质,增强毕业生的就业能力。

大学生在择业、创业期间和就业后的职业适应中,也会经常遇到许多问题,具有良好心理素质的毕业生,可以保持健康心态,适时地对自己的行为进行调整,轻松地应对困难和挫折,促进顺利就业和创业,并在就业后很快适应新的职业环境,在新的岗位上迅速成长起来。因此,心理素质在大学生就业与创业过程中都占有相当重要的位置。

一、大学生常见就业心理问题

(一)就业心理压力与焦虑

当前激烈的就业竞争环境使就业问题给大学生带来了较大的心理压力,而且这种压力在各年级学生中都存在。清华大学的调查显示,个人前途与就业已成为造成大学生心理压力变大的主要因素,而且压力有随着年级增高而上升的趋势。学生就业压力体验相当严重,尤其以心理体验最为严重。大学生毕业前心理压力较过去有明显增大,主要原因是毕业方向的选择、就业、考研、恋爱分合、大学中的不愉快经历、离别的感伤、突发事件、经济条件等冲突和事件;女大学生心理压力大于男大学生,农村学生的焦虑水平高于城市学生。而大学生面对就业压力的释放方式则过于内向化,主要是自己解决和求助于同学、朋友。

(二)就业心理期望与失落感

许多大学生都有一种"十年寒窗,一举成名"的心理,因此对择业的期望相当高。大学生大多希望到生活条件好、福利待遇高的大城市、大机关、大公司工作,而不愿到急需人才但条件艰苦的中小城市和基层小单位,过分地考虑择业的地域、职位的高低和单位的经济效益。高期望驱使毕业生总是向往高薪水、高职位、高起点,渴求高收入、高物质回报率,并一厢情愿地对用人单位提出种种要求,将自己就业的目标定得很高,即使找不到合适的单位也不肯降低就业期望值。比如,有一些学生就说:"非北京、上海、深圳不去。"可是现实就业岗位大多不像大学生所想象的那么美好,因此当发现现实与理想的差异较大时,大学生就容易出现"高不成,低不就"现象,并产生偏执、幻想、自卑、虚伪等心理问题,并可能导致择业行为的偏差。

(三)就业观念不合理

大学生的择业观念虽然在总体上是倾向于务实化与理性化,但由于处于择业观念的转型过程中,因此各种不良观念也存在着,并影响了大学生的健康和顺利就业。这些不良观念主要表现在以下几个方面。

1. 只顾眼前利益,忽视职业发展

一些大学生在择业标准中只有工作条件、收入等眼前实在利益,而对自我的职业兴趣、能力、职业的发展前景等因素不做考虑,因而极易选择到并不适合自己的职业。

2. 职业标准过于功利化、等级化

一些毕业生过分强调职业的功利价值,甚至还将职业划分为不同等级,而不考虑国家与社会的需要,不愿意到条件比较艰苦的地区和行业去工作。

3. 求安稳,求职一次到位的传统观念根深蒂固

很多大学生仍然喜欢稳定、清闲、福利保障好的单位,希望以此就能选定理想的职业,而不愿意选择有风险、有挑战性的职业,更不敢自己去创业。

4. 过分强调专业对口,学以致用

在求职时,只要是与自己专业关系不密切的职业就不考虑,这样做只能是人为地增加了自己的就业难度。

5. 职业意义认识不当

许多大学生从观念上来说,还是仅仅把工作当作一种谋生的手段,没有充分认识到职业对个人发展、社会进步的重要意义。

(四)就业人格缺陷

1. 自我同一性混乱

有许多同学在毕业、择业的时候,尚未达成自我同一性。具体来说,对自己的职业目标、需要、价值观以及自身特点等没有明确的认识;在就业时不能正视自己的能力、素质和择业的客观环境,不能对自己有一个客观、清醒、全面的评价。因此,他们在职业选择时往往是茫然、犹豫不决、反复无常、见异思迁、躁动不安的,不能主动、独立地获取职业消息、筛选目标、规划职业生涯,也不能解决就业中的问题,做出正确的决策。自我同一性混乱在就业中的两个突出表现就是盲目从众与依赖。

盲目从众是指在求职中不考虑自己的兴趣、专业等特点,盲目听从或跟随别人的意见以及盲目寻求热门职业的现象。持有这种心理的毕业生往往脱离自己的实际状况,跟在别人的后面走,如在就业市场中哪个摊位前人多他们就往哪里去,别人说什么工作好他们就寻求什么样的工作,而全然不顾自己的能力和现状,不会扬长避短。

依赖是指在就业中不愿承担责任,缺乏独立意识,没有个人独立的决策能力,没有进取精神,只是依赖父母或老师、学校,甚至只等职业送上门而不去积极争取。一些毕业生自己不去找工作,只等着父母和亲朋好友出面四处奔波,到处找关系、托人情,甚至还怀恋过去那种"统包统分"的制度,希望学校解决就业问题。当别人为自己找的工作不合心意时就大发脾气,抱怨父母或学校。还有不少毕业生由家长陪着参加供需见面会,职业的好坏完全由父母决定,毕业生缺乏自主择业的能力。

2. 就业挫折承受力差

不少大学生在求职时只想成功,一旦遭受挫折就会像泄了气的皮球,一蹶不振,陷入苦闷、焦虑、失望的情绪之中不能自拔。他们对求职中的挫折既缺乏估计也缺乏承受能力,不能很好地调节自己的心态,也不会通过总结求职中的经验教训来获得下一次的成功。

自主择业给大学生提供了就业的自由及通过竞争获得理想职业的机会。应该说这也是大多数学生所期望与认可的。但当大学生真正面临激烈的竞争环境时,也有许多人表现出缺乏信心、缺乏勇气,求职时战战兢兢、顾虑重重、畏首畏尾,不敢大胆自荐。结果是有压力没勇气,不能真正向用人单位展现自己的竞争实力,错过机会,在竞争中陷入了不战自败的境地。特别是一些冷门专业或学习成绩不佳的同学及没有"关系"的同学就更容易出现不敢竞争、不敢尝试的问题。

害怕竞争的保守心理一方面与大学缺乏社会实践锻炼有关,另一方面更与许多大学生害怕失败,不敢面对就业挫折有关,如一些大学生在就业中只找那些把握大的职业,而对竞争强的工作不敢问津,害怕求职失败遭受打击。

3. 自卑与自大

一些毕业生在求职中常会产生自卑心理,对自己评价偏低,他们总是以为自己的水平比别人差,单位要求很高自己肯定达不到,自己能力不行等。就业中的自卑一般产生于以下一些情况:首先,一些冷门专业的学生看到就业市场寻求自己专业的单位少、待遇差或在求职中遭冷遇,就容易悲观失望;其次,一些性格比较内向、不善言辞的大学生看到其他应聘者口若悬河,自己什么也说不出来,于是自惭形秽;再次,一些在校成绩与表现一般的大学生看到别人的自荐书上奖励、证书、成果一大堆,自己却什么也没有,也容易自我贬低;最后,一些女大学生在求职过程中遭受到用人单位的歧视后也会自怨自艾。总之,自卑的大学生不敢正视现实,对自己的长处估计不够,怀疑自己的能力,不善于发现适合自己的职业岗位,在对自己的抱怨、贬低中失去了求职的勇气。

自卑的反面是自大,而且两者有时会相互转化。一些专业较好、就业资本较雄厚的大学生容易从自信变为自负。还有一些大学生是脱离实际的自大,他们既缺乏对自己的客观认识,也缺乏对就业市场、职业生活的了解,一切都凭自己的主观想象。如有的大学生自以为经过大学几年的学习和锻炼已经满腹经纶,任何工作到手中都可以出色完成,在求职中自觉高人一等、自命不凡、四处吹嘘,一旦出现变故则容易陷入自卑、自责情绪中,甚至一蹶不振。

自卑与自大是大学生身上常见的人格缺陷,在就业中的表现都是对自己缺乏一个客观的评价,同时对职业缺乏深入的认识。在就业中自卑与自大常存在交织的现象,如一些大学生在求职比较顺利时容易自大,一旦出现挫折就自卑;一些大学生虽然对自身条件比较自卑,但是真正遇到用人单位时却又表现为自大,对薪资要价很高。

4. 偏执与人际交往障碍

大学生就业中的偏执心理有不同的表现。①追求公平的偏执。大学生要求公平的竞争环境,对一些不良的社会风气感到气愤是正常的,但有一些大学生表现为对公平的过分偏执,将自己求职中的一切问题都归结于就业市场不公平,以致给自己的整个求职过程都笼罩上了心理阴影。②高择业标准的偏执。大多数毕业生对求职有过高的期望,不过多数人能通过在就业市场中的体验,客观地认识和接受当前的就业现状并调整自己的择业标准。但仍有部分大学生固执己见,偏执地坚持自己原来的择业标准,甚至宁愿不就业也不改变。③对专业对口的偏执。一些大学生在就业时过分追求专业对口,不顾社会需要,无视专业伸缩性、适应性,只要是与专业有一定出入的工作就不问津,只要不能干本专业就不签约。这样就人为地减少了自己就业的机会。

有些大学生缺乏基本的人际交往能力。如有的在求职过程中过于怯懦、紧张,不敢在用人单位面前表现自己,甚至连面试也不敢去,常常一开口就面红耳赤、语无伦次;还有的在求职中不会察言观色,不懂得照顾别人的感受,不懂人际交往的礼貌、礼仪。如有位大学生在面试结束时,用人单位的负责人拿给他一支烟,他不仅当即拒绝还气愤地说:"我从来都没有这种恶习!"

(五)就业心态问题

1. 过度焦虑与急躁

就业时许多大学生是既希望谋求到理想的职业,又担心被用人单位拒之门外,还担心自己在择业上的失误会造成终身遗憾,并对未来的职业生活感到心中无底。因此在就业过程中存在一定焦虑是正常的。但一些大学生的焦虑过了头,成天都充满了各种不必要的担心以及造成精神上的紧张不宁、忧心忡忡、烦躁不安、意志消沉,行为上反应迟钝、手忙脚乱、无所适从。

还有一些大学生在就业时显得过于急躁,整个就业期情绪始终处于亢奋状态,常常心急如焚、四面出击、东奔西跑,希望尽快找到合适的工作,但又缺乏对就业形势的冷静观察以及对自我求职的理性思考,做了许多吃力不讨好的事。因此常常都有一些毕业生在并不完全了解用人单位的情况下就匆匆签约,一旦发现实际情况与自己想象的不一样或发现了更好的工作时,就追悔莫及,甚至毁约,给自己带来许多不必要的麻烦与心理困扰。

2. 消极等待与"怀才不遇"心理

与就业时的急躁心理相反的是,一些大学生在就业问题上表现得非常消极,平时也不参加招聘会,有单位来就看看,如果不满意就等下去,满意时也不主动争取,抱着"你不要我是你的损失"的态度,期待着有单位会主动邀请自己。还有些人这山望着那山高,不肯轻易低就,明明已经找到工作,但拖着不肯签约,总希望有更好的单位出现。

另外有些大学生自恃条件很好,认为自己"满腹经纶""博古通今""学富五车",可以大有作为,但在择业时却常常要么碰壁要么找到的工作不满意,于是抱怨"世上无伯乐",抱怨自己运气不好,成天闷闷不乐、怨天尤人。

3. 攀比与嫉妒

在求职中,同学之间"追高比低"的现象时有发生,一些同学在求职中经常相互吹嘘自己的职业待遇好、收入高,导致职业期望越来越高,求职变成了自我炫耀。还有些同学看见或听说别人找到了条件优越、效益较好的单位心理上就不平衡,抱着"他能去,我更能去"的态度非要找一个条件更好的单位,而不考虑自身的条件、社会需要特点、职业发展及就业中的机遇因素。

一些毕业生对别人所找的工作心存嫉妒,特别是看到自认为条件不如自己的人也能找到很好的工作就更容易出现嫉妒心理,于是有些人故意对别人的工作冷嘲热讽、贬低、讽刺和挖苦,意图打击别人,更有甚者抱着"我得不到,你也别想得到"的畸形心态在用人单位面前造谣中伤、打小报告。

4. 抑郁与逆反

在择业中受到挫折后,一些毕业生同学会感到无能为力、失去信心,表现为失落抑郁、不思进取、情绪低落、意志消沉,他们常常会放弃一切积极的求职努力,变得听天由命。严重时还会对外界的环境也漠然置之,减少人际交往,对一切都无所谓,并进而导致抑郁症。

而另外一部分毕业生则对正面的职业教育、职业信息存在逆反心理。对来自辅导员、班主任、学校就业指导服务中心以及同学和用人单位的正确信息、善意批评与建议,他们不相信、不听从,偏要对着干,要按自己的一厢情愿去求职。比如当别人为他推荐某工作单位时,他总是抱有戒心,别人讲得越多他越不相信。当求职失败时,不总结自己的问题,甚至明明知道自己失败的原因也不改正,在以后的求职中依然我行我素,听不进任何批评与建议。

5. 说谎侥幸与懒散心理

有些同学认为用人单位不可能去查实每个人的自荐书是否真实,而且在面试时时间比较短,不可能对自己做全面的考察和了解,只要自己当时充分地表现一下,把工作骗到手,签好协议书就行了。于是,一些毕业生把别人的获奖证书、成果证明等偷梁换柱地复印在自己的自荐书里,而且自己明明没有当什么干部,也没有参加什么社会实践活动,也照着别人的写上,甚至胡编乱造一番,以至于有时在用人单位收到的自荐书中一个班竟出现了五六个班长。还有的大学生在面试时把自己吹得天花乱坠、无所不能,结果经过现场实践考核或试用时就马上露出了原形。

有的毕业生签约比较早,往往在离毕业半年前或更长时间就落实了单位,这时就容易出现懒散心理,认为工作单位已定,没有什么可以担心了,应该松口气、歇歇脚了,于是学习没了动力,组织纪律散漫,考试仅仅追求及格,毕业论文只求通过,甚至长期旷课、上网、夜不归宿。还有极少数大学生因此受到学校的处分,严重的甚至被开除或勒令退学,找到的工作也因此丢了,使他们悔之莫及。

6. 心理不满与行为、生理反应失常

由于就业市场中确实存在一些不公平现象,以及某些专业、学校不易找工作的客观现实,一些大学生在遇到就业挫折时就容易出现各种不满心理,比如有些同学认为"学习靠自己,就业靠关系",还有些同学出现了对专业、学校的抱怨、贬低。

在各种不满与不良就业心态的影响下,还会出现一些不良行为和生理反应。这些不良行为有故意旷课、夜归、喝酒、起哄、闹事、损坏东西、打架对抗、进行不良交往、行为怪异、过度消费等,严重时还可能导致严重违纪与违法行为的出现。由于心理应激水平高,心理冲突强度大,有的毕业生会出现一些躯体化症状,如头痛、头昏、心慌、消化紊乱、神经衰弱、血压升高、身体酸痛、饮食障碍、失眠。

行为与生理反应的失常通常是比较严重的就业心理失常的表现,出现这些问题时要及时进行心理调节或寻求心理咨询专家的帮助。

二、大学生就业心理的自我调适

(一)接受客观现实,调整就业期望值

在就业市场上的用人单位找不到人、大量的毕业生无处可去的"错位"现象普遍存在,这是因为大学生的就业期望普遍较高。因此,要顺利就业就必须首先根据自己的实际情况和就业形势,调整自己的就业期望值。调整就业期望值不是对单位没有选择,只要有单位就去,而是要在职业生涯规划和职业发展观念的基础上重新确定自己的人生轨迹。这就是说要树立长远的职业发展观念,放弃过去那种择业就是"一次到位",要求绝对安稳的观念。要知道即使去现在看来再好的单位,将来也有下岗的可能,因此,在择业时要看得长远一些,学

会规划自己整个人生的职业生涯。在当前获得一个理想职业的时机还不成熟时,应采取"先就业,后择业,再创业"的办法。也就是说,在择业时不要期望太高,可以先选择一个职业,不断提高自己的社会生存能力,增加工作经验,然后再凭借自己的努力,通过正当的职业流动,来逐步实现自我价值。许多大学生不愿意去经济落后的地区工作,可是随着西部大开发的进行,西部地区将成为经济发展的热点,也将给大学生们提供更多的发展机会,因此抢先到这样的地区去工作可能会更有利于自己的职业发展,从而使自己取得事业上的成功。

(二)充分认识职业价值,树立合理的职业价值观

传统观念认为,人们工作就是为了满足生存需要,但是对于现代社会的人来说,职业对个体的意义已经远不是如此简单,职业可以满足人们从低层次到高层次的多方面需要。如最近有人对职业价值结构进行初步研究,发现了交往、义利、挑战、环境、权力、成就、创造、求新、归属、责任、自认等11个类别的因子。因此,职业的价值是丰富的,我们要充分认识到职业对个体发展、社会进步所起的重要作用。

在择业时不能只考虑工作的经济收入、工作条件、地点等因素,更要考虑职业对自我一生发展的影响与作用,应看重职业能否帮助实现自我价值。因此,要在考察社会需要的基础上,树立重自我职业发展、才能发挥、事业成功的职业价值观。对于那些虽然现在工作条件不怎么样,但发展空间大,能让自己充分发挥作用的单位要优先考虑;对于那些现在经济发展水平不太高,但发展潜力大,创业机会多的工作地点也要重视。总之,盲目到一些表面上看来不错,但不适合自己,自己的才能不能得到有效发挥的单位去工作,是不会让自己满意的。与其将来后悔,不如现在就改变自己,建立适应我国当前市场经济发展、人才需求规律的合理的职业价值观,以指导自己正确择业。

(三)认识与接受职业自我,主动捕捉机遇

大学生就业中的许多心理困扰都与大学生不能正确认识和接受职业自我有关,因此,正确地认识自我的职业心理特点并接受自我,是调节就业心理的重要途径,并可以帮助自己找到适合自己的职业方向。要知道自己喜欢什么样的职业、需要什么样的职业、自己的择业标准以及依自己目前的能力能干什么样的工作,这样才能知道什么样的工作更适合自己。

大学生就业中的机遇因素也是非常重要的,因此了解并接受了自己的特点以后,还要学会抓住属于自己的机遇,这样才能保证以后的求职顺利。要抓住机遇首先必须要多收集有关的职业信息,多参加一些招聘会,并根据已定的择业标准进行选择。需要注意的是,机遇并不是对任何人都适用的。一个工作的好与不好是相对的,对别人合适的,对自己不一定合适,因此一定不能盲从;要时时记住,只有合适自己的才是最好的。最后要注意机遇的时效性,在发现就业机会时要主动出击,不能犹豫,也不要害怕失败,应有敢试敢闯的精神。

(四)坦然面对就业挫折,提高心理承受能力

在求职中遇到挫折时,要用冷静和坦然的态度待之,客观地分析自己失败的原因,进行

正确的归因。首先,在就业市场化、需求形势不佳、就业竞争激烈的条件下,出现求职失败是在所难免的,不能期望自己每次求职都能成功。要对可能出现的求职挫折有充分的心理准备。同时,应把就业看作一个很好的认识社会、认识职业生活、适应社会的机会,应通过求职活动来发展自己,促进自我成熟,因此"不以成败论英雄"。其次,自己求职失败并不一定就是因为自己的能力不行。出现求职失败有许多原因,可能是因为你选择求职单位的方向不对,也可能是因为你的价值观与单位的企业文化不符合,还有可能是其他一些偶然因素。总之,要正确分析自己失败的原因,调整自己的求职策略,学会安慰自己,以便在下次的求职中获得成功。

(五)调整就业心态,促进人格完善

在求职时,自己或身边的同学出现一些不健康的心态是正常的,没有必要过度担心、害怕自己有心理障碍。通过对自己在就业时出现的种种不良心态的分析,可以发现自己平时不容易察觉的一些人格缺陷。应该说这些人格缺陷是产生这种就业心理问题的根本原因,如果现在没有很好地完善自己的人格,那么这些问题还会在今后的工作、生活中继续带来困扰。因此,有关问题其实是暴露得越早越好,同时也不必为自己所存在的人格缺陷而懊恼,因为很少有人是绝对人格健全的,关键是要在发现自己的问题的基础上,积极改变自己、完善自己、发展自己,使自己的人格更加成熟,使自己将来的人生道路更顺畅。

(六)开拓进取,勇于创业

大学生是有理想、有抱负、有创新精神、敢做敢为的青年先锋。因此大学生要有自主创业的打算,这既可以在毕业后马上实现也可以通过一定的社会积累后再实行。大学生们一定要有开拓自己事业的信心与勇气。当前的一些大学生创业公司虽然遇到了一些困难,但也有相当成功的案例。大学生创业肯定是值得鼓励的,关键是要有准确的观念与思路,要对自己有一个合理的规划与定位,要与有市场经验的人合作,要摆脱学生公司的意识,要进行科学化、职业化的管理。

 拓展资料 11-1

给农村同学的两句话

第一句话是:同城市同学相比,你比他们更优秀。

许多来自农村的同学,由于家庭经济困难,较少参加学校和班级组织的各类活动,也较少与其他人交往和沟通,并且在潜意识中往往还存在一种对财富的敌视和极度渴望的矛盾心态,认为只有拥有金钱才能有尊严,和同班或同校的城市同学相比,或多或少有些自卑和不如人的感觉。这种感觉如果长期不能释放,会导致这些同学们不能以坦然的心态去面对

五光十色的世界。这种不正常的心态一定会或多或少地被带到求职中去。其实,同一学校或同一班级里,来自农村的同学比来自城市的更优秀,因为农村同学在较为艰苦的条件下,取得与城市同学相同的成绩,如果获得与城市同学相同的条件,农村的同学完全有可能超过城市的同学。当然,这有个前提,那就是:不要封闭自己,以坦然的心态去面对这个世界。贫穷并不可耻,也不可怜,看不起自己的人才最可怜。去参加每一项力所能及的活动吧,你比城市的同学更优秀。去参加每一次面试吧,挺起胸膛坦然而坚定地告诉招聘官,你是来自农村的学生,并为你能够依靠自己的努力战胜困难而感到骄傲,因为没有什么困难可以压倒你,这是你的资本,他们会对你肃然起敬的!

第二句话是:你是勇士,勇气是你唯一的资源。

一些来自农村的同学由于长期生活环境相对封闭,加上经济条件的限制,较少参与各种社会活动,缺乏自我表现的场合和机会。进入大学后这种状况并没有太大的变化,甚至还有所加剧,这些同学的表达能力、组织能力及人际沟通能力长期得不到锻炼,导致他们个人综合能力的欠缺和性格缺陷。

不要怨天尤人,在这个世界上能真正帮助你的人就是你自己,自助者天助之!能帮助你的只有一样东西,那就是勇气!勇气在许多情况下是你唯一的资源。大胆地表现自己,给你自己锻炼的机会吧!让那些笑话你的人去笑吧,真正的勇士还怕别人的几声嘲笑吗?笑你的人都是些浅薄之人。你必须成为勇士,挺起胸膛,坦然面对一切,做一个有气质、有骨气的年轻人。相信招聘官一定会欣赏一个有骨气、自信的年轻人。千万不要畏畏缩缩的,否则,招聘官会轻视你,连你也会轻视自己的。

记住,小地方出大人物!给自己机会,你就会成大人物。

(资料来源:中国教育在线。)

复习思考

对照大学生就业心理问题,分析自己,努力做到自己不会出现类似的问题。

第二节 基本的职场个人修养

个人修养就是人在个体心灵深处经历自我认识、自我解剖、自我教育和自我提高的过程后所达成的境界,主要包括20个字的内容,即:仁义礼智信,温良恭俭让,忠孝悌慎廉,勤正刚直勇。

个人修养作为一种无形的力量,约束着我们的行为。任何一个人只有具有良好的个人修养,才会被人们所尊重。当然,个人修养的内容并不是一成不变的,它随着社会的发展及人生实践活动的深入也会变得更加丰富多彩。关于个人修养的讨论和研究从很早的时候就开始了。古人曾经就提出过"修身养性",现在我国也把思想品德、青少年的个人修养作为学生的必修课。

个人修养是个人认识、情感、意志、信念、言行和习惯的修炼和涵养。一个人通过自觉地遵循社会道德体系的要求,履行个人的社会义务,不断地提升个人的人生境界,养成良好的内在素质。因此个人修养是人一生中的重要组成部分,在职场中的发展也自然与其密切相关。

一、大学生基本个人修养

(一)积极心态

心理学相信,在每一个人的内心深处都存在两股抗争的力量:一股力量是消极的,它代表着压抑、侵犯、恐惧、生气、悲伤、悔恨、贪婪、自卑、怨恨、高傲、妄自尊大、自私和说谎等;另一股力量是积极的,它代表喜悦、快乐、和平、爱、希望、负责任、宁静、谦逊、仁慈、宽容、友谊、同情心、慷慨、真理、忠贞和幸福等。这两股力量谁都不可能战胜谁,关键是看个体自身到底是给哪一股力量不断注入新的能量,给哪一股力量不断创造适宜的生存心理环境。

积极心态就是面对工作、问题、困难、挫折、挑战和责任,从正面去想,从积极的一面去想,从可能成功的一面去想,积极采取行动,努力去做。积极心态要求你在一时一事中学会运用积极思维,积极思维是一种思维模式,也就是可能性思维、肯定性思维,它使我们在面临恶劣的情形时仍能寻求最好、最有利的结果。事实证明,当你往好的一面看时,你便有可能获得成功。积极思维是一种深思熟虑的过程,也是一种主观的选择。也就是说,在看待事物时,应考虑生活中既有好的一面,也有坏的一面,但强调好的一面,就会产生良好的愿望与结果。

积极心态是一种对任何人、任何情况或人和环境所把持的正确、诚恳而且具有建设性,同时也不违背人类权利的思想、行为或反应。积极心态允许你扩展你的希望,并克服大部分消极心态。它给你实现自己欲望的精神力量、热情和信心,积极心态是你面对任何挑战时应具备的"我能……而且我会……"的心态。积极心态是迈向成功不可或缺的要素,积极心态是成功理论中最重要的一项原则,你可将这一原则运用到你所做的任何工作上。

(二)正向思维

正向思维使我们的大脑处于开放状态,处于积极的激活状态,它使我们的情绪处于"兴奋""激情"状态。这种状态正是大脑指令的表达,并能调动身体各个系统和各个器官有效地、良好地朝指令方向"动作",于是,能力、创造力和潜力被挖掘出来。负向思维恰好相反,它否定自我、轻视自我,并放弃开发自我的努力。

在恶劣的环境中,正向思维的优势就更加显现出来。正向思维的人首先从内心培养坚强的意志,不断分析自己的长处,不断强化自己的信念,然后去奋斗和努力。正向思维的人能在追求成功的道路上更多地获得他人的支持,因为他们对他人采取对自己一样的态度:肯定自己也肯定他人,接受自己也接受他人,热爱自己也热爱他人,将自己的力量扩大到群体上,他们当然更容易能够成功。

思维方式的建立,是一个长期的调整、强化、反复的过程,这种过程,并非脱离实践的修身养性,而是在追求成功的过程中反复实践和成功循环。不断强化这种思维方式,即正向思维—导向成功—强化思维—进一步成功。

一个拥有健康的正向思维能力的人,能抵御生活中各种负向的影响。那种怨天尤人、悲风苦雨、灰心丧气、无能为力、无所作为的情绪,很难进入他们的大脑。即使情绪有些低落,也能及时调整,尽快清除。正向思维的人总处在激情、激活的状态,灵感、思想火花、绝妙的观点和宏伟的策略,都会迸发而出,自觉地、一次又一次地反复调整和控制自己,长此以往,一种良好的思维方式就会变成自己的意识活动。

(三)人格养成

人格是指人的性格、气质、能力等特征的总和,也指个人的道德品质和人作为权力、义务的主体的资格。而人格魅力是指一个人在性格、气质、能力、道德品质等方面具有能吸引人的力量。在今天的社会里一个人能受到别人的欢迎、容纳,他实际上就具备了一定的人格。良好的人格特征包括为人处世方式、广泛的兴趣爱好、幽默的性格等因素。

大学生完善的人格是指人格构成的诸要素即气质、能力、性格和理想、信念、人生观等方面的均衡发展。大学生的人格养成要体现在良好的道德素质,综合的文化素质,和谐的人际关系,健康的心理状态,彬彬有礼、温文尔雅的礼仪形象上。同时还要体现在学会感恩父母,学会承担自己在学校和家庭中的责任和义务,学会感受为他人服务的快乐,学会在乎每一个人,学会尊重每一个人。

(四)诚信正直

人有长幼、性别、贫富、性格之别,发展机遇和生存环境也各不相同,但是在言行举止、为人处世中,却处处能够反映出一个人的道德品质和修养。在众多的道德操守中,诚信正直堪称是做人的基本准则。诚信正直是一个人应有的美德,也是一个人的立身之本,是社会得以维系的基础。就人的自身而言,诚实待人,正直处事,可以使人心胸坦荡,正义凛然,少费了许多心机,可以用更多的时间和精力去干一些正当的有意义的事,有利于树立自己的信誉,有利于自己的发展,有利于社会的进步。这可能也是君子与小人的最大区别,所谓"君子坦荡荡,小人长戚戚"。虚伪奸诈的小人,常常用尽心机、劳神费力地去算计别人,到头来总是会暴露无遗,信誉全失,害人害己,得不偿失。从实际的角度讲,诚实正直具有强大的亲和力,与朋友交往可以减少别人的防范心理,给人以信赖之感。

一个人的诚信正直可以在他的各个方面的行为中得到体现,它是内在品格的外在表现。你的表现应当是可以预见的,因为你的选择及你的行动,一直都没有也根本不会背离你的原则和价值观。诚信正直不是不会犯错误,而是犯了错误之后你依然能够坦然地以一贯的正直的态度承认错误并请求别人的谅解。对人以诚信,人不欺我;对事以诚信,事无不成。一个诚信正直的人获得发展的机会可能不如弄虚作假、投机取巧的人来得快,但那些利欲熏心的人不会明白,在他们得到金钱、地位和满足的同时,已经丢掉了自己做人的品格,显得猥琐而渺小;诚信正直的人获得的成功才是一种真正的成功,诚实正直的人才是一个顶天立地的人。

(五)追求卓越

1. 要做就做到最好

一项工作,做到最好才算好。比如你得了 80 分,再想办法达到 85 分,达到 85 分了,再想办法达到 90 分,然后 95 分、100 分,不断努力,不断在否定中提高自己,甚至做到最好。

我们对待工作,绝对不要抱着无所谓、马马虎虎、得过且过的态度。面对每份工作都应积极开动自己的大脑,勇于承担责任,不为失败找借口,不让抱怨成习惯,每个环节都力求完美,那么你的结果一定是最好的。

2. 多做事情,少问问题

这是一种敬业精神,对上级的托付,能够立即采取行动,全心全意地去完成任务——"把信交给加西亚"。上级交给你一个任务,就是给你一个目标,至于采取什么方式去实现目标,那就是员工应该考虑的问题。目标是虚的,而执行力却是由实实在在的工作组成的,如果领导交给员工的工作,员工都能不多问一句地完成好,这样的员工还怕没有成功的那一天么?

3. 没有任何借口

接受了任务就意味着做出了承诺,完成不了自己的承诺是不应该找任何借口的。可以说,工作就是不找任何借口地去执行。思想影响态度,态度影响行动,一个不找任何借口的员工,肯定是一个执行力很强的员工。无论在什么样的工作行为上,都要对自己的工作负责,不要用任何借口来为自己开脱或搪塞。

"拒绝借口"应该成为所有企业追求完美的最有力的保障,它强调的是每一位员工都应该对自己的执业行为准则奉行不渝,没有任何借口地坚定执行。不以任何借口为理由并不是最终的目的,这种要求是为了让个人学会应对压力和挑战,培养自己不达目的决不罢休的毅力。

4. 注重细节

中国伟大的思想家老子曾说:"天下难事,必作于易;天下大事,必作于细。"细节到位,执行力就不成问题。因此,作为员工,应把做好工作当成义不容辞的责任,要认真对待,注重细节,来不得半点马虎与虚假。

看不到细节或者不把细节当回事的人,对待工作就会缺乏认真的态度,对事情只能是敷衍了事。他们只能永远做别人分配给他们的工作,甚至即便这样也不能把事情做好。而考虑到细节、注重细节的人,不仅认真对待工作,将小事做细,而且注重在细节中找到机会,从而使自己找到成功之路。

二、职场基本个人修养

(一)敬业

忠诚敬业是每一个人都应具备的职业素养,更是一个人成功的基础,如果你能做到忠诚敬业,并把忠诚敬业变成自己的一种习惯,你一定会一步步走向事业的成功之巅。

有句古老的谚语说"我们都是习惯的产物",这种说法是千真万确的,因为所有的人都是遵从某种习惯来生活的。所以,每一位员工都需要注意以下几点,养成忠诚敬业的习惯。诚然,把忠诚敬业变成习惯的人,从事任何行业都容易获得成功。

(二)专业

一个企业要想发展,离不开人的支撑,所以很多企业会提出"以人为本"的用人理念;而从从业者的角度而言,要真正地成为企业的必需人才,就必须能够达到专业。

企业的发展需要人的支撑;而员工要想真正成为企业的主人与支柱,就必须不断地提升自身的职业修养,努力提升个人职业技能,将职业当作事业,最终实现自我超越。

"专业"解决的是技能问题,在个人职业素养的塑造中,专业是比较容易做到的,只要你谦虚就可以进步。为什么说"谦虚使人进步"呢?主要原因在于人谦虚的时候就可以看到他人的长处,就能正确地审视自己的不足,也就能够接受他人的建议与指导,这样就可以不断地实现自我提升。

"学习就是生产力",学习首要解决的问题就是"本领恐慌"问题,当你达到专业以后就能够非常容易胜任自己的工作。专业也是在个人的职业素养中,最基本、最重要的东西。如果对本职工作不了解、不清楚,那么可能会连工作怎么展开都不知道。所以,专业是每个职业人都要达到的,是个人的硬性指标。

(三)勤奋

麦迪的天赋甚至超过了科比,但是他职业生涯的成就却远远无法与科比相比,很大程度上,是麦迪自己挥霍、浪费了自己的天赋,让他的天赋未能在比赛里完全展现出来,更没能将天赋与成功画上等号。

爱迪生说:99%的汗水加1%的灵感等于成功。有人问牛顿是怎么发现万有引力定律的,他回答:因为我一直都在想这件事。上小学的时候,教室就有"书山有路勤为径,学海无涯苦作舟",所以纵观周围成功人士,哪个不勤奋,哪个不是把工作当成生活?故勤奋是职业人成功的基础,也是职业素养中的一个重要指标。

(四)尽职

在桑布恩先生出差的时候,联邦快运公司误投了他的一个包裹,给放到了沿街再向前第五家的门廊上。幸运的是邮差弗雷德发现他的包裹送错了地方,并把它捡起来,放到桑布恩的住处藏好,还在上面留了张纸条,解释事情的来龙去脉:"桑布恩先生,窃贼会时常窥视住户的邮箱,如果发现是满的,就表明主人不在家,那您可能就要身受其害了。我看不如这样,只要邮箱的盖子还能盖上,我就把信件和报刊放到里面,别人就不会看出您不在家。塞不进邮箱的邮件,我就搁在您房门和屏栅门之间,从外面看不见,如果那里也放满了,我就把其他的留着,等您回来。"

弗雷德的工作是那样的平凡,可是,他的这种敬业精神又是那样高尚。在接下来的10年里,桑布恩一直受惠于弗雷德的杰出服务。一旦信箱里的邮件被塞得乱糟糟的,那准是弗雷德没有上班。只要是弗雷德在他服务的邮区里上班,桑布恩信箱里的邮刊一定是整齐的。弗雷德这种近乎完美的尽责敬业精神源自他对客户深深的责任感,正是这种责任感保证了他热情、周到、细致的服务,使他成为敬业精神的象征,成为广大员工学习的楷模。

(五)服从

任何人不得以任何理由或借口违背上级的命令,都必须无条件地服从执行,这是执行规则最重要的理念。公司有规定的,必须严格按照规定执行;执行人对规定有意见的,也必须先执行,执行后提出个人意见;然后通过公司的正常渠道进行意见传递。公司没有规定的,按照公司的文化和价值观,并以公司利益最大化为目标,先把事情做起来,然后再做汇报、建制度;在没有形成新的制度之前,必须要服从。

(六)守纪

中国人对规则的认识往往是不深刻的。我们常常在小聪明的怂恿下,肆意篡改规则;更可怕的是多数人自以为是地改变规则后,因为"结果"不坏,于是得到上司的认可甚至奖励,这样更强化了人们投机取巧的意识。社会上大量充斥"潜规则""谋略""厚黑学"的书籍,更加使得规则的严谨性受到挑战。作为一个有职业素养的人,就应该把制度当成自己职场的行为准则,因为那是维系日常工作的基础。

(七)有礼

以学习的姿态示人,保持谦虚、务实与尊重,职位再高、水平再高的人都会在你面前放下身段,乐于和你分享,贵人也会来到你的身边。谦虚有礼,不仅是做人准则,在职场中应尤其注意。通过"请教",不仅能了解到公司项目操作的特点,更重要的是能认识很多同事,消除他们的戒心,将来合作起来也更加顺畅。

（八）认真

工作是你自己的,不是老板的。只有认真工作,才对得起自己。假如由于员工的不认真,造成了企业的损失,而最后受到最大伤害的,正是员工自己。试想,如果你为公司损失了这么大一笔财富,公司还能继续雇佣你吗？因此,要培养严谨细致、认真负责的作风,坚决克服工作中马虎、粗枝大叶、不认真、不细致、不负责的现象。

（九）踏实

职场中,只有埋头苦干的人才能成就一番事业。自以为是、自高自大、不脚踏实地的人,再有才华、天分,也很难有所成就。在工作中,做事心浮气躁、只图一时热情、草率马虎的人,工作成绩只能原地踏步,甚至不断倒退。

三、个人修养的自我提升

（一）做一个真我的人

"上善若水",每一个人,都持有自身生命的活水,那就是"真我"。真性真情,就是我们天生具备的自家宝藏,取之不尽,用之不竭。有禅诗说："拨开世上尘氛,胸中自无火炎冰竞；消缺心中鄙夷,眼前时有月到风来。"拥有真性情,拥有诚实的心,对待家人,即可至亲至孝、至情至深；对待朋友,即可淡无心机,坦荡心怀；对待他人,即可宽厚待人、少思计较；对待事物,即可驱除眼碍,寻得本性,自得其乐。

（二）做一个自律的人

"书见贤学躬行,官爱民业种德",读书不学圣贤,就是文字的奴隶；做官不爱护人民,就是衣冠楚楚的强盗；讲学问不崇尚实践,就像随口念经不悟佛心的和尚；建功立业却不培养道德修养,就像开放的花朵,转眼间就会凋谢。自律,源于一个人对自己的真正关爱,源于一种道德良知。"不妄没于势力,不诱惑于事态,心有长城,能挡狂澜万丈。"做一个自律的人,就是能率真地面对自我,素心为人,侠义交友；就是能品行如修竹傲立,操履严明,守正不阿；就是能做到才华应韫,德居人前,利在人后；就是能面对形形色色的诱惑,做到心不动、眼不迷、嘴不馋、手不伸。因为自律,拥有自尊,因为自律,拥有自信。

（三）做一个守静的人

"宠辱不惊,闲看庭前花开花落；去留无意,漫随天外云卷云舒。"静,是一颗平常心,是一种气度,是一种境界。守静,就是守志向、守本心、守清贫、守气节、守志向。守静,就是要做一个身置闲处、心安静中的人。心不动,才能坚守节操,心不动,才能守护真我。静,并不是静止的,而存在于动的平衡状态之中,是一种通过自我调节走向平衡、安静的内心状态。一颗冷静的心,可跳出世俗的羡慕;一颗安静的心,可消磨贪念与执迷;一颗沉静的心,可拥有闲散的志趣;一颗守静的心,即可达到苏轼《定风波》中"回首向来萧瑟处,归去,也无风雨也无晴"的淡然境界。

(四)做一个挑战自己的人

老子说:"知人者智,自知者明。胜人者有力,自胜者强。"一个人,能了解别人,慧眼识人,是聪明人,但能够认识自己、了解自己的人,才是真正有智慧的人;能够战胜别人的人,是有力量的勇士,但能够战胜自己的人人,才是真正的强者。困境不可怕,可怕的是我们自己失去自信,失去斗志。生活是一本教科书,很多时候,我们身边的环境,并不如我们所愿,在困境中,更需要学会欣赏自己,相信自己,肯定自己,鼓励自己,这样,你就会发现,你的生命将焕发新的生机,让你在生命中的每一天,都做一个全新的自己,一个敢于挑战的自己,一个生命飞扬的自己。每一个人都与众不同,有着自己独特的美丽。生活原本如此美好,天空原本如此晴朗,需要改变的,不是身边的环境,只是我们的心态。

(五)做一个自省的人

自省即自我反省。自省就是通过自我意识来省察自己言行的过程。"静坐观心,真妄毕现。"夜深人静时,独坐观心,自我反省,这时候,就可以得到大机趣,得到大惭愧。反省,是一面镜子,是一剂良药,是把自己引向做一个有尊严、有人格的人的阶梯。桃源至今不可得,自种桃花在堂前。一切,从自己做起,从现在做起。门前,自有桃花绚丽开放;生命,因此充满生机和乐趣。

 拓展资料 11-2

职场人的自我修养(每日对照)

一、沉稳

(1)不要随便显露你的情绪。
(2)不要逢人就诉说你的困难和遭遇。
(3)在征询别人的意见之前,自己先思考,但不要先讲。
(4)不要一有机会就唠叨你的不满。
(5)重要的决定尽量与别人商量,最好隔一天再发布。
(6)讲话不要有任何的慌张,走路也是。

二、细心

(1) 对身边发生的事情,要常思考它们的因果关系。

(2) 对做不到位的执行问题,要发掘它们的根本症结。

(3) 对习以为常的做事方法,要有改进或优化的建议。

(4) 做什么事情都要养成有条不紊和井然有序的习惯。

(5) 经常去找几个别人看不出来的自己的毛病或弊端。

(6) 自己要随时随地对有所不足的地方补位。

三、胆识

(1) 不要常用缺乏自信的词句。

(2) 不要常常反悔,轻易推翻已经决定的事。

(3) 在众人争执不休时,不要没有主见。

(4) 整体氛围低落时,你要乐观、阳光。

(5) 做任何事情都要用心,因为有人在看着你。

(6) 事情不顺的时候,歇口气,重新寻找突破口,就算是要结束,也要结束得干净利落。

四、大度

(1) 不要刻意把有可能是伙伴的人变成对手。

(2) 对别人的小过失、小错误不要斤斤计较。

(3) 在金钱上要大方,学习三施(财施、法施、无畏施)。

(4) 不要有权力的傲慢和知识的偏见。

(5) 任何成果和成就都应和别人分享。

(6) 必须有人牺牲或奉献的时候,自己走在前面。

五、诚信

(1) 做不到的事情不要说,说了就努力做到。

(2) 虚的口号或标语不要常挂嘴上。

(3) 针对客户提出的"不诚信"问题,拿出改善的方法。

(4) 停止一切"不道德"的手段。

(5) 要弄小聪明,要不得!

(6) 计算一下产品或服务的诚信代价,那就是品牌成本。

六、担当

(1) 检讨任何过失的时候,先从自身或自己人开始反省。

(2) 事项结束后,先审查过错,再列述功劳。

(3) 认错从上级开始,表功从下级启动。

(4) 着手一个计划,先将权责界定清楚,而且分配得当。

(5) 对"怕事"的人或组织要挑明了说。

(6) 因为勇于承担责任所造成的损失,公司应该承担。

(资料来源:短文学网。)

第三节　进入职场以后的成长

一、进入职场后面临的问题

(一)工作压力太大

大学生在学校一般过惯了悠闲的日子,突然地改变了原有的生活方式,进入职场后工作压力大是很多职场新人的共同感受。例如:小陈花了很多的培训费,托了很多的关系,好不容易进了某五百强企业,两个月还不到就主动离职了,只是因为她觉得:"工作压力太大,每天早上醒来,睁开眼睛,想起做也做不完的工作,觉得痛苦至极。打从上班开始我和男朋友总共才见了两次面,这哪是人干的工作啊!"

点评:学生到职场的转变,这是每个人都必须面对的课题。

(二)缺乏工作兴趣

许多的职业它们每天的工作都是既繁琐又重复的,毫无成就和乐趣可言,可不是大学生幻想的快乐工作。例如:财务专业的小张刚过试用期就耐不住性子准备离职,只是因为他发现:"每天的工作除了登录财务系统进行填报,就是去银行存款、取钱,工作十分枯燥。我发现一点也不喜欢做财务的感觉,实在是受不了!"

点评:对工作不感兴趣最根本的原因是缺乏自我认知,没有职业定位。

(三)无法胜任工作要求

"大学的知识掌握得挺好,但在实际工作当中却发现远远不够用,感觉达不到企业的高要求,这让我很忧心。"例如:文秘专业的小宋说,她去年一毕业就应聘到了某上市公司做副总秘书,前几个月干得还不错,但年末接二连三的总结和工作计划让她这个新人一时间倍感压力,根本喘不过气。

点评:光是担忧不能解决问题,当前最紧要的是尽快熟悉和掌握新知识,以适应工作需求。

(四)薪资太低

"一年来我任劳任怨,从早忙到晚,可每个月1800元,交完房租除去吃喝,我连同学聚会都不敢参加。我有个同学一年跳了三次槽,每跳一回工资都往高了要,现在快多出我一倍了！大家都很是羡慕。"学机械设计的小郑向我们倾诉着他的苦恼。

点评：薪资的高低往往由个人的商业价值而定，跳槽并不是唯一方法，提升自己的能力才是关键。

（五）个人发展空间小

学商务英语的小马告诉我们："老师常说，要降低就业期望值，到基层去，到民企去，到中小型公司去，可是我去的这家外贸公司也忒小了点，算上我一共也就3个人，一个项目做完后至少得闲上半个月才有新活，我觉得在这里几乎没有发展空间可言。"

点评：公司好员工才有长远发展，一个岌岌可危的公司很难让员工有安全感。

（六）找不到发展方向

学人力资源的小梁在校园招聘会上拿到了知名金融公司的人力资源助理一职，入职后才知道虽身处HR岗，但干的工作却与HR没有太大关系，上级安排她管理公司档案和印章，收发报纸和文件，有时还要兼顾会务协调，概括起来就是在打杂，半年多过去了，她对自己的职业发展感到十分迷茫。

点评：当理想与现实有差距时，不妨主动找老板说出内心想法，及时申请调整。

（七）职场人际关系复杂

在广告公司工作近一年的小李说，自己从入司到现在，每天在职场都小心谨慎，几乎很少跟同事说话。因为在她刚进公司时，同事小朱因为私下议论老板好像对某个女模特有意思，第二天便被炒了鱿鱼，从那以后她觉得办公室总有老板的耳目，人际关系有点复杂。

点评：职场中人际关系问题向来是令大家头疼的问题，向杜拉拉好好学习吧。

（八）企业文化无法融合

"我最受不了的是公司弄得跟国企似的，太拘于形式化。每天开晨会，周一开例会，周二学企业文化，周三内部培训，周四头脑风暴，周五项目讨论，动不动要交学习心得和体会，又是司庆又是纪念活动，还得应付领导来视察工作，务实的事干得太少，让人很难干下去！"证券公司职员小贾这样感慨。

点评：入职前没有深入了解企业文化，就很难融入其中，忍无可忍之时往往只能重新求职。

（九）知识有限进步较小

从事幼儿教育培训的小洪表示："我在这家公司一年半了，原本是想通过这份工作来积累一定经验,为今后自己开亲子教育工作室做准备的,但是来了一段时间后发现,学到的知识十分有限,没有达到我先前的规划预期。"

点评:职业生涯发展初期,对自己锻炼最大、能学到最多知识的工作才称为好工作。

(十)经常加班健康透支

小史在担任课程顾问的2年中从最初的喜欢到现在的放弃:"我最初是很喜欢这份工作的,因为可以将适合的课程推荐给有需要的客户,感觉是在帮助他人,也十分有成就感,但是因为每月有业绩压力,导致经常加班,一天工作14个小时,根本没有休息时间,严重影响了我的身体健康,坚持不下去了!"

点评:职场中加班是常事,但这种严重超标的高负荷加班势必影响员工健康。

二、初入职场培养的能力

(一)解决问题时的逆向思维能力

面对工作中遇到的新问题,一时又找不到解决方法,而上司可能也没有什么锦囊妙计时,要擅长用逆向思维办法去探索解决问题的途径。要清楚具体业务执行者比上司更容易找出问题的节点,是人为的,还是客观的;是技术问题,还是管理漏洞。采用逆向思维找寻问题的解决方法,会更容易从问题中解脱出来。

(二)考虑问题时的换位思考能力

在考虑解决问题的方案时,有的人通常站在自己职责范围立场上尽快妥善处理。而我们却应该自觉地站在公司或老板的立场去考虑解决问题的方案。

作为公司或老板,解决问题的出发点首先考虑的是如何避免类似问题的重复出现,而不是头疼医头、脚疼医脚的就事论事方案。面对人的惰性和部门之间的纠纷,只有站在公司的角度去考虑解决方案,才能找到一个比较彻底的解决方案。如果我们能始终站在公司或老板的立场上去酝酿解决问题的方案,逐渐地便能成为他们可以信赖的人。

(三)强于他人的总结能力

我们要具备比常人更强的对问题的分析、归纳和总结能力。要能找出规律性的东西,并驾驭事物,从而达到事半功倍的效果。人们常说苦干不如巧干。但是如何巧干,不是人人都知道的。否则就不会干同样的事情,有的人一天忙到晚都来不及;而有的人却整天都很潇洒。

(四)简洁的文书编写能力

老板通常都没时间阅读冗长的文书,因此,学会编写简洁的文字报告和编制赏心悦目的表格就显得尤为重要。即便是再复杂的问题,我们要能将其浓缩阐述在一页 A4 纸上。有必要详细说明的问题,再用附件形式附在报告或表格后面,让老板仅仅浏览一页纸或一张表格便可知道事情的概况。如其对此事感兴趣或认为重要,就可以通过阅读附件里的资料来了解详情。

(五)信息资料的收集能力

我们应学会注意收集各类信息资料,包括各种政策、报告、计划、方案、统计报表、业务流程、管理制度、考核方法等。尤其重视竞争对手的信息。因为任何成熟的业务流程本身就是很多经验和教训的积累,遇到要用时,就可以信手拈来。这在任何教科书上是无法找到的,也不是哪个老师能够传授的。

(六)解决问题的方案制订能力

遇到问题,我们不应让领导做"问答题"而是做"选择题"。有的人遇到问题,首先是向领导汇报,请示解决办法,然后带着耳朵听领导告知具体操作步骤,这就叫让领导做"问答题"。而我们则应该带着自己拟定好的多个解决问题的方案供领导选择、定夺,这就是常说的给领导出"选择题"。领导显然更喜欢做"选择题"。

(七)目标调整能力

当个人目标在一个组织里无法实现,且又暂时不能摆脱这一环境时,我们往往要学会调整短期目标,并且将该目标与公司的发展目标有机地结合起来。这样,大家的观点就容易接近,或取得一致,就会有共同语言,就会干得愉快。反过来,他人也就会乐于接受自己。

(八)超强的自我安慰能力

遇到失败、挫折和打击,我们要能自我安慰和解脱。学会迅速总结经验教训,而且要坚信情况会发生变化。我们信条是:塞翁失马,焉知非福,上帝在为你关上一扇门的同时,一定会为你打开一扇窗。

(九)书面沟通能力

当发现与老板面对面的沟通效果不佳时,我们应采用迂回的办法,如采用电子邮件或书面信函、报告的形式尝试沟通一番。因为,书面沟通有时可以达到面对面语言沟通所无法达到的效果,可以较为全面地阐述我们想要表达的观点、建议和方法。让老板能听你把话讲完,而不是打断你的讲话,或被其桌上的电话打断你的思路。也可方便地让老板选择一个他认为空闲的时候来"聆听"你的"唠叨"。

(十)企业文化的适应能力

我们要对新组织的企业文化有很强的适应能力。换个新企业犹如换个办公地点,照样能如鱼得水地干得欢畅并被委以重用。

(十一)岗位变化的承受能力

随着竞争的加剧和经营风险的加大,企业的成败可在一朝一夕之间发生。对我们来讲,面对岗位的变化,甚至于饭碗的丢失都应该无所畏惧。我们要提高自己承受岗位变化的能力。因为这不仅是个人发展的问题,更是一种生存能力的问题。

(十二)职业精神

我们要有一种高效、敬业和忠诚的职业精神。主要表现为以下几个方面。①思维方式现代化,拥有先进的管理理念并能将其运用于经营实践中。②言行举止无私心,在公司的业务活动中从不掺杂个人私心。这样,就敢于直言不讳,敢于纠正其他员工的错误行为,敢于吹毛求疵般地挑剔供应商的质量缺陷。因为,只有无私才能无畏。③待人接物规范化,这也是行为职业化的一种要求。有了这种职业精神的人,我们到任何组织都会是受欢迎的,而且,迟早会取得成功。

三、进入职场后的自我成长

(一)学会主动工作和思考

大学的时候,有老师给你布置任务。在工作上,似乎开始的时候也有领导给自己分配一些任务,但长久以往,你还认为和上学的时候一样有期限,那就大错特错了。

工作上领导喜欢的是你能够自主地去把负责的事情做好。你要能自己去规划一些事情,同时有好的想法(并且是能够落地的)可以及时去和他们反馈。一般的领导只在你入职最初的时候,像老师那样来给你布置作业,甚至还有些无微不至的关怀,但是最后都是希望你能够成长起来,独当一面。

例如:开始入职的时候,你就会像王者荣耀里的一样,你要做的是带线补刀和打小怪,即做着最基本的事情;但是你在心中要有一本明确的认知:打小怪、补刀赚钱只是一个过程(过渡阶段),并不是全部;其目的是给你提高经验、金币、等级,然后你的目标是要发育顺利后,可以团战可以推塔。

这里,你可以明白团队不会需要一个只会打小怪的人,公司也不会需要一个只会听安排做机械工作的人。

(二)学会拓展社交圈子

大学生初入职场开始工作时,会觉得自己干活快一点、好一点,就可以不在乎圈子和关系的处理,这是典型错误的。

例如:开发这份职业,当一个小码农要提升为工程师、项目经理等管理级别时,开发的基本能力的重要程度指数就会下降,而软实力(如管理能力等)则会越来越重要,这时你的圈子和人脉就显得越来越重要。

所以,建议不要只专心于工作而忽略了圈子的维护。比如团队一起吃中饭这种事情,不管他们是什么样的人,吃什么样的食物,重要的是你去了,关系在维护着。同时除了本部门以外,也要主动和其他部门或者公司其他职能部门多沟通和合作,不要只是低头工作、低头看眼前。

(三)学会长远眼光做决策

这是一个大学生刚踏入职场时会经常容易犯的错误,根本原因是学生时代一般没有经济来源,还要靠父母的支持,所以一直没有什么钱。同理,大多数学生因为诸多原因,自身视野眼界也并不高,所以会很容易满足和安逸。

例如我们会看到很多应届毕业生在挑公司或者挑工作的时候,看的不是未来发展,而只看眼前。

如今创新创业很吃香,互联网行业很吃香,那么互联网与各行各业融合起来,我们的选择就更丰富了。这时候就是对以后发展趋势的长远预判的阶段了,是选择 BAT?还是创业公司?是选择互联网金融领域还是 O2O 领域?是选择 VR/AR 还是人工智能?你要好好地思考并做决策了。

(四)学会掌握事情优先级

大学生当初学习时,上的课程是有限的,作业也是有限的,而且还有相对明确的时间周期和期末考试;考试完结后,学习暂停了一段时间。但是在工作上你会发现你没有一个类似暑假或者寒假的东西,另外最可怕的是你的活是干不完的,它无穷无尽。如果你是在一个创业公司或互联网公司的话,给你任务的速度很多时候是超过你的处理速度的。

所以在接到被分配的任务时,不要马上开始做,而是要强迫自己停顿一下,判断这个任务的优先级,然后分配好开始时间,再开始做。这点尤其重要。特别当看到一个简单或者日常任务,不要因为任务简单就马上开始干,不然这样极可能最后被简单重复劳动把自己的时间全部占光,没来得及干重要的事情,或者没有精力去思考更加长远、更有影响力的事情。

先去做紧急和重要程度高的事情(这种事情一般来说做起来不是很愉悦,甚至会比较棘手或者说无从下手),而把简单重复的活尽量往后排。这时你才会发现你的忙碌是有意义的,而不是简单的重复劳作。我常常看到我们公司的实习生和一些毕业不久的人每天都很忙,但却没有抓住重点,只是为了忙碌而忙碌,或者用更加贴切的话描述是:"为了感动自己而忙碌。"很多时候这样的忙碌,最后除了感动天感动地感动了自己,什么也没有得到。

在国内,创业路上也有很多这样的创始人,他们自己的方向可能没怎么想清楚,或者路线没有执行得当,却一天到晚在朋友圈晒自己和同事们的加班,觉得这样的"忙碌"很充实。其实这是一种很可怕而且对自己和团队极不负责的做法。

(五)关注工作以外的部分

1. 家庭很重要

在国外,一般人们都特别注重生活与工作的平衡,在工作台上放的也是家人的合影,可能刚毕业的大学生还不会有所感受,但是当你有一天迈过30岁这个坎时,就会更加注重小孩和家庭的重要性。

2. 身体最重要

不停加班熬夜的时候想想自己的身体健康问题。工作上的很多事情其实对于公司的影响没你想象的那么大,而你的身体才是你自己最为宝贵的东西。所以多锻炼,正常作息,别抽烟。一般在国外,人们会经常性的早起健身,周末陪家人,然后还会把各种晒幸福的照片往 Facebook 上发,给人一种其乐融融的感觉。

(六)调整个人职业发展规划

工作起来之后经常会觉得节奏很快,压力很大,使得整个大脑感觉像是被填满了,在很长且连续的时间里要马不停蹄地处理各种各样的事情。根本没有时间进行时间管理,时间久了就会陷入一种盲目的工作状态,如同一个机器。我们要适当地停一停,停下来思考一下,重温一下大学时制订的职业发展规划,再审视一下现在的发展状况,时刻调整和管理自己的职业发展规划,因为只有一切在规划当中开展,一切才会按照预期的计划进行。

第十二章 大学生创新创业指导

第一节 创新创业的社会环境

一、大学生创业概述

（一）大学生创业定义

1. 创业的定义

创业是创业者对自己拥有的资源或通过努力对能够拥有的资源进行优化整合，从而创造出更大经济或社会价值的过程。创业是一种劳动方式，是一种需要创业者组织、运用服务、技术、器物作业的思考、推理和判断的行为。根据杰弗里·蒂蒙斯（Jeffry A. Timmons）所著的创业教育领域的经典教科书《创业创造》（New Venture Creation）的定义：创业是一种思考、推理结合运气的行为方式，它为运气带来的机会所驱动，需要在方法上全盘考虑并拥有和谐的领导能力。

创业作为一个商业领域，以点滴成就点滴喜悦，致力于理解创造新事物（新产品、新市场、新生产过程或原材料、组织现有技术的新方法）的机会如何出现并被特定个体发现或创造，这些人如何运用各种方法去利用和开发它们，然后产生各种结果。

创业是一个人发现了一个商机并加以实际行动将其转化为具体的社会形态，从而获得利益，实现价值。

2. 大学生创业的定义

大学生创业是一种以在校大学生和已毕业大学生的特殊群体为创业主体的创业过程。随着近期我国不断走向转型化进程以及社会就业压力的不断加剧，创业逐渐成为在校大学生和已毕业大学生的一种职业选择方式。

大学生作为我国的年轻高级知识人群，有着较为丰富的知识储备和相较于其他高级知识分子所欠缺的创造力，是符合我国"十三五"规划的创业主要人群。但因为大学生这个群体社会实践经验与能力的欠缺，与创业的成功要素相矛盾，导致大部分大学生创业在初期就自行夭折,使大学生创业成为了国家和社会共同关注的话题。在"十三五"规划中,也针对这个现象有着相应的论述,给大学生创业这个创业过程带来了众多的机遇与挑战,大学生创业也将在这些机遇和挑战中走向新的高度。

3. 创业的类型

随着经济的发展,投身创业的人越来越多,《科学投资》调查研究表明,国内创业者基本可以分成以下类型。

1) 生存型创业者

生存型创业者大多为下岗工人、失去土地或因种种原因不愿困守乡村的农民,以及刚刚毕业找不到工作的大学生。这是中国数量最大的创业人群。清华大学的调查报告显示,这一类型的创业者占中国创业者总数的 90%。其中许多人是被逼上梁山,为了谋生混口饭吃。

一般创业范围均局限于商业贸易,少量从事实业,也基本是小型的加工业。当然也有因为机遇成长为大中型企业的,但数量极少,因为国内市场已经不像 20 多年前,如刘氏四兄弟、鲁冠球、南存辉他们那个创业时代——经济短缺、机制混乱、机遇遍地。如今这个时代,用句俗话来说就是狼多肉少,仅想依靠机遇成就大业,早已是不切实际的幻想了。

2) 主动型创业者

主动型创业者可以分为两类,一类是盲动型创业者,另一类是冷静型创业者。前一类创业者大多极为自信,做事冲动。这类创业者与博彩爱好者很相似,喜欢买彩票、博弈,却不太喜欢检讨成功概率。这样的创业者很容易失败,但一旦成功,往往就是一番大事业。冷静型创业者是创业者中的精英,其特点是谋定而后动,不打无准备之仗,或是掌握资源,或是拥有技术,一旦行动,成功概率通常很高。

3) 赚钱型创业者

赚钱型创业者除了赚钱,没有什么明确的目标。他们就是喜欢创业,喜欢做老板的感觉。他们不计较自己能做什么,会做什么。可能今天在做着这样一件事,明天又在做着那样一件事,他们做的事情之间可以完全不相干。甚至其中有一些人,连对赚钱都没有明显的兴趣,也从来不考虑自己创业的成败得失。奇怪的是,这一类创业者中赚钱的并不少,创业失败的概率也并不比那些兢兢业业、勤勤恳恳的创业者高。而且,这一类创业者大多过得很快乐。

4) 创意创新创业型创业者

此类创业模式对创业者的个人素质要求很高,创业成功往往形成独角兽企业,有时形成新的业态。

创业者首先要处理好创意、创新、创业三者的关系:常规思维及创新思维产生创意,创意是创新的基础,创意是创业的动力源之一,创新与创业的结合形成新的生产方式,良好的创新创业氛围更易激发人们的创意,创意创新创业完美组合的链条是推动各业发展、社会繁荣的重要源泉;其次是配置资源。

5) 迭代创业

互联网时代认知迭代、产品迭代、组织迭代、营销迭代,处于不断迭代的创业模式。

认知迭代。互联网迭代创业的认知标准是打造超级 IP,企业要在细分市场建立一个高维度且富有想象力的认知。让大市场明白你到底是什么,让用户知道你是先进的还是落后的,你的认知能力是否提升到可以有布局未来。认知迭代就是企业 IP 面向未来的旗帜。

(二)大学生创业的优劣分析

1. 优势

(1)大学生往往对未来充满希望,他们有着年轻的血液,充满激情以及"初生牛犊不怕虎"的精神,而这些都是一个创业者应该具备的素质。

(2)大学生在学校里学到了很多理论性的东西,有着较高层次的技术优势,而目前最有前途的事业就是开办高科技企业。技术的重要性是不言而喻的,大学生创业从一开始就必定会走向高科技、高技术含量的领域,"用智力换资本"是大学生创业的特色和必由之路。一些风险投资家往往就因为看中了大学生所掌握的先进技术,而愿意对其创业计划进行资助。

(3)现代大学生有创新精神,有对传统观念和传统行业挑战的信心和欲望,而这种创新精神也往往是造就大学生创业的动力源泉,成为其成功创业的精神基础。大学生心中怀揣创业梦想,努力打拼,最终创造了财富。

(4)大学生创业的最大好处在于能提高自己的能力,增长社会实战经验,以及学以致用;最大的诱人之处是通过成功创业,可以实现自己的理想,证明自己的价值。

2. 劣势

(1)由于大学生社会经验不足,常常盲目乐观,没有充足的心理准备。对于创业中的挫折和失败,许多创业者感到十分痛苦茫然,甚至沮丧消沉。大家以前创业,看到的都是成功的例子,心态自然都是理想主义的。其实,成功的背后还有更多的失败。看到成功,也看到失败,这才是真正的市场,也只有这样,才能使年轻的创业者们变得更加理智。

(2)急于求成、缺乏市场意识及商业管理经验,是阻碍大学生成功创业的重要因素。学生们虽然掌握了一定的书本知识,但终究缺乏必要的实践能力和经营管理经验。此外,由于大学生对市场营销等缺乏足够的认识,很难一下子胜任企业经理人的角色。

(3)大学生对创业的理解还停留在仅有的一个美妙想法与概念上。在大学生提交的相当一部分创业计划书中,许多人还试图用一个自认为很新奇的创意来吸引投资。这样的事以前在国外确实有过,但在今天这已经是几乎不可能的了。投资人看重的是你的创业计划真正的技术含量有多高,在多大程度上是不可复制的,以及市场赢利的潜力有多大。而对于这些,你必须有一整套细致周密的可行性论证与实施计划,绝不是仅凭三言两语的一个主意就能让人家掏钱的。

(4)大学生的市场观念较为淡薄,不少大学生很乐于向投资人大谈自己的技术如何领先与独特,却很少涉及这些技术或产品究竟会有多大的市场空间。就算谈到市场的话题,他们也多半只会计划花钱做做广告而已,而对于诸如目标市场定位与营销手段组合这些重要方面,则全然没有概念。其实,真正能引起投资人兴趣的并不一定是那些先进得不得了的东西;相反,那些技术含量一般但却能切中市场需求的产品或服务,常常会得到投资人的青睐。同时,创业者应该有非常明确的市场营销计划,能强有力地证明赢利的可能性。

（三）大学生创业失败原因

刚走出校门的大学生满腔热情地进行创业,有的成功,有的失败,但以失败居多。其原因却具有普遍性,这里做一个深度分析,即将创业的大学生可引以为鉴。

1. 盲目崇拜

在很多青年心目中,创业英雄已然成为他们最崇拜的人,无形中就使得大学生创业者"唯其马首是瞻",凡是李开复、史玉柱、马云、俞敏洪说的,就是对的。殊不知,这些成功的企业家自有他们令人望尘莫及的能力或品质,但成功永远是小概率事件,那些商业奇迹多少都有幸运的成分,而幸运却是不可复制的。创业者一定要因事因地独立自主思考和判断,对那些成功案例中的方式、方法也要有辩证的批评的眼光,不可简单照搬。

2. 容易轻信

要么被合作方表面的热情和口头承诺所蒙蔽,既不做逻辑上证伪的反思,又不做独立深入的调研,轻易上当受骗;要么是在没有考证对方商业信用的情况下把大批货物发过去,最终收不回货款;要么是轻信对方吹得天花乱坠的新技术,最终浮出水面的却是粗制滥造的东西。

3. 迷信理论

高学历的创业者往往有纸上谈兵的倾向,他们把各种营销曲线模型和时髦的商业模式理论背得滚瓜烂熟,可到了本土商业实战上,却寸步难行。任何理论都有其边界和适用范围,特别是在中国这个转型期的市场经济初级阶段,商业生态极端复杂的现实面前,亦步亦趋地套用西方经济学模型显然是不行的。最终还是相信人脉就是钱脉,所以要建好团队。

造成这样的结局原因有二:一是中国学生从小到大,一心读书考试,两耳不闻窗外事,严重缺乏社会实践经验;二是暴露出高校教育模式的软肋,这与中国高校缺乏批判性思维能力知识教育有关。

二、大学生创业基本能力

（一）大学生创业具备的基本能力

1. 自我认知及科学规划

这一点对年轻人来说,是不容易实现的。尤其是大学生刚出校门,对社会和自己的认识还非常有限。要想清楚地知道自己以后的发展方向,仅靠自身的苦思冥想是找不到答案的。最好的办法就是通过观察别人,征求"过来人"的意见,再结合自己的实际情况制订一些小的目标,通过确定和实现这些小目标,再慢慢地开始规划自己的人生。

在创业过程当中,要经常性地提前计划或规划一些事情。在制订计划的时候一定要综合各种因素,形成切实可行的动作分解,要将任何可能的细节都考虑在内。而在实施的过程当中要针对当下的具体情况进行,适时做调整。运营需要强有力的计划管理能力,只有具备这一能力才能让自己更靠近成功创业之门。

2. 胆识和魄力

作为创业者,你就是团队的灵魂。团队运营后,甚至在筹备之初就会面临各种各样的决策,你的一举一动都左右着创业的发展走向和兴衰。前期创业者可能会广泛地征求亲朋好友的建议,一旦自己能够独立自主后,就必须要通过自己的智慧和胆识去决定各种大小事务。当在自主地做出决策时,谨慎是必不可少的,一旦优柔寡断可能就会失去一个绝佳的商机。同时,决策的胆识和魄力一定要建立在深思熟虑的基础之上,既要选择小风险又要兼顾利益最大化。

3. 团队管理、信息管理、目标管理

任何创业如同经营一家企业一样,需要制订各种制度。制度不在于多,而在于是否让所有相关人都能够明白其道理,并且严格执行。创业者需要针对自己团队实际情况建立各种有效的管理制度,包括店员管理、培训、绩效考核等。同时,针对市场的不断发展变化而改进相应制度,只有这样才能够让创业者及其团队立于不败之地,拥有发展的主动权。在此想提醒大学生创业者,在制订和改进管理制度的时候,一定要基于客观事实出发,而不要想当然,要极力保证制度的可实施性。

创业者每天都会通过不同渠道接触各种信息,如:竞争对手又开始降价了,明天要下雨,厂家又有新政策等。如何从大量的信息里筛选与自己相关的,再从与自己相关的信息里找到有效的,这需要长时间的锻炼。只有正确有效信息才能指导自己店铺各项工作有序开展。对于大学生创业者而言,由于缺乏大量的社会实践经验,所以在接触各种信息的时候,难免会有失偏颇地做一些决定。当大家对信息无所适从的情况下,可以向过来人进行请教,加以甄别。要在观察和请教别人的过程当中,不断提高自身管理信息的能力。

4. 谈判

在创业者人际交往过程当中,与人谈判的情况必不可少。谈判对创业者的要求是综合多面的,需要创业者有一定的语言能力、心理分析能力、人文素养等。要想在谈判当中占得主动地位,必须要有很强的谈判能力。杰出的谈判能力能够让创业者在谈判过程当中直接获得更多的利益。

5. 处理突发事件

创业过程当中,会不可避免地发生一些突发事件,而其中很大部分都是我们想避免的。然而当事情发生的时候,需要我们更为积极地应对。如果这些事情发生在创业者顾客身上,处理得当的话,还能起到广告效果。通过用心的服务会向顾客者传递一种负责任的形象。"好事不出门,坏事传千里",任何一件突发的事件,稍加不注意,也会使自己的形象一落千丈,甚至砸掉自己的招牌。如何处理好每次的突发事件,化险为夷甚至通过这些事件的妥善解决,让顾客更加认同你或者你的团队,再借由顾客之口,为你不断传播好口碑。

6. 学习

在现代社会要想取得不断地成功,必须具备持续的学习能力。市场和行业的竞争日益激烈,大到一个企业、小到个人要想力争上游,那就必须比竞争对手更快地掌握更多的知识,通过不断地学习使自己处于不败之地。对于大学生创业者而言,除了书本的理论知识,更要重视学习其他方面的综合能力。

7. 社会交往能力

良好的人际关系,不仅能给人生带来快乐,而且还能助人走向成功。大学生创业者在开始创业后必将会接触到各种不同类型、身份的人,而接触的人大多都是跟自己的利益攸关的。所以从创业最开始就要学会跟各种人打交道。要尽可能地去结交人脉,认识朋友,舍得给自己投资。在与前辈们的交流和学习当中不断认识到自己的不足,针对性地加以完善。

8. 保持身心健康

创业者经常是要与孤独和挫折为伴,绝大多数的创业过程都不是一帆风顺的。时下流行一个词"逆商",也就是说人适应逆境的能力。创业者如何保持乐观而稳定的心态,需要在长时间的历练当中找到方法。而大学生创业者一般都比较心高气傲,有着强烈的自尊。建议刚毕业的大学生一样要放低姿态,平静地去接受一切可能的打击。同样,在得意时,也要克服骄傲的情绪,切不可沾沾自喜,妄自尊大。

身体是革命的本钱,创业者只有身体健康才能够支撑一切的打拼和奋斗。为事业拼搏而废寝忘食的精神非常值得肯定,但是终究不能视之为常态。大抵年轻的创业者都会精力旺盛,一旦投入工作中都很难自拔。在创业的过程当中一定要注意劳逸结合,切莫因为太拼而让自己的健康状况下滑。

(二)大学生创业具备的心理特质

大学生要想有创业能力,必须把握的核心能力如下。

1. 价值优越性

核心能力应当有利于企业效率的提高,能够使企业在创造价值和降低成本方面比竞争对手更加有优势。

2. 异质性

一个企业拥有的核心能力应是独一无二的,这是企业成功的关键因素。核心能力的异质性决定了企业之间的异质性和效率差异。

3. 不可仿制性

核心能力是在企业长期的生产经营活动过程中积累形成的,深深地印上了该企业特殊组成、特殊经历的烙印,其他企业难以复制。

4. 不可交易性

核心能力与企业相伴而生,虽然可为人们所感受到,但却无法像其他生产要素一样通过市场交易进行买卖。

5. 难以替代性

和其他企业资源相比,核心能力受到替代品的威胁相对较小。没有核心能力的创业不过是昙花一现。

(三)大学生创业提醒事项

1. 创业是修行,不是做学问

创业是修行,不是做学问。修行重在实践与行动,在修行中体验、见证与感悟。做学问则往往是抽象出具有普遍意义的规律与方法来指导大家。诚然万事皆有学问,但创业的学问重点不是在方法上。就如同宗教信仰,要去修行,而不是读宗教学的书。如果你总是在读一些宗教学的书,讲一些宗教的道理,而没有真的去"信",实际是无法真正理解信仰的。创业也是一样,一些人总是想搞清楚什么是创业、该如何创业,期望把创业的学问研究透再去创业,最后却一直没有创业。

听说不少高校都打算开设创业课程,还有的成立创业协会和创业训练营,有一些还推出了创业 MBA、创业研究生课程。这些创业学课程如果不是围绕行业特征、产品策划和团队建设来进行的话,则只是成功学的翻版。

2. 打消"第一桶金"思维

许多年轻人都非常对创业成功者的"第一桶金"感兴趣。第一桶金,指的是早先开展的某项业务,在极短的时间内赚到了相当可观的一笔钱,再用这一笔钱发展出了一个更大的事业,才会称那笔钱为第一桶金。

这里并不推崇"第一桶金"文化,不建议同学们对第一桶金那么感兴趣。因为崇尚第一桶金就是在崇尚成功学,崇尚不择手段地快速爆发,并且在骨子里并不是喜欢当前创业的项目,只是想借这个项目谋得一笔钱,然后转型做心目中另一个"又红又专"的事。要创业,就一定要选择自己愿意为之终生付出的事情来做,才有可能做好,定义为过渡性的事情,一般都做不好的。何况,大多数创业者都是从草根阶层开始,起点低、底子薄,如果能够找到一项事情,既能作为一项长期的事业来坚持,又能养活自己,就已经相当伟大了,对于赚得"第一桶金",少些期待会更加务实。

3. 初创企业的早期股权结构无定式

初创企业的早期股权结构如何才合理？在这个问题上，没有标准的答案，创业者对于公司的股权不能不当回事，也不能太当回事。

美国知名杂志撰文说，19 世纪以来，世界上最伟大的发明，不是飞机、汽车、电脑或手机，而是"公司制"。说不能不当回事，就是创业者按照"公司"的理念来办事才是正道。公司的理念在本质上就是公司法人和股权治理结构。企业初创期合理的股权结构安排，会有利于企业长期发展和灵活扩展。有不少企业也是因为股权结构分散或者过于集中、股东矛盾等原因导致失败的。

说不能太当回事，就是创业者要正确地根据公司性质与估值来合理划分股份，不能想当然。股权结构设计上来说，初创企业有两种类型，一种是技术创新型企业，往往创始人团队无形资产价值较高，应保持占有 60%～70% 股份启动创业，财务投资人不宜占有超过 30% 的股份，并适当预留一部分股权作为员工激励。另一种是资金占用型企业，比如房地产开发、加工厂、实体店之类的，创始人团队的价值主要体现在运营管理上，技术含量有限，无形资产价值也有限，也很难形成技术壁垒，主要还是靠资本的力量来推动发展，这种情况下一般投资方会占有很大的股份额，管理团队可能拿 10%～20% 的股权激励就不错了。也就是说，并不是每一个项目上创业者、管理团队就一定能占有大股份的，要看项目而设定。

4. 创业不伟大，也不卑微

对于大学生来说，创业就是那么回事，创了就创了，没创就没创，算是命运的一种选择吧。不管对于创业的同学来说，还是对于没有创业的同学来说，都不必讲太多的大道理、必然性或者光环论。

创业，不是一个什么伟大的事。也许成功的创业在很多人看来是一种伟大。其实，谋好一份职业并能胜任，也是一样伟大的事。同样，创业也不是什么卑微的事，哪怕找不到工作被逼得走投无路只得自己创业，也很正常。创业是最有效的学习方式，就算是创业失败了，你的经历一定很有含金量的。

很多大学生创业，真正挽起袖子来干时，实际上还是那股子傻劲，并不是一个从战略到规划，从理性到辨析的过程。也就是说，大学生创业，大多数还是想当然开始的，许多人会经历很大的挫折。也有一些人会遇上好运气，然后兴奋地折腾上一段时间，伤痕累累地收场。与之不同的是，对于有了几年工作经验，或者有过创业经历的再创业者来说，往往创业是为了实现梦想，这时候管理意识和经营理念也大大增强，一般都会由目标驱动，通过计划来掌控，以成功的模式来引导发展。而那些有了大成就的人，他们的创业则更多的是使命感，是认为存在那么个事比较适合自己去做，通过做这个事来保持生活的热情和成就感。

5. 成功到底要多久

每一个创业者，无论是不是大学生创业者，都怀揣成功的梦想，都是在追求成功。然而，创业的红旗能够打多久，距离成功的路到底有多长，真是一个无法预测的问题。

成功往往就在不经意的转角处，是说创业者的成功，没有谁是一帆风顺的，都会面临一些难题,面临一些重大的困难。这个时候最是考验创业者,这段经历往往也是成功的试金石。啃啃硬骨头,拿下这些难题,企业就上了一个新的台阶,又成长了一步,离成功就会更近一步。

也许,我们创业的路上,永远都没有成功的感觉,只会是一路相陪的挫折感和完成一个任务后的成就感,这可能就是创业,这可能就是生活。因此,创业并不仅仅考验一个人的成功观与事业心,更考验一个人的生活观。

6. 给创业中或想创业的支几招

在我们不断塑造自我的过程中,对我们影响最大的莫过于是选择乐观的态度还是悲观的态度。我们思想上的这种抉择可能给我们带来激励,也有可能阻滞我们前进。

清晰地规划目标是人生走向成功的第一步,但塑造自我却不仅限于规划目标。要真正塑造自我和自己想要的生活,我们必须奋起行动。莎士比亚说得好:行动胜过雄辩。

一旦掌握自我激励,自我塑造的过程也就随即开始。以下方法可以帮你塑造自我,塑造那个你一直梦寐以求的自我。

1)树立远景

迈向自我塑造的第一步,要有一个你每天早晨醒来为之奋斗的目标,它应是你人生的目标。远景必须即刻着手建立,而不要往后拖。你随时可以按自己的想法做些改变,但不能一刻没有远景。

2)离开舒适区

不断寻求挑战激励自己。提防自己,不要躺倒在舒适区。舒适区只是避风港,不是安乐窝。它只是你心中准备迎接下次挑战之前刻意放松自己和恢复元气的地方。

3)把握好情绪

人开心的时候,体内就会发生奇妙的变化,从而获得阵阵新的动力和力量。但是,不要总想在自身之外寻开心。令你开心的事不在别处,就在你身上。因此,找出自身的情绪高涨期用来不断激励自己。

4)调高目标

许多人惊奇地发现,他们之所以达不到自己孜孜以求的目标,是因为他们的主要目标太小而且太模糊不清,使自己失去动力。如果你的主要目标不能激发你的想象力,目标的实现就会遥遥无期。因此,真正能激励你奋发向上的是确立一个既宏伟又具体的远大目标。

5)加强紧迫感

20世纪作者阿耐斯曾写道:沉溺生活的人没有死的恐惧。自以为长命百岁无益于你享受人生。然而,大多数人对此视而不见,假装自己的生命会绵延无绝。唯有心血来潮的那一天,我们才会筹划大事业,将我们的目标和梦想寄托在丹尼斯·威特利称之为"虚幻岛"的汪洋大海之中。其实,直面死亡未必要等到生命耗尽时的临终一刻。事实上,如果能逼真地想象我们的弥留之际,会物极必反产生一种再生的感觉,这是塑造自我的第一步。

6)撇开朋友

对于那些不支持你目标的"朋友",要敬而远之。你所交往的人会改变你的生活。与愤世嫉俗的人为伍,他们就会拉你沉沦。结交那些希望你快乐和成功的人,你就在追求快乐和成功的路上迈出了最重要的一步。对生活的热情具有感染力。因此同乐观的人为伴能让我们看到更多的人生希望。

7）迎接恐惧

世上最秘而不宣的秘密是,战胜恐惧后迎来的是某种安全有益的东西。哪怕克服的是小小的恐惧,也会增强你对创造自己生活能力的信心。如果一味想避开恐惧,它们会像疯狗一样对我们穷追不舍。此时,最可怕的莫过于双眼一闭假装它们不存在。

8）做好调整计划

实现目标的道路绝不是坦途。它总是呈现出一条波浪线,有起也有落。但你可以安排自己的休整点。事先看看你的时间表,框出你放松、调整、恢复元气的时间。即使你现在感觉不错,也要做好调整计划,这才是明智之举。在自己的事业波峰时,要给自己安排休整点。安排出一大段时间让自己隐退一下,即使是离开自己挚爱的工作也要如此。只有这样,在你重新投入工作时才能更富激情。

9）直面困难

每一个解决方案都是针对一个问题的,两者缺一不可。困难对于脑力运动者来说,不过是一场场艰辛的比赛。真正的运动者总是盼望比赛。如果把困难看作对自己的诅咒,就很难在生活中找到动力。如果学会了把握困难带来的机遇,你自然会动力陡生。

三、大学生创业的社会环境

（一）大学生创业教育

1989年底,联合国教科文组织在北京召开的"面向21世纪教育国际研讨会"上首次提出并讨论了"创业教育"的概念,将创业教育视为未来的人应该掌握的"第三本教育护照"。创业教育被赋予了与学术教育、职业教育同等重要的地位,其根本思想就是培养创业意识、创业品质、增强创业能力。

大学生创业教育就是以提高大学生综合创业能力为目的,培养具有创业意识、创业精神、创业人格、创业心理品质的高素质人才的教育。特别是培养大学生"白手起家"创办小企业（微型企业）的精神和能力,使更多的求职者变成工作岗位的创造者。和就业教育比较,创业教育不直接帮助大学生去寻找工作岗位,而是重在教给大学生寻找和创造工作岗位的方法。大学生创业教育不是简单的专业技能教育,其中心任务就是激发大学生将知识、技能转化为产业的意识和大学生个人内在的需求,它的核心是创新教育,以挖掘人的创造潜能、坚持以人为本、弘扬人的主体精神、促进个性和谐健康发展为根本宗旨。

西方发达国家普遍在20世纪70年代就开始进行创业教育的实践,而美国进行创业教育的历史已近100年,目前已完全系统化。我国的创业教育起步较晚,开始于1998年清华大学发起的"清华大学创业计划大赛"。1999年,教育部指定的《面向21世纪教育振兴行动计划》对创业教育进行了部属,2002年4月教育部确定中国人民大学、清华大学、北京航空航天大学、黑龙江大学、上海交通大学、南京大学、南京经济学院、武汉大学、西安交通大学9

所大学作为创业教育的试点学校,开启了我国大学研究与实践创业教育的序幕。在我国,由于大学生对于创业的理解还存在误区,高校的创业教育体系、课程体系也不够完善,加上创业教育的师资匮乏,创业教育的外部环境也有待改善,可以说我们的创业教育才刚起步,需要做的工作还很多。2010年,《国家中长期教育改革和发展规划纲要(2010—2020年)》明确提出要推进高校创业教育,以《教育部关于大力推进高等学校创新创业教育和大学生自主创业工作的意见》为标志,我国大学生创业教育进入了教育行政部门指导下的全面推进阶段。

(二)大学生创业现状

我国高校的创业教育起步较晚,创业教育尚未成为高校整体育人体系中的重要组成部分,往往是以"第二课堂"的形式开展,处于"业余教育"这一尴尬地位,没有引起各高校领导的高度重视。同时,高校创业教育不论是理论层面还是实践指导层面都缺乏应有的深度和广度,特别是对创业教育开展过程中碰到的新情况、新问题,缺乏系统的研究和有力的回答。许多高校在实施创业教育时,重理论知识灌输和课堂教学传授,而在如何结合当代大学生的特点激发创业意识、培养创业精神、锻炼和提高创业能力等方面尚未形成有效的培养体系。

目前制约大学生创业教育的主要问题有以下三点。

1. 创业教育的定位不清

一方面,学校对"创业教育"应该放在什么样的位置没弄清楚,很多大学只是随大流,很多高校领导天天叫喊着鼓励大学生在校创业,而在实际工作中只是抓教学、抓科研,一直以来没有重视在校学生创业问题,没有建立正式的机构,来具体主抓大学生创业的相关问题。

另一方面,学生以及部分老师对创业教育的本质没弄清楚。创业教育是素质教育的深化和发展,是素质教育的落脚点与具体体现。创业教育体现为以人的创新能力和综合素质培养为核心的广义的创业教育和以具体的操作技能为主要目标的狭义的创业教育。

2. 创业教育的受益面过窄

目前,大部分高校将创业教育视为"精英教育",主要表现为学校关注的目光更多是投向少部分学生的创业竞赛成绩与学生开办公司的多少上。显然,这些做法使大部分学生只是袖手旁观的"看客",创业教育受益面受到极大限制。美国巴布森商学院创业教育的领袖人物杰弗里·蒂蒙斯教授认为学校的创业教育应不同于社会上的以解决生存问题为目的的就业培训,也不是一种"企业家速成教育"。

3. 师资力量严重缺乏

我国大学生创业教育的主体仍然是各高校原有的教师队伍,他们大部分已经执教多年,教学经验十分丰富,科研成果较多,能够为学生进行创业打下较好的理论知识基础。

但是创业教育实质上是一门实践性教育,高校教师多数没有亲自创业的经历,所以培训出来的学生对创业的认识常常束缚在原理上,缺乏创业的实践能力,影响了其创业的积极性和创业的成功率。

拓展资料 12-1

大学生创业难？可能是高校创业教育惹的祸

当前"双创"已成为国家发展的重要战略。李克强总理出席全国双创周活动时，说"不同时代有不同时代的英雄，创业创新者就是今天这个时代的英雄"。许多大学生都想成为这个时代的英雄，用自己的好创意去点亮未来，或许他离乔布斯真的只有一根网线的距离，但是创业却远没有想象中的那么简单。

与国外发达国家大学生相比，我国大学生自主创业比例低、创新成果少、创业能力弱，我国创新创业教育体系仍存在不少问题。高校作为创新创业教育的主角，不论是在认识上、理论上还是在实践中，都存在着一些误区。

"创 e +"根据到各高校的走访经历，将这些创业教育常见误区整理为七个方面，主要表现：竞赛导向型、无中生有型、洋为中用型、平面运动型、空中楼阁型、买椟还珠型、心灵鸡汤型。

竞赛导向型：创业不是赛出来的

近几年，由高校和社会组织举办的创新创业大赛数不胜数，许多大学生不停地奔波于多个大赛之间，成了"跑赛族"。高校举办创业大赛，最初旨在促进大学生创业能力的培养，推进学校创业教育发展，但是随着各类创业大赛如雨后春笋般涌现，比赛过程越来越趋于形式化。

很多大学生并不了解社会，参赛的项目大都是纸上谈兵，没有对实际商业运作的切身感受，与市场接触很少，创业计划书也是根据书本知识进行天马行空的设想，再拿些市场上的数据，进行象牙塔式的分析，毫无实际意义。且绝大部分学生制订的创业计划书存在着模式化的缺陷，似乎只有需要成百上千万的资金且短期内回报率高的创业计划才是真正的创业计划，这使得比赛在不切实际的道路上越走越远。

当然，大赛中也不乏"金点子"，在赛事中风光无限，赢取奖章，但参赛和项目落地从来都是两码事，参赛中项目设计得再合理，落地时没有各类资源辅助也是徒劳。创业不仅仅只是一个想法而已，还需要付出更多的实际行动。我们坚信大浪淘沙，确有真金，中国的比尔·盖茨、扎克伯格也正在高校的校园里孕育，但是真正的创业不是赛出来的。

无中生有型：沙漠里练不出游泳冠军

尽管当前高校都在提倡"创新"，但在创业教育的基础设施整体方面，许多高校由于投入不足，无法满足教学需要，不少创业教育课成了教师演示课，教师只是在黑板上谈合同，在黑板上跑市场，在黑板上办企业，带着学生一起"无中生有"。

创业及创业教育理念是在现代科学技术日新月异、国内外局势迅速发展的形势下提出的，创业要面临的是大量的不确定性因素。除了要培育创业者在经济学、管理学、心理学、财务、法律等方面的知识技能外，还要通过实践活动培养创业者的创业技能，包括创新思维能力、独立判断能力、经营管理能力、人际交往能力、实践操作能力等。如果在教育过程中不能贯穿对知识技能和创业技能的培育,创业教育就只能是一句空话。

当然有人会疑问,创业可教吗?

答案是肯定的,但教学方法一定不是教室模式。

洋为中用型:创业教育需要"本土化"

21世纪是"创新、创业教育的时代",对提高国家创业水平和创新能力、促进大学知识转化、加强大学与外部世界的合作、解决大学生就业问题都具有重要意义,因而被专家学者称为继学术性和职业性之后的第三本"教育护照",1989年12月,在北京召开的联合国教科文组织"面向21世纪教育国际研讨会"正式提出了"创业教育"这一概念。创业教育在各国日渐受到重视,并发展较快。

美国是较早在学校中进行创业教育的国家,并且形成了一个完整的社会体系和教育研究体系,具有自己的特色,积累了丰富的经验。如哈佛大学的创业教育开始于1947年,斯坦福大学的创业教育开始于1949年,巴布森学院的创业课程开始于1967年。

然而,当前我国的创业教育还处于萌芽摸索阶段,导致许多高校和研究学者以国外创业教育为榜样,全面借鉴国外创业教育的经验,可是"洋创业教育"不一定都适合中国本土文化,"洋为中用"需慎重。

首先,在中国传统教育观念里,强调的是封闭式的知识传授,而非启发式教育,遇到问题时学生已经习惯去寻找最佳答案,缺乏创新意识和创造精神,更缺乏创业的胆识和能力,这样落后的创业教育观念与国外自由开放的教学模式是浑然不同的。

其次,创业学是多学科交叉的课程,包括心理学、管理学、经济学、财务学、市场学、认知科学、金融学等多学科知识,具有整合性、创新性的特点。

中国高校创业教育只在大学教育中体现,且中国高校教育专业限制泾渭分明,学生很难进行跨专业的学习交流,学生知识面受到严重限制,高校创业教育并没有融合于学校整体育人体系之中,它与学科专业教育的开展并未形成有机联系,创业教育和高校专业设置矛盾突出,导致对创新创业人才的培养显得十分艰难。

相比之下,美国的创业教育则涵盖了从初中、高中、大学本科直到研究生的正规教育,形成了一套比较科学、完善的创业教育教学、研究体系。国内外创业教育的环境差别甚大。

根据相关调查显示,美国八成大学生通过从事兼职或全职工作赚取学费,每周工作19小时,学生普遍存在着创业活动实践的压力。按照我国的学制,大学生已是成年人,他们本可以靠自己的劳动负担学费,但由于我国国民收入分配特点、人才市场现状以及现行的高校制度,使得学生自己负担学费几乎无法实现,学生主动去实践的动力和压力相对较小,直接导致国内不少高校的创业教育也只能是在课堂上坐而论道,闭门造车。

平面运动型:有量的积累,未必有质的飞跃

正所谓"读万卷书、行万里路",社会实践是大学生迈向社会的桥梁,适当的社会实践活动可以帮助扩展学生视野,提升学生的综合素质。没有丰富的社会实践经验和专业理论知识积累,创业和创新都是空中楼阁,但是需要明确的是参加社会实践只是过程,提升个人综合素质能力才是目的。

许多大学生在大学生涯中虽然参加了社会实践,但是大都流于形式化,为实践而实践,

有的是为了完成学校的实习任务,有的是为了赚取大学生活费用,没有更深层次地去认识创新创业的内涵。

如果长期从事这类基于表面的实践活动,那么这样的实践活动经验对于创业基本上是无用的,因为两者的角度不同,思考方式不同,得到的经验体会也不同。

空中楼阁型:没有基层实践,妙笔也难生花

目前,我国高校创业教育的目标尚无清晰的定位,尤其是有些重点大学,将学生定位过高,将创业教育的目标定位为企业家速成教育,重点培养学生商业模式创新和技术创新,在学科上侧重于创业知识教育和创业技能教育,而忽视了对学生的基础实践能力的培养,这种精英化的理念显然是一种"拔苗助长"式的做法。

创业教育不是短期知识技能教育,而是一种侧重于创业精神和创业思维的素质教育,是素质教育与知识技能教育的统一。其定位是培养学生的创业精神和创业能力,培养学生独立工作、社交和管理及开创能力,使学生具备敢于迎接挑战的坚毅果敢的创业精神,且具有创新精神和分析解决实际问题的能力,同时引导学生体验创业的艰辛,理解老板的辛苦,提高职业道德素养及职业忠诚度,这才是大学开展创业教育的意义所在。

买椟还珠型:咖啡只是佐料,创业才是主菜

目前,不少学校设立了众创空间、创业学院、大学生创业中心之类的地方,但大都只能供极少数人使用,众创空间成了学校创造就业工作亮点的形象工程。这类创业学院通常"只有概念没有实质",有想法没有计划,有热情没有管理。

真正的众创空间不仅是一个实体的空间,而是一整套服务创业的生态系统。除了提供创业场所,还需要配备严格有序的项目管理,保证创业项目的存活与发展。至于说,众创空间里卖的是咖啡还是其他饮料,咖啡醇香不醇香,环境优美不优美,其实真的不重要,创业才是众创空间的灵魂和根本。高校建设众创空间要实事求是,脚踏实地,达到"集众人之智,达众人之志"的目的才行。

心灵鸡汤型:"鸡汤"需要理性进补

唯物主义认为:内因是事物发展的根本原因,外因是事物发展的必要条件,内因决定外因。创业激情永远源于自己,而不是所谓的"心灵鸡汤"。

"鸡汤"拯救不了创业如履薄冰的险境,创业需要一群感性的动物,去理性地做事。

正如刘强东所言:"我最讨厌讲的是心灵鸡汤……作为创业者,如果你的激情需要来自于别人的鼓励的话,我认为是很可怕的。激情永远是来源于自己,不是别人的鼓励。"

曾看过这样一段话,有只黄鼠狼,在养鸡场的山崖顶上立了块碑,上面写着:"摆脱禁锢,不勇敢跳下去,你怎么知道自己不是一只老鹰?"于是,它每天就在崖底等着吃摔死的鸡。这个故事告诉我们,阅读心灵鸡汤时需要智商,大多数鸡汤都是黄鼠狼写的。

创业必须要是理性的,需要给自己留有后路,破釜沉舟最后成功是小概率事件,无论任何时候,都不要输掉手里最后一块干粮。

在创业热潮中,越来越多的"鸡汤"让你投入到轰轰烈烈的创业大军中,可是,尽管鸡汤味道再浓郁,创业光靠鸡汤是远远不够的。创业中,你对行业的理解,对时机的把握,对产品的推广,对项目的管理等都需要理性分析的。

(资料来源:21CN网。)

(三)大学生创业方向

1. 高科技领域

身处高科技前沿阵地的大学生,在这一领域创业有着近水楼台先得月的优势,"易得方舟""视美乐"等大学生创业企业的成功,就是得益于创业者的技术优势。但并非所有的大学生都适合在高科技领域创业,一般来说,技术功底深厚、学科成绩优秀的大学生才有成功的把握。有意在这一领域创业的大学生,可积极参加各类创业大赛,获得脱颖而出的机会,同时吸引风险投资。

推荐商机:软件开发、网页制作、网络服务、手机游戏开发等。

2. 智力服务领域

智力是大学生创业的资本,在智力服务领域创业,大学生游刃有余。例如,家教领域就非常适合大学生创业,一方面,这是大学生勤工俭学的传统渠道,可以积累丰富的经验;另一方面,大学生能够充分利用高校教育资源,更容易赚到"第一桶金"。此类智力服务创业项目成本较低,一张桌子、一部电话就可开业。

推荐商机:家教、家教中介、设计工作室、翻译事务所等。

3. 连锁加盟领域

统计数据显示,在相同的经营领域,个人创业的成功率低于20%,而加盟创业的则高达80%。对创业资源十分有限的大学生来说,借助连锁加盟的品牌、技术、营销、设备优势,可以较少的投资、较低的门槛实现自主创业。但连锁加盟并非"零风险",在市场鱼龙混杂的现状下,大学生涉世不深,在选择加盟项目时更应注意规避风险。一般来说,大学生创业者资金实力较弱,适合选择启动资金不多、人手配备要求不高的加盟项目,从小本经营开始为宜;此外,最好选择运营时间在5年以上、拥有10家以上加盟店的成熟品牌。

推荐商机:快餐业、家政服务、校园小型超市、数码速印站等。

4. 开店

大学生开店,一方面可充分利用高校的学生顾客资源;另一方面,由于熟悉同龄人的消费习惯,因此入门较为容易。正由于走"学生路线",因此在要靠价廉物美来吸引顾客。此外,由于大学生资金有限,不可能选择热闹地段的店面,因此推广工作尤为重要,需要经常在校园里张贴广告或和社团联办活动,才能使店面广为人知。

推荐商机:高校内部或周边地区的动漫店、餐厅、咖啡屋、美发屋、文具店、书店等。

 课堂互动

以3~5人为小组讨论,每人发言说说自己的创业创意,然后组内投票选出最佳创意,再由该组员代表小组在全班进行分享。

复习思考

回顾今天课堂上听到的班内同学的创业创意,再与自己的职业发展规划、自我分析进行比对,思考自己是否适合创业,写出一份300字以上的分析书。

第二节　大学生创新创业准备

一、大学生创业的准备

(一)思想准备

1. 创业意识

在马克思主义物质与意识的辩证关系中,意识对物质具有能动作用。意识活动具有目的性和计划性,人能够能动地认识世界和改造世界。创业意识的培养是大学生今后取得创业成功的前提,想创业,才会选择创业,进而取得创业成功。创业意识是激发人们进行创业活动的诉求,是创业者从事创业活动的内在动力。

要认识到为什么自己会选择自主创业,这是启发创业意识的根本所在。从大学生的就业途径来分析,主要分为:直接应聘企业、考取公务员或进入事业单位、继续深造(专升本、考研、留学)、参加国家就业项目(西部志愿者计划、"三支一扶"、村官计划等)、自主创业等。而在以上众多就业途径中,选择直接就业较为普遍。由于高校的不断扩招,企业与应届毕业生的供需比例不对称,人多岗少的矛盾现象突出,导致就业竞争压力增大,收入也显得不是很理想。考取公务员及事业单位的就业途径虽然是当前竞争最为激烈的一种就业方式,很大一部分的毕业生选择公招,但是随着公招面向基层经历的人员的倾斜,作为社会经验匮乏的应届大学毕业生将逐步被拒之门外。选择继续深造学习,虽然在近期减轻了自己的就业压力,但是缓冲并不能解决今后仍然需要面对就业竞争压力的社会现状。随着国家就业项目政策的不断健全和完善,对大学生今后的安置与奖励政策的出台,这些项目由原来的被动参与,到现在的主动参与,甚至形成类似于公招的竞争出现后,这类项目也不是随便可以参加的。在以上的就业途径中,只有自主创业这条路显得很灵活,虽然创业带有一定的条件性和风险性,但是创业成功与否都体现了跨入社会、自食其力的成功表现,选择自主创业或许能为自己今后的就业铺就一条成功的道路。创业不是每个人生来具有的能力和素质,创业更多地需要后天的培养和积累。俗话说:"凡事欲动,必先谋其思。"进入大学校园后,如果有创业的想法,首先应树立自我创业意识,无论在学习、生活上都应向着创业这方面努力和准备,一旦毕业,就可以把自己的创业想法付诸行动。

2. 创业动机

大学生是主动创业好还是被动创业好，是间接创业好还是直接就业好，这要看大学生是否具有创业所需要的各项条件，需要我们认真分析才能得出结论。让我们先来看看阿里巴巴董事局主席马云的创业故事。1984年，马云考入杭州师范大学外语系。毕业后在杭州电子工业学院教英语。1991年，马云初涉商海，和朋友一起成立海博翻译社。结果第一个月收入700元，房租却用了2000元。在大家开始动摇的时候，他一个人背个大麻袋到义乌、广州去进货，翻译社开始卖礼品、鲜花，以最原始的小商品买卖来维持运转。两年间，马云养活了翻译社。马云首次接触互联网是在1995年，当时马云对电脑一窍不通，对他来说，这是一个新领域的冲击。1996年，马云的营业额不可思议地做到了700万元。1999年3月10日，阿里巴巴公司在马云家中创业。六年后，马云如愿以偿，阿里巴巴成为全球著名的B2B电子商务服务公司，管理着全球最大的网上贸易市场和商人社区，为来自220多个国家和地区的600多万企业和商人提供网上商务服务。2003年，阿里巴巴实现了一天收入100万元；2004年，实现了一天利润100万元；2005年，狂人马云又将目标定为一天缴税100万元。马云的眼光长远广阔，他说："我认为对的事情，就永不放弃、坚持不懈！"马云提到，阿里巴巴的远景目标是成为一家持续发展102年的企业，成为全球十大网站之一，让所有的商人都使用阿里巴巴。马云的成功，得益于他的勇气和一般人所不具有的独立性和远见卓识。敢想、敢拼，有强烈的成功欲望，敢于实现自我并能果断地采取行动，这就是他在创业过程中的制胜秘诀。

创业的动力来自于创业者对自我价值的实现要求。根据美国心理学家马斯洛的"需要层次论"，自我实现的需要是最高层次的需要，满足这种需要就要求完成与自己能力相称的工作，最充分地发挥自己的潜在能力，成为自己所期待的人物。这是一种创造的需要。有自我实现需要的人，似乎在竭尽所能，使自己趋于完美。自我实现意味着充分地、活跃地、忘我地、集中全力地、全神贯注地体验生活。因此，创业者通过创业来实现自己的人生价值是一种最高境界。

当前，大学生创业动机具有显著特点。调查显示，文理科、独生子女与非独生子女创业动机没有显著差异，然而男大学生创业动机远高于女大学生，农村大学生远高于城镇大学生，财经类专业大学生远高于其他专业大学生，前者创业意识较强，他们不想再依赖家长、学校，而是主动出击，寻找机遇，伺机创业。

（二）心理准备

随着市场经济竞争的加剧，对于刚刚步入社会就选择创业这条道路的大学生而言莫不是更大的挑战，创业投资不比校园生活，社会商海的残酷要比校园的磕磕绊绊更为棘手。一个勇于创业的人，必定也是一个有着较强心理素质的人。大学生生活在校园环境中，每天不用面对复杂的问题、承受过大的心理压力，要适时地将宽松的氛围当成增强心理素质的最好平台。"不积跬步，无以至千里。"只要我们细心对待大学的每一件事和每一个人，勇于面对问题和挑战，我们的心理素质就会不断提高，为今后的创业做好铺垫。成功的创业者一般需要具备以下心理素质:自信稳重、决策果断、勇于冒险和责任意识。

1. 自信稳重

细心是成功的基石。做任何事情,只要自己下定了决心就一定要持之以恒,坚持到底,要有一种"知其不为而为之"的自信和态度。大学生在低年级时段可能不会接触过多的创业行为,但是在平时校园学习和生活中,做任何事都应具有较强的自信心和稳重得体的处事风格,这将直接影响到其创业基本素质的形成。

如何能够让自己每天充满自信呢?建议大学生们从以下几点进行锻炼。一是,关注自己的优点和取得的成绩,不要总认为自己不如他人,要正确客观地评价自己和他人,要明白"人无完人,金无足赤",每个人都有自己的长处和短处。二是,在平时的学习和生活中,多与成功的人和自信的人接触,特别是经常和自己的辅导员、专业老师或学校一些学生会干部接触和学习,你会发现和他们接触时间长了,自己也朝着他们的方向去努力地模仿。三是,要经常做自我心理暗示,对自己进行正面心理强化。敢于在学校公开场合演讲,比如多参加班上的讨论,多参加学校举办的演讲活动等。四是,重视平时穿着打扮和自我形象。虽然说人不可貌相,但是形象的塑造会在一定程度上影响一个人的自信心。五是,要学会微笑和感恩。一个经常对任何人都保持微笑的人,表明他心胸宽广,为人处世大方,这是一种自信的表现。六是,借助大学的图书馆,借阅一些名人传记,特别是一些成功企业家的创业故事,你会发现其实别人做过的事即将成为你未来要做的。

2. 决策果断

有一则寓言:父亲、儿子和一头驴,当父亲在前面牵着驴走路,儿子骑着驴时,人们说儿子不像话,让自己的老父亲走路,儿子没有孝心;儿子让父亲骑驴,自己牵驴走路,人们又嘲笑父亲没有父爱,让这么小的孩子走路;最后索性父子俩都不骑驴,抬着驴子走路,最后人们还是嘲笑这父子俩,自己走路,空着驴子不骑。从以上寓言中,不难看出一个道理,就是决策不果断可能会导致自乱了方向,不知所措。决策能力是一个企业是否持续发展的最关键一步,也是一个人是否成功的关键,决策是一刹那的成功与失败。所以,如果想成为一个成功的创业者,必须时刻注意培养自己的决策能力。关于决策的重要性古今中外都有重要的论点和典故,如:美国著名管理学家西蒙"管理就是决策"论点,中国历史有名的决策典故"隆中对"(诸葛亮隆中定天下)等。

大学期间,在处理一些同学之间的事情上不要斤斤计较,处理学习和生活上的问题时应从容果断。特别是在选择今后的职业时,自己要做一个果断的决策,如果选择了继续深造学习的道路,那就应该放下一切,努力学习备考;如果今后直接应聘就业,就应积极准备应聘材料;如果选择创业之路,就更应该尽早做好创业前的准备工作。学习期间,看似一些琐事的决策,或许会成为以后创业中的决策基础。因此,日常要敢于承诺,一旦承诺了的事情应该尽最大努力办到。大学期间是否养成良好的决策能力,一定层面来讲,可以作为创业者在以后的创业中能否具有领导力的重要衡量标准。

3. 敢于冒险

"祸兮福所倚,福兮祸所伏。"我们没做一件事情,都不能完全准确地预测我们是成功还是失败。成功与失败都不是单纯因为某一个因素导致的,它是多种因素共同影响而发生的。创业本身具有很大的风险性,我们经常说创业也是一种风险投资行为。

作为大学生选择创业,由于缺乏一定的社会经验和阅历,缺乏雄厚的经济基础,难免在创业的道路上出现一些磕磕绊绊。有的企业可能因为那么一次风险的发生,就导致全盘皆输。因此,大学生创业要有承担风险的勇气,做好应对各种困难的思想准备。市场有风险,但是市场不会主动告诉我们风险在哪里。在校学习期间,可以利用业余时间多参加户外的拓展训练活动,增强自己的冒险精神和勇于面对困难和挑战的意志。积极参与班级的日常管理,特别是一些不好处理的事情,自己可以主动请求给老师和班委做参谋,出谋划策,使自己成为一个敢于主动承担、解决问题的人。

作为一名创业者,没有坚强的心理品质和风险意识,创业的路不会走得太远,我们只有时刻记住提醒自己,如果失败了,只不过是"从头再来"。

4. 责任意识

很多知名企业都会把"责任"二字作为自己的企业文化核心价值,因此一个没有责任感的企业就无法做到为社会服务,就会形成牺牲社会利益来实现企业效益最大化的问题。一个企业的责任感来自于企业的领导者、创业者。一个有使命感和责任感的创业者,一定可以使自己的企业越办越大,并受到社会和人民的欢迎和支持。

大学期间,通常的理解,责任就是认真学好自己的专业知识,毕业后报答父母和社会。但是责任二字要真正做到承担,做到心中无愧却很难。随着现代家庭独生子女的增多,一些大学生已经把高校当成自己的"疗养所""约会的公园""消费商场"。如果对自己的父母辛苦供自己读书都没有一种报答的责任感,那么很难对今后的创业会有责任感。因此,从进入大学起,就应该从以下方面培养自己的责任意识:学习的责任意识、报答父母的责任意识、爱学校的责任意识、尊重师长的责任意识、团结同学的责任意识。有责任感是当代大学生应该树立的一面旗帜,也是使有创业想法的大学生今后成为一名具有社会责任感的企业家的行为准则。

(三) 知识准备

随着高校就业建立以"市场为导向"的机制后,高校在开设专业和人才培养计划方面陆续开始进行改革。如今,高校就业难除了与扩招有一定关系外,更重要的是我们的人才培养模式和就业指导水平存在一定欠缺。有的岗位应聘的人员稀少,有的岗位却人满为患,出现一种学校的人才培养与企业和社会对人才的需求脱钩的现象。为应对这种"不对称"的人才培养模式,各高校已开始着手推进就业教学改革,提倡将学生往各专业复合型人才方向培养,突出专业办学特色。大学生如果打算今后自主创业,那么专业知识的复合就显得尤为重要。

创业不是简单的自己去给别人打工,而是自己要领导一些人为自己打工。这就要求这个创业者自己要懂得企业方方面面的管理知识。从创业企业的前期市场调研和原材料采购,到中期的生产管理,到后期的产品销售和售后服务等环节,都要求创业者把握和了解企业经营循环过程中的各环节管理知识。这就对高校有创业想法的大学生朋友在日常校园的学习过程中,提出了更高的专业知识要求。即便不能做到学习得面面俱到,也要做到"博览群书"。在平时的学习过程中,既要学好自己的专业知识,同时还要利用业余时间多了解一些企业管理方面的知识,多参加一些有关创业方面的培训班学习,多阅读一些成功企业的管理模式,多利用假期参加一些企业的社会实践活动。大学期间要提前储备的创业知识有管理知识、营销知识和财务知识。

1. 管理知识

企业要想建立现代企业制度,必须形成一种管理机制,要使其在一个管理系统中进行运转。企业管理体系的建立,可以让企业高效率运转,从而更好地为顾客服务。管理知识的学习可以从战略、领导力、市场营销、人力资源、创新等方面去学习,并要把学习的知识不断运用到企业的实践中去。一个管理有序的企业应该先保证企业"做正确的事",然后才是努力地"把事做正确"。创业阶段可能需要靠创业者的眼光和勇气来排除万难,积极投身于创业,而一旦企业进入了正式的营业状态和成长期后,就需要管理者具有一定的管理能力,而这种管理能力来源于创业者的知识储备。很多企业昙花一现,究其原因,基本都在管理方面出了问题。

作为在校大学生,除了学习本专业知识以外,应该多学习一下"管理学"这门课程知识,即使以后不创业,管理也是和我们日常生活密切相关的。学生群体,小到班级的集体管理,大到学生会或一个系科的管理,这都需要一种管理方式和方法。我们不妨在进入大学后,积极竞选班委会,参加各类学生会和社团组织,有机会可以到辅导员办公室从事学生助理工作,这些活动都可以让自己得到锻炼,明白各个组织、不同层面上的管理知识。

2. 营销知识

市场营销的最终目的是说服自己的顾客,创造购买需求。不能满足顾客需求的企业就不能促成交换,企业将无法循环经营和运转。营销知识是今后创业过程中经常要用到的知识之一,这需要我们在创业前认真去学习和运用。

在校大学生可能在日常的学习过程中不会过多地接触营销知识,但是我们可以通过以下方式进行学习。第一就是多去图书馆阅读有关营销案例知识的书籍,这些成功企业的营销案例具有很强的实际应用性;第二就是可以选择性地去听一些管理专业的营销课程,大学的教室是开放式的,不存在班级与班级的壁垒,有心的学生可能会发现,只要你精力充沛,除了学好自己的专业知识以外,还可以利用业余时间到其他专业班级进行听课;第三就是多参加校内外的促销活动,虽然促销不过是营销的一个方面,但是促销活动可以让自己明白谁是自己的顾客,顾客需要什么,怎样满足顾客的要求,这些其实就是在培养自己以顾客为中心的营销意识;第四就是利用寒暑假到一些企业从事兼职营销工作,参与企业市场调研、产品渠道开发、公关促销、售后服务等一系列活动。通过这些,让自己在创业前不断积累营销知识。

3. 财务知识

创业需要创业者具备一定的财务管理知识,如:启动资金需求的预算、成本与利润计划、现金流量计划等。作为一个正规的企业必须要让"财务报表说话"。不少准备创业的在校大学生比较缺乏财务管理知识，导致的结果是启动资金预算不准确，成本核算不全面，企业账目混乱。如果一个企业的账务不清晰，现金流出现短缺，企业一夜之间就可能关门停业。

因此，我们必须要预先了解和学习一些基本的财务知识，建议大学生多参加一下相关财务管理知识培训，如：财政部搞的会计从业职业资格培训、人力资源和社会保障局搞的理财规划师培训。这些都是现在高校学生培训中比较热门的财务知识培训，同时也是获得今后从事财务管理岗位的职业资格准入证书的途径。当然，现在一些社会培训机构也有手工做账方面的培训，建议在校大学生也可以学习一下。除了了解专业的财务知识以外，应该给自己的几年大学生活算上一笔账，给自己准备一个财务账单，先从自己日常的学习、生活开支花费着手进行财务预算和财务记账。

(四)能力准备

能力是指人们顺利完成某件事所具有的资源整合体。企业经营管理能力属于专业能力，需要日常进行不断地学习和积累，大学生如果想在创业方面取得一定的成功，至少需要具备以下五大专业能力：开拓能力、学习能力、领导能力、协作能力和创新能力。

1. 开拓能力

1943年，美国著名心理学家马斯洛提出需要层次理论，他认为人的动机是由不同性质的需要组成的，各种需要有层次和顺序之分，每个层次决定人的价值取向。如有一个金字塔形状，由上到下分别是：生理需要、安全需要、归属和爱的需要、尊重的需要和自我实现的需要。当低层次的需要达到满足时，就会往更高一层的需要倾斜和发展，如果这种更高层次的需要达不到满足的话，追求者就容易产生消极影响和不安心理，当然，越高层次的需要追求起来也就越难。

创业这就需要有这种永不满足的需求精神，有这种积极开拓进取的精神和能力。强烈的进取心既是创业能力、经营能力形成的基础，也是现代企业家综合素质构成的基本要素。大学生在学校期间应该不断培养自我开拓能力，在学习上要有勇于拼搏的精神，可以通过自己的努力学习争取学校设置的各项奖学金，积极参加各种竞赛活动，要为自己树立远大的目标和理想，这些看似基本的开拓工作都会对将来事业的拓展有着重要影响作用。

2. 学习能力

"学习型"人才是当今社会的主流群体，随着社会的进步，知识更新速度不断加快。在这样一个日新月异的时代，创业中要想把工作做好，就必须有好学与善学的精神。学习不是死读书，而是要跟得上时代的潮流，跟得上经济发展变化。既要见贤思齐，又要注重吸取经验教训。

在学校学习期间，要勤于思考问题，勤于动手操作，要时刻关注国家有关创业扶持政策，特别是关注学校就业指导部门对大学生创业给予的政策解读，及早为今后的创业积累政策参考依据。

3. 领导能力

创业者作为事业起步的"领头羊",要具备一定的领导才能和人格魅力。一个出色的企业创业团队的产生是因为有一位出色的领导者。创业者本身就具有一种感召力、组织力和吸引力,通过这几种力量的融合,能够使自己的队伍努力为企业奋斗与付出。

20世纪70年代,美国哈佛大学约翰·科特教授在关于领导力的研究中认为,领导力来源于六个方面:行业知识、人际关系、信誉、技能、价值观和进取精神。在校大学生应该注重对大学学习生活的认识,大学不等同于中学,界定一个学生是否优秀不止单一地看学习成绩或分数,而是更加强调学生的综合素质能力,一个优秀的大学毕业生是学习和社会实践两个方面的优秀组合体。那么,除了平时认真学好专业知识以外,还应该参加学校组织的社会实践活动,如:学生会组织、社团组织、大型比赛活动、班委会组织等,这些都可以锻炼自己的领导能力。

4. 协作能力

"一个篱笆三个桩,一个好汉三个帮。"创业是件富有挑战性和压力性的工作,仅靠一个人单枪匹马很难,需要有一个出色的团队来支撑。

因此,大学生创业可以联络几个有着共同理想和追求的同学,形成合力,共同面对挑战。让团队的每个人优势互补,形成创业的最大合力。作为创业者如何使团队协调合作,主要是看自己的人脉关系。如果说成功等于知识加人脉,那么知识只占20%,人脉可能会占到80%。人脉关系的好与坏关系到团队能否顺利组建和团结一致。这就需要我们在日常的"情感账户"存入"感恩",只有这样,真正当自己需要帮助的时候,我们才会受到最大的效益。"团结出战斗力""团结就是力量",协作能力是每个创业者应该具备的能力之一。

5. 创新能力

"人无我有,人有我优。"创新是保持企业可持续发展的源泉之一。创业者只有时刻保持着创新的创业理念才能使自己的企业在市场竞争中占有一席之地。一个具有创新性的企业也是有着旺盛生命力的企业,如果一个企业在日益复杂、变幻莫测的市场经济条件下,不思进取,不求同存异,不努力创新,迟早会被市场淘汰。大学生创业,应该选择一些符合市场潮流、标新立异的创业项目,在创业管理模式和产品品牌策划方面也应该有较强的"差异化"竞争策略,既不能脱离现实,过于空洞,也不能照搬俗套,步人后尘。要走出一条具有当代大学生自主创业特色的发展之路。

(五)资金准备

1. 自筹资金

创业之初需要做好企业的启动资金预测和准备工作,启动资金主要由固定资产和流动资金组成。如果自有资金足够的话,那就好办。一般情况下,大学生在创业之初,没有多余的资金,这时可以选择寻求家长、亲戚、朋友和同学的帮助。把自己的创业想法告诉你周围的人,试图得到他们的理解和支持。刚走出校门的应届大学毕业生没有资金,也可以先找份工作进行创业前的原始资本积累,学习企业经营管理经验,缓冲一定时期,待资金充足后,再选择自主创业。

2. 政策扶持

关注国家或地方政府对当代大学生自主创业的一些帮扶政策,例如:重庆市政府2010年出台了重庆市微型企业创业扶持政策,政策规定社会"九类群体"(含应届大中专毕业生)投资金额在10万元以下,雇佣人数在20人以内的算作微型企业,大学生创办微型企业可享受"投资者出一点,财政补一点,税收返一点,金融机构贷一点"的"1+3"政策扶持,既享受注册资本50%的财政补贴,在税收方面政府按照企业注册资本等额给予财政税收返还,同时还可获得注册资金50%的贴息贷款。有效解决了大学生创办微型企业的注册资本金和经营资金。其中,重点扶持文化创意类和信息技术类人员,向项目发展前景好、知识水平高的企业倾斜。国家和地方每年都会针对大学生创业或创业问题出台一系列政策文件,只要我们密切关注、正确把握和利用,就可以使我们更加明确创业方向,在创业的道路上走得更稳。

3. 金融借贷

创业过程中,遇到资金紧张问题时难免会和金融机构打交道,这是企业发展过程中常有的事。金融机构其实十分乐意将自己的钱贷给有良好信誉和有能力偿还贷款的企业,如果要获得金融机构的贷款,需要我们准备完备的《投资创业计划书》,要让金融机构看到企业的项目发展前景和赢利点,对于一个有发展潜力和利润丰厚的企业,金融机构也是很乐意与之合作的。作为大学生,要想从金融机构进行借贷,要做好以下几方面准备:一是要有项目可行性方案和投资创业计划书;二是要有贷款担保人或抵押物;三是要有良好的信誉记录和偿还能力。当前,国家针对应届大中专毕业生有一系列的配套小额贷款政策,创业者应准确理解并加以利用。

 拓展资料12-2

创业励志名言

1. 这个世界并不在乎你的自尊,只在乎你做出来的成绩,然后再去强调你的感受。——比尔·盖茨
2. 任何时候做任何事,订最好的计划,尽最大的努力,做最坏的准备。——李想
3. 如果公司还未站稳,你就得每天下一次赌注。——Tom Evslin
4. 等待的方法有两种:一种是什么事也不做空等,一种是一边等一边把事业向前推动。——屠格涅夫
5. 如果大环境小环境都自己去建设的话,我自身的能力、实力不具备。所以当时我们只有一个简单的想法,就是我把自己有限的资本或者力量聚焦到一个核心——如何去塑造品

牌,把相关的交给社会来完成。——周成建

6. 业务模式它当然是很容易拷贝的。问题是我们怎么去理解自己的企业,你到底是一种纯粹业务模式的优势,还是有业务模式之外的优势?企业的竞争力,不是简单的一种业务模式就可以取得一切,需要从内质上细化上去挖掘,才有可能保持持续增长和发展。——周成建

7. 不要控制失败的风险,而应控制失败的成本。——Robert A Cooper

8. 我觉得,像李彦宏那样坚持独立发展是正确的。——周鸿祎

9. 企业发展就是要发展一批狼。狼有三大特性:一是敏锐的嗅觉,二是不屈不挠、奋不顾身的进攻精神,三是群体奋斗的意识。——任正非

10. 如果10%的利润是合理的,11%的利润是可以的,那我只拿9%。——李嘉诚

11. 财富是猫的尾巴,只要勇往直前,财富就会悄悄跟在后面。——王志东

12. 我认为做企业要有这些素质,特别在中国市场上,那就是:诗人的想象力、科学家的敏锐、哲学家的头脑、战略家的本领。——宗庆后

13. 必须要有速度,不能像烧开水那样,10度、20度……没有人给你时间。——徐立华

14. 给自己留了后路相当于是劝自己不要全力以赴。——王石

15. 无论你做任何的生意,其实就是这四个字:低买高卖。智者悟其意。问题是如何高卖?这需要每个人的智慧,这种智慧就叫经营!——陈龙剑

16. 做生意应坚持这样一个观点,就叫做获取利润之后的利润,核算成本之前的成本。学会让而不是学会送,商人的最高境界是让,送是慈善。——冯仑

17. 对所有创业者来说,创业永远告诉自己一句话:从创业的第一天起,你每天要面对的是困难和失败,而不是成功。我最困难的时候还没有到,但一天一定会到。——马云

18. 一流高手是眼睛里面没有对手,所以我经常说我没有对手,原因是我心中没有对手。心中有敌,天下皆为你敌人;心中无敌,无敌于天下。——马云

19. 我觉得真的是不缺钱,想法也满天都是。中国缺的是有一个想法,并且能够持之以恒把这个想法不断坚持做下去的人。——马云

(资料来源:百度百科"创业"。)

二、大学生创业的风险

大学生创业者要认真分析自己创业过程中可能会遇到哪些风险,这些风险中哪些是可以控制的,哪些是不可控制的,哪些是需要极力避免的,哪些是致命的或不可管理的。一旦这些风险出现,你应该如何应对和化解。特别需要注意的是,一定要明白最大的风险是什么,最大的损失可能有多少,自己是否有能力承担并渡过难关。

大学生创业的风险主要有以下几个方面。

(一)项目选择

大学生创业时如果缺乏前期市场调研和论证,只是凭自己的兴趣和想象来决定投资方

向,甚至仅凭一时心血来潮做决定,一定会碰得头破血流。

大学生创业者在创业初期一定要做好市场调研,在了解市场的基础上创业。一般来说,大学生创业者资金实力较弱,选择启动资金不多、人手配备要求不高的项目,从小本经营做起比较适宜。

(二)缺乏创业技能

很多大学生创业者眼高手低,当创业计划转变为实际操作时,才发现自己根本不具备解决问题的能力,这样的创业无异于纸上谈兵。一方面,大学生应去企业打工或实习,积累相关的管理和营销经验;另一方面,积极参加创业培训,积累创业知识,接受专业指导,提高创业成功率。

(三)资金风险

资金风险在创业初期会一直伴随在创业者的左右。是否有足够的资金创办企业是创业者遇到的第一个问题。企业创办起来后,就必须考虑是否有足够的资金支持企业的日常运作。对于初创企业来说,如果连续几个月入不敷出或者因为其他原因导致企业的现金流中断,都会给企业带来极大的威胁。相当多的企业会在创办初期因资金紧缺而严重影响业务的拓展,甚至错失商机而不得不关门大吉。

另外如果没有广阔的融资渠道,创业计划只能是一纸空谈。除了银行贷款、自筹资金、民间借贷等传统方式外,还可以充分利用风险投资、创业基金等融资渠道。

(四)社会资源贫乏

企业创建、市场开拓、产品推介等工作都需要调动社会资源,大学生在这方面会感到非常吃力。平时应多参加各种社会实践活动,扩大自己人际交往的范围。创业前,可以先到相关行业领域工作一段时间,通过这个平台,为自己日后的创业积累人脉。

(五)管理风险

一些大学生创业者虽然技术出类拔萃,但理财、营销、沟通、管理方面的能力普遍不足。要想创业成功,大学生创业者必须技术、经营两手抓,可从合伙创业、家庭创业或从虚拟店铺开始,锻炼创业能力,也可以聘用职业经理人负责企业的日常运作。

创业失败者,基本上都是管理方面出了问题,其中包括决策随意、信息不通、理念不清、患得患失、用人不当、忽视创新、急功近利、盲目跟风、意志薄弱等。特别是大学生知识单一、经验不足、资金实力和心理素质明显不足,更会增加在管理上的风险。

(六)竞争风险

寻找蓝海是创业的良好开端,但并非所有的新创企业都能找到蓝海。更何况,蓝海也只是暂时的,所以,竞争是必然的。如何面对竞争是每个企业都要随时考虑的事,而对新创企业更是如此。如果创业者选择的行业是一个竞争非常激烈的领域,那么在创业之初极有可能受到同行的强烈排挤。一些大企业为了把小企业吞并或挤垮,常会采用低价销售的手段。对于大企业来说,由于规模效益大或实力雄厚,短时间的降价并不会对它造成致命的伤害,而对初创企业则可能意味着彻底毁灭的危险。因此,考虑好如何应对来自同行的残酷竞争是创业企业生存的必要准备。

(七)团队分歧

现代企业越来越重视团队的力量。创业企业在诞生或成长过程中最主要的力量来源一般都是创业团队,一个优秀的创业团队能使创业企业迅速地发展起来。但与此同时,风险也就蕴含在其中,团队的力量越大,产生的风险也就越大。一旦创业团队的核心成员在某些问题上产生分歧不能达到统一时,极有可能会对企业造成强烈的冲击。

事实上,做好团队的协作并非易事。特别是与股权、利益相关联时,很多初创时很好的伙伴都会闹得不欢而散。

(八)核心竞争力缺乏的风险

对于具有长远发展目标的创业者来说,他们的目标是不断地发展壮大企业,因此,企业是否具有自己的核心竞争力就是最主要的风险。一个依赖别人的产品或市场来打天下的企业是永远不会成长为优秀企业的。核心竞争力在创业之初可能不是最重要的问题,但要谋求长远的发展,它就是最不可忽视的问题。没有核心竞争力的企业终究会被淘汰出局。

(九)人力资源流失风险

一些研发、生产或经营性企业需要面向市场,大量的高素质专业人才或业务队伍是这类企业成长的重要基础。防止专业人才及业务骨干流失应当是创业者需时刻注意的问题,在那些依靠某种技术或专利创业的企业中,拥有或掌握这一关键技术的业务骨干的流失是创业失败的最主要风险源。

(十)意识上的风险

意识上的风险是创业团队最内在的风险。这种风险来自于无形,却有强大的毁灭力。风险性较大的意识有:投机的心态、侥幸心理、试试看的心态、过分依赖他人、回本的心理等。

提醒：大学生创业过程中所遇到的阻碍并不仅此十点，在企业发展过程，随时都将可能有灭顶之灾的风险。保持积极的心态，多学习，多汲取优秀经验，结合大学生既有的特长优势，我们相信，大学生创业的步伐，会越走越远，越走越稳。

复习思考

如果你是一个有计划创业的学生，请思考你是否已经做好了充足的准备。

第三节　创新创业指导与政策

一、大学生创业政策

大学生自主创业优惠政策为鼓励高校毕业生自主创业，以创业带动就业，为支持大学生创业，国家和各级政府出台了许多优惠政策，涉及融资、开业、税收、创业培训、创业指导等诸多方面。对打算创业的大学生来说，了解这些政策，才能走好创业的第一步。

财政部、国家税务总局发出《关于支持和促进就业有关税收政策的通知》，明确自主创业的毕业生从毕业年度起可享受三年税收减免的优惠政策。其中，高校毕业生在校期间创业的，可向所在高校申领《高校毕业生自主创业证》；离校后创业的，可凭毕业证书直接向创业地县级以上人社部门申请核发《就业失业登记证》，作为享受政策的凭证。

自2011年1月1日起，毕业年度内的高校毕业生在校期间创业，可向所在高校就业主管部门申领《高校毕业生自主创业证》。

（一）税收、贷款优惠政策

大学生创业税收优惠，持人社部门核发《就业创业证》（注明"毕业年度内自主创业税收政策"）的高校毕业生在毕业年度内（指毕业所在自然年，即1月1日至12月31日）创办个体工商户、个人独资企业的，3年内按每户每年8000元为限额依次扣减其当年实际应缴纳的营业税、城市维护建设税、教育费附加和个人所得税。对高校毕业生创办的小型微利企业，按国家规定享受相关税收支持政策。

创业担保贷款和贴息——对符合条件的大学生自主创业的，可在创业地按规定申请创业担保贷款，贷款额度为10万元。鼓励金融机构参照贷款基础利率，结合风险分担情况，合理确定贷款利率水平，对个人发放的创业担保贷款，在贷款基础利率基础上上浮3个百分点以内的，由财政给予贴息。

免收有关行政事业性收费——毕业2年以内的普通高校学生从事个体经营（除国家限制的行业外）的，自其在工商部门首次注册登记之日起3年内，免收管理类、登记类和证照类等有关行政事业性收费。

（二）可享受的补贴

对大学生创办的小微企业新招用毕业年度高校毕业生,签订1年以上劳动合同并交纳社会保险费的,给予1年社会保险补贴。对大学生在毕业学年(即从毕业前一年7月1日起的12个月)内参加创业培训的,根据其获得创业培训合格证书或就业、创业情况,按规定给予培训补贴。有创业意愿的大学生,可免费获得公共就业和人才服务机构提供的创业指导服务,包括政策咨询、信息服务、项目开发、风险评估、开业指导、融资服务、跟踪扶持等"一条龙"创业服务。

（三）开设教育课程,强化创业实践

自主创业大学生可享受各高校挖掘和充实的各类专业课程和创新创业教育资源,以及面向全体学生开发开设的研究方法、学科前沿、创业基础、就业创业指导等方面的必修课和选修课,享受各地区、各高校资源共享的慕课、视频公开课等在线开放课程,和在线开放课程学习认证和学分认定制度。自主创业大学生可共享学校面向全体学生开放的大学科技园、创业园、创业孵化基地、教育部工程研究中心、各类实验室、教学仪器设备等科技创新资源和实验教学平台。参加全国大学生创新创业大赛、全国高职院校技能大赛,各类科技创新、创意设计、创业计划等专题竞赛,以及高校学生成立的创新创业协会、创业俱乐部等社团,提升创新创业实践能力。

（四）政府人事行政部门服务

政府人事行政部门所属的人才中介服务机构,免费为自主创业毕业生保管人事档案(包括代办社保、职称、档案工资等有关手续)2年;提供免费查询人才、劳动力供求信息,免费发布招聘广告等服务;适当减免参加人才集市或人才劳务交流活动收费;优惠为创办企业的员工提供一次培训、测评服务。

（五）其他补贴政策

1. 首次创业开业补贴

对毕业5年以内或毕业学年的高校毕业生首次创业者,正常经营3个月以上的,可凭创业者身份证明及工商营业执照、员工花名册、工资支付凭证等资料,申请5000元的一次性开业补贴,补贴从就业专项资金中列支。

2. 创业补贴

(1)对已进行就业失业登记并参加社会保险的自主创业大中专毕业生,可按照灵活就业人员待遇给予最长 3 年的社会保险补贴。

（2）大学生新创办企业,正常经营并带动就业 5 人以上,且依法办理就业登记、签订 1 年以上的劳动合同、缴纳社会保险费满 1 年的,给予创业者每年最高 1 万元创业社会保险补贴,每带动 1 人就业给予企业每人每年 500 元的创业带动就业补贴,所有补贴最高不超过 10 万元,补贴期限不超过 3 年。

3. 税费减免

（1）对毕业 3 年以内的高校毕业生从事个体经营的,要按有关规定,自其在工商部门首次注册登记之日起 2 年内免收管理类、登记类和证照类等有关行政事业性收费。

（2）对高校毕业生创办小型微型企业,年累计实际利润或年度应纳税所得额不超过 10 万元的,降低企业所得税税率和减半征收企业所得税。

（3）对高校毕业生创办小型微型企业,月销售额不超过 2 万元的,暂免征收增值税和营业税。

4. 创业担保贷款

大学生自主创业,贷款最高额度统一调整为 10 万元,由财政资金全额贴息。办理手续已进一步简化,已经开辟了大学生创业担保贷款绿色通道来支持大学生自主创业。

拓展资料 12-3

2017 各地最新大学生创业政策解读

黑龙江 大学生可以优先转入相关专业学习,允许保留学籍休学创业创新,和毕业生一样享受国家的自主创业扶持政策,到 2020 年,将有 1/10 的应届高校毕业生参加创业培训。哈尔滨对大学生创业项目给予补贴。凡大学生在哈市创业的,在城镇创业的对其创业项目给予 2000 元的一次性创业项目补贴;为鼓励大学生返乡创新创业,对返乡到农村(乡镇及以下)创业的大学生给予 3000 元的一次性创业项目补贴。对科技含量高、市场潜力大、能在短时间内形成经济增长点的优秀和重点科技创业项目,经评审给予 20 万元至 30 万元经费资助;开展大学生创业大赛与大学生创业典型评选活动,大力扶持网络创业。

江西 高校学生休学创业最多可保留 7 年学籍,财政每年注入 1000 万元资金充实青年创业就业基金,每年重点支持 1000 名大学生返乡创业。

天津 对高校毕业生、留学回国人员注册资本 50 万元以下的公司可零首付注册,开辟"绿色通道"支持自主创业。

浙江杭州 大学生创业项目申请无偿创业资助的,资助金额的额度从原来的最高 10 万元提高到 20 万元;"实行房租补贴机制"——大学生创业园所在城区政府为入园企业提供两年 50 平方米的免费用房,对在创业园外租房用于创业的,由纳税地财政在两年内按标准给予房租补贴,补贴标准为第一年补贴1元/(平方米·天),第二年补贴0.5元/(平方米·天)。(实际租用面积超过100平方米的,按100平方米计算;房租补贴超过实际租房费用的,按实际租房费用补贴)

重庆 半年以上未就业有固定户口的大学毕业生可在其户口所在地居委会登记,申请3000~4000元人民币的银行抵押和担保贷款;自谋职业的毕业生,根据本人意愿,可将户口和人事档案暂存就读学校2年或由市大中专毕业生就业指导中心存管2年,存管期间免收档案管理费。

四川 大学生创业可享有万元创业补贴、创业培训补贴和在校大学生创业担保贷款贴息等福利。

福建 2014—2017年,引领3万名大学生实现创业,在全省各地和高校扶持建设50个创业孵化基地(创业园)。每年为1000名创业大学生提供孵化服务,评选资助一批优质大学生创业项目。

江苏南京 河西金融集聚区的专项资金将由每年6000万元,扩充至每年1亿元。建邺区财政将每年安排3000万元,设立专项扶持资金,用于扶持大学生创业小额担保贷款贴息等,凡在建邺区工商登记注册的初始创业大学生,按每人1000元的标准给予创业补贴。凡经市级验收评定为"大学生创业园"的,给予30万元的一次性建园奖励补贴。

陕西 高校毕业生可接受SYB模块培训("创办你的企业"),培训合格后6个月内成功开业且在开业后6个月内提供不少于3次后续跟踪指导服务、开业单位(企业)正常经营的,再按800元/人对创业培训机构给予补贴,每人每年可享受一次。组织相关专家对创业项目进行论证,提供开业过程中的信息咨询,指导办理工商、税务注册登记手续。个人自主创业且符合申请小额担保贷款条件的,可申请不超过10万元的贷款扶持;合伙经营或组织起来就业的,可申请不超过50万元的贷款扶持。

山东 扩大省级大学生创业孵化基地、创业园区支持范围,通过财政奖补支持,鼓励政府、高校和企业建设一批孵化条件好、承载能力强、融创业指导服务为一体的创业孵化基地和创业园区,为劳动者提供优良的创业平台。

安徽合肥 给予创业培训补贴和房租、水电费补贴,为大学生提供最高10万元小额担保贷款。

内蒙古 重点支持大学生到新兴业态创业,支持社会力量举办创业沙龙、创业大课堂、创业训练营等创业培训活动。

西藏拉萨 首个大学生创业孵化园预计将于2016年6月完工建成,届时,拉萨市的大学生们可以在孵化园内直接享受到减免场租费等多项"政策红包"。

新疆乌鲁木齐 在天山区建创业孵化基地,既为创业者提供场地、给予政策帮扶,还让在校大学生进行创业实习,为他们今后的创业积累经验。

(资料来源:宿迁学院就业信息网。)

二、大学生创业计划书

(一)创业计划书

创业计划书是创业者所写的商业文件中最基础的一个。那么,如何编写出一份好的创业计划书呢?创业者应做到以下几点。

1. 市场

创业计划书要给投资者提供企业对目标市场的深入分析和理解。要细致分析经济、地理、职业以及心理等因素对消费者选择购买本企业产品这一行为的影响,以及各个因素所起的作用。创业计划书中还应包括一个主要的营销计划,计划中应列出本企业打算开展广告、促销以及公共关系活动的地区,明确每一项活动的预算和收益。创业计划书中还应简述一下企业的销售战略。

2. 产品

在创业计划书中,应提供所有与企业的产品或服务有关的细节,包括企业所实施的所有调查。这些问题包括:产品的市场前景如何,它的独特性怎样,企业分销产品的方法是什么,产品的生产成本是多少,售价是多少,企业发展新的现代化产品的计划是什么等。把出资者拉到企业的产品或服务中来,这样出资者就会和创业者一样对产品有兴趣。在创业计划书中,企业家应尽量用简单的词语来描述每件事——商品及其属性的定义对企业家来说是非常明确的,但其他人却不一定清楚它们的含义。

3. 行动

企业的行动计划应该是无懈可击的。创业计划书中应该明确下列问题:企业如何把产品推向市场,如何设计生产线,如何组织产品结构,企业生产需要哪些原料,企业拥有哪些生产资源,还需要什么生产资源,生产和设备的成本是多少,企业是买设备还是租设备等。解释与产品组装、储存以及发送有关的固定成本和变动成本的情况。

4. 竞争

在创业计划书中,创业者应细致分析竞争对手的情况。要明确每个竞争者的销售额、毛利润、收入以及市场份额,然后再讨论本企业相对于每个竞争者所具有的竞争优势,而且要向投资者展示自身的优势。创业计划书要使它的读者相信,本企业不仅是行业中的有力竞争者,而且将来还会是确定行业标准的领先者。在创业计划书中,企业家还应阐明竞争者给本企业带来的风险以及本企业所采取的对策。

(二)创业投资计划书

创业之前需要建立自己的创业投资企划书,创业投资企划书主要包括以下纲要。

1. 创业内容

创业内容包括创办事业的名称、事业规模大小、营业项目或主要产品名称等,即所创事业为何。先定出所营事业的规模及营业内容,这是创业评估的基础。

2. 信息分析

信息分析是指对于所创事业相关环境进行分析,除了了解相关法令规定之外,对于潜在客户在哪里、竞争对手是谁、切入的角度或竞争手法为何,以及行业服务或产品的市场价格多少、一般的毛利率为何也要有所了解。

3. 资金规划

创业的资金可能包括个人与他人出资金额比例、银行贷款等,这会影响整个事业的股份与红利分配多寡。资金规划就是对先前所设定事业规模下需要多少开办费用(硬件与软件)、未来一年要准备多少营运资金等做出估算。

4. 经营目标

社会环境变迁快速,在设立经营目标大多不超过一年。新创事业应参考相同规模同业之月营业额,定出自己的经营目标。

5. 财务预估

财务预估即预估第一年的大概营业收入与支出费用,这些预估数字的主要目的,是让创业者估算出所营事业的每月支出与未来可能利润,明了何时能达到收支平衡,并算出未来经营企业的利润。

6. 营销策略

营销策略包括了解服务市场或产品市场在哪里,同业一般使用的销售方式为何,自己的竞争优势在哪里等。营销手法相当多,包括 DM、电话拜访、现场拜访、商展、造势活动、网络营销等,创业者应搜集这些营销手法的相关资料。

7. 风险评估

企业在创业的过程中可能遭受挫折,例如景气变动、竞争对手的消长、股东意见不合、执行业务的危险性等,这些风险甚至会导致创业失败,因此风险评估即要列出事业可能碰到的风险以及应对的办法。

8. 其他

其他包括事业愿景、股东名册、事业组织等或创业者所特别要向投资者说明之事项。

> **拓展资料 12-4**

商业计划书模板

摘要

一句话说明理念由来。（切入点）

一句话说明市场的需要。（市场前景）

一句话说明你们提供了什么需要。（产品）

一句话说明还有谁提供了这些需要。（竞争对手）

一句话说明你们提供的比其他企业（或团队）提供的强在哪。（优势）

一句话说明你们如何做出这个"强"。（研发）

一句话说明你们如何把"强"弥补到"需要"里去。（市场运作）

一句话说明你们弥补的需要能赚多少。（盈利模式）

一句话说明你们赚的分给投资者多少，要投资者提供什么。（回报）

一句话介绍一下你们。（团队优势）

如摘要的思维逻辑，正文就是在这样的思维框架下进行。

还没有注册公司的话则自行换为"团队"，再引用"公司"的思路自行编制计划书，而笔者给的这份思路文案里，有一部分是可以删除的。

正文要求：所有一句话能说完的，绝不写成两句话。

第一章　基本情况篇

公司叫什么。

公司在哪。

公司是什么性质。

公司股东有哪些。

控股结构是怎样。

公司主要业务是什么。

公司员工组成是怎样。

公司财务状况怎样。

公司近期目标和长期目标是什么。

第二章　公司管理

概述。

高层有哪些。

高层简介。

高层怎么分工。
管理体系是什么。
融资后要设立哪些机构及相关的人员配备。
管理层及关键人员将采取怎样的激励机制和奖励措施。
管理层的薪酬,是否有员工持股计划。
公司是否建立人事管理制度。
对有关知识产权、技术秘密和商业秘密采取何种保护措施。
公司是否存在关联经营。
公司、公司主要管理人员是否卷入法律诉讼及仲裁事件中,对公司有何影响。

第三章 行业情况

概述。
市场前景怎么样。
谁在使用产品。
使用产品的目的,即为何购买。
列出产品的前三大客户类型,以及他们的购买力。
所投资的产品行业目前所处发展阶段。
是否拥有的专门技术、版权、专利、配方等。
更新换代周期是多久。
说明本产品是否有标准。
产品与同类产品的比较。
本公司产品的新颖性、先进性和独特性。
重点说明产品在性能、价格、售后服务和技术支持等方面的优势。
本公司与行业内五个主要竞争对手的比较。
影响行业和产品发展的因素。
过去3~5年各年全行业销售情况,列明资料来源。
未来3~5年各年全行业销售收入预测,列明资料来源。
公司未来3~5年的销售收入预测(融资不成功情况下和融资成功情况下)。

第四章 研发

概述。
产品成品演示。
产品功能表。
依据功能表的研发架构。
已研发成果及其先进性。
未来要研发什么。
公司在研发资金总投入是多少。
计划再投入的研发资金是多少。
列表说明每年购置开发设备、开发人员工资、试验检测费用以及与开发有关的其他费用。

现有技术资源。

研发模式是怎样。

对研发队伍有怎样的激励机制和措施。

未来3~5年研发资金再投入和人员投入计划,列表说明。

第五章 产品制造(互联网行业则自行替换成产品运营)

公司目前的年生产能力、厂房面积和生产人员数量(替换成互联网行业即维护人员多少、服务器并发量多少及维护效果如何,以下自行替换)。

生产方式。

生产设备先进程度如何,价值是多少,是否投保,最大生产能力是多少,使用寿命有多久。

如需增加设备,说明采购计划、采购周期及安装调试周期。

产品的生产制造过程和工艺流程。

如何控制产品的制造成本,有哪些措施。

产品质量管理体系。

关键质量检测设备,成品率控制方法和采用的控制标准。

原材料、元器件、配件,零部件等采购情况。

采购渠道。

原材料质量控制手段。

第六章 市场方案

概述。

产品定价方式。

销售成本的构成。

销售价格制订依据和折扣政策。

销售网络、广告促销、设立代理商和售后服务方面的策略和办法。

市场方案的竞争优势与哪些因素有关。

对销售人员采取什么样的激励和约束机制。

竞争对手的销售方案。

你们有哪些优势。

短期销售目标。

长期销售目标。

列表营业额预测。

列表说明市场份额的预测。

第七章 财务状况

概述。

列简表说明公司在过去的基本财务数据(主营收入、主营成本、主营利润、管理费用、财务费用、净利润、补贴收入、总资产、总负债和净资产,主营产品的盈亏平衡点、毛利率和净利率)。

说明财务预测数据编制的依据。

在你们这个依据下,提供融资后未来3年项目盈亏平衡表、资产负债表、损益表、现金流量表。

说明与公司业务有关的税种和税率。

公司享受哪些优惠政策,由谁提供。

第八章 风险

概述。

详细说明创业中可能遇到的政策风险、研发风险、市场开拓风险、运营风险、财务风险、对公司关键人员依赖的风险等。

如何量化这些风险。

这些风险的对策和管理措施。

决策后风险是否降低,程度如何。

最终投资分险有多大。

第九章 融资计划

概述。

融资目的和额度。

说明拟向投资者以什么价格出让多少股权,作价依据是什么。

资金用途和使用计划。

列表说明融资后项目实施计划,包括资金投入进度、效果和起止时间等。

说明投资者可享有哪些监督和管理权利。

可以哪些方式参与公司事务及参与程度。

说明公司将为投资者提供怎样的报告(如年度损益表、资产负债表和年度审计报告)。

说明投资的变现方式,上市、转让、回购等。

说明融资后未来3~5年平均年投资回报率及有关依据。

第十章 进度表

详细列明项目实施计划和进度,注明起止时间、已完成成果、计划完成目标、各项目资金投入及各项目资金产出。

(资料来源:大学生创业网。)

三、大学生创业注意事项

(一)积极利用现有资源

不少在职人员都选择了与工作密切相关的领域创业,工作中积累的经验和资源是最大的创业财富,要善于利用这些资源,以便近水楼台先得月。对能帮你生存的项目,要优先进行考虑。大学生要积极利用身边的资源,为社会创造更大的价值。

切不可误用资源,在职老板不能将个人生意与单位生意混淆,更不能吃里爬外,唯利是图,否则不仅要冒道德上的风险,而且很可能会受到法律的制裁。在你的地盘,时间、金钱和才能任由你使用。但是,如果乱搞一气,你的生意就会逆转而下。

(二)合伙创业的处理

有些上班族有投资资金或有一定的业务渠道,但苦于分身无术,因此会选择合作经营的创业方式。如果你需要合伙人的钱来开办或维持企业,或者这个合伙人帮助你设计了这个企业的构思,或者他有你需要的技巧,或者你需要他为你摇鼓吹号,那么就请他加入你的公司。这虽能让兼职老板轻松上阵,但要慎重选择合作伙伴,在请帮手和自己亲自处理上,要有一个平衡点。首先要志同道合,其次要互相信任。不要聘用那些适合工作,却与你合不来的人员,也不要聘用那些没有心理准备面对新办企业压力的人。

此外,和合作伙伴之间的责、权、利一定要分清楚,最好形成书面文档,有合作双方和见证人的签字,以免起纠纷时空口无凭。

(三)细致准备必不可少

创业是一项庞大的工程,涉及融资、选项、选址、营销等诸多方面,因此在职人员创业前,一定要进行细致的准备。

通过各种渠道增强这方面的基础知识;根据自己的实际情况选择合适的创业项目,为创业开一个好头;撰写一份详细的商业计划书,包括市场机会评估、赢利模式分析、开业危机应对等,并摸清市场情况,知己知彼,打有准备之仗。

不要把未经试验的创意随手扔在一边。如果用这种创意来做生意,也得留心其中可能的陷阱。自问一下,你是否得花大力气来宣传你的产品或者服务?你具有足够的财经资源、技能、人手和业务关系吗?不要找错潜在销售客户——你没有必要在那些没有决策能力的人身上浪费你的时间。

(四)尽量用足相关政策

政府部门有很多鼓励创业的政策,是对大学生创业的鼓励和支持,创业时一定要注意"用足"这些政策,如免税优惠、在某地注册企业可享受比其他地区更优惠的税率等。这些政策可大大减少创业初期的成本,使创业风险大为降低。

(五)经商之道,以计为首

所有商业经营活动,如果从表面上来看,好像是一种仅仅同物质打交道的经营活动,但是,透过现象看本质,在今天的"食脑时代"里,商业经营活动实质上已经变成了一种人与人之间的智力角逐,是一场"斗智斗勇"的"智力游戏",是人与人之间的谋略大比试。因此,正如古代军事家所说的"用兵之道,以计为首"一样,经商之道也应该以计为首。面对空前惨烈的市场竞争,你想要找准自己的立足点和切入点,站稳脚跟生存下来,并且谋取利益、发展壮大,那么,就必须首先考虑如何运用自己的商业智慧制订全面系统的、可执行的、可操作的和切实有效的经营策略和实施方案,以确保每战必捷,战无不胜。

(六)谨慎决策问题

决策失误时,不要对失误过于敏感。你的失误会带来直接后果,如发错货可能致使一个客户立刻与你断绝关系。作为企业家,冒风险时,要谨而慎之。如果出现失误,不要过于敏感,接受事实并从中吸取教训即可。

(七)不要被胜利冲昏头脑

你第一步的成功全靠你的创意好、时机合适、运气不错和业务关系良好。不过,这一切随时都可能离你而去。因此,不要太过自信,投入过量的资金,使自己陷入泥沼之中。

大学生创业是自己的事,又不仅仅是自己的事。父母对创业观念如何直接影响到大学生的选择。大部分学生生长在普通家庭,为上大学家里已经拿出一笔为数不少的学费,如果要创业,需要再投入一笔启动资金,这对刚毕业的大学生而言存在着一定的风险。大部分父母希望孩子毕业后能找到一个稳定的工作,他们要么强烈反对孩子的选择,要么用担忧的眼神"拷问"孩子的选择。在这种情况下,即使不需要家人投资的大学生也会犹豫反思,那些希望家里资金支持的学生更会一筹莫展。

 复习思考

熟悉国家为大学生创业提供的政策优惠,善于把握与使用,同时多关注本学校、本地区相关孵化器等当地政策。

参 考 文 献

[1] 文厚润,张斌. 大学生就业实用教程[M]. 北京:高等教育出版社,2013.

[2] 刘平青,陆云泉. 职业生涯与人生规划[M]. 北京:北京大学出版社,2014.

[3] 于静荣. 大学生职业生涯规划[M]. 北京:北京交通大学出版社,2012.

[4] 王冀生. 大学文化的科学内涵[J]. 高等教育研究,2005.

[5] 赵明. 大学的逻辑[J]. 中国大学教学,2006.

[6] 弗·鲍尔生著. 滕大春,滕大生译. 德国教育史[M]. 北京:人民教育出版社,1986.

[7] 徐俊祥. 幸福密码——大学生学业与职涯发展导航[M]. 北京:现代教育出版社,2017.

[8] 傅建芳. 大学创新述论——知识经济对高等教育的呼唤[M]. 兰州:甘肃人民出版社,2005.

[9] 夏征农. 辞海[M]. 上海:上海辞书出版社,1999.

[10] 冯向东. 学科、专业建设与人才培养[J]. 高等教育研究,2002.

[11] 凡禹. 学习强人与头脑强人[M]. 北京:北京工业大学出版社,2004.

[12] 谢安邦,张东海. 全人教育的理论与实践[M]. 上海:华东师范大学出版社,2011.

[13] 唐少清. 全人教育模式的中外比较[J]. 社会科学家,2014.

[14] 杨宜勇. 中国经济形势分析与预测[M]. 北京:社会科学文献出版社,2006.

[15] 吴继霞、黄辛隐. 大学生心理健康学[M]. 学林出版社,2007.

[16] 张兰芳. 浅析大学生择业心理问题及调适[J]. 中国大学生就业,2005.

[17] 林崇德. 发展心理学[M]. 杭州:浙江教育出版社,2002.

[18] 张浩. 修炼内心的强大力量:活出真自我,淡定从容间[M]. 北京:中国纺织出版社,2014.

[19] 袁贵仁. 价值观的理论与实践——价值观若干问题的思考[M]. 北京:北京师范大学出版社,2013.

[20] 李晔. 工作—家庭冲突的影响因素研究[J]. 人类工效学,2003.

[21] 张再生. 工作—家庭关系理论与工作家庭平衡计划[J]. 南开管理评论,2002.